21世纪高等学校
经济管理类规划教材 高校系列

供应链管理
——设计、运作与改进

◎ 张相斌 林萍 张冲 编著

SUPPLY CHAIN MANAGEMENT
DESIGN, OPERATION, IMPROVEMENT

人民邮电出版社
北京

图书在版编目（CIP）数据

供应链管理 ：设计、运作与改进 / 张相斌，林萍，张冲编著. -- 北京 ：人民邮电出版社，2015.7（2019.8 重印）
21世纪高等学校经济管理类规划教材. 高校系列
ISBN 978-7-115-38943-5

Ⅰ. ①供… Ⅱ. ①张… ②林… ③张… Ⅲ. ①供应链管理－高等学校－教材 Ⅳ. ①F252

中国版本图书馆CIP数据核字(2015)第094420号

内容提要

本书按照供应链战略、设计、运作、协同、评价与改进等管理层次和供应链计划、采购、库存、配送等运作过程所构成的逻辑体系介绍供应链管理内容。首先，本书介绍了供应链管理概念与内涵、供应链战略选择与设计等供应链管理基本理论；其次，本书介绍了供应链网络设计、供应物流网络设计和分销物流网络设计等供应链设计理论与方法；再次，本书介绍了供应链综合计划、供应链库存管理、供应链采购管理和供应链配送管理等供应链运作理论和方法；最后，本书介绍了供应链协同管理、供应链评价与改进等供应链改进理论和方法。

本书既重视对供应链管理基本理论和方法的论述，又注重阐述供应链管理领域的新思想、新方法和实践的新发展。同时，本书也讲述了作者多年从事物流与供应链管理教学与科研工作的心得和部分研究成果。

本书适合于高等院校物流管理与工程类、管理科学与工程类、工商管理类等专业的本科生和研究生作为教材使用，也适合于从事物流与供应链管理研究、咨询和管理工作人员参考使用。

◆ 编　　著　张相斌　林　萍　张　冲
责任编辑　武恩玉
责任印制　沈　蓉　彭志环
◆ 人民邮电出版社出版发行　　北京市丰台区成寿寺路 11 号
邮编　100164　　电子邮件　315@ptpress.com.cn
网址　http://www.ptpress.com.cn
北京捷迅佳彩印刷有限公司印刷
◆ 开本：787×1092　1/16
印张：21.75　　2015 年 7 月第 1 版
字数：503 千字　　2019 年 8 月北京第 5 次印刷

定价：49.80 元

读者服务热线：(010)81055256　印装质量热线：(010)81055316
反盗版热线：(010)81055315

前言 FOREWORD

科学技术的快速发展和信息网络的泛在化加剧了企业之间的市场竞争。在这样的背景下，一个企业必须与其上下游企业，甚至其竞争对手加强合作才能适应竞争。供应链作为企业间合作的主要形式，已经成为获取竞争优势、赢得市场竞争的主要途径，这使得供应链管理不仅成为企业战略的重要组成部分，也成为企业日常管理的主要内容。因此，认识供应链管理本质，理解供应链管理理论，掌握供应链管理方法，熟悉供应链管理实践，了解供应链管理前沿，对于有效管理供应链、提高供应链管理绩效具有十分重要的作用。但供应链管理所涉及的内容十分庞杂，不仅涉及从供应链采购到供应链库存再到供应链配送等整个过程，也涉及从供应链设计到供应链运作再到供应链评价与改进等多个层次，还涉及物流、信息流和资金流等不同内容。这不仅使得不同读者对供应链管理有不同的认识和理解，而且使得所著的教科书的内容体系也不尽相同。

本书具有以下特色。

（1）概念清晰。作者在参考大量文献的基础上，按照自己对供应链管理的理解，对供应链管理的基本概念、基本思想、基本原理和管理目标等尽量用简洁语言给出清晰的描述和界定。例如，本书将供应链管理思想描述为整体系统化、关系合作化、功能核心化、运作协同化和目标顾客化。

（2）内容丰富。全书内容包括了供应链管理基本知识以及供应链战略、设计、运作、协同、评价与改进等管理知识。具体在供应链设计方面，其内容包括供应链网络、供应物流网络和分销物流网络等设计内容；在供应链运作方面，其内容包括供应链计划、采购、库存、配送等管理内容；在供应链改进方面，其内容包括供应链协同、评价、改进等内容。

（3）知识新颖。本书既重视供应链管理基本理论和方法的介绍，又注重体现供应链管理领域的新思想、新方法和实践的新发展，如销售与运作计划（S&OP）、OTO 模式、Supply-Hub 配送模式等。同时，本书也介绍了作者多年从事物流与供应链管理教学与科研工作的心得和部分研究成果，如供应链综合能力逆优化模型、供应链协同评价方法等。

（4）实用性强。本书采用了大量图表来描述有关理论的原理、过程、选择、影响关系和对比关系等，以便于读者的理解和应用；采用了大量可用 Excel 求解的数学模型来定量描述自制与外包决策、供应链网络优化、采购数量决策、库存定量控制、配送作业决策等，以便于读者应用。同时，每章在开篇均设有先导案例，篇中设有应用示例及案例分析，以帮助读者理解和掌握相应的知识，并且本书所有案例、示例都主要采用本土案例。

本书由南京邮电大学物流专业张相斌、林萍和张冲三位教师编著。张相斌负责全书框架结构设计、所有章节的理论部分撰写以及最后统稿工作；林萍参与了供应链采购管理和供应链配送管理的理论部分的撰写工作，并负责全书案例部分的编写工作；张冲参与了供应链综合计划和供应链库存管理的理论部分的撰写工作，并负责全书习题部分的编写工作。

在本书撰写过程中，作者参考了国内外许多学者的专著和论文等文献资料。作者尽可能将这些文献资料注明并详细列在参考文献里，在此对他们表示衷心的感谢！同时，要感谢人民邮电出版社武恩玉编辑对本书出版的大力支持，以及有关工作人员为本书付出的劳动！另外，在全书撰写过程中也得到了部分研究生和其他有关同事的支持和帮助，在此对他们表示诚挚感谢！最后，感谢读者阅读本书和使用本书！

由于作者水平有限，书中疏漏之处在所难免，有些内容可能不够完善，需要进一步探讨，真诚欢迎各位专家、读者批评指正！

作　者

2015 年 3 月

目 录 CONTENTS

第1章 供应链管理概述

先导案例

一汽大众——试水新供应链

2004 年 7 月 1 日，第一辆开迪 PVS 试生产车在一汽大众轿车二厂新建成的总装车间下线。该车是在轿车二厂个性化定制生产线上生产出来的第一辆车。

位于长春被称为“未来工厂”的一汽大众轿车二厂，是适应日渐兴起的大规模定制化需要而建立的。以后顾客买车，可以像买戴尔计算机一样，根据自己的喜好或需要选择不同的款式和配置。顾客以后不是在车市上挑车，而是在纸上挑车，然后给汽车工厂下订单。当车还在生产线上时，顾客就可知道哪辆车是自己的。

大规模的个性化定制生产，就意味着原来备好的一种零部件要被几种或十几种不同的零部件所代替，随之而来的零部件物流也就变得极为复杂。一汽大众通过比较外包与自营物流，认为外包更有利于减少投资、降低风险，而且第三方物流更专业、更注重细节，人力成本也要低。因此，一汽大众最终决定，以公开招标的形式寻求物流商和解决方案。

在所有方案中，最终受到青睐的是第三方物流提供商——一汽进出口总公司的解决方案。这个方案包括一个拆散中心（集装箱的拆散工作）、分篮中心（按生产顺序拣选）的设计，它们由一汽大众斯普利汽车物流公司完成。斯普利公司接下设计任务后，委托德国法布劳格（Fablog）公司负责整个物流的规划设计及项目实施。其整个项目的核心部分——拆散中心、分篮中心的设计，则由法布劳格公司来完成，所设计的物流系统方案包括入厂物流、工厂物流和分销物流三部分。

入厂物流主要负责从零部件供应商到一汽大众工厂的这一段物流。根据零部件供应商的所在地不同，可分为国内和国外两部分。国内部分，对于长春周边地区的零部件供应商，一汽大众要求 JIT（即时生产），即在规定的时间内准时送到生产线的某个工位；而长春外的供应商，则采取同一地区循环取货，拼车送往长春的仓库。这比原来的各个供应商整车给一汽大众供货要节约仓库，减少资金占用和加强供应链的敏捷性。国外部分，即对进口的零部件，先是通过集装箱海运到大连港，然后用火车转运到长春。

而分销物流部分，全国分为三十几个大区，每个区都设立一个中转仓库，然后再向全国三百多个经销商辐射。其运输方式有火车、汽车和海运。为了减少回程运输车空车问题，一种方式是为南方汽车制造商带货回北方。另一种方式是将带“之”字形斜坡的整车运输车改装，回程时车厢可调为平整状态，从而可以装载箱式货物，如汽车配件等。

二厂的定制化生产可以根据顾客订单直接生产，准确把握顾客的真实需求，避开市场风险，建立以顾客为中心的供应链管理体系。

资料来源：http://www.ppkao.com/wuliu/2006/23224.html

学习目标

- **掌握供应链概念、供应链的基本特征。**
- **掌握供应链管理的概念、供应链管理思想和供应链管理特点。**
- **理解供应链发展背景与形成动因、供应链管理目标和关键问题。**
- **理解供应链管理中的物流活动、物流管理特点、管理价值和管理目标。**
- **了解不同类型供应链运作过程与管理策略以及供应链管理的竞争优势。**

日新月异的科学技术发展、不断变化的企业经营环境和层出不穷的经营理念创新，使得企业之间分工越来越细化，企业之间合作越来越密切。供应链管理的产生和发展，就是企业间细化分工与密切合作的结果。面对激烈的市场竞争，供应链管理已成为企业战略管理的重要组成部分，已成为企业获取竞争能力、赢得竞争优势的重要途径。本章作为全书的基础，着重介绍供应链管理的基本概念和基本知识，包括企业运营环境的变化、经营理念的变化和供应链产生的机制；供应链和供应链管理的概念、内涵、性质、目标和关键问题；供应链管理中的物流活动、物流管理特点、物流管理价值、物流管理目标和策略；供应链管理类型和管理策略以及供应链管理的竞争优势等。

1.1　供应链产生背景与机制

1.1.1　企业环境新变化

自 20 世纪 80 年代以来，由于科学技术的不断进步和社会经济的不断发展，泛在化的信息网络和全球化的市场竞争，使得企业所面临的环境发生了深刻的变化，这些变化的主要表现如图 1-1 所示。

1. 科学技术的快速发展

以信息技术为代表的当代科学技术的快速发展，使得产品寿命周期越来越短。这一方面，使企业利用新技术、新工艺和新材料可以获得后发优势；另一方面，也使企业为获得市场垄断地位和高额利润需要不断进行新技术、新产品开发和生产设备更新，要求企业将更多的资金用于开发新技术、新产品和更新生产设备。这将增加企业的经营风险，依靠单一企业的资源难以适应这种变化。

2．生产经营的国际化

一个企业要不断发展壮大，就需要不断扩大其市场经营范围。要成为有影响力的国际化企业，就要求企业建立全球化市场。这意味着企业在建立全球化市场的同时也在全球范围内造就了更多的竞争对手。因此，要在全球化的市场上获得竞争优势，就要求企业的生产经营活动不能局限于一个地区或国家，而是在世界范围内寻求资源的最佳配置。

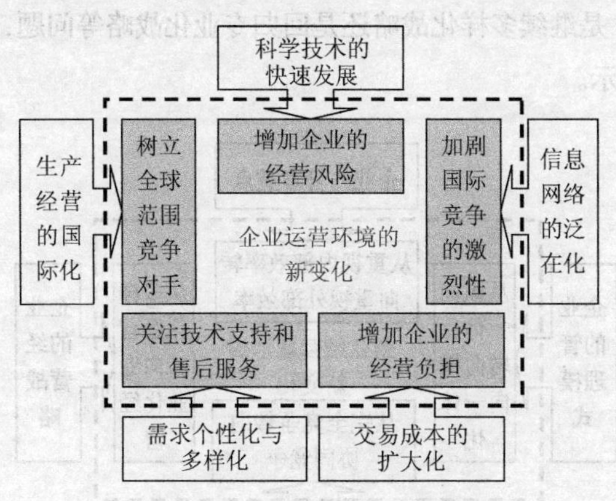

图 1-1　企业运营环境新变化

3．信息网络的泛在化

随着信息技术的快速发展，由互联网和移动通信网络等构成的信息网络已经触及全球每一个角落，这可以使全球每一个地区的企业方便快捷地获得所需要的信息。同时，信息网络作为灵活的教育体系，将使越来越多的人和组织能够在较少的时间内掌握新技术。这样，面对同一个市场机会，可以参与竞争的企业就越来越多，从而大大地加剧了市场竞争的激烈性。

4．需求个性化和多样化

随着社会生产力的快速发展，消费者对产品的选择余地越来越大，使得买方市场得以回归，进而导致消费者价值观念转向需求个性化和多样化。同时，科学技术的快速发展，导致产品功能的趋同化和产品技术的信息化与智能化。因此，企业为满足顾客需求，必须提供更多的技术支持和服务。这使得全球性技术支持和售后服务成为企业赢得用户信赖、保持长久竞争力的最有效手段。

5．交易成本的扩大化

随着市场竞争越来越激烈，企业为了获得市场竞争优势，一方面需要将企业有限的资源配置在其核心业务上，而将非核心业务外包给更专业的企业来完成，这就要求企业必须同更多的其他企业进行业务往来。另一方面，需要企业将更多的资源用于营销力量的增加。可见，企业的交易成本有逐渐增加的趋势。

面对企业运营环境的新变化，企业的市场竞争呈现出以下新特征。

（1）企业竞争的对象。其表现在对产品交货时间、地点、数量和质量的要求越来越高。

（2）企业竞争的范围。其表现为企业竞争的全球化趋势越来越明显。

（3）企业竞争的焦点。其表现在更多地关注核心竞争力。

（4）企业竞争的手段。其表现在更多地依靠及时的技术支持和服务。

1.1.2 经营理念新变化

面对企业运营环境和竞争环境的新变化，管理者开始思考企业如何提高资源利用效率，怎样开展企业间合作，是继续多样化战略还是回归专业化战略等问题，进而促进企业经营理念的转变，如图 1-2 所示。

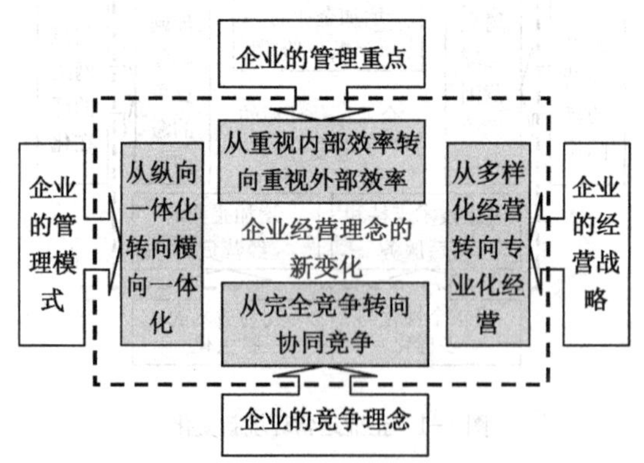

图 1-2 企业经营理念的新变化

1．企业的管理重点正从重视内部效率转向重视外部效率

长期以来，企业管理者一直着眼于企业内部效率的提升，不断努力寻求提高企业内部效率的途径。在 20 世纪 70 年代，美国生产管理专家约瑟夫·奥里奇提出了基于独立需求与相关需求概念的 MRP 思想，旨在使库存管理真正符合生产计划的需要。在此基础上，奥里弗·怀特提出制造资源计划（MRPⅡ），通过对企业制造所需的各种资源进行统一计划和控制来提高企业制造资源的利用效率。进入 20 世纪 80 年代后，许多企业由于盲目扩张业务导致企业管理机构臃肿、人力成本增加，只有采取组织扁平化、减少福利费用等“减量经营”手段，才可大幅度降低企业运作成本，提升企业内部效率。20 世纪 90 年代初，米歇尔·哈默等人提出了业务流程再造理论（BPR）。BPR 强调通过业务活动辨识、业务活动评价、过程建模与仿真、过程优化与重构等手段打破企业内部职能部门之间的壁垒，实现企业价值链上不同环节之间的无缝衔接，着力在企业内部职能部门之间的边界上挖掘潜能以提升企业内部效率。然而，随着业务流程再造理论的广泛应用，企业内部的效率之源已日趋枯竭，内部效率提高的边际收益明显呈现递减趋势，并且内部效率的提高也不可能营造出长久的竞争优势。因此，越来越多的企业已不满足于企业内部效率的提升，开始将更多的注意力转移到寻求企业外部效率的提升和挖掘，从而为企业之间密切合作，即通过企业外部资源整合而提升企业效率的多种新的组织管理模式的出现创造契机。

2．企业的管理模式正从纵向一体化转向横向一体化

长期以来，企业为适应市场变化，赢得市场竞争，通常采取纵向一体化的措施：①为扩大产品销售量，则加强企业的市场营销力量，拓宽市场营销渠道；②为保证企业生产安全，则增加企业的原材料、零部件和产品库存；③为扩大产品产量，则扩大企业生产规模；④为保证原材料供应，则参股或控股到供应商、分销商企业，与他们形成所有权关系。这些措施在市场环境相对稳定的情况下，具有一定的合理性。相反，在市场竞争日益激烈的情况下，则显出诸多缺陷：①加强企业市场营销力量、拓宽市场营销渠道将付出过高的市场交易成本；②增加企业的原材料、零部件和产品库存将占用更多的资金；③扩大企业生产规模将承受基本建设周期较长的风险；④参股或控股到供应商、分销商企业将增加企业投资负担，其结果是迫使企业去从事不擅长的业务活动，分散整个企业的资源和精力，无法经营好企业的核心业务，从而削弱企业的竞争力。因此，自 20 世纪 80 年代出现了以企业为结点、从供应商到制造商再到分销商的企业合作联盟，通过整个合作联盟的资源整合来快速响应市场需求，并试图在低成本、高质量、短周期等方面获得竞争优势的思想。

3．企业的经营战略正从多样化经营转向专业化经营

20 世纪 60 年代到 70 年代，受石油和房地产市场大灾难的冲击，多数大中型企业及跨国公司都热衷于多样化经营，以降低风险，增强抵御外来不确定性打击的能力。但是，盲目的多样化战略也为企业发展带来一定负作用，甚至对某些企业来说是一个难以理解的、惨痛的经历。例如，1999 年因受亚洲金融危机影响，依靠大量借债、盲目并购扩建、进行“章鱼式”经营的韩国大宇集团，不得不破产清算。20 世纪 80 年代，自从波特（Porter）发现：有 74%的收购非本行业的公司最终不得不亏本出售所收购企业的现象后，人们开始对多样化经营战略进行反思，并逐步回归到自己的核心业务。在此背景下，1990 年普拉哈拉德（Prahalad）和哈默尔（Hamel）提出了以能力为导向的企业战略，它更强调发展企业核心能力，这也正是过分强调多样化经营的企业被鼓励重新恢复专业化的一种能力。进入 20 世纪 90 年代以来，人们开始比较理性地看待多样化与专业化的关系，收购和并购大多发生在同一行业或相近行业之中。尽管关于多样化与专业化的争论仍然广泛存在，但大多数企业越来越多地关注于企业核心能力的建立与培养，这为基于企业核心能力进行跨企业战略资源整合思路的产生奠定了基础。

4．企业的竞争理念正从完全竞争转向协同竞争

20 世纪 80 年代以前，市场及技术的变化相对比较缓慢，竞争对手易于辨认，因而企业普遍奉行“对手皆敌人”的竞争理念。在这种理念下的竞争，必然是以追求单赢、零和博弈式的完全竞争。20 世纪 80 年代以后，越来越多的企业意识到仅靠自己的资源与能力难以适应市场的快速变化；同时，由于科学技术的迅速发展与信息网络的泛在化，使得原有的行业进入门槛大大降低，竞争对手不仅可能来自行业内部，而且更大可能地来自行业外部，竞争对象具有一定的不确定性。因此，完全竞争的理念逐渐被协同竞争的理念所取代，企业之间更加强调相互信任、相互合作与相互协同，以实现“双赢”甚至“多赢”的共同目标。这种竞争理念上的转变为企业的密切合作奠定了基础。因为在一个视对手为敌人、充满敌意和不信任氛围的环境下，很难想象如何能够建立起一种相互充分信任与合作的伙伴关系。20 世纪 90 年代，在协同竞争理念的驱动下，企业之间只有竞争的时代正在结束，取而代之的是以合作协同为主导，风险共担、利益共享的企业合作联盟。

1.1.3 供应链产生机制

供应链思想起源于物质分配和运输问题的工业动力学研究（Forrester，1961）以及分配和物流的总成本研究（Lewis，1956）。直到 20 世纪 80 年代，企业运营环境的新变化对企业之间的竞争提出了新要求。它要求有新的企业运营模式能够通过企业之间的合作实现资源合理配置，能够提供及时的技术支持和服务，从而形成快速响应能力与核心竞争力来适应市场竞争的新要求。而企业管理理念的转变促进了企业之间的分工细化与密切合作，信息网络与信息技术的应用普及为供应链发展提供了基础。供应链的产生机制如图 1-3 所示。

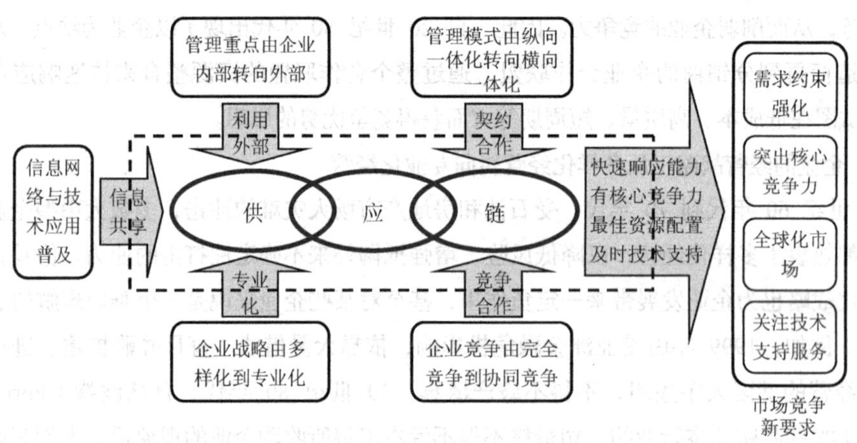

图 1-3 供应链的产生机制

1.2 供应链与供应链管理

1.2.1 供应链的基本概念

供应链（Supply Chains）是由直接或间接地履行顾客需求的相关企业组成，通过对信息流、物流、资金流控制，将相关的供应商、制造商、物流服务商和销售商等有效地结合成一个整体所形成的网链型企业组织。

例如，顾客走进超市购买清洁剂，而清洁剂供应链就始于顾客对清洁剂的需要。顾客来到苏果超市，苏果超市的清洁剂摆在货架上，这些清洁剂的库存由成品仓库或者分销商用卡车通过第三方供应。宝洁公司（或其他制造商）为分销商供货。宝洁制造商从各种供应商那里购进原材料，这些供应商可能由更低层的供应商供货，如包装原材料可能来自 Tenneco 包装公司，而 Tenneco 公司又从其他的供应商那里购进原材料来生产包装材料。如图 1-4 所示，图中箭头反映实体产品流动的方向。顾客付款给苏果超市，苏果超市将销售点信息和补充订单信息传达给仓库或分销商，仓库或分销商用卡车把补充订单所需要的货品送达商店。补货后，苏果超市付款给分销商，同时分销商也为苏果超市提供定价信息，递交发货日程计划。

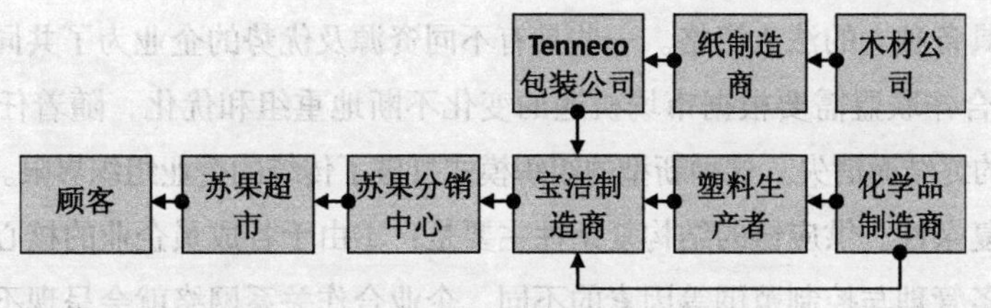

图 1-4　清洁剂供应链的组成

同样，当顾客在线购买联想计算机时，计算机供应链就包括顾客、联想网站、联想计算机装配商以及所有的联想供应商和供应商的供应商。网站为顾客提供定价、产品种类和产品可获性的信息。顾客选择产品后，输入订单信息并付款，然后，顾客就可以返回网站来检查订单履行的状态。整个过程涉及供应链上不同环节的信息流、物流和资金流。联想计算机供应链的组成如图 1-5 所示。

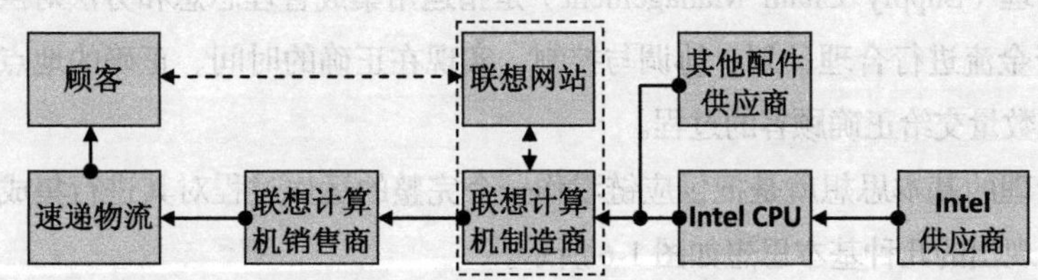

图 1-5　联想计算机供应链的组成

由此可见，供应链实质就是建立在企业之间细化分工的基础上，通过信息流、物流和资金流的有效集成而实现密切合作，其特点主要有以下几点。

（1）系统集成性。供应链主要是依靠契约方式联系和制约各成员企业，并通过对各成员企业的核心能力进行整合实现关键资源的优势互补，获取整个供应链上各成员企业的协同效应；强调以整体为最终目标，而不是以某个或某几个企业的效率提高、成本降低、资源配置合理等为最终目标。

（2）信息共享性。供应链上各成员企业之间合作依赖于准确、及时的相关信息来协调成员企业的行为。各成员企业要规范各自的行为，不仅需要知道下游顾客的需求，还需要了解上游供应商的供应能力。基于信息网络的信息充分共享，是各成员企业及时安排生产、响应市场需求的首要前提。

（3）快速响应性。供应链通过信息共享将不断变化的需求信息及时反馈到各成员企业，各成员企业将据此信息调整生产计划，迅速组织产品生产。这样，可以缩短从生产到消费的周期，促进各成员企业对市场机遇的共同把握，提高企业快速响应市场的应变能力。

（4）利益协同性。企业的各种行为都是围绕企业价值最大化这一最终目标展开的，因此要使供应链各成员企业之间能够有效合作，就必须使各成员企业利益目标协同一致，就必须建立共赢的利益协同机制。这样，才会使各成员企业间的利益目标不会背离整体目标而导致最终个体行为的偏离。现代企业的合作建立在共赢的利益基础上，各成员之间应平等合作、取长补短、互惠互利。

（5）组织虚拟性。供应链作为依靠契约方式形成的合作联盟，不是法律意义上的完整的经济实体，不具备独立的法人资格。一些具有不同资源及优势的企业为了共同利益或目标形成合作联盟。合作联盟需要根据市场机遇的变化不断地重组和优化，随着任务的出现而形成、随着任务的终结而消失。这种新型的组织模式打破了传统的企业组织界限。

（6）结构复杂性。供应链的结构复杂性主要是：①由于各成员企业的核心业务、产品或服务性质、业务管理与控制范围等因素的不同，企业合作关系网络就会呈现不同的形态；②各成员企业在地理上一般是分散的，各成员企业根据其管理与决策的权限可分为从属实体、半自主实体和自主实体，这为企业合作中物流、信息流、资金流的管理增加了复杂性；③由于市场的变化和不可预测性，客观上要求对各成员企业不断调整或重组，以便快速响应市场的需求。

1.2.2 供应链管理内涵

供应链管理（Supply Chain Management）是指运用集成管理思想和方法对供应链的信息流、物流、资金流进行合理计划、协调与控制，实现在正确的时间、正确的地点将正确的需求按照正确的数量交给正确顾客的过程。

供应链管理的基本思想就是把供应链看作一个完整的运作过程对其进行集成化管理，供应链管理所体现出的几种基本思想如图 1-6 所示。

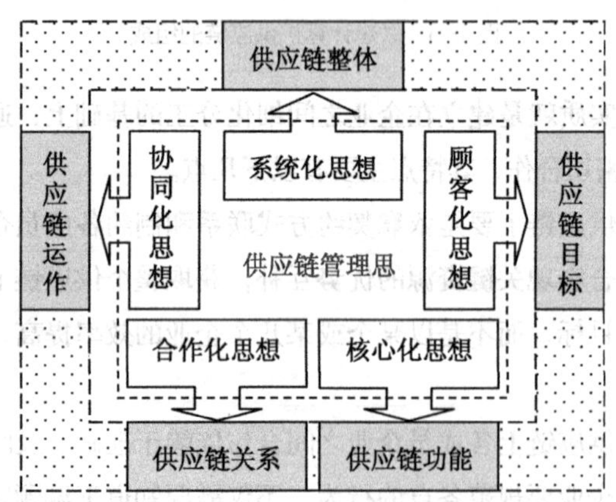

图 1-6　供应链管理基本思想

（1）供应链整体系统化。供应链管理不再孤立地看待组成供应链的各企业组织，而是把整个供应链看成是一个所有组织之间相互依赖、相互制约的有机整体，强调共同为最终顾客创造产品价值和整体利益最大化。

（2）供应链关系合作化。供应链管理要求供应链上各成员企业之间建立起责任明确、风险分担的合作伙伴关系。这种合作伙伴关系可实现良好的合作效果，使合作各方利益共享、风险分担，达到“多赢”的目的。

（3）供应链功能核心化。供应链管理要求供应链上各成员企业集中发展其核心业务，将非核心业务直接外包给更专业的企业完成，并与他们形成合作伙伴关系。这样，才能使供应链上各成员企业之间形成优势互补的合作伙伴关系，才能使供应链具有更强的核心竞争力。

（4）供应链运作协同化。虽然供应链上各成员企业都有自己的目标，甚至这些企业目标之间会有冲突，但它们只有在合作中共享相关产品需求与供应能力信息，协调各种业务活动，才能发挥供应链的整体优势，使整个供应链的盈利大于各企业单独获得的利益之和。

（5）供应链目标顾客化。供应链管理要求供应链上各成员企业以满足最终顾客需求为目标，通过对产品物流活动的计划、调度和控制，将满足顾客需求的产品或服务在恰当的时间，按照恰当的数量、恰当的质量和恰当的状态送到恰当的地点，实现供应链整体利益最大化。

可见，业务外包、合作关系与信息共享是实现供应链管理思想的基础。

与传统单个企业管理相比较，供应链管理的基本特点如图 1-7 所示。

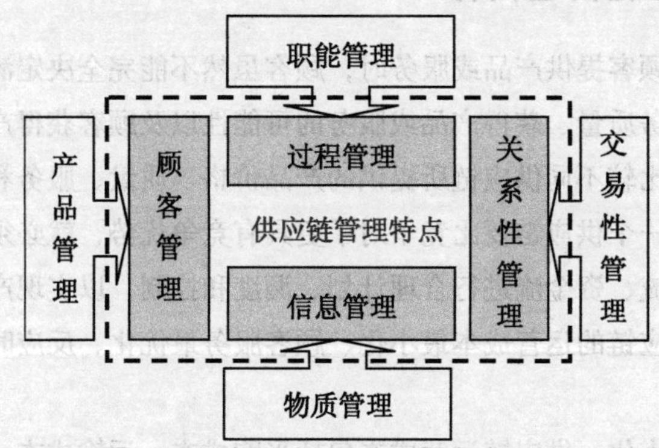

图 1-7 供应链管理的基本特点

1．从企业的职能管理转向过程管理

由于供应链的产品从原材料到满足顾客需求的整个过程涉及多个不同的经济主体，即产品的供应商、生产商、经销商和顾客，因而供应链管理应当是一种对企业产品经营活动的整体管理。这种观念显然是对传统管理理念的巨大挑战，即对业务的管理不能仅停留在职能层次上，而是要求对整个业务的全过程进行综合管理。这样，就必须跨领域、跨职能部门对物流活动进行统一规划和控制，只有如此才能更好地开展供应链管理，真正从企业职能管理转向过程管理。

2．从企业的产品管理转向顾客管理

供应链管理使物流作为顾客服务项目在企业战略中发挥了举足轻重的作用。这表现为供应链管理不仅在创造价值，甚至决定了整个商品价值的实现。与此同时，由于生产过程及市场营销过程都是从物流过程开始的，因而物流也间接地决定了产品生产及营销活动的效率。特别是伴随着物流信息系统化的发展，其有效的顾客信息管理对生产和经营活动具有相当大的影响力。因此，供应链管理将更加重视顾客管理，使其成为整个企业经营管理的核心。

3．从企业间的交易性管理转向关系性管理

供应链管理要求企业从整个供应链的角度对物流活动进行有效的管理，而这种管理目标显然并非单个企业所能实现，必须要求企业之间能够通过一种合作伙伴关系的形式来沟通协调各企业的物流管理系统。要实现供应链管理，就必须对合作各方所能做出的贡献、环境条件、各种促进方法以及合作所产生的效应等进行全方位的评估与控制，同时，必须避免由于资金、权利等的差异而产生不平等的交易关系，真正达成创造性的合作伙伴关系。

4．从物质管理转向信息管理

供应链管理发展的一个前提条件是在利用现代信息技术实现信息共享的基础上，适时、有效地指挥实施各种物流活动并加以管理和控制。这样，通过对流通渠道中的物质活动全过程的监控，可以有效地消除信息真空，从而降低商品库存。所以，现代企业物流管理部门，已不仅仅是物质商品管理者，更是流通信息的管理者，这对管理人员掌握现代信息系统和信息技术以及分析信息的能力有相当高的要求。

1.2.3 供应链管理目标

一个供应链在为顾客提供产品或服务时，顾客虽然不能完全决定满足其需要的产品或服务价格、产品或服务质量、获得产品或服务的可能性以及顾客获得产品或服务的时间。但是，顾客可以通过比较不同供应链所提供的产品价格、质量、服务和交付时间来选择所需要的产品。因此，一个供应链要比竞争对手更具有竞争优势，就必须通过信息网络、组织网络对物流、信息流、资金流进行合理计划、调度和控制，以实现产品或服务价值链的无缝衔接，从而使供应链的运营成本最小化、顾客服务最优化、反应时间快速化和产品质量最佳化。

（1）运营成本最小化。供应链运营成本包括采购成本、运输成本、库存成本、制造成本、销售成本以及其他成本费用，并且这些成本项目之间通常都是相互联系的。因此，只有将供应链上各成员企业作为一个有机整体实施有效的供应链管理，才能使整个供应链的运营成本实现最小化。供应链运营成本最小化，不仅可以为顾客提供比竞争对手更低价格的产品或服务，而且也可以比竞争对手获得更高利润。

（2）顾客服务最优化。供应链管理的本质在于为整个供应链的最终顾客提供高水平的服务。高水平的顾客服务能够提高顾客满意度水平，从而为供应链留住老顾客并吸引新顾客，因此，提高顾客服务水平是提升供应链竞争优势的主要途径。然而，由于顾客服务水平与成本费用之间的背反关系，因而，要对供应链进行有效管理就必须考虑供应链运营成本与顾客服务水平的均衡，即供应链管理的主要目标就是要以最小化的成本费用实现整个供应链的顾客服务最优化。

（3）反应时间快速化。在现代市场竞争中，顾客对产品的交货期要求越来越短。供应链通过信息共享将不断变化的需求信息及时反馈给各成员企业，而各成员企业只有对不断变化的市场做出快速反应，才能赢得顾客的青睐。因此，对顾客的需求实现快速有效反应，最大限度地缩短从顾客发出订单到获取满意交货的整个供应链的作业周期，已成为供应链成功的关键因素。

（4）产品质量最佳化。在市场竞争中，如果在供应链的业务过程完成后，发现提供给最终顾客的产品或服务有质量缺陷，就意味着所有成本的付出将不会得到任何价值补偿，供应链的所有业务活动都会变为非增值活动，从而导致无法实现整个供应链的价值。因此，达到与保持高水平的产品质量也是供应链物流管理的重要目标。而实现这一目标必须从原材料、零部件供应的零缺陷开始，直至供应链管理全过程、全人员、全方位质量的最优化。

从传统的管理思想来看，上述目标相互之间呈现出互斥性，即顾客服务水平的提高、交货期的缩短、交货品质的改善，必然以供应链的运营成本的增加为前提，而无法同时达到最优。然而，通过运用供应链的集成管理思想，从系统化观点出发，改进服务、缩短交货时间、提高品质与降低成本是可以兼得的，其原理如图 1-8 所示。

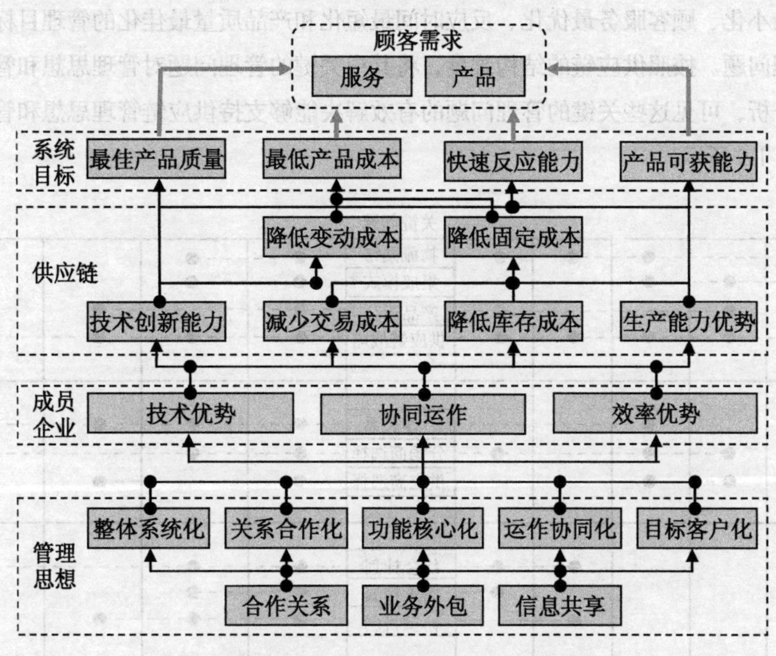

图 1-8　供应链管理作用原理

按照供应链管理的功能核心化思想和关系合作化思想，如果组成供应链的每个成员企业将自己的资源配置在核心业务上，而将非核心业务外包给更专业的合作伙伴，那么，将使供应链从原材料采购到产品交付给顾客的整个业务过程中的各环节功能核心化。也就是，供应链上的产品制造企业只从事产品装配和关键零部件生产等主干业务，而将非关键部件生产转包给供应商，将采购、供应和库存等业务转包给物流服务商，将销售业务转包给分销商；分销商只从事产品销售和售后服务业务，而将产品库存业务转包给物流服务商；供应商只从事零部件生产等主干业务，而将采购、供应和库存等非主干业务转包给物流服务商。这样，就可以使每个成员企业充分发挥自己的核心资源优势，利用好外部相关资源的优势，进而使每个成员企业获得相对的生产效率优势和相关技术优势。

按照供应链管理的目标顾客化思想和运作协同化思想，供应链上的各成员企业之间可以通过信息共享实现按最终顾客的需求协同运作。这一方面可以降低信息搜寻费用、交易谈判费用、契约履行费用和交易变更费用等交易成本，以及通过合并或取消供需双方原来由于信息传递迟缓而各自设置的库存而降低库存成本；另一方面，可以通过将各成员企业的相对技术优势和效率优势进行整合而转化成整个供应链的技术创新能力和生产效率优势。供应链的技术创新能力不仅可以提高产品质量，还可以降低单位产品可变成本；供应链的生产效率优势不仅可以提高产品可获能力，还可以降低单位产品固定成本。同时，供应链的技术创新能力与生产效率相结合，可提高供应链的快速反应能力。

1.2.4 供应链管理关键问题

供应链作为一个从原材料到产品生产再到最终顾客的整个价值链，通过对信息流、物流、资金流的计划与控制将功能不同、目标不同的企业有机结合成一个复杂系统，要实现其运营成本最小化、顾客服务最优化、反应时间最短化和产品质量最佳化的管理目标，势必涉及许多管理问题。按照供应链的结构维度，将其中关键的管理问题对管理思想和管理目标的影响进行分析，可见这些关键的管理问题的有效解决能够支持供应链管理思想和管理目标的实现，如图 1-9 所示。

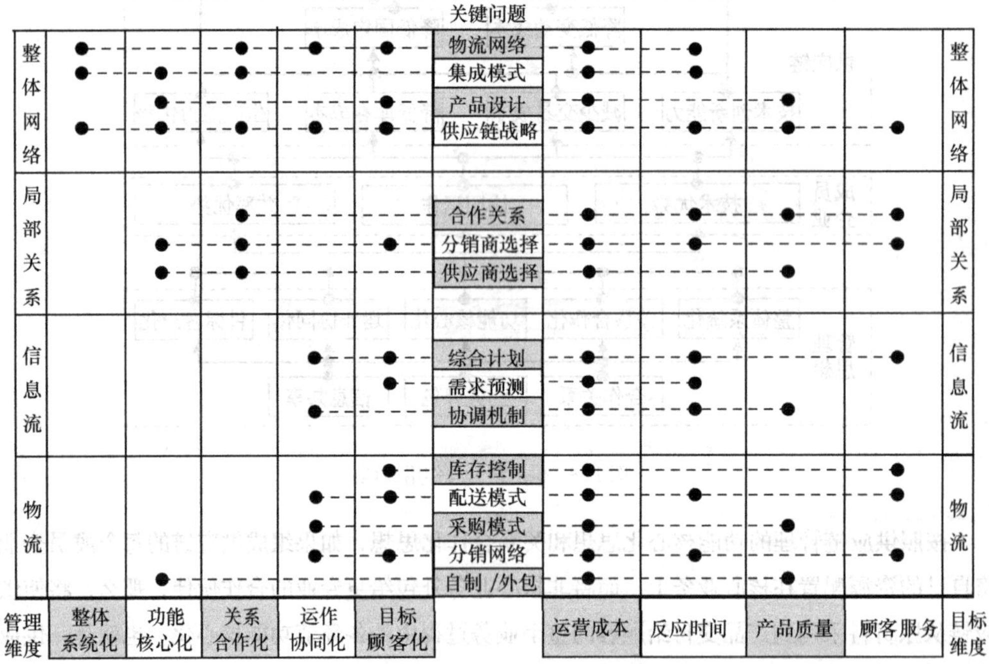

结构维度	整体系统化	功能核心化	关系合作化	运作协同化	目标顾客化	关键问题	运营成本	反应时间	产品质量	顾客服务
整体网络	●		●	●	●	物流网络	●	●		
整体网络	●	●	●			集成模式	●	●		
整体网络		●			●	产品设计	●		●	
整体网络	●	●	●	●	●	供应链战略	●	●	●	●
局部关系			●			合作关系	●	●	●	●
局部关系		●	●		●	分销商选择	●	●		●
局部关系		●	●			供应商选择	●		●	
信息流				●	●	综合计划	●	●		●
信息流					●	需求预测	●	●		
信息流				●		协调机制	●	●	●	
物流					●	库存控制	●			●
物流				●	●	配送模式	●	●		●
物流				●	●	采购模式	●		●	
物流				●	●	分销网络	●	●		●
物流		●				自制 /外包	●		●	

（管理维度：整体系统化、功能核心化、关系合作化、运作协同化、目标顾客化；目标维度：运营成本、反应时间、产品质量、顾客服务）

图 1-9　供应链管理关键问题

（1）供应链战略选择。供应链战略、产品开发战略和市场营销战略并列为企业三大职能战略，共同支撑企业的竞争战略。供应链战略所关注的重点是产品或服务在整个供应链运动过程中所创造的顾客价值给企业增加的竞争优势。因此，需要根据企业的竞争战略、顾客需求和企业的实力地位相匹配原则选择供应链战略。

（2）面向供应链的产品设计。在供应链环境中对产品进行模块化设计、标准化设计、系列化设计和便利化设计将有利于减少物流成本和缩短物流周期，并且还可以应对顾客需求的不确定性。因此，有效的产品设计将关系到供应链战略的实现。

（3）供应链集成模式选择。供应链上各成员企业，按其对整个产品价值链的作用，进行功能核心化过程可以得到多种组织形式。将供应链上的供应商、制造商和分销商分别按照可能的组织形式进行组合就能得到供应链的各种集成模式。因此，如何选择供应链的集成模式不仅关系到供应链如何协同运作、物流网络如何构成，而且关系到供应链战略如何实现。

（4）物流网络设计。物流网络设计主要涉及设施布局、产能分配和设施选址。合理的设施布局有利于供应链在保持低成本运营的同时具有市场需求变化的快速响应性；设施的供应源和市场需求分配会影响供应链满足顾客需求所发生的总成本、库存和运输成本；设施选址决策影响着是为获得规模经济而集中布局，还是为更靠近消费者而提高响应性的选择。

（5）外包决策与供应商选择。某项业务是自制还是外包，主要取决于该项业务对企业运作成功的重要程度以及企业处理这项业务的能力。对于核心企业的每项业务都需要进行自制与外包的决策。在决定外包业务以后，就需要选择供应商。因此，自制与外包决策影响着供应链的组成，而供应商选择则影响着供应链上各成员企业能够为供应链提高绩效的程度。

（6）分销网络设计与分销商选择。把产品从生产者手上转移到消费者手中，并满足消费者需要的分销过程是由生产厂商、经销商、代理商、零售商及顾客等共同组成的分销网络来完成的。因此，要发挥供应链分销网络的作用，提高供应链的赢利能力和顾客体验，将涉及分销网络的合理设计和分销网络成员的选择。

（7）需求预测与综合计划。需求预测是供应链中所有计划的基础，管理者必须决定如何预测及在多大程度上依靠预测做出决策。当供应链上每个企业都独立进行预测，其预测过程通常是困难的，预测结果通常是供需之间不匹配；而当供应链上各企业合作起来进行预测，其预测结果就要准确得多。综合计划将预测变为满足预计需求的活动计划，使供应链更好地响应和服务于顾客。

（8）采购模式选择。采购是一整套用于购买企业所需的产品和服务的商业流程，它涉及供应商发货地点的选择、采购数量的确定、供货时间的安排以及产品形态的选择等决策。合适的采购模式不仅有利于减低库存，减少缺货现象，降低物流成本，更有利于供应商参与产品设计，保证产品生产，提高产品质量。

（9）配送模式选择。配送是按照顾客的要求，经过分货、拣选等货物组配工作，把物品送到消费者手中的物流活动。以顾客要求为依据，选择合理的运输方式、合理的运输线路以及合理的配送模式把货物送达顾客，将有助于创造有竞争力的物流服务，实现零库存、零距离和零流动资金占用，增强企业的核心竞争力。

（10）库存管理。由于供应链上相邻两个企业之间供需信息不对称而导致的供应链库存，不仅会占用资金，增加库存成本，还会掩盖供应链运作中所存在的问题。因此，需要加强供应链库存管理，以便合理地确定库存水平，提高资金利用率，降低库存成本，消除供应链管理的薄弱环节和实现供应链的总体平衡。

（11）协调机制。供应链上相邻两个企业之间形成供需关系，对需求方的库存信息、生产计划、需求计划和采购计划以及供应方的补库计划和运输计划等信息实现共享和建立长效协调机制，可以减少供需信息的不对称性与供应链中的不确定性，进而降低库存成本，提高供应链的运作效率。因此，信息共享是供应链运作成功的关键。

（12）合作关系管理。加强合作关系管理是提升供应链竞争优势的基础。供应链作为主要依靠契约方式联系和制约各合作伙伴的合作联盟，需要强调长期合作关系的建立，共同努力实现共同的计划，解决共同的问题，强调相互之间的信任与合作。

1.3 供应链中物流管理

1.3.1 供应链中物流活动

物流（Logistics）是指物品从供应地到需求者的物理性转移活动，是企业生产经营活动的基础。对于由供应商、制造商和分销商组成的供应链来说，其核心功能是生产活动。生产活动将各种输入资源转换为期望的产出。输入资源包括原材料、零部件、能源、生产辅助材料等，需要从供应商处采购并运给制造商，而产出包括产品和服务，需要出售并经由分销商运送到消费者；生产活动需要将生产对象在每道工序上加工并在加工完成后搬运到下道工序上继续加工，直至加工成希望的产品。企业内部的物料搬运活动、从供应商处采购资源并运给制造商的输入物流以及出售产品并运送到消费者的输出物流构成了贯穿于从原材料采购到产品生产再到消费者的整个产品市场经营过程的物流活动。供应链中物流活动如图 1-10 所示。

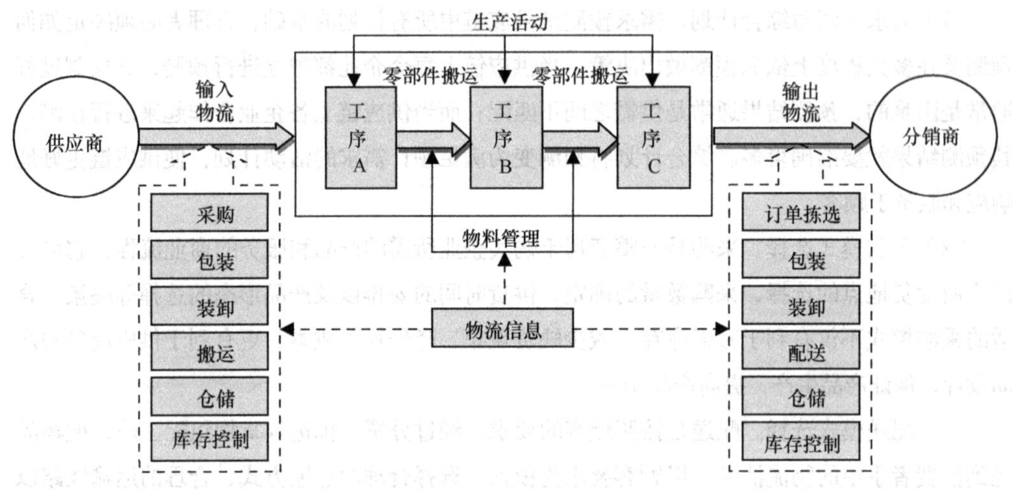

图 1-10　供应链中物流活动

在图 1-10 中，企业的输入物流与输出物流中各项物流活动内容如下。

（1）采购就是选择企业所需的适当物料，以适当的价格在适当的时间从适当的地点获取适当的数量。为此，需要选择合适的供应商，并谈判拟采购的物料数量、规格、价格、质量、交货时间和交货方式等，组织配送、安排保险和支付方式。

（2）订单拣选就是在仓库里按订单拣选出所需要的物料并将其运出的活动。该项活动的内容包括按顾客的要求对所需物料进行定位、识别、确认、从货架上提出、堆放到托盘上、打包并移到仓库的发货区等待运出等。

（3）运输与配送就是将物品从供应地点向需求地点的运送过程。从供应地到配送中心的运输，具有批量比较大，品种比较单一，运距比较长的特点；而从配送中心到用户的配送，则需将各类商品按不同类别和不同用户进行分类、拣选、组配、装箱，并按顾客要求的品种、数量配齐后送至顾客。

（4）仓储是在保证物品质量和数量前提下，按一定管理规则，在一定期限内把物品存放在一定场所的活动，是在产品离开生产线到最终消费之前的存放、保养、维护和管理的过程，是克服季节性与时间性间隔，创造时间效益的活动。

（5）库存控制是为仓储活动制定的一系列政策，要考虑所需存入的各种物品情况、资金占用情况、顾客服务水平、存货水平、订购规模、订购时间等。

（6）包装是指为保护物品、方便储运、促进销售，按一定技术方法而采用的容器、材料及辅助物等。一般分为工业包装和商业包装，工业包装的目的是便于运输、装卸和保管；商业包装的目的是促进销售。

（7）装卸搬运是在指定地点以人力或机械将物品装入运输设备或卸下搬运到指定地点的活动。装卸搬运是使物流各环节连接成一体的接口，是运输、保管、包装等物流作业得以顺利实现的根本保证，其质量直接关系到整个物流系统的质量和效率。

（8）物流信息贯穿物流活动的所有环节，用于传递所需移动的物品、时间、存货水平、可能性、成本、服务水平等相关信息，是协调运输、保管、装卸、包装等各环节的纽带，如果不能保证各环节之间物流信息的通畅与及时，就没有物流活动的时间效率和管理效率，也就失去了物流的整体效率。

物流活动与生产运作和市场营销存在交叉现象，如图 1-11 所示。这种交叉现象会导致一些职能部门无法对物流活动进行有效管理，为此需要建立促进职能部门之间合作的机制和激励措施。

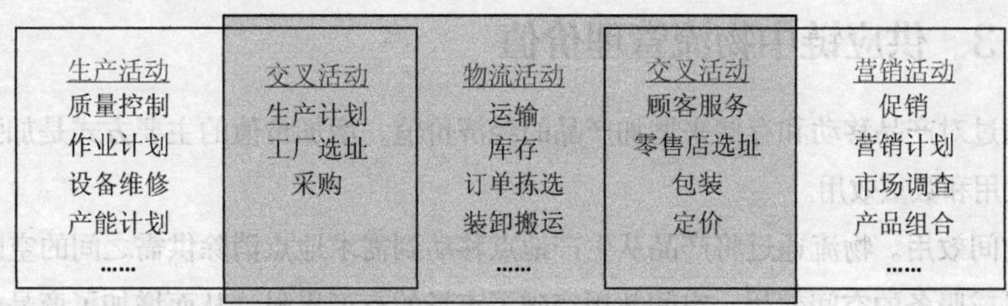

图 1-11　物流活动与生产运作和市场营销的交叉

1.3.2　供应链中物流管理特点

物流管理就是以满足顾客需求为目的，对原材料、在制品、产成品以及相关信息从供应地到消费地的高效率、低成本流动和存储进行的计划、实施和控制。

由于物流活动贯穿整个供应链上各个环节，使得物流相当于以合作关系为纽带，由供应商、制造商、分销商和顾客等组成的组织网络（供应链）上流动的对象。因此，物流管理是供应链管理的重要组成部分，供应链管理强调供应链上各企业组织之间的合作关系、信息共享、协同运作，而物流管理则更强调产品和服务由供应地高效率、低成本送达到顾客以满足顾客需求。可见，供应链上各企业组织之间合作关系、信息共享与协同运作为物流有效管理提供保障，物流管理是实现供应链管理战略目标的基础。

在供应链环境下物流管理具有以下特征。

（1）物流组织网络化。供应链上各企业组织之间通过建立合作关系而形成的组织关系网络，主要表现为以供应商、制造商、配送中心、销售商和顾客等组织为节点，以信息联系和物流配送为纽带的物流网络。

（2）物流管理一体化。在供应链环境下，各企业的物流活动通过企业之间合作关系与信息共享组成物流系统，因此，对供应链环境下各企业的物流活动必须进行统筹管理，实现管理一体化。

（3）物流运作柔性化。供应链管理的最终目标是满足顾客需求，而顾客的购买能力和对物流服务需求之间存在明显差异，因此，需要物流服务提供商能够按照多品种、小批量、多批次、快速响应的特点，灵活组织和实施物流作业以适应顾客需求多样化。

（4）物流要素标准化。在供应链中，物流活动从供应方到达需求方，需要经历供应商、制造商、销售商和顾客等不同企业，为使物流活动顺畅进行，物流各要素即物流信息（存储、传递）、物流器具（托盘、集装箱）和物流作业（装卸、运输）必须进行标准化处理。

（5）物流过程信息化。物流管理一体化和物流运作柔性化，无疑都离不开信息共享和信息技术的支持，通过信息共享，供应商、制造商、销售商和顾客之间可以有效沟通物流订单信息，实现运输路径、库存管理、分拣作业、配送调度等决策的科学化和实时化。

（6）物流服务社会化。为提高供应链的核心竞争力，供应链管理要求供应链上各企业集中发展其核心业务，物流业务外包给第三方专业物流企业承担并与其形成合作伙伴关系，以减少库存降低成本。

1.3.3 供应链中物流管理价值

物流通过对产品移动和存储来增加产品的经济价值，增加价值的主要方式是加强空间效用、时间效用和数量效用。

（1）空间效用。物流通过将产品从生产地点移动到需求地点消除供需之间的空间距离，创造了产品或服务的空间效用。空间效用突破了市场的有形界限，从而增加了商品的经济价值。物流主要通过运输计划、运输作业和运输调度产生空间效用。

（2）时间效用。由于顾客不仅要在需要的地点获得产品或服务，而且必须在他们需要的时间内获得产品或服务，因此，只有通过在特定时间的某个需求地点拥有产品或服务，才能使产品或服务增加时间效用或经济价值。物流通过适当的存货维护、产品快速运输以及产品和服务的战略设定产生时间效用。

（3）数量效用。为满足顾客需求不仅要求将产品及时地送达正确的目的地，而且要求按照正确的数量送达，于是就产生了数量效用。因此，物流必须要在正确的时间、按照正确的数量将产品送达到正确的地点，从而增加产品的效用和经济价值。物流通过生产预测、生产调度和库存控制来创造数量效用。

在供应链环境下，物流管理通过空间效用、时间效用和数量效用使供应链所提供的产品和服务能够更好地满足顾客在任何地点、任何时间和任何数量的需求。物流的空间效用利用运输计划、运输作业和运输调度使供应链提供的产品和服务能够满足不同区域的物流需求，时间效用利用仓储计划、仓储作业和库存控制使供应链提供的产品和服务能够满足不同时间的物流需求，数量效用利用生产预测、生产计划、生产调度和库存控制使供应链提供的产品和服务能够满足顾客的产品需求数量。

1.3.4 物流管理目标与策略

供应链运作是否成功是由供应链为所选择的目标市场提供的顾客价值水平决定的。顾客价值是顾客购买和体验产品或服务等相关行为之后的总收益与所发生的总成本之比，即

$$顾客价值=\frac{总收益}{所有权总成本}$$

顾客购买和体验产品的总收益主要由产品质量和顾客服务所决定，所有权总成本主要由产品价格及顾客使用产品的生命周期内各成本构成的顾客交易总成本与产品交付时间所决定。因此，顾客价值又可以表示为

$$顾客价值=\frac{产品质量\times顾客服务}{交易成本\times交付时间}$$

其中，产品质量是指产品的功用、性能及技术规格；顾客服务是指产品的可获性、对顾客的支持以及对顾客的承诺；交易成本是指产品的销售价格及产品寿命周期内的使用成本；交付时间是指对顾客需求做出反应的时间。

提升顾客价值不仅是供应链管理的目标，更是物流管理的目标。物流管理与供应链管理对顾客价值的作用如图 1-12 所示。

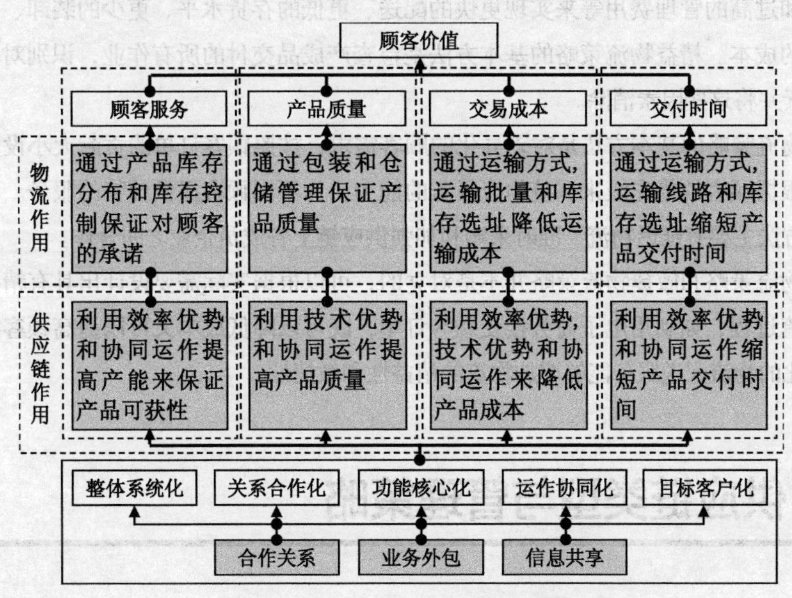

图 1-12 物流与供应链管理对顾客价值的作用

虽然，供应链上各成员企业之间通过业务外包、合作关系和信息共享使供应链系统能够利用技术优势、效率优势和协同运作快捷地提供质量最佳、成本最低的产品，但是，要使这样的产品能够提升顾客价值却离不开物流管理。利用物流的包装和仓储职能可以使供应链提供的产品在交付顾客之前其质量得到保证；通过运输方式的合理选择和

运输批量的合理分配可以减低运输成本；通过运输线路的合理安排、快捷运输方式的有效利用可以缩短产品交付时间；通过产品库存分布和库存控制可以保证对顾客的承诺，提高产品的可获性。

尽管物流管理对产品质量、顾客服务、交易成本和交付时间等顾客价值要素均有影响，但影响程度却不尽相同。物流管理一般可利用包装和仓储职能使产品质量在交付顾客之前得到保证，但不能提高产品质量；同样，通过产品库存分布和库存控制可以提高产品的可得性达到一定水平，但超过这个水平之后就要增加大量库存。可见，物流管理对产品质量和顾客服务的影响程度有限，对于产品的交易成本和交付时间影响程度较大。这是由于单位产品的运输费用和保管费用在产品的交易成本中占有较大比重，产品交付时间不仅取决于供应链的生产效率，更取决于运输线路和运输方式的选择。通过运输批量的分配、运输线路的优化、运输方式的选择以及产品库存的控制不仅可以大幅度降低运输成本，还可以大幅度缩短产品交付时间。因此，物流管理的目标就是在保证产品质量、产品可获性与顾客承诺的前提下降低物流成本，缩短产品交付时间。

降低物流成本，缩短产品交付时间的关键在于实施精益物流策略（Lean Logistics）和敏捷物流策略（Agile Logistics）。精益物流策略的本质是在保证顾客服务水平的同时使用更少的资源，如人力、设施、时间、存货和设备等。敏捷物流策略的本质是对不同或变化的环境迅速做出反应，为顾客提供高品质的服务。

精益物流策略通过坚持不懈地消除供应链中的浪费如生产过剩、滞留、不必要的移动、能力闲置和过高的管理费用等来实现更快的配送、更低的存货水平、更少的装卸、更短的移动和更低的成本。精益物流策略的基本方法是检查产成品交付的所有作业，识别对顾客没有价值的因素并将这些因素消除。

敏捷物流策略的基本方法是对差异化的顾客需求，按照顾客订单的贡献大小设置顾客优先级，并根据顾客的优先级来调整物流服务的能力，为不同顾客提供独特的服务。增强物流敏捷性的方法主要有延迟物流、准时采购和加强供应链上各成员企业之间合作。

精益物流策略和敏捷物流策略并不是对立的，可以根据实际需要设计出具有精益和敏捷特性的物流过程，如利用电子商务接受顾客订单，既可以降低成本又可以提高顾客满意度；利用专业化的物流配送服务能够增加物流的精益性和敏捷性。

1.4 供应链类型与管理策略

1.4.1 基于生产特征的供应链分类

由于供应链的结构复杂性，使得供应链可以按照多个视角进行分类。其中，具有重要意义的分类是按照产品生产特征对供应链的分类，这种分类可以反映出供应链的市场需求特征、运作模式特征和管理策略。基于产品生产特征的供应链类型如图 1-13 所示。

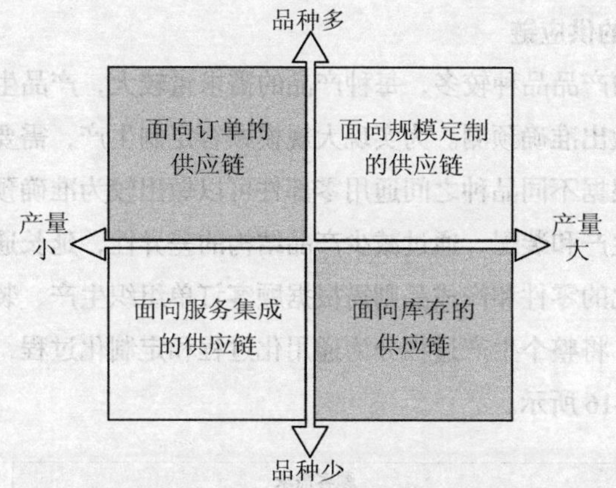

图 1-13 基于生产特征的供应链类型

1．面向订单的供应链

这种类型供应链的产品品种较多，每种产品的需求量较小，产品生命周期较短，为创新性产品，较难对这样的产品市场需求做出准确预测。由于产品市场需求难以预测，因而，需要根据顾客订单开展供应链运作过程，其运作过程如图 1-14 所示。

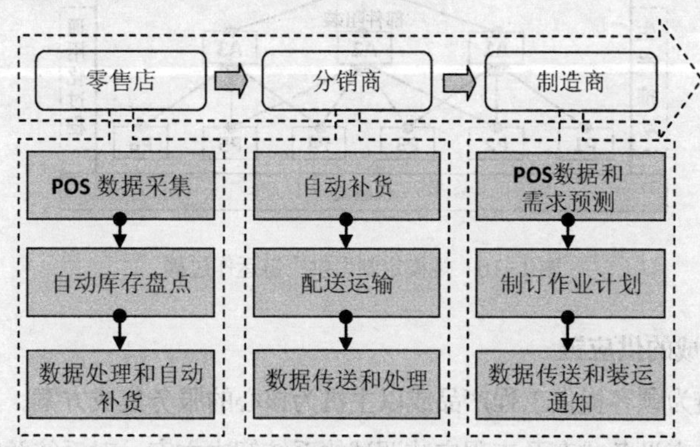

图 1-14 订单型供应链运作过程

2．面向库存的供应链

这种类型供应链的产品品种较少，每种产品的需求量较大，价格较为稳定，为大众化功能性产品，能够对其做出较为准确的预测。由于产品市场需求能够准确预测，因而，可以根据市场需求预测开展供应链运作过程，其运作过程如图 1-15 所示。

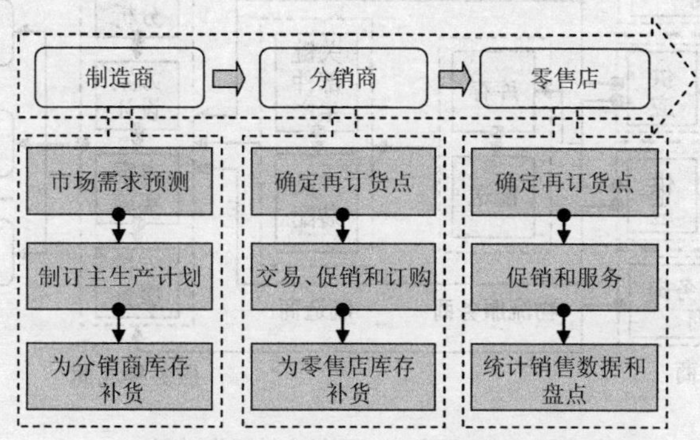

图 1-15 库存型供应链运作过程

3．面向规模定制的供应链

这种类型供应链的产品品种较多，每种产品的需求量较大，产品生命周期相对较短，较难对产品的市场需求做出准确预测。为实现大规模顾客定制生产，需要对产品进行模块化设计和标准化设计，并根据不同品种之间通用零部件可以做出较为准确预测的特点对通用零部件按照市场预测组织生产和装配，通过减少产品结构的差异性，延长通用化过程，可形成规模经济。而对于差异化的零件和产成品则需根据顾客订单组织生产、装配、包装及配送，实现定制化服务。这样，将整个生产过程分为通用化过程和定制化过程，两个过程的结合面被称为延迟边界，如图 1-16 所示。

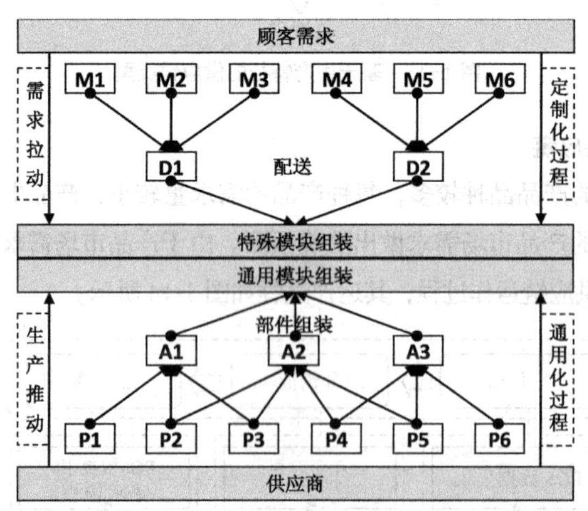

图 1-16　规模定制型供应链运作过程

4．面向服务集成的供应链

这种类型供应链为顾客提供工程产品或以主机为核心的服务集成方案，其主要形式有为顾客提供自产主机，负责设备成套及工程安装调试的系统解决方案；对系统关键设备运行过程提供远程监控和故障诊断的实时监控；专注于各层面的信息系统设计、实现和服务的信息服务方案。供应链的运作过程一般是根据顾客提出的需求进行需求分析、方案设计、方案实施和方案运行维护等，因此，生产周期较长，产品价格和利润都较高，其运作过程如图 1-17 所示。

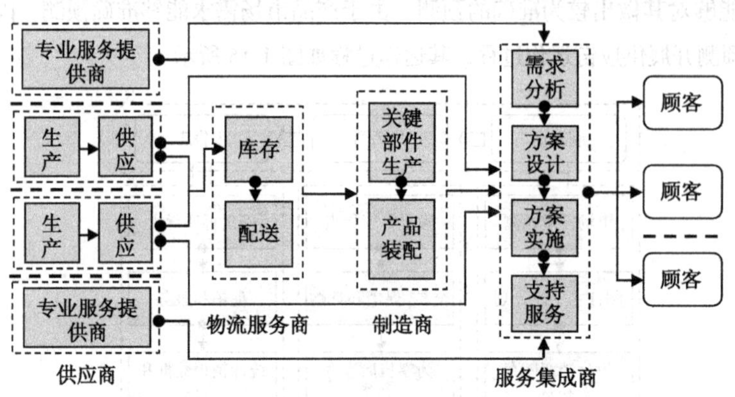

图 1-17　服务集成型供应链运作过程

对于不同类型供应链，其驱动模式、对市场需求变动的反应能力、产品或零部件库存以及产品交付的提前期和生产负荷情况均有所不同，如图 1-18 所示。

由图 1-18 可见，按照供应链的驱动模式可分为生产推动型供应链、需求拉动型供应链和推拉结合型供应链。

	订单型供应链	库存型供应链	规模定制型供应链	服务集成型供应链
驱动模式	需求拉动	生产推动	推拉结合	需求拉动
市场反应	反应较快	反应较慢	反应较快	反应较快
库存量	库存量低	库存量高	零部件库存量高/产品库存量低	零部件库存量低/产品库存量无
提前期	长	短	较短	长
生产负荷	不稳定	稳定	稳定	不稳定
约束条件	资源获取及时交货	市场适应性	产品模块化零部件标准化	组织协调

图 1-18　不同类型供应链比较

在生产推动型供应链中，制造商对整个供应链起主导作用，但由于生产和分销的决策都是根据需求预测得来的，因此，难以用低库存来满足需求波动较大的市场，而且，当预测与市场需求出现偏差时，会导致生产批量变动幅度加剧，容易产生赶工或停产的情况。同时，由于供应链上各成员企业在逐级向上订货时不得不通过提高安全库存以应付需求的不确定性，从而导致整个供应链上的高库存量和需求信息扭曲放大现象产生。

在需求拉动型供应链中，销售商将顾客需求转化为供应链运作的驱动力，通过尽可能提高生产和市场需求的协调一致性（这样生产和分销就能与真正的市场需求而不是预测需求进行协调）来减少供应链上的库存积压，从而降低单件产品成本。为实现生产和市场需求的协调一致，要求供应链上各成员企业之间能够共享信息、相互协同与柔性化运作，实现对市场需求有较强的响应和适应能力。这无疑对物流信息化、组织管理、流程集成和协同运作技术及基础设施要求较高。

在推拉结合型供应链中，根据需求预测事先生产出通用零部件和通用模块，以通用化生产过程实现规模经济；而对差异化零部件和模块将根据顾客订单迅速进行产品的定制化生产过程，及时交付定制产品，以增强企业的快速反应能力。因此，通用零部件和通用模块的规模化生产和运输可降低产品生产成本和运输成本，差异化零部件和模块的定制化生产可降低产品库存，满足顾客个性化需求。

1.4.2 供应链的成长空间

由于不同类型供应链的产品生产特征和市场需求特征不同，其成长空间就具有不同特征。对于面向订单的供应链，由于其产品品种较多，而每种产品生产数量较少，因此扩大市场份额主要依靠增加产品品种；对于面向库存的供应链，由于其产品品种较少，而每种产品生产数量较多，因此扩大市场份额主要依靠增加产品产量；对于面向规模定制的供应链，由于其产品品种较多，而每种产品生产数量也较多，因此扩大市场份额不仅可以依靠增加产品品种，也可以增加产品产量；对于面向服务集成的供应链，由于所提供的服务方案主要是经过需求分析、方案设计和方案实施形成的以自产主机为核心并集成其他产品和服务的系统解决方案，因此，扩大市场份额首先是提升服务方案的顾客价值，以及提高服务方案的适应能力以满足不同顾客需求的差异性。

可见，提高供应链的赢利能力除了降低运营成本以外，订单型供应链主要通过增加产品品种数量来获得；库存型供应链主要通过增加产品产量来获得；规模定制型供应链即可以通过增加产品品种数量，也可以通过增加产品产量来获得。而服务集成型供应链赢利能力的提升不仅可以通过增加自产主机品种数量，也可以通过增加自产主机产量，更可以通过增加服务集成方案的顾客价值来获得。不同类型供应链的赢利能力如图 1-19 和图 1-20 所示。

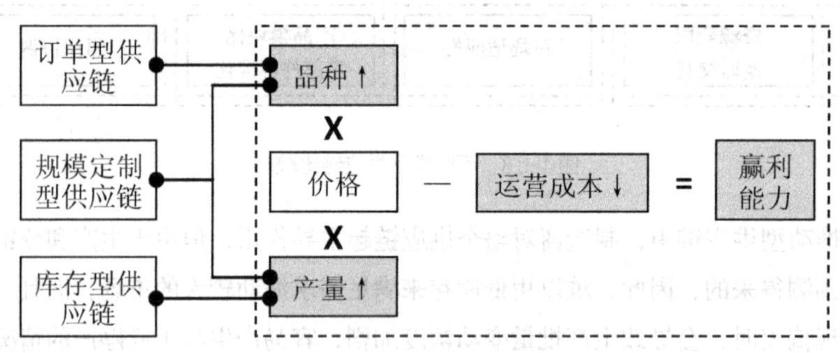

图 1-19 面向订单、库存和规模定制的供应链赢利能力

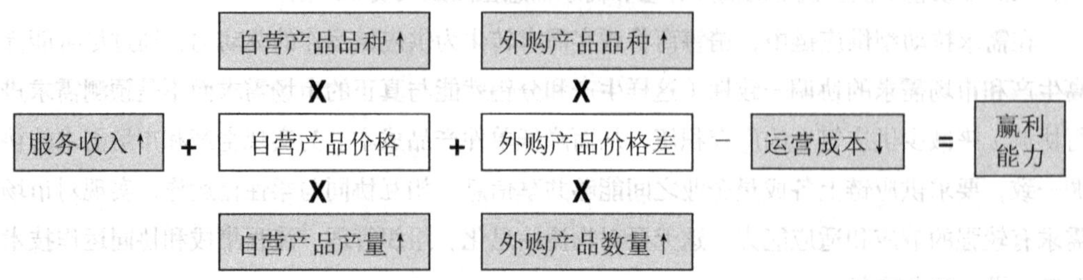

图 1-20 面向服务集成的供应链赢利能力

不同类型供应链之间的转移，一方面是由于科学技术快速发展使同类产品功能趋同化以及产品品牌影响力弱化，导致产品与服务集成已成为应对市场需求差异化的主要途径；另一方面是由于不同类型供应链的市场扩展空间和赢利能力的不同。图 1-21 给出不同类型供应链之间的转移路径。

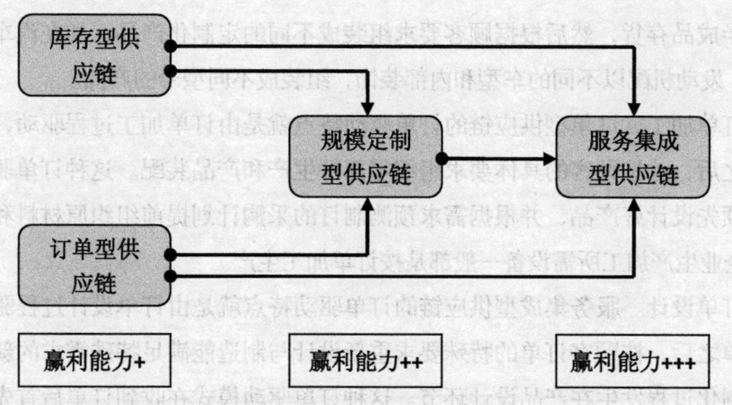

图 1-21 不同类型供应链的转移路径

1.4.3 供应链的订单驱动模式

任何类型的供应链在运作过程中都会受到订货方式和顾客定制化程度的影响。顾客定制化的起始点可以发生在供应链的不同环节上，形成顾客订单分离点。顾客订单分离点（Customer Order Discoupling Point，CODP）是指供应链在运作过程中由基于需求预测的备货生产转向响应顾客需求的按订单生产的转换点或分离界面。按照顾客订单分离点发生在供应链中的不同位置，可以分为按订单销售（Sale-to-Order）产品、按订单装配（Assemble-to-Order）产品、按订单加工（Fabrication-to-Order）产品和按订单设计（Engineer-to-Order）产品等类型，如图 1-22 所示。

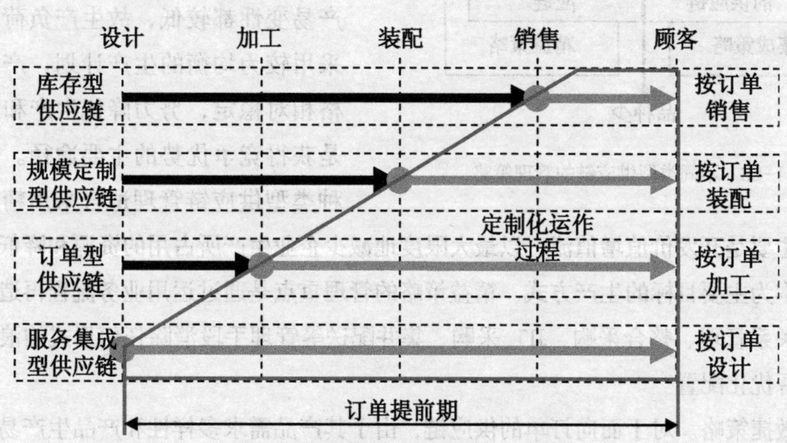

图 1-22 不同类型供应链的订单驱动模式

（1）按订单销售。库存型供应链的订单驱动特点就是由订单销售过程驱动，即只有销售活动是由顾客订单驱动的。这种订单驱动模式的顾客定制化程度很低，产品交付周期短，产品生产过程是根据市场需求预测制订的生产计划组织生产，沿着分销网络逐级推向产品市场，在分销过程中按顾客需求进行订单拼货，实现按顾客订单交货。

（2）按订单装配。规模定制型供应链的订单驱动特点就是由订单装配过程驱动，即产品装配及其下游活动是由顾客订单驱动的。这种订单驱动模式根据需求预测制订的生产计划来组织生产出半成品存货，然后根据顾客要求组装成不同的定制化产品。如在汽车工业中，用相同的底盘、发动机配以不同的车型和内部装饰，组装成不同型号的产品。

（3）按订单加工。订单型供应链的订单驱动特点就是由订单加工过程驱动，它是在收到顾客的订单之后，才按顾客的具体要求组织零部件生产和产品装配。这种订单驱动模式是根据市场需求预先设计好产品，并根据需求预测制订的采购计划提前组织原材料和外购件的采购，如许多企业生产加工所需设备一般都是按订单加工生产。

（4）按订单设计。服务集成型供应链的订单驱动特点就是由订单设计过程驱动，它是在收到顾客订单之后，按顾客订单的特殊要求重新设计与制造能满足特殊需求的新零部件或整个产品，定制化过程发生在产品设计环节。这种订单驱动模式在收到订单后首先要进行工程图设计，然后选择供应商，组织原材料和外购件采购、零部件加工及产品装配。其生产周期长，运营管理的重点是如何缩短产品交付周期。

1.4.4 供应链管理策略

由于不同类型供应链的产品市场需求特征和生产运作特征不同，其适用的管理策略也就不同。不同类型的供应链适用的管理策略如图 1-23 所示。

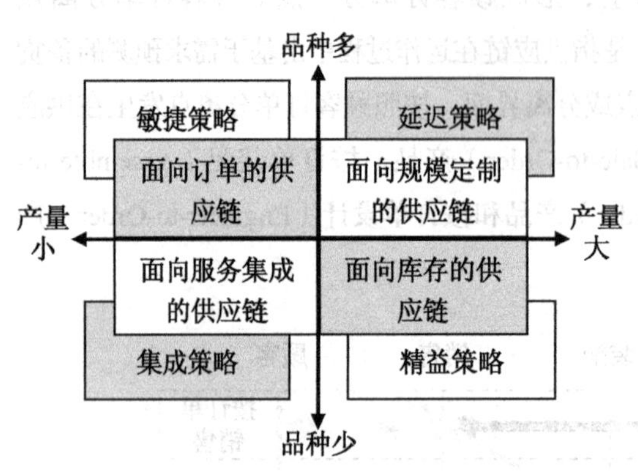

图 1-23　不同类型供应链的管理策略

（1）精益策略。对于面向库存的供应链，由于其产品需求多样性和产品生产易变性都较低，故生产负荷稳定，可采用较为均衡的生产计划，产品市场价格相对稳定，努力降低生产和配送成本是获得竞争优势的主要途径。因此，这种类型供应链管理适合采用精益策略。精益策略主要是开发价值增值流，以最大限度地减少企业生产所占用的资源和降低企业管理和运营成本为主要目标的生产方式。精益策略的管理重点是通过运用业务流程再造、信息共享、合作关系管理、整合采购、JIT 采购、集并配送等管理手段消除任何形式的浪费以实现供应链资源优化配置。

（2）敏捷策略。对于面向订单的供应链，由于其产品需求多样性和产品生产易变性都较高，故提高供应链的市场应变能力是获得市场竞争优势和适应市场不确定性的主要途径。因此，这种类型供应链管理适合采用敏捷策略。敏捷策略主要是通过整合链上各成员企业资源，使各成员企业及其链上各项业务活动与顾客需求无缝对接，达到低成本、优质服务和快速响应的目标。敏捷策略的管理重点是通过运用业务流程再造、信息共享、合作关系管理、多源组合采购、CPFR（协同规划、预测和补货）技术、直送工位、小批量配送等管理手段协调生产过程与顾客需求实现供应链的快速反应能力。

（3）延迟策略。对于面向规模定制的供应链，由于其产品需求多样性较高和产品生产易变性较低，要求将大规模生产与定制化过程相结合，而缩短定制化过程则是提高生产效率、降低生产成本，并满足顾客个性化需求的关键所在。因此，这种类型供应链管理适合采用延迟策略。延迟策略主要是将生产过程中不同产品需求中相同程序的制作过程尽可能最大化，定制需求的差异化制作过程尽可能被延迟。延迟策略的管理重点是通过产品模块化、零部件标准化和通用化，尽可能推迟不同类别产品的差异点生产时间，使产品装配延迟到顾客下达订单后来执行，以实现低成本、定制化和快速反应能力。

（4）集成策略。对于面向服务集成的供应链，顾客需求的个性化与关联化要求服务集成商充分发挥智力资源的核心价值以提供最佳服务方案。因此，这种类型供应链管理适合采用集成策略。集成策略主要是针对顾客的关联需求，进行需求分析和服务方案设计，将产品与服务进行集成，使顾客价值得到满足而采用的策略。其管理重点是通过将营销、设计、制造、采购、管理等人才组成学习创新型团队，设计以自主核心产品与关联产品或服务集成为载体的服务集成方案来实现顾客价值最大化，其原理如图 1-24 所示。

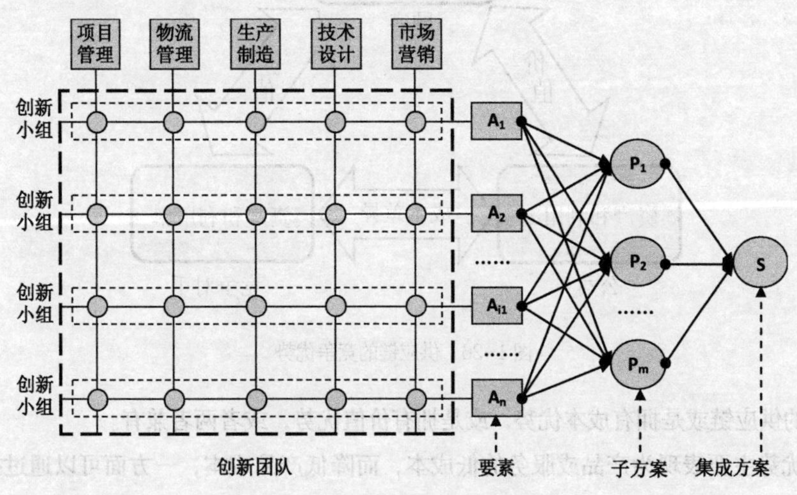

图 1-24　集成策略原理

对于不同类型的供应链，其管理策略的管理目标、管理重点和关键管理流程有所不同，如图 1-25 所示。

	敏捷策略	精益策略	延迟策略	集成策略
管理目标	服务水平最大化	运营成本最小化	成本与服务均衡化	顾客价值最大化
管理重点	快速反应能力	资源配置	模块化设计	服务集成方案设计
关键流程	订单履行	供应链计划	生产过程重组	智力资源管理
不足之处	获取资源和及时交货的风险	库存占用的流动资金较大	产品模块化设计水平要求较高	组织协调复杂

图 1-25　供应链管理策略比较

1.5 供应链的竞争优势

1.5.1 竞争优势

一个供应链的竞争优势源于比竞争对手更容易赢得顾客的偏爱。这就要求一方面供应链通过各成员企业的功能核心化以及优势互补获得标新立异的能力，能够为顾客创造更多的价值；另一方面，供应链通过各成员企业之间合作关系以及协同运作，能够获得比竞争对手更低的运营成本以及因此获得的高额利润，如图 1-26 所示。

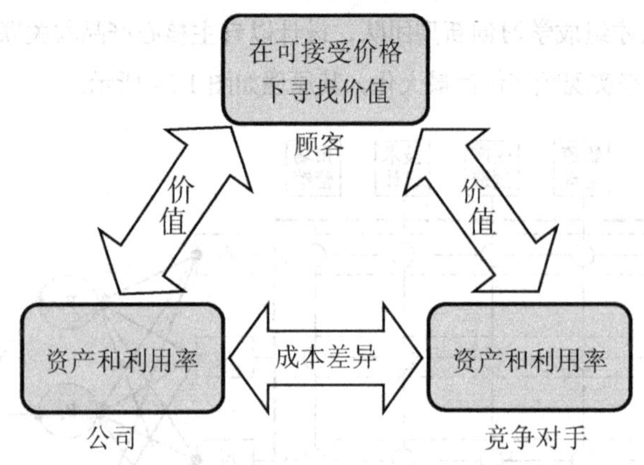

图 1-26 供应链的竞争优势

成功的供应链或是拥有成本优势，或是拥有价值优势，或者两者兼有。

成本优势主要表现为产品或服务的低成本，而降低产品成本，一方面可以通过扩大产量使每种产品均摊的固定成本减少，另一方面可以通过物流与供应链管理降低单位产品的变动成本。

价值优势赋予自己的产品或服务一些截然不同的价值。产品被购买不是因为产品本身，而是因为产品为顾客所提供的价值。不同顾客群体对利益、价值的需求存在差异性，特定顾客群体所感受到的某种产品不同于其他产品提供的价值，一方面取决于该种产品的质量、特性和功能，另一方面取决于该种产品品牌、企业形象或顾客服务等。然而，由于科学技术快速发展导致产品功能特性的趋同化，以及产品品牌或企业形象的力量弱化，使得技术支持和顾客服务成为供应链能够获得价值优势的主要手段。因此，具有价值优势的供应链通常就是服务领先者。

一个供应链可以根据其价值优势和成本优势情况在竞争优势分类矩阵中进行竞争优势定位，如图 1-27 所示。

处在矩阵左下方的企业，一方面它们所提供的产品或服务与竞争对手差异较小，另一方面它们又不具备成本优势。在这种状况下，或者是向矩阵的右边转移成为成本领先者，或者是向上转移成为服务领先者。成本领先者制定策略的基础是由销售量带来规模经济效益。但是，依靠销量和规模增加来取得成本优势的幅度会越来越小，因而需要依靠供应链管理。企业总是希望成为成本和服务领先者，位于该位置的企业既具有成本优势，又能提供有特色的产品，而且，竞争对手很难对处于该位置的企业构成威胁。

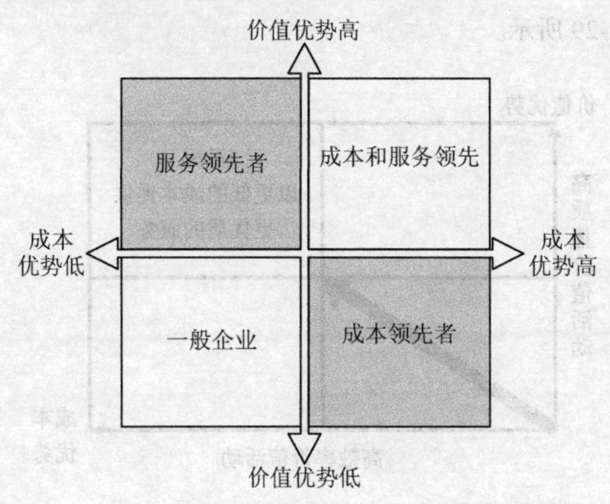

图 1-27　供应链的竞争优势定位

1.5.2　竞争优势来源

一个供应链要成为成本和服务领先者首先要成为一个高质量的价值链。

迈克尔·波特（Michael Porter）认为，价值链是由一系列相关价值活动组成，每个价值活动不仅要对企业在市场中确定成本地位卓有贡献，也要为创造产品或服务的差异性贡献一定的价值。每个价值活动都产生一个独立的价值，而所有价值活动结合起来产生的总价值大于其单独产生价值的总和，其增加的价值即为增值。增值越大，企业得到的利润就越多。价值活动分为由进向物流、生产运作、去向物流、市场营销和顾客服务等构成的基本价值活动和由人力资源、财务管理、技术开发和采购等构成的支持性价值活动。

企业要获得竞争优势就要在实施每个价值活动时尽可能提高效率、降低成本，至少要比竞争对手做得更好。如果不能做到，企业就应该考虑将这个价值活动外包给那些可以提供成本优势或价值优势的专业企业。这样，构成价值链的相关价值活动就会扩展到整个供应链上相关企业，使供应链成为价值链，如图 1-28 所示。在供应链上任何企业都无法独立完成创造整个产品价值的任务，只有它们相互合作才能够完成。

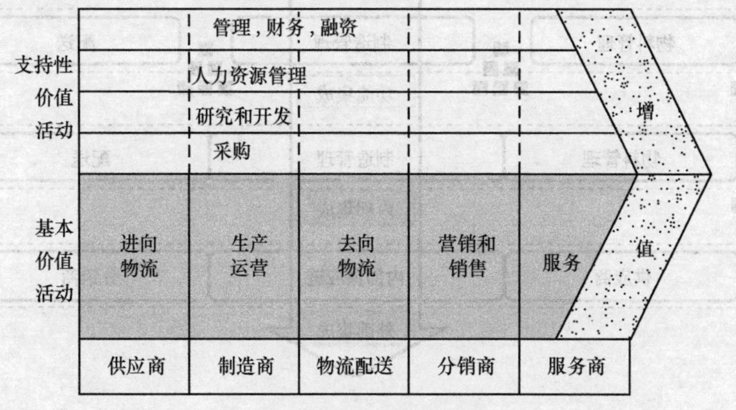

图 1-28　基于供应链的价值链

因此，一个供应链要成为成本和服务领先者必须按照高质量与高效率的价值活动要求，通过业务外包、优势互补、战略合作和信息共享，对供应链上相关企业的业务活动进行整合才能达到目标，如图 1-29 所示。

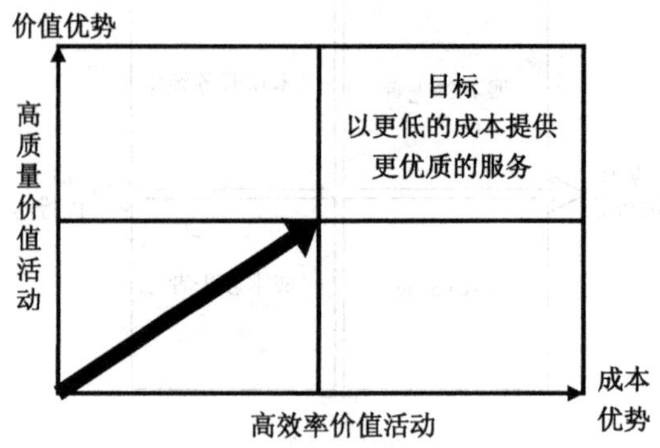

图 1-29　供应链的竞争优势来源

1.5.3　获取竞争优势

供应链集成作为获取竞争优势的根本途径就是基于共同的目标和利益，对供应链上各成员企业的业务活动通过业务外包、战略合作和信息共享以及优化集成，使得从原材料采购到产品生产再到产品交付的整个过程实现无缝衔接。

供应链集成主要就是对供应链上各成员企业的相关业务流程进行流程再造（BPR）和业务外包进行流程优化，通过信息共享、同步计划、供应商管理库存（VMI）、协同规划预测补库（CPFR）等实现协同运作。因此，成功的供应链集成，首先需要各结点企业共同认识到最终顾客的服务需求水平，共同确定在供应链中库存的位置及每个库存点的存货量，共同制订把供应链作为一个实体来管理的政策和程序等。供应链集成过程一般要经历基础建设、物流功能集成、内部供应链集成和外部供应链集成等阶段，如图 1-30 所示。

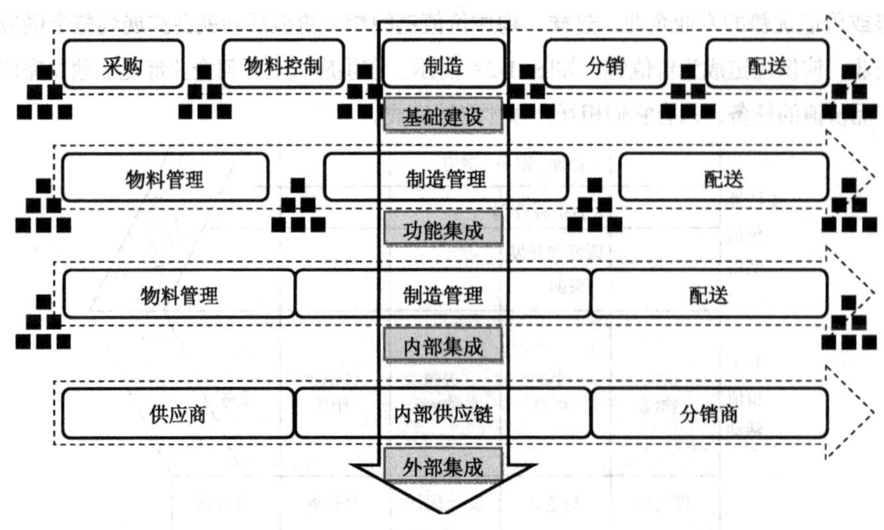

图 1-30　供应链集成过程

在基础建设阶段，企业要对供应链的运作现状进行分析和总结，分析企业内部对供应链管理的有利和不利影响因素，并对企业的市场机遇和环境不确定性进行分析和评价，发挥已有优势，抓住市场机遇，克服自身不足，完善企业的供应链。

在功能集成阶段，企业要围绕核心职能对物流过程进行集成，对相关组织进行业务流程重构，实现职能部门的优化集成。建立交叉职能小组，参与流程重构项目计划和实施，提高职能部门之间的合作。

在内部集成阶段，对企业直接控制的领域要通过构建新的交叉职能业务流程进行优化集成，实现企业内部供应链与供应商和顾客管理的集成，形成以顾客需求和高质量预测驱动的内部集成化供应链。在这一阶段，主要考虑在内部供应链上优化资源配置，以最低的成本和最快的速度满足顾客需求，提高企业的运作柔性。

在外部集成阶段，企业要注重战略伙伴关系管理。强调以面向供应商和顾客取代面向产品，增加与主要供应商和重要顾客的联系，相互之间保持一致性，实现信息共享等。为了达到与外部供应链的集成，企业必须采用适当的信息技术，使企业内部的信息系统能够与外部供应链节点企业实现信息共享和信息交互提供接口，达到相互操作的一致性。

本章小结

本章讨论了供应链管理和物流管理的概念、特点、分类、作用、目标和策略。

1．供应链管理

供应链概念：通过对信息流、物流、资金流控制将相关的供应商、制造商、仓库和销售商等有效地结合成一个整体所形成的网链型企业组织。

供应链特点：主要有系统集成性、信息共享性、快速响应性、利益协同性、组织虚拟性和结构复杂性。

供应链类型：主要有库存型、订单型、规模定制型和服务集成型。其中，库存型属于生产推动型供应链，订单型和服务集成型属于市场拉动型供应链，规模定制型属于推拉结合型供应链。

供应链管理概念：运用集成管理思想和方法对供应链的信息流、物流、资金流进行合理计划、协调与控制，实现在正确的时间、地点，将正确的需求按照正确的数量交给正确顾客的过程。

供应链管理思想：把供应链看作一个完整的运作过程对其按照整体系统化、关系合作化、功能核心化、运作协同化和目标顾客化进行集成化管理。

供应链管理特点：从企业的职能管理转向过程管理；从企业的产品管理转向顾客管理；从企业间的交易性管理转向关系性管理；从企业物质管理转向信息管理。

供应链管理优势：成功的供应链或是拥有成本优势，或是拥有价值优势，或者两者兼有。获得优势的途径是基于共同的目标和利益对供应链上相关企业的业务活动进行业务外包、战略合作和信息共享以及优化集成。

供应链管理目标：供应链运营成本最小化，顾客服务最优化，反应时间快速化和产品质量最佳化。

供应链管理策略：主要有精益策略、敏捷策略、延迟策略和集成策略。敏捷策略目标是服务水平最大化，适用于订单型供应链；精益策略目标是运营成本最小化，适用于库存型供应链；延迟策略目标是成本与服务均衡化，适用于规模定制型供应链；集成策略目标是顾客价值最大化，适用于服务集成型供应链。

2．物流管理

物流概念：物品从供应地到需求者的物理性转移活动。

物流活动：主要包括采购、订单拣选、运输与配送、仓储、库存控制、包装、装卸搬运和物流信息。

物流管理概念：以满足顾客需求为目的，对原材料、在制品、产成品以及相关信息从供应地到消费地的高效率、低成本流动和存储进行的计划、实施和控制。

物流管理特点：主要是物流组织网络化、管理一体化、运作柔性化、要素标准化、过程信息化和服务社会化。

物流管理效用：主要有空间效用、时间效用和数量效用。通过物流管理效用使供应链所提供的产品和服务能够满足不同时间、不同地点所发生的顾客需求。

物流管理目标：在保证产品质量、产品可获性与顾客承诺的前提下降低物流成本，减少产品交付时间。

物流管理策略：主要有精益物流策略和敏捷物流策略。

复习与思考

1. 供应链管理的关键之一是实现企业内容及企业之间资源的集成，由此意义出发，分析Internet在供应链管理中的重要地位。

2. 电子商务成为 21 世纪最主要的商业模式之一，它为企业传统的业务流程带来巨大变革。请阐述供应链管理对我国企业成功实施电子商务的重要意义。

3. 如何理解库存型和订单型供应链之间的区别？在目前市场竞争激烈、顾客化需求日益明显的情况下，哪种供应链具有更大的适应性？试阐述你的观点。

4. 如何理解英国著名供应链专家马丁·克里斯多夫所说的“21 世纪的竞争不是企业和企业之间的竞争，而是供应链与供应链之间的竞争”？

5. 考察一下从苏果便利店购买一瓶饮料的情形。描述这个供应链所涉及的不同企业以及所涉及的供应链物流管理活动。

6. 举例说明物流在供应链中的地位，阐述供应链管理环境下物流网络的特点。

7. 简述供应链管理与物流管理的区别。

8. 如何实现供应链管理与物流网络的整合？

9. 如何理解供应链管理中的不确定性？它对供应链管理会产生怎样的影响？作为一个供应链执行经理，你如何控制供应链运作过程中的不确定性？

10. “精益物流”是精益化生产的延伸，它由丰田汽车集团首先提出并运用于实践，主要体现了物流流程中的成本控制和最优化流程，通过运用 JIT 的思想以实现“零库存”的最佳目标。同时“精益物流”也代表了日本企业对物流的要求和发展方向。谈谈“精益物流”的特征，并阐述如何在中国企业实施“精益物流”。

11. 供应链上存在有推动流程和拉动流程，这两种流程分别由什么条件启动？戴尔公司的供应链上是否同时存在这两种流程？若同时存在，则两种流程的边界在哪里？

课后案例

利丰集团的分销服务模式

香港利丰集团是香港最大的商贸公司，物流分销业务是利丰于 1998 年新设的业务板块。2010 年 10 月，利丰集团整合资源对分销业务进行了重新定位，利用贸易、物流及分销业务相互连接的三个业务板块，强化利丰集团的一站式供应链解决方案以确保利丰未来的成长空间。

利丰集团整合分销服务模式中包含合约生产、市场推广和物流服务三大核心业务。这三大核心业务构成一条从原材料到成品运输、再到销售给最终消费者的完整供应链。

（1）合约生产。当公司接到某一服装零售商十万件成衣的订单时，公司不会直接从某一个国家或地区采购，而是先对生产过程进行分解（美国在这方面设计做得好，就在美国设计）；同时分别在缅甸采购纱线、由日本方生产亮片、在韩国制造衬里、在法国制作皮革、在意大利生产拉链、在奥地利订购水晶；最后把所有的原材料运到中国组装。

（2）市场推广。利丰分销业务的市场推广服务主要包含以下六点：一是提供产品进入新市场的途径，二是扩展产品的分销范围，三是品牌产品的销售和理货管理，四是通路营销管理，五是产品销售渠道管理，六是掌握并提供对产品、顾客以及地区分布有重要影响的市场情报和本地化知识。

（3）物流服务。利丰的物流服务主要由旗下英和物流承担。英和物流是经营外包物流服务的第三方物流公司，提供从制成品出厂直至经销商和零售商这段供应链的物流服务，它除了为利丰的产品提供外包物流工作外，还为其他公司提供第三方物流服务。

近年来，香港利丰集团又提出了供应链管理领域的新概念。

第一，利丰的分销业务从纵向对服务项目进行专业化分工，以市场推广、批发销售和物流服务为主，并辅之以相适应的生产和加工活动，为所代理的产品提供一站式的配套生产、市场推广和物流服务；从横向为顾客提供“镶入式”的服务产品，不仅代表供货商接触并组织当地的零售商或批发商，而且还要监察和密切关注消费者对产品的需求，进行市场推广，使顾客的外包环节与非外包环节无缝连接。

第二，作为网络核心者，利丰分销运用集成的管理哲学理念和方法，协调与整合供应链成员企业，与成员企业紧密合作，使产品进入市场各个角落，并保持充足的供应。利丰建立一种多层次的供货商网络，对供货商的数量要求贵精不贵多。它致力于与供货商建立一种长期和互惠互利的合作伙伴关系，通过提供信息反馈和教育培训支持，促进供货商改善产品质量，参与供货商的产品设计和质量控制过程。

第三，以顾客为导向提供多元增值服务。利丰的分销业务以顾客为导向提供三个层面的基本服务：简单的销售功能；完整的市场服务功能，包括进口、处理订单、管理存货和融资等一系列的服务；对整条供应链的管理功能，包括组织资源、购买、生产、销售和营销、财务与后勤管理。利丰的分销业务还提供合约生产、通路营销管理、品类管理、存货管理、信息披露、生产质量监管等多元增值服务。利丰还与顾客合作，一同开发和改造产品，以适应当地消费者的需求。

第四，有效利用先进的信息系统。利丰非常重视收集、处理和利用市场信息，除统计销售数据外，市场人员在销售的同时还直接到销售点现场采集第一手的市场信息，以便了解公司、合作批发商及竞争对手的表现。利丰的分销业务经理利用这些信息，可以让供货商实时了解供货和市场趋势，从而使双方可共同制订供销策略。

第五，建立一个紧密合作、共担风险、共享利益的共同体。首先，利丰利用发达的物流服务网络、先进的信息系统、经验丰富的专业团队以及良好的企业信誉等企业内部资源，对企业供应链环节尽可能地渗透，使企业把供应链环节中非核心竞争力业务外包给本公司；其次，它有效地利用外部资源，把自己的非核心业务外包给专业公司，从而更有效地集中核心优势为顾客提供服务。

案例思考题

（1）合约生产模式如何优化利丰集团供应链管理效益的？

（2）利丰采用物流外包的模式其利弊体现在哪些方面？

资料来源：摘自中国管理案例共享中心

第2章 供应链战略选择与设计

先导案例

MGT的敏捷供应链战略

MGT厦门有限公司成立于2003年12月，是MGT集团下属的全资子公司。通过分析需求端和供应端的性质，管理团队认为供应链的整体不确定性较高，供应链的环节较多，极易产生所谓的供应链“牛鞭效应”。为了有效地克服这一矛盾，公司管理层认为敏捷供应链是最适合成为新工厂的供应链战略。

1．根据需求特点划分产品类型，区分运作模式

为了达到敏捷供应链的要求，公司将流量控制系统产品一分为三：第一类是稳定订购产品；第二类是多次订购产品；第三类是少量订购产品。

稳定订购产品是指对于近五年内各年需求波动均低于50%的产品，公司决定在工厂储备约等于半年订购量的成品库存，半年的高值长周期零件库存，并通过长期协议在高值长周期零件的供应商处储备了半年的零件库存和一定的原材料库存，采用由订单驱动发货和组装的运作模式，确保在收到顾客订单的一周内完成备料，三周内完成生产。

多次订购产品是指对于近五年内年需求波动超过50%，但各年均有采购的产品，公司决定在工厂储备半年的高值长周期零件库存，并通过长期协议在高值长周期零件的供应商处储备三个月的零件库存和一定的原材料库存，采用由订单驱动组装制造的运作模式。确保在收到顾客订单的三周内完成备料，五周内完成生产。

少量订购产品是指对于五年内需求波动超过100%的产品，公司不准备任何库存，只通过长期协议在供应商处储备一定的高值原材料库存，严格采用顾客订单驱动生产采购的运作模式。对于低值长周期的零件，公司储备一年半的库存以提高响应速度，而对于短周期的零件，无论其价值高低，公司采用即需采购配合少量安全库存的供应模式。

2．整合高值原材料类型，降低库存风险

工程部门对所有高值零件的原材料进行了整合，结果将原材料的种类降低了近80%。因此，公司要求本地供应商为每种整合后的原材料都储备一年的用量，这些原材料的市场通用性和流动性都很好，大大降低了采购的平均时间和成本。

3．供应商的本地化策略

首先，确保零件的持续供应是对供应链的最低要求，对存在中断供应风险的零件必须优先考虑进行本地化采购；其次，计划采购金额决定了该零件本地化采购所带来的价格节约收益；最后，零件的重量大小决定了该零件本地化采购所带来的时间收益，因为重的货物通常通过海运方式进行运输，运输周期长。

资料来源：中国管理案例共享中心

学习目标

- 理解供应链战略特点、战略目标与战略选择过程。
- 理解供应链战略与产品市场需求特征相匹配。
- 了解适合供应链的产品设计策略与选择。
- 了解供应链集成程度、集成模式与选择。
- 熟悉供应链结构设计程序。

供应链战略就是对企业的供应链进行全局的策略性规划。供应链战略关系到一个企业的供应链为有效满足顾客需求应具有的特性、组织形式、网络结构和运作模式。本章主要介绍供应链战略特点、战略目标与战略选择过程；供应链战略与市场需求特征相匹配；适合供应链的产品标准化设计策略与选择，供应商参与新产品开发策略与选择；供应链集成度、集成模式与选择以及供应链结构设计过程。

2.1 供应链战略与战略目标

2.1.1 供应链战略与特点

供应链战略就是从战略高度对企业的供应链特性、结构、组织和运作进行全局性规划，它确定了原材料的获取和运输，产品的制造或服务的提供，以及产品配送和售后服务的方式与特点。供应链战略所关注的重点不是企业向顾客提供的产品或服务本身所产生的竞争优势，而是产品或服务在整个供应链中运动过程所形成的价值链给企业带来的竞争优势。供应链战略具有以下特点。

1．供应链战略是实现顾客价值链的整体战略

在供应链环境下，产品从原材料采购到加工制造再到运输或配送到顾客整个业务过程的各个环节分属于不同企业，而不同企业之间的业务活动是否协同、业务过程是否有效衔接则关系到顾客价值链能否为顾客创造更多的价值。因此，供应链战略的核心是将供应链作为一个整体来选择合适的供应链集成模式实现顾客价值链的无缝衔接。

2．供应链战略是互补性企业之间的联盟战略

供应链战略是以实现基于业务外包的优势互补、密切合作的企业联盟为基础，这个联盟以核心产品、核心资产或核心企业为龙头组成包括原材料、零部件供应商、产品制造商、配送中心、批发商、零售商和顾客的企业联盟。因此，联盟的目标应该是通过建立战略合作伙伴关系来保证不同企业之间业务活动协同和业务过程的有效衔接，实现为顾客创造更多的价值的目的。

3．供应链战略是企业核心能力的强化战略

市场竞争会带来企业竞争优势的变化，这可能使企业依靠自有资源和能力所能达到的目标与期望的战略目标之间存在差异。这就要求企业必须借助于业务外包或寻找优秀的供应商来帮助它在供应链中革新技术、改进质量、提高效率、降低成本，以改善其价值链上的薄弱环节，强化企业的核心能力。因此，供应链战略的关键是设计企业各项业务的内包、外包，以及与承包商之间的合作关系。

4．供应链战略是支持企业战略的职能战略

新产品开发战略是通过改良现有产品或开发新产品来优化现有市场的产品组合，进而扩大市场占有率和增加销售额的战略；市场营销战略是以现代市场营销观念为指导，制订协调一致的产品策略、价格策略、渠道策略和促销策略，通过有计划地组织各项经营活动，为顾客提供满意商品和服务的过程；而供应链战略则关系到企业从原材料到产品生产再到产品配送到顾客的整个“通道”能否将所选择的新产品开发战略和市场营销战略转变为顾客创造价值的产品或服务。因此，供应链战略作为一种职能战略，需要与新产品开发战略以及市场营销战略相互匹配来支持企业竞争战略，其关系如图 2-1 所示。

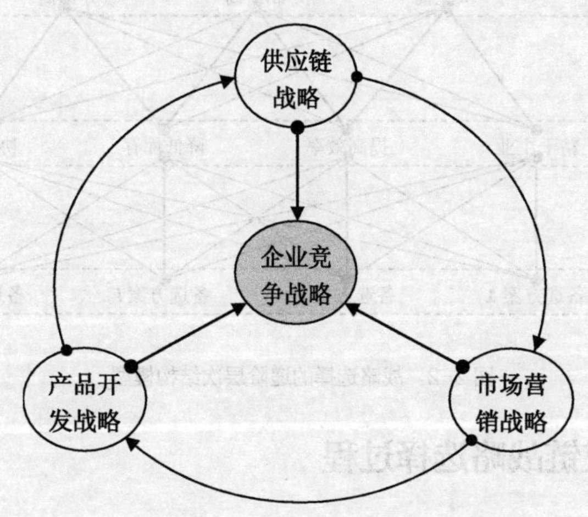

图 2-1　供应链战略地位

2.1.2　供应链战略目标

由于供应链是一个由原材料采购与运输、产品加工与装配、产品配送与服务的方式与特点所确定的，并由物流、信息流和资金流联系的业务流程网络。这使得开发新产品就涉及从原材料采购到产品的加工与装配再到产品配送至顾客的整个供应链；进入新市场或开发新的分销渠道就涉及供应链配送网络的调整。因此，当企业要进入新市场或开发新产品或开发新分销渠道之时，就需要对相应的供应链战略进行选择和对供应链结构进行设计。另外，当企业需要改善产品售后服务水平，提高用户对产品的满意程度，以及降低企业运营成本，提高企业运营效率时，由于涉及供应链的结构调整与资源配置，也需要对相应的供应链战略进行选择和对供应链结构进行设计。

在供应链战略选择与设计阶段，如果不能对供应链战略进行正确的选择并设计出完美的供应链方案，那么，在实际运作中就一定不会达到设计的要求。因此，供应链战略选择应该使供应链结构与顾客需求特性更好地匹配以便为顾客更有效地提供产品和服务并赢得竞争优势，供应链结构设计就应该通过使供应链上各成员企业能够精干主业、提高作业效率、降低库存并与其他企业协同运作，以实现供应链的运营成本最小化、顾客服务最优化、反应时间最短化和产品质量最佳化为整体目标。这样，由供应链战略选择目标、供应链结构设计目标、供应链上各成员企业及其作业目标以及供应链结构设计的备选方案就构成了供应链战略选择与结构设计的目标递阶层次结构模型，如图 2-2 所示。

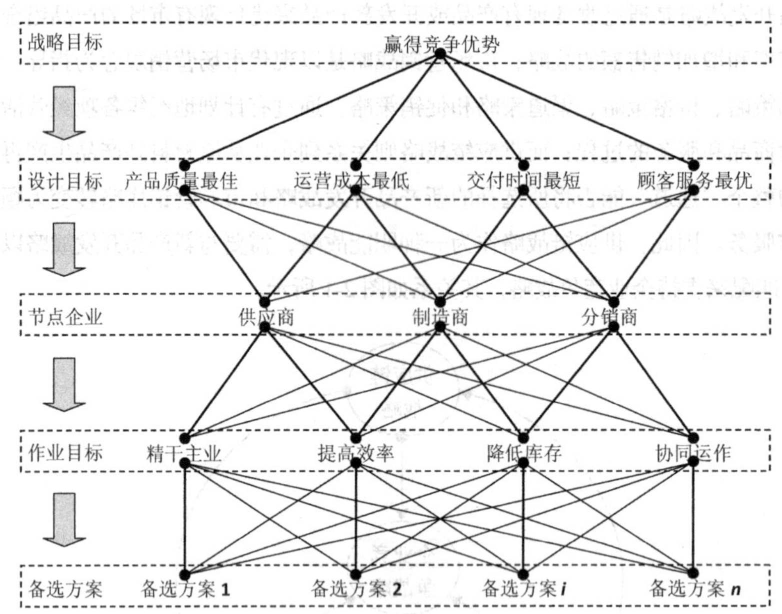

图 2-2　战略选择的递阶层次结构模型

2.1.3　供应链战略选择过程

对供应链进行战略选择并进行结构设计主要包括供应链战略匹配过程、产品标准化设计策略选择过程、供应链集成模式选择过程以及供应链结构设计过程等四个阶段，如图 2-3 所示。

在供应链战略匹配阶段，主要是通过供应链战略确定企业向顾客提供产品的供应链应具有什么样的性能才能与目标市场无缝对接；在产品设计策略选择阶段，主要是选择什么样的产品设计策略才能使产品适合于具有这样性能的供应链；在供应链集成模式选择阶段，主要是根据产品设计策略选择什么样的集成模式才能使供应链具有相应的性能；在供应链结构设计阶段，主要是在明确供应链结构具有的性能，产品所适合的设计策略以及供应链组成模式之后，按照成本最低、时间最短、服务最优和质量最佳的原则对供应链的结构和布局进行优化设计。

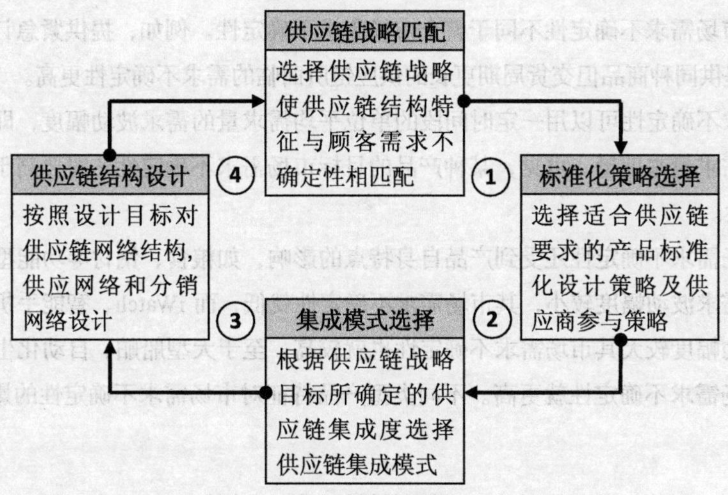

图 2-3　供应链战略选择与结构设计过程

本章后续部分将对供应链战略选择与结构设计过程的四个阶段展开论述。

2.2　供应链战略匹配

2.2.1　市场需求不确定性

企业为了获得赢利都需要向目标市场提供产品或服务，但是其产品或服务能否得到目标市场的认可，首先取决于企业对目标市场需求特征的认识。目标市场需求特征主要是由顾客价值期望、顾客可用资源以及由此决定的顾客对产品的功能、外观和附加服务的要求所确定的。

（1）顾客价值期望。顾客购买产品的目的不是为了产品本身，而是为了其创造的价值。因此，顾客在购买产品之前总是要根据自身的行为习惯和需求偏好对要购买的产品能够带来的顾客价值产生期望，即希望购买具有什么样功能和外观、附带哪些服务的产品。

（2）顾客可用资源。顾客在使用某种产品增加体验的过程中，必然需要顾客自身具备某些条件和能力才能使产品创造顾客价值。例如，一个顾客为了设计创作需要购买一台高性能计算机，那就需要顾客具备某种设计创作能力和一定的购买能力以及具有相应设计创作软件和输出打印设备。

（3）由于不同顾客对所要购买的产品顾客价值的期望不同以及所拥有的可用资源不同，因而，对所要购买的产品功能、外观和附加服务的期望程度也就不同。尽管这种因不同顾客需求差异而表现出的需求特征可用顾客每次需要购买的产品数量、顾客愿意忍受的响应时间、需要购买的产品品种、所需要的服务水平及产品价格等指标来表示，但是，为了使企业能够更深刻认识目标市场需求特征，需要将这些指标转为它们的共性特征指标，即某种产品的目标市场需求不确定性这一衡量指标，而不是产品的整个市场需求不确定性。通常，某种产品的目标市场需求不确定性不同于整个市场需求不确定性。例如，提供紧急订单商品的供应链就要比提供同种商品但交货周期更长的供应链所面临的需求不确定性更高。

市场需求不确定性可以用一定时间段的单位平均需求量的需求波动幅度，即需求量标准差比对平均需求量来度量。可见，某种产品的目标市场需求不确定性一般要高于其整个市场需求不确定性。

目标市场需求不确定性还受到产品自身特点的影响，如粮食、钢材等功能型产品因市场需求量大，需求波动幅度较小，其市场需求不确定性就低，而 iWatch、智能手机等新产品因市场需求波动幅度较大其市场需求不确定性也就较高，至于大型船舶、自动化生产线等工程型产品其市场需求不确定性就更高。不同类型产品特征对市场需求不确定性的影响如表 2-1 所示。

表 2-1　产品特征与需求不确定性

产品特征	功能型产品	创新型产品	工程型产品
产品利润率	低	较高	高
平均预测误差	低	高	非常高
产品改型幅度	低	高	非常高
订单交付时间	短	较长	长
需求不确定性	低	较高	高

目标市场需求不确定性也受到目标市场顾客需求特点的影响，例如，因产品需求变化导致不同顾客需求数量差异越大则其市场需求不确定性就越高，因分散产品数量导致顾客需求的产品种类数越多则其市场需求不确定性就更高，因分散产品需求总量导致顾客获得产品的渠道越多则其市场需求不确定性就更高。目标市场的顾客需求特征对需求不确定性的影响如表 2-2 所示。

表 2-2　顾客需求特征与需求不确定性

顾客需求	需求不确定性增加	需求不确定性减少
需求数量波动范围	增加	减小
订单交付时间	缩短	延长
需求产品种类	增加	减少
产品获得渠道	增多	减少
需求服务水平	提高	下降

目标市场的需求不确定性还受到供需关系的影响，供应不确定性也必然影响到需求不确定性。如果一个企业频繁停产、产品质量合格率较低、供应能力有限及不灵活，那么，将最终影响到目标市场需求不确定性。

2.2.2　供应链结构特征

一个供应链的赢利能力主要取决于供应链的销售收入和运营成本。当市场需求相对稳定时，市场竞争的焦点主要是产品质量和价格。供应链要提高赢利能力，就需要通过消除各种形式的浪费、提高生产效率来降低运营成本。这时可用效率性来衡量供应链满足市场需求的能力。当市场需求波动较大时，市场竞争的焦点主要是产品性能和品种，这时供应链提高赢利能力的主要途径则是依靠扩大销售收入，因而就需要通过缩短产品的交货期、增加产品的品种数量、提高产品的创新性和提供高水平的服务来灵活应对市场需求的波动，这时可用响应性指标来衡量供应链满足市场需求的能力。

反应供应链结构特征的效率性与响应性呈现互反方向变化，这是因为，响应性的增加要付出成本，而成本增加则降低效率，例如，为应对市场需求波动需要增加产品的品种数量和提高产品的创新性，将增加供应链运营成本；相反，提供应链高效率就必须降低成本，减少对创新和服务的投入。供应链的效率性与响应性之间关系如图 2-4 所示。

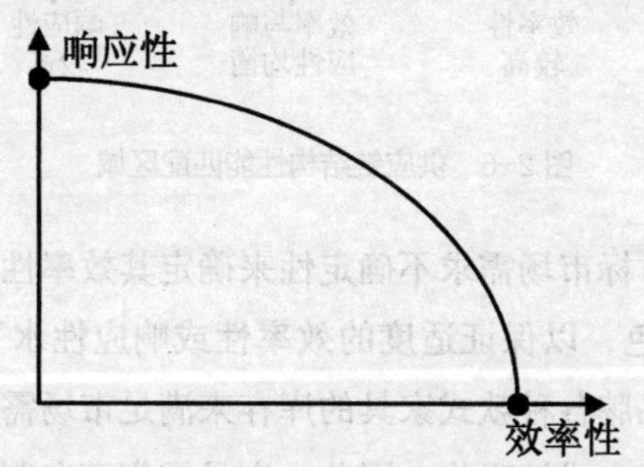

图 2-4　供应链的效率性与响应性之间相互关系

这样，不同类型供应链满足市场需求的能力可用效率—响应性一维指标来统一衡量，图 2-5 给出不同类型供应链的效率与响应性。

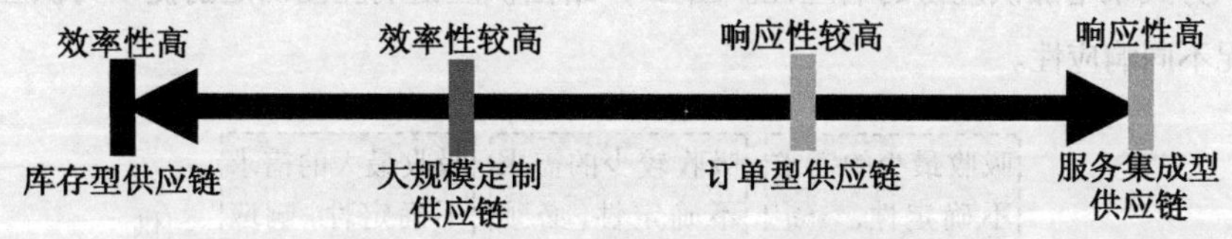

图 2-5　不同类型供应链的效率与响应性

2.2.3　供应链结构性能匹配

为使供应链能力能满足目标市场需求变化，反应供应链能力的效率—响应性指标应该与其目标市场需求不确定性相匹配，即目标市场需求具有高不确定性，则供应链就应该具有高响应性；目标市场需求不确定性低，则供应链就应该具有高效率性。如高性能计算机的市场需求量小，需求不确定性较高，其制造商应该选择设计具有高响应性的供应链，采用柔性生产方式、延迟组装和快速配送来满足这部分市场需求；对于低价计算机，市场需求量大，需求不确定性低，其制造商应该选择设计具有高效率性的供应链，采用大规模生产方式和低成本配送来满足这部分市场需求。这种关系可用供应链结构性能匹配区域来表示，如图 2-6 所示。

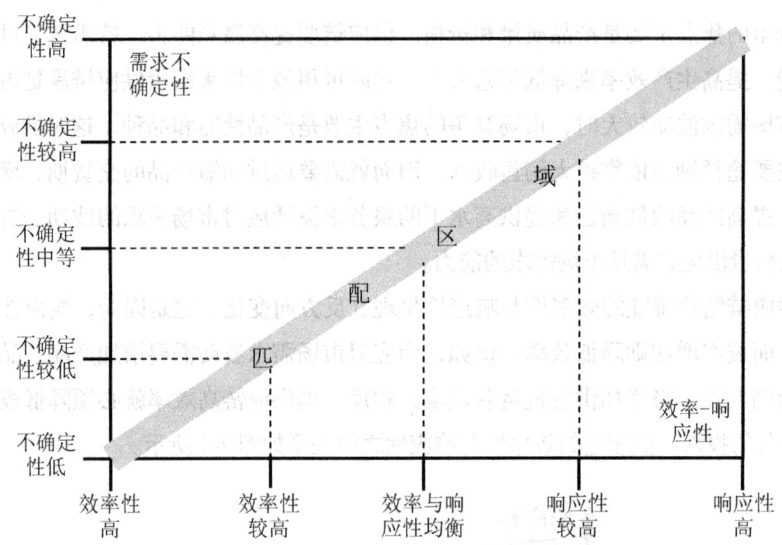

图 2-6　供应链结构性能匹配区域

当一个供应链根据其目标市场需求不确定性来确定其效率性或响应性之后，就要为供应链各环节匹配不同的角色，以保证适度的效率性或响应性水平。如某一品牌家具供应链，其零售商通过持有该品牌各种款式家具的库存来满足市场需求变化，使整个供应链所面临的需求不确定性以库存方式被吸收。因此，家具零售商向制造商订货就更加稳定和具有可预知性，进而使家具制造商专注于生产效率，可以将生产基地定位于低成本地区。相反，对于某一品牌高性能计算机供应链，其零售商可以持有较少的库存，而更专注于快速配送和顾客服务。这时，零售商对整个供应链的响应性贡献较少，需要制造商采用更加柔性的生产方式来增加供应链的响应性。图 2-7 给出供应链响应性确定前提下为供应链不同环节匹配不同响应性。

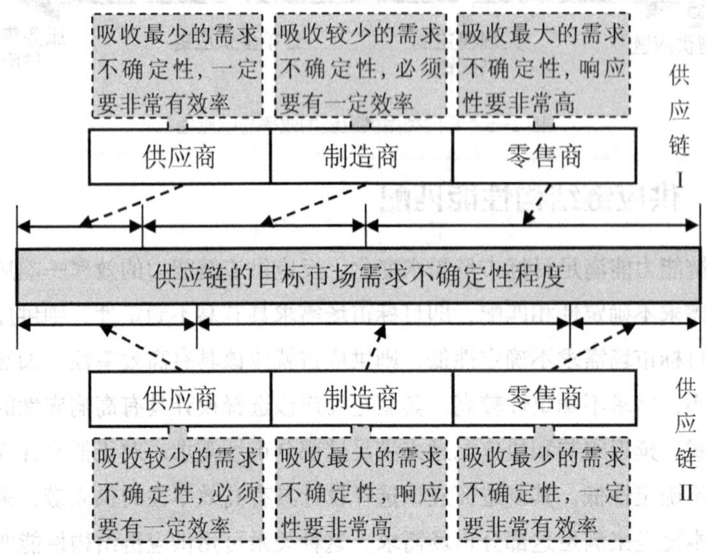

图 2-7　供应链整体响应性与各环节响应性匹配

为供应链各环节匹配不同的响应性水平，需要选择相应的供应链职能战略来支持供应链上各成员企业的响应性，供应链职能战略选择对其响应性水平的影响如表 2-3 所示。

表 2-3 供应链职能战略选择对响应性水平影响

职能战略选择	增加供应链效率性	增加供应链响应性
产品设计战略	按最低成本原则设计产品	按模块化原则设计产品
采购战略	单源准时采购	多源组合采购
制造战略	用专业化生产设备	用柔性化生产设备
库存战略	最小化库存	维持足够的库存
配送战略	采用低成本配送模式	采用快速配送模式
供应商战略	按成本和质量选择	按交货期、柔性、可靠性和质量选择

当一个供应链根据其目标市场需求不确定性匹配其响应性时，首先要考虑供应链生产多种产品和具有不同的顾客群体对其效率性与响应性的影响。一个供应链为满足市场需求要么充分利用企业核心资源生产经营具有不同需求不确定性的产品，如具有高需求不确定性的高性能配置的电脑和具有低需求不确定性的低成本电脑，生产经营高性能配置的电脑要求企业关注供应链的响应性，而生产经营低成本电脑则要求企业更关注供应链的效率性；要么用一种产品满足不同的顾客群体，如 W.W.Grainger 公司生产的 MRO（即维护、维修、保养）产品既销售给福特和波音等大公司，也销售给小公司，大公司因为订货量大，更关心产品价格，要求企业更关注供应链效率，而小公司因为订货量小，更关心产品售后服务，要求企业更关注供应链响应性。这时，供应链设计的一个有效策略就是根据已有的产品组合、顾客群体组合及供货来源组合设计一个允许某些不同产品或不同顾客群体共享某些环节的效率与响应性均衡的供应链，这样可以比独立为不同产品或不同顾客群设计不同的供应链更具有规模经济性。例如，计算机企业可以将高性能计算机和低成本计算机放在一条装配线上组装，但高性能计算机可以采用顺丰快递等快速配送方式，而低成本计算机则采用卡车等低成本配送方式。

其次，要考虑产品生命周期对供应链效率性与响应性的影响。由于产品在其生命周期中不同阶段的市场需求特征和供应特征的不同，产品的市场需求不确定性也就不同，产品生命周期中不同阶段的市场需求特征与市场需求不确定性如表 2-4 所示。

表 2-4 产品生命周期中不同阶段的市场需求不确定性

市场需求特征	产品引入与成长初期	产品成长后期与成熟期
需求数量	非常不确定	稳定
产品供应	不可预测	可以预测
边际收益	较高	较低
赢得顾客的焦点	产品可获性	产品价格
需求不确定性	高	低

在产品引入与成长初期，产品的市场需求非常不稳定，企业需要供应链具有高响应性，

也就是需要对不稳定的需求做出快速反应。与此相适应，新产品开发、营销战略、生产和物流战略都需要围绕提高反应能力来设计；在产品成长后期与成熟期，产品的市场需求相对稳定，企业需要供应链具有高效率性，为此，企业应采用准时化采购的策略，降低供应链总成本；需要不断提高设备的利用率，实现规模生产，降低单件产品的生产成本；需要通过持续地改进和优化库存，不断降低库存水平，达到降低成本的目的；尽量利用第三方物流等先进的物流技术和方式，降低供应链成本并为顾客增加价值。产品生命周期与供应链响应性关系可用图 2-8 来表示。

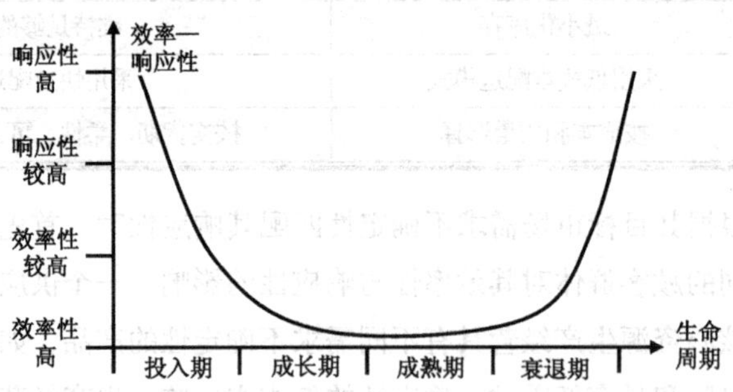

图 2-8　产品生命周期与供应链响应性的影响关系

2.3　产品设计策略选择

2.3.1　产品标准化设计策略

在面向库存的大量生产方式下，产品设计的基本思路是产品开发与工艺流程结合在一起进行。这种设计思路以提高生产效率和降低生产成本为目的，要求每次开发一个新产品就要建立一个全新的高效率工艺流程或者对现有工艺流程进行重大修改。因此，在面向市场需求迅速变化的大规模定制生产方式下，如果对每个顾客定制的产品都要重新设计，那么，不仅需要支出高额的产品开发费用，而且还要因为对现有工艺流程进行重大改进而付出高额费用，同时，还要受到时间和人力的限制。这就需要将原来的产品开发与工艺流程相结合，转变为产品开发与工艺流程相分离的设计思路。按照这种新的设计思路，工艺流程应该设计成标准化和通用化，可以在系列化产品中使用，甚至跨越产品族使用；而产品开发应该基于产品结构模块化和零部件通用化实现产品系列化和平台化。

产品开发与工艺流程相分离可以使独立于产品的工艺流程重复使用，延长其使用寿命，减少工艺流程开发费用；而围绕工艺流程的产品系列化开发，不仅可以提高产品开发效率和生产效率，还可以提高工艺设备使用效率。

根据产品构成是否可由一系列具有一定功能的模块化部件组装而成以及产品工艺流程是否可由一系列离散化的具体操作所组成，可以将产品设计标准化策略分为部件标准化、流程标准化、产品标准化和生产标准化，如图 2-9 所示。

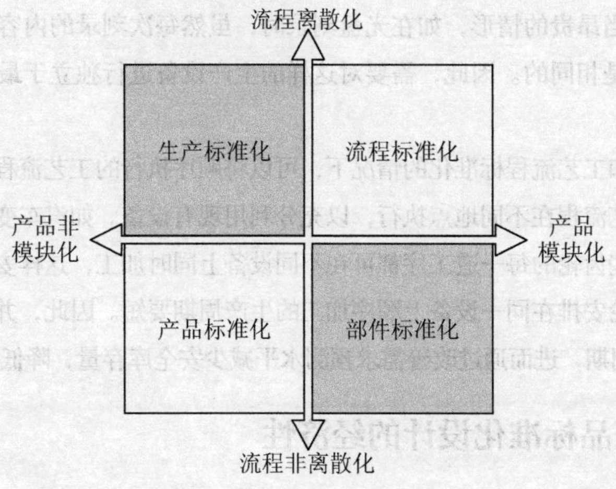

图 2-9　产品设计标准化策略

当产品是模块化的，而工艺流程是非离散化的时候，可以采用部件标准化策略。部件标准化是指在系列化产品中尽可能使用标准化的通用部件。如系列型号的个人计算机都是由处理器、内存、硬盘、显示卡等通用部件组合而成。在多种产品中使用通用部件可以减少部件种类，增加部件生产规模，进而降低部件的安全库存量和部件成本。同时，也有利于提高产品市场需求预测的准确性。当然，过分采用标准化通用部件一方面会降低产品差异化程度，降低产品通过个性化功能获得的竞争优势，如个人计算机市场竞争激烈主要就是因为个人计算机差异化程度低；另一方面，当零部件设计不成熟时就被标准化，这时就会因某种强制因素使设计难以修改，如某种零件存在设计缺陷，但加工该零件的昂贵的专用设备已经到位，这时更改设计就意味着昂贵设备的报废。

当产品是模块化的，工艺流程是离散化的时候，可以采用流程标准化策略。流程标准化是指在系列化产品中尽可能使用标准化的工艺流程。这样，通过改变生产流程顺序使产品差异化流程尽可能向后延迟，就可以有效应对市场需求的波动。如羊毛衫的生产过程包括采购毛纱、印染毛纱、毛纱线加工、毛衣分片加工和整衣加工，在这些工艺中印染工艺是用来满足不同顾客对毛衣颜色的需求，因此，将印染工艺推迟到订单和预测信息明确之后，就可以有效提高羊毛衫生产过程的灵活性，更好应对市场需求的变化。

当产品是非模块化的，工艺流程是非离散化的时候，可以采用产品标准化策略。产品标准化是指产品的性能指标标准化或产品外形尺寸标准化。产品性能指标标准化有利于在低性能产品短缺时由高性能产品替代来满足市场需求。如当低分辨率显示屏缺货时，就可以用高分辨率显示屏来替代销售。有时，还可以对产品重新设计使其便于调整性能指标来满足不同顾客的需求，如两个不同型号的产品其性能相似，所不同的是电源系统的差异，这时，可在标准化产品上设置可以切换的电源系统即可，而不必生产两个型号的产品。产品外形尺寸标准化应考虑与集装箱、运输车辆和物料器具的尺寸相匹配，有利于运输车辆的配载，提高车辆的装载利用率，从而降低物流成本。

当产品是非模块化的，工艺流程是离散化的时候，可以采用生产标准化策略。生产标准化是指在产品本身不是标准化的情况下，将生产设备和工艺流程进行标准化。这种策略一般适用于生产设备相当昂贵的情形，如在光盘刻录时，虽然每次刻录的内容不同，但是，对光盘进行刻录的设备是相同的。因此，需要对这样的生产设备进行独立于最终需求的管理，以便降低设备损耗。

在产品模块化和工艺流程标准化的情况下，可以将顺序执行的工艺流程修改为并行和平行工艺流程使一些工艺流程在不同地点执行，以充分利用现有设备。如汽车变速箱由许多规格不同的齿轮组成，这些齿轮的每一道工序都可在不同设备上同时加工，这样安排生产其生产周期明显要比将这些齿轮安排在同一设备上顺序加工的生产周期要短。因此，并行和平行工艺将有利于缩短产品生产周期，进而通过改善需求预测水平减少安全库存量，降低库存成本。

2.3.2 产品标准化设计的经济性

在系列化产品中尽可能使用标准化的通用部件，对产品生命周期各阶段成本均有重要的影响，进而对供应链总成本产生重要影响。

1. 产品开发阶段

在同一种产品内部或在系列产品中采用标准化通用零部件，可以使原来多种零部件的设计任务减少到一种通用零部件的设计，尽管通用零部件可能因为要满足所有被替代零部件的功能要求而使其开发成本要高于任何一种被替代的零部件开发成本，但是，通用零部件的开发成本肯定会低于所有被替代的零部件开发成本之和。而且，在产品升级过程中采用通用零部件更能降低开发成本，并有利于新一代产品的快速开发。

2. 产品制造阶段

产品制造阶段成本主要包括材料成本、设备成本和生产成本。采用通用零部件不仅会减少原材料采购品种，增加采购批量，从而享受数量价格折扣，降低采购成本，还会增加零部件生产批量，进而增加原材料加工利用率，减少工艺设备的调整准备时间，降低生产成本。并且，采用通用零部件会减少系列化产品所用零部件的品种数目，因而减少零部件周转库存和安全库存。零部件标准化要求原材料标准化，这会降低运输成本和物料管理成本；零部件标准化还会减少机器设备、工艺装备、库存空间、搬运设备的数目，从而降低设备成本。

3. 产品分销阶段

产品分销阶段成本主要包括库存成本、运输成本和损坏成本。采用通用零部件的模块化产品不仅可以在接到订单后进行差异化制作和订单交付，从而降低产品库存成本，还可以将产品运输转变为零部件运输，从而降低运输成本。同时，由于标准化的零部件具有较好的互换性，在运输途中损坏的零部件可以被通用件快速替换从而减少损坏成本。

4. 产品使用阶段

产品使用阶段成本主要是维持成本、备件成本和故障成本。产品维持成本主要取决于产品使用阶段的维修时间、维修效率和维修工具成本。产品维修时间越短，维修效率越高，维修工具成本越低，那么，产品维持成本也就越低。当产品的零部件采用通用零部件时，就会因为减少产品维修的复杂性、零部件的差异化和维修工具的差异化而缩短产品维修时间，降低维修工具成本。同样，采用通用零部件会减少零部件的差异化，进而减少产品维修备件成本。故障成本主要取决于备件可获得性。当一个产品由多个通用零部件构成时，在总备件数量相同情况下，其备件的可获得性要高于产品采用非通用零部件，即产品采用通用零部件会提高备件可获得性，进而降低相关故障成本。

2.3.3 供应商参与新产品开发策略

为提高新产品市场竞争能力，有时制造商在新产品开发阶段需要引入供应商参与新产品的零部件设计和开发，这将有利于制造商将主要精力集中于核心业务，并利用供应商的相应设计能力优势减少新产品开发成本，缩短新产品研发周期，实现新产品设计质量与设计成本最小化之间的平衡。这是因为，在新产品开发初期对产品设计进行更改相对比较容易，所产生的更改设计费用也很低，而在产品开发后期，尤其是在开发出产品原型之后，再想对产品设计进行更改就相当困难了，所产生的更改设计费用也就很高。这样，供应商早期参与产品设计会充分利用供应商的知识和能力减少产品开发后期的更改设计的机会。图 2-10 给出了供应商早期参与对产品设计更改所产生的成本影响。同时，让供应商参与新产品的零部件设计和开发会降低相应的原材料采购成本，提高原材料采购质量，有利于提升新产品的技术水平。

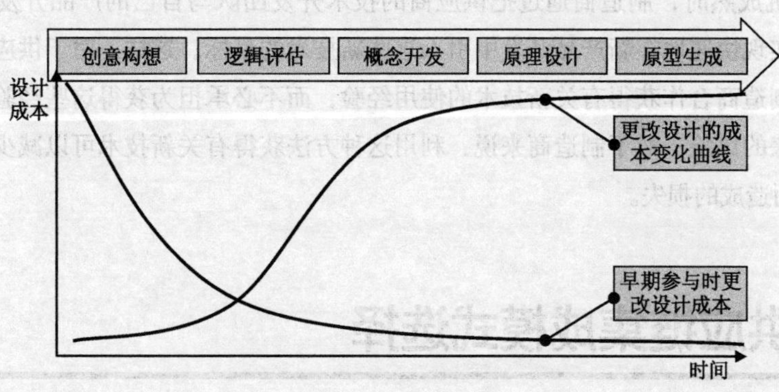

图 2-10 更改设计的成本变化曲线

供应商参与新产品的零部件设计和开发有多种形式，但不同参与形式的选择主要取决于新产品开发中某个零部件的设计与开发是否与新产品开发的其他阶段可以分离，以及制造商是否有能力开发这种零部件，其选择矩阵如图 2-11 所示。

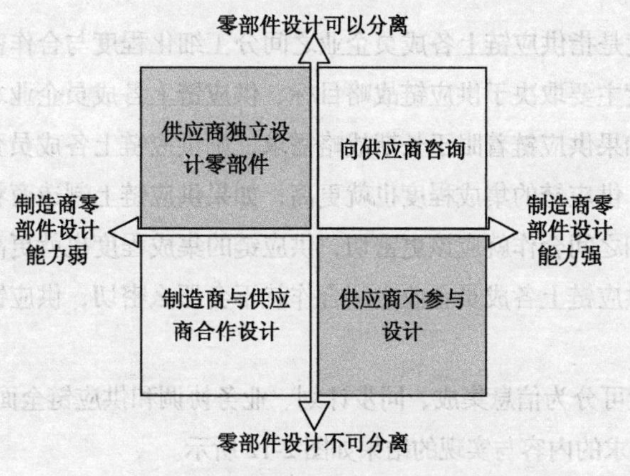

图 2-11 供应商参与新产品开发策略

如果产品的某个零部件开发可以和产品开发的其他阶段分开，而制造商又有能力开发这个零部件时，制造商在开发这个零部件时就可以向供应商咨询，但不需要正式合作。

如果产品的某个零部件开发可以和产品开发的其他阶段分开，而制造商没有能力开发这个零部件时，制造商需要向供应商提供对该零部件的设计要求，由供应商独立设计和开发该零部件。

如果产品的某个零部件开发不能和产品开发的其他阶段分开，而制造商又有能力开发这个零部件时，供应商不参与该零部件的设计和开发，而是按照制造商的要求组织该零部件的生产和物流配送。

如果产品的某个零部件开发不能和产品开发的其他阶段分开，而制造商没有能力开发这个零部件时，可由制造商和供应商合作成立研发团队，共同对该零部件进行设计和开发。

制造商如果希望在新产品开发阶段引入供应商参与新产品开发并利用其相应的设计能力优势，那就需要制造商时刻了解相应的新技术开发情况，并跟踪拥有这些新技术和技能的供应商。当时机成熟时，制造商通过把供应商的技术开发团队与自己的产品开发团队结合起来，就可以实现快速地在新产品开发中引入这些新技术的目标。这样，对于供应商来说，他可以通过与制造商合作获得有关新技术的使用经验，而不必承担为获得这些经验而马上使用新技术所带来的风险；对于制造商来说，利用这种方法获得有关新技术可以减少由于引入新技术不及时而造成的损失。

2.4 供应链集成模式选择

2.4.1 供应链集成程度

供应链集成是指组成供应链的所有成员企业基于共同的利益和目标，通过信息共享、资源配置和流程再造形成一个有机整体的过程。供应链集成过程始于供应链组建并随着供应链不断完善而持续进行。

供应链集成程度是指供应链上各成员企业之间分工细化程度与合作密切程度的总和。一个供应链的集成程度主要取决于供应链战略目标、供应链上各成员企业之间合作内容和供应链成长所处阶段。如果供应链着眼于长期战略需求，则供应链上各成员企业之间分工应该更细化、合作更密切，供应链的集成程度也就更高；如果供应链上制造商将重要的业务外包给供应商，那么，它们之间合作就应该更密切，供应链的集成程度也就更高；如果一个供应链处于起步阶段，则供应链上各成员企业之间合作就不会那么密切，供应链的集成程度也就不会那么高。

供应链集成程度可分为信息集成、同步计划、业务协调和供应链全面集成 4 个等级，供应链不同集成度所要求的内容与实现的结果如图 2-12 所示。

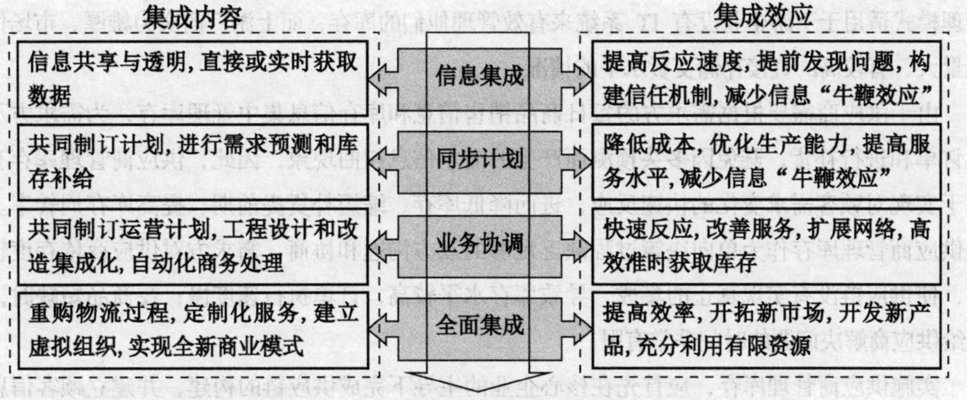

图 2-12　供应链不同集成度的比较

2.4.2　供应链集成的关键要素

在供应链集成过程中，供应链上各成员企业需要根据相互之间分工定位选择相应的组织形式以及上下游企业之间对库存管理责任的划分。

按照供应链协会（Supply Chain Council，SCC）所定义的供应链作业参考模型（Supply Chain Reference model，SCOR），一个供应链运作过程主要是由基本过程、计划过程、采购过程、制造过程、配送过程和返回过程等核心过程组成，如表 2-5 所示。

表 2-5　供应链的核心过程

基本过程	P 计划过程	S 采购过程	M 制造过程	D 配送过程	R 返回过程
计划过程	P1 供应链计划	P2 采购计划	P3 制造计划	P4 配送计划	P5 返回计划

在不同的业务外包策略下，按照专业化程度由粗到细可将供应链上供应商、制造商和分销商与物流服务商的组织形式分为不同形态，如图 2-13 所示。

供应链上供应方与需求方之间对库存管理责任的划分有以下几种可能。

1．双方各自管理库存

当供应链上各企业之间信息传递不及时，相互之间缺乏信任，供应链上各成员企业必须独立适应市场竞争时，上下游企业之间就必须由双方管理各自库存（The Respective Management Inventory，RMI），其结果是导致整个供应链上出现需求信息扭曲放大现象，库存增加，运行不协调，进而使得供应链上各成员企业无法经营好自己的主干业务。

2．由供应方管理库存

供应商管理库存（Vendor Managed Inventory，VMI）是一种供应链集成化运作的决策代理模型，它把顾客的库存决策权代理给供应商，由供应商或批发商行使库存决策的权利，即供应商按照预期需求和事先达成的目标框架协议代表需求方对库存进行监督、规划和管理。这种库存管理策略打破了传统的"各自为政"的库存管理模式，体现了供应链的集成化管理思想。这种库存管理模式要求供需双方共享需求方的生产计划、需求计划和采购计划以及供应方的库存信息、补库计划和运输计划等信息，坚持"相互信任、互惠互利、责权分明"的原则，共同制订需求方的库存计划，允许供应商拥有和管理需求方的库存控制权。这种库存管理模式适用于下游企业没有 IT 系统来有效管理他们的库存，而上游厂商实力雄厚、市场信息量大、有较高的直接存储交货水平的情况。

由于供应商需要根据需求方的每日商品销售信息和库存信息集中管理库存，为需求方下达订单和进行补货，避免因多头预测而产生的需求信息扭曲现象，因此，供应商管理库存有利于实现对顾客需求变化的快速反应，进而降低库存、缩短补货提前期、提高库存周转率。但供应商管理库存作为单向决策过程缺乏足够的双方沟通和协商，需求方对供应商依存度较高，使供应链没有实现真正的集成，导致库存水平较高，订单执行速度慢；在商品短缺时，留给供应商解决问题的时间非常有限。

实施供应商管理库存，应首先在核心企业的主导下完成供应链的构建，并建立顾客信息系统使供应商可以掌握顾客的需求变化，以便有效管理销售库存；其次，建立供应商与分销商合作框架协议，共同确定补充订货点、库存水平等库存信息传递方式；最后，建立完备的物流信息系统实现供应链上的信息集成，达到共享订货、库存状态、生产计划、运输安排、在途库存、资金结算等信息，并实现对储存、分销和运输货物进行综合管理。

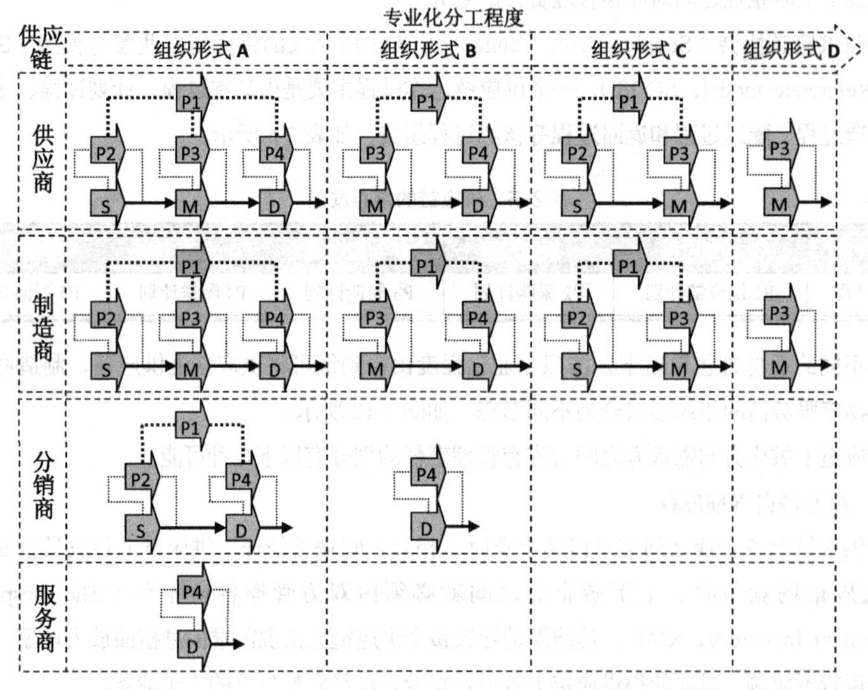

图 2-13　供应链上成员企业的可能组织形式

3．双方联合管理库存

联合管理库存（Joint Managed Inventory，JMI）是指供应方和需求方基于权利责任平衡和风险共担的原则共同对库存进行监督、规划和管理。这种库存管理模式要求供应方和需求方共同参与库存计划管理，共同制定统一的生产计划与销售计划，各方保持对需求预测水平一致。这使得库存管理不再是各企业的独立运作过程，而是供需双方连接的纽带和协调中心，体现了供应链上各成员企业之间的战略合作伙伴关系。这种库存管理模式适用于供应方和需求方具有良好沟通与信任基础，有联合库存管理中心（如大型分销中心）和良好的配送能力的情况。

由于联合管理库存模式强调供应方和需求方相互间的信息交换与协调，共享库存信息，共同制订库存计划，保证供应方和需求方对需求的预测水平保持一致，因而可以消除需求波动放大现象，改善供应链的运作效率，降低成本与风险，有利于供应链同步运行，并为实现零库存管理、准时采购及精益管理策略创造了条件。但是，这种库存管理模式建立和协调成本较高，业务合作联盟的建立较为困难，所建立的协调中心运作也较为困难，因此联合库存的管理要有高度的监督。

实施联合库存管理，首先需要双方按“互惠互利、风险共担”的原则，建立共同合作目标，并考虑市场目标的共同点和冲突点，协商形成共同的远景目标；其次，建立联合库存管理中心，负责协调供需双方利益，起协调控制器的作用；再次，将条码技术、扫描技术、销售时点（POS）系统和电子数据交换（EDI）集成起来，利用 Internet 的优势，建立畅通的信息沟通桥梁和联系纽带；最后，建立公平利益分配机制和激励、监督机制。

4．由第三方管理库存

第三方物流管理（Third Party Logistics Management，TPL）是指供应方和需求方经过协商将其物流配送和库存管理等物流活动，以合同方式委托给专业物流企业进行管理和控制物流过程的一种物流运作与管理方式。第三方物流管理模式是专业物流企业通过与供应方或需求方的合作提供专业化的物流服务，为顾客提供以合同为约束、以结盟为基础的系列化、个性化、信息化的物流服务。根据不同物流消费者提供针对性较强的个性化物流服务和增值服务，包括从物流设计、操作过程、物流技术工具、物流设施到物流管理的物流服务。这种库存管理模式适用于多个供应方和一个需求方之间的库存管理，并且要求供应方和需求方有较高信息化水平，如实施 ERP 系统等。

这种库存管理模式对制造商来说是利用外部资源，变物流的固定费用为变动费用，并可以得到物流专家的经验指导与分享物流技术的新成果，接受高质量的物流专业化服务，为顾客提供更加满意的增值服务。通过第三方物流管理，可以使供应方和需求方将自己有限的人力、财力集中于核心业务，并利用专业物流企业的技术优势和成本优势，提高供应方和需求方的生产效率、降低库存、节省费用。但是，这种库存管理模式对第三方物流企业依存度较高，要求高度信任，并对供应方或需求方的信息化水平要求较高。同时，也会减少企业对顾客/供应商的接触，可能丧失内部能力。

比较上述供应商管理库存、联合管理库存和第三方管理库存三种库存管理模式对供应链集成的作用，如表 2-6 所示。

表 2-6　库存管理模式的集成作用

比较项目	供应商管理库存	联合管理库存	第三方管理库存
精干主业	有利于需求方	对双方作用有限	有利于双方
提高效率	对需求方作用显著	对双方有一定效果	对双方作用显著
降低库存	有一定效果	效果显著	效果较好
协调运作	有一定效果	效果较好	效果显著
集成作用	有一定效果	效果较好	效果显著

2.4.3 供应链集成模式与选择

供应链的集成模式主要由采购过程、制造过程和配送过程的不同专业化组织形式的选择与组合以及相应的库存管理模式的选择所决定。

根据图 2-13 所示的供应商与制造商的可能组织形式以及所选择的相应库存管理模式，供应商与制造商之间的集成模式如表 2-7 所示。

表 2-7 供应商与制造商之间的集成模式

集成模式	供应商组织形式	制造商组织形式	库存管理模式
集成模式 A	A，B	A，C	RMI
集成模式 B	A，B	B，D	VMI
集成模式 C	C，D	B，D	JMI，TPL

当供应商与制造商之间采用集成模式 A 时，由于供应商和制造商均保留库存管理职能，因此适合采用双方各自管理库存模式；当采用集成模式 B 时，由于供应商保留库存管理职能，而制造商将库存管理职能剥离出去，因此适合采用供应商管理库存模式；当采用集成模式 C 时，由于供应商和制造商都把库存管理职能剥离出去，因此，对于双方共同库存可以由双方共同组建的协调中心管理，也可外包给第三方物流企业管理。

根据图 2-13 所示的制造商与销售商的可能组织形式以及所选择的相应库存管理模式，供应商与制造商之间的集成模式如表 2-8 所示。

表 2-8 制造商与销售商之间的集成模式

集成模式	制造商组织形式	销售商组织形式	库存管理模式
集成模式 A	A，B	A	RMI
集成模式 B	A，B	B	VMI
集成模式 C	C，D	B	JMI，TPL

当制造商与销售商之间采用集成模式 A 时，由于制造商与销售商均保留库存管理职能，因此适合采用双方各自管理库存模式；当采用集成模式 B 时，由于制造商保留库存管理职能，而销售商将库存管理职能剥离出去，因此适合采用由制造商管理库存模式；当采用集成模式 C 时，由于制造商与销售商都把库存管理职能剥离出去，因此，对于双方共同库存可以由双方共同组建的协调中心管理，也可外包给第三方物流企业管理。

根据表 2-7 与表 2-8 所给出的供应商与制造商及制造商与销售商之间的集成模式，供应链的集成模式有以下几种形式可供选择，如表 2-9 所示。

当选择集成模式Ⅰ时，由于供应链上各成员企业之间信息传递不及时，相互之间缺乏协调，使得链上各成员企业必须独立适应市场竞争，结果导致供应链上各成员企业均无法经营好自己的主干业务。制造商不仅要从事产品装配和关键零部件生产等主干业务，还要从事采购供应、销售和库存等非主干业务；分销商不仅要从事产品销售等主干业务，还要从事产品库存等非主干业务；供应商不仅要从事零部件生产等主干业务，还要从事采购供应、零部件销售和库存等非主干业务。

表 2-9　供应链集成模式

系统集成模式	供应商与制造商关系	制造商与销售商关系
Ⅰ	A	A
Ⅱ	B	B
Ⅲ	B	C
Ⅳ	C	B
Ⅴ	C	C

当选择集成模式Ⅱ时，制造商的采购业务与供应商的配送业务合并，合并后供应业务由供应商管理；制造商的零部件库存与供应商的产品库存合并，合并后零部件库存由供应商来管理。制造商的配送业务与分销商的采购业务合并，合并后配送业务由制造商管理；制造商的产品库存与分销商的库存合并，合并后产品库存由制造商管理。

当选择集成模式Ⅲ时，制造商的采购业务与供应商的配送业务合并，合并后供应业务由供应商管理；制造商的零部件库存与供应商的产品库存合并，合并后零部件库存由供应商管理。制造商的配送业务与分销商的采购业务合并，合并后配送业务由制造商管理；制造商的产品库存与分销商的库存合并，合并后产品库存由双方共同协调管理或第三方物流服务商来管理。

当选择集成模式Ⅳ时，制造商的采购业务与供应商的配送业务合并，合并后供应业务由双方共同协调管理或第三方物流管理；制造商的零部件库存与供应商的产品库存合并，合并后库存也由第三方物流管理。制造商的配送业务与分销商的采购业务合并，合并后配送业务由制造商管理；制造商的产品库存与分销商的库存合并，合并后产品库存由制造商管理。

当选择集成模式Ⅴ时，制造商的采购业务与供应商的配送业务合并，合并后供应业务由双方共同协调管理或第三方物流管理；制造商的零部件库存与供应商的产品库存合并，合并后零部件库存也是由第三方物流管理。制造商的配送业务与分销商的采购业务合并，合并后分销业务由制造商管理；制造商的产品库存与分销商的库存合并，合并后产品库存由双方共同协调管理或第三方物流管理。

将供应链集成模式Ⅰ、Ⅱ、Ⅲ、Ⅳ和Ⅴ对于精干主业、提高效率、降低库存、协调运作和集成程度等优化目标进行比较，如表 2-10 所示。

表 2-10　供应链集成模式比较

比较项目	集成模式Ⅰ	集成模式Ⅱ	集成模式Ⅲ	集成模式Ⅳ	集成模式Ⅴ
精干主业	5	4	2 ~ 3	2 ~ 3	1
提高效率	5	4	2 ~ 3	2 ~ 3	1
降低库存	5	4	2 ~ 3	2 ~ 3	1
协调运作	5	4	2 ~ 3	2 ~ 3	1
集成程度	5	4	2 ~ 3	2 ~ 3	1

注：1 表示绩效最高；5 表示绩效最低。

供应链结构特征与产品设计策略对供应链集成模式选择的影响如图 2-14 所示。

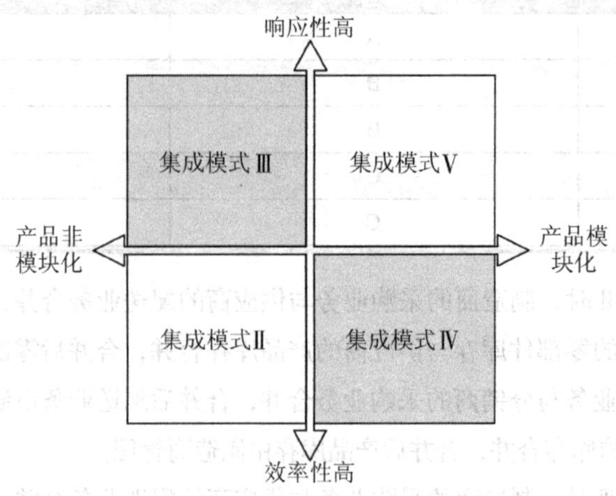

图 2-14 供应链集成模式选择

由于产品模块化有利于供应商与制造商采取更加专业化的组织形式，而专业化组织不仅有利于生产效率的提高，更有利于快速响应市场需求，尤其是分销商的专业化会进一步提高供应链的响应性。因此，当供应链结构特征具有高响应性，产品为模块化结构时，适合采用集成模式Ⅴ；当供应链结构特征具有高效率性，产品为模块化结构时，适合采用集成模式Ⅳ。

2.5 供应链结构设计过程

2.5.1 供应链结构设计程序

在明确供应链结构应具有的性能，所选择的产品设计策略以及供应链集成模式之后，就需要按照供应链设计目标和成员企业作业目标设计供应链结构方案，并对由工厂和仓库等设施选址所决定的物流网络结构进行优化设计、对由业务自制与外包决策和供应商选择所决定的供应物流网络进行优化设计以及对由产品特征、顾客购买行为及分销网络成本因素和服务因素等决定的分销物流网络进行优化设计。

同时，要构想出完美的供应链结构设计方案还需要遵循以下设计原则。

（1）集优性原则。对供应链上各成员企业的选择应遵循强—强联合的原则，以实现资源优势互补为目的。每个企业都集中精力致力于其核心业务过程，这种所谓核心化的企业自我组织、自我优化、面向目标，从而保证整个供应链的竞争优势获得有效提升。

（2）精益性原则。在设计供应链结构时，通过优化业务流程实现供应链的资源合理配置，消除一切对产品价值没有贡献或贡献低下的环节。以提高资源利用效率为中心，以业务流程的优化和简化为手段，实现供应链对市场需求的快速响应能力。

（3）协调性原则。在设计供应链时，应考虑对供应链上各成员企业之间的战略伙伴关系、企业之间的信任激励机制和冲突协调机制的建立和执行进行规划设计。这是实现供应链最佳业绩的保证。

（4）创新性原则。在设计供应链结构时，应着眼于市场创新、产品创新、管理创新和运营模式的创新以实现供应链质的飞跃。遵循创新性原则必须以供应链结构设计的总体目标为指导，必须从市场需求出发；综合运用供应链上各企业的能力和优势；必须注重发挥供应链上各企业的积极性。

（5）战略性原则。在设计供应链结构时，应着眼于供应链发展的长远规划和可预见性，使供应链结构发展能够支撑企业发展战略并与企业的产品开发战略和市场营销战略相协调，实现供应链结构与产品的市场需求特征相匹配。

可见，供应链结构设计涉及的内容较多、涉及的因素复杂多样，因此，对不同环境和任务的企业所要进行的供应链结构设计就涉及不同的内容和因素，采用的设计方法和设计程序也就有所不同，但还是有通用的供应链结构设计程序可以遵循，如图 2-15 所示。

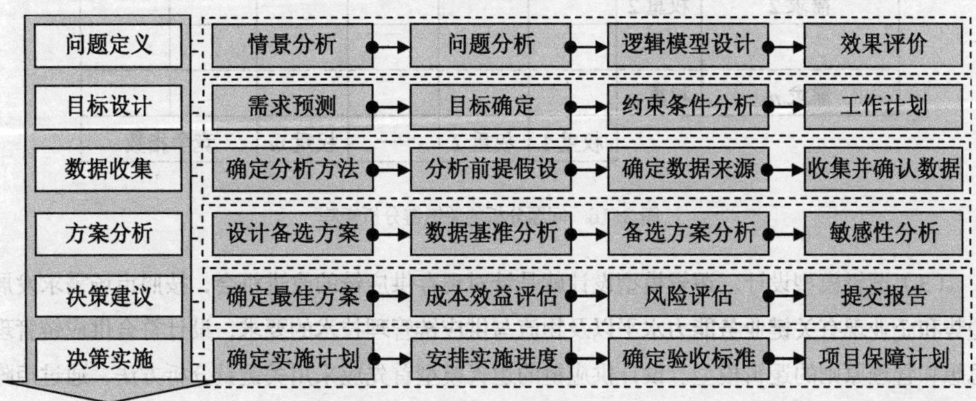

图 2-15　通用供应链结构设计程序

2.5.2 问题定义阶段

在问题定义阶段，需要开展情景分析、问题分析、逻辑模型设计和效果评价等工作。

（1）情景分析。情景分析是指收集并描述供应链当前状态的绩效指标、特性和有关信息，通常要求对供应链进行内部运作检查、市场评价和技术评价来确定供应链现有的能力以及潜在的改进机会。情景分析的目的是帮助决策者了解现存供应链能力在目前和未来的市场需求中的优势与劣势。

内部运作检查关注的是目前的供应链作业流程。检查的内容有：历史绩效水平、数据有效性战略、运作、战术策略和实践。检查的对象既包括供应链运作的总体流程，也包括各种物流职能。内部检查还应该对供应链目前的能力和不足之处进行全面的评价。

市场评价是通过记录并描述顾客对企业的供应链能力变化的感觉和要求，对市场需求变化趋势和顾客服务需求进行评价。评价工作应该集中于企业与供应商、顾客以及某些情形中顾客的外在联系。市场评价不仅应该考虑顾客需求和作业流程的发展趋势，还要考虑企业和竞争对手的能力。

技术评价关注的是物流与供应链管理技术的应用和能力，包括运输、存储、物料处理、包装与信息处理。技术评价考虑的是企业利用当前技术的能力以及采用新技术的潜在能力。技术评价的目的是确定技术进步以简化其他供应链系统资源的权衡取舍，如运输和库存的权衡。技术评价与供应链系统的每个组成部分都有关，同时也应该从整体整合的角度来进行评价。

（2）问题分析。问题分析是将内部检查和市场评价的结果结合起来运用物流与供应链管理思想与管理原则确定供应链中哪些领域存在改进的可能。问题分析过程可采用关键链分析方法，通过矩阵展开图表将市场需求的发展趋势、本企业实现能力水平和标杆企业实现能力水平定量地转化为对供应链的关键流程能力的要求，如图 2-16 所示。

		关键流程				本企业能力	标杆企业能力
市场需求发展趋势	权重	流程 1	流程 2	……	流程 *m*		
需求 1	权重 1						
需求 2	权重 2						
……	……						
需求 *n*	权重 *n*						
		权重 1	权重 2	……	权重 *m*	竞争指数	

图 2-16　问题分析的关键链分析矩阵

（3）逻辑模型设计。逻辑模型设计就是针对现存供应链的改进机会，按照市场需求发展趋势和企业现有关键业务能力水平以及物流与供应链管理技术的要求，设计符合供应链管理思想和管理原则的逻辑模型。设计供应链的逻辑模型首先应采用关键链分析方法，通过矩阵展开图表将需求发展趋势对供应链运作关键流程能力的要求转化为对物流与供应链管理技术的要求，如图 2-17 所示。其次，应用供应链管理思想和管理原则以及供应链结构应具有的性能，所选择的产品设计策略和供应链集成模式对拟采用物流与供应链管理技术按照权重由大到小次序进行梳理和整合，形成供应链的逻辑模型。

		拟采用物流与供应链技术				本企业技术	标杆企业技术
关键流程	权重	技术 1	技术 2	……	技术 *m*		
流程 1	权重 1						
流程 2	权重 2						
……	……						
流程 *n*	权重 *n*						
		权重 1	权重 2	……	权重 *m*	竞争指数	

图 2-17　方案逻辑设计的关键链分析矩阵

（4）效果评价。效果评价是指对供应链分析所指出的改进机会按照设计方案的逻辑思路进行改进的潜在收益与风险进行的评价。收益主要包括提高服务水平、减少成本和成本预算控制。这三种利益并不相互排斥，理想的方案逻辑思路可以在一定程度上同时实现这三种收益。风险是指对改进机会按照所设计的方案、逻辑思路进行改进，有可能引起绩效下滑。提高服务水平包括提高服务的可得性、服务的质量和服务的能力。服务水平提高会增加现有顾客的忠诚度，并有可能吸引新顾客。

评价结果应该确定是否需要进一步的计划，取决于所设计的方案逻辑思路的说服力、收益评估的可信度，以及评估的收益是否能够充分地收回投资，从而证实组织和运作变革的合理性。这些潜在收益必须与完成变革过程需要的现金支出成本保持平衡。

2.5.3 目标设计阶段

在目标设计阶段，需要开展需求预测、目标确定、约束分析和工作计划等工作。

（1）需求预测。市场评价主要是确定市场对企业产品的功能、特性以及关联服务的需求变化趋势，即市场需要什么样的产品和服务。市场需求预测则是确定市场未来较长一段时间对这样的产品和服务的需求数量以及主要区域市场的需求数量。预测中长期市场需求的较为有效方法是将定性预测方法与定量预测方法相结合。

（2）目标确定。设计目标无疑是以实现供应链的运营成本最小化、顾客服务最优化、反应时间最短化和产品质量最佳化为整体目标。目标确定需要在考虑企业现有业务能力与技术水平的基础上根据市场评价和市场需求预测结果定量确定产品质量水平、产品的可获性水平、产品交付时间范围和供应链运营成本。目标确定还应包括市场或行业分割、系统变革的时间构成和绩效期望，以及相关顾客服务的测量和计算方法的具体说明。

（3）约束分析。约束分析主要对现有的供应链中应该保留的组织要素、设施、系统、流程或方法进行详细的说明。在情境分析的基础上，高层管理者应该对允许的系统修订范围做出约束，这些约束的种类取决于企业的具体环境。约束描述的目的是使整个计划有一个很好的开端，并且可以使设计者能够从整体角度看待整个供应链的设计工作。

（4）工作计划。根据改进机会和改进方案的逻辑设计与效果评价以及设计目标与约束条件的确定可以为供应链设计项目做出可行性评价，并确定完成该项目需要的资源和时间以及在规定的时间和预算内取得的预期效果，进而制订项目工作计划。供应链的改进机会与约束条件为确定项目研究范围提供了依据，而研究范围又反过来决定了完成项目所需的时间。

2.5.4 数据收集阶段

在数据收集阶段，需要开展确定分析方法、分析前提假设、确定数据来源和收集并确认数据等工作。

（1）确定分析方法。针对所要考虑的计划确定合适的分析方法，主要用于分析每个备选方案对于目标的贡献程度。可选择的方法主要有探索性方法、仿真方法和最优化方法。

探索性方法是借助于统计图表、加权评分法、电子表格等图表来反映实际的约束条件，利用分析人员的经验和观察力对每个供应链备选方案进行评价。使用探索性方法有助于将问题缩减至可以管理的规模，以便发现更好的解决方案。

最优化方法是在一定条件约束下，求出使目标函数值最大（小）的最优解的方法。可用线性规划、整数规划、非线性规划等来构建以供应链运营成本或服务水平为优化目标，以设施位置、数量为优化变量，以运输能力、库存容量及物流需求等为约束条件的规划模型，评估各备选方案，并且选出在约束条件下最佳的设计或方案。由于供应链规模庞大而结构复杂，因此，最优化方法常被用于供应链的局部优化，并结合其他方法求得系统的次优解。

仿真方法是利用数学公式、逻辑表达式将供应链的有关成本、运输方式和批量、库存等用数量关系描述，通过对模型编程进行计算机模拟，并对模拟结果进行评估分析选出较优的设计方案。由于供应链结构复杂、不确定因素多，因而仿真方法仍以其描述和求解问题的能力为优势，成为供应链设计的主要方法。

（2）分析前提假设。为实现设计目标，必须对现实供应链和备选方案的关键运作特点、变量和经济效果做出假设，假设形式通常包括行业假设、管理假设和分析假设。

行业假设定义了行业环境的一般特性，包括相关市场趋势、消费者倾向、产品趋势以及竞争对手的行为。行业假设定义了供应链设计方案运行的环境，企业一般是无法改变的。

管理假设对当前的或备选的供应链环境的物理及经济特征进行详细的说明。一般来说，管理者可以改变或改进这些特征。典型的管理假设主要是对备选仓储设施、运输方式和所有权分配、物流流程、固定及变动成本等因素的详细说明。

分析假设定义了为了将分析方法应用于某问题而进行的约束和限制。这些假设通常关注问题的规模、分析的详细程度以及解决问题的方法。表 2-11 详细描述了每种假设。

表 2-11　各种类型假设项目

假设分类	假设项目	描述
行业假设	行业规模	确定行业中的主体和产品线
	备选方案	可供考虑的备选方案的范围
	市场趋势	市场偏好和购买方式的性质与数量的变化，项目计划资源的可获性
	产品趋势	产品购买方式的性质和数量的变化，尤其是包装大小和包装的变化
	竞争对手	竞争对手供应链系统的优势、劣势和战略
管理假设	需求模式	市场区域、产品和发货规模决定的需求模式
	分销设施	目前和潜在分销设施的位置、运作政策、经济特征及历史绩效水平
	库存水平	各个分销设施的库存水平和运作政策
分析假设	产品分组	适合分析方法要求的详尽的产品信息组合
	市场区域	对顾客需求分组、组合市场区域，以适合分析方法的要求

（3）确定数据来源。为了分析每个备选方案对目标的贡献程度，必须收集详尽的数据，并组织这些数据来支持分析。当某项数据很难收集或者要求的精确水平不确定时，可以进行敏感性分析确定这项数据的影响。如果分析显示最佳方案对这项很敏感，那么就应该投入更多的精力提高这项数据的准确性。

确定数据来源不仅要包括本企业供应链的运作方面数据，还需要收集竞争对手的战略和能力相关的信息以便为顾客服务能力、设施网络和运作能力的比较提供竞争对手的标杆。常见的数据来源如表 2-12 所示。

表 2-12 常见的数据来源

数据项目	内容	数据来源
市场需求	包括年销售预测、每月的销售比例和季节性销售特点	顾客订单
顾客和市场	包括顾客的地点、规模、订货频率和增长速度	跟踪调查
运营成本	与生产和采购相关的成本	统计报表
工厂的位置	包括工厂的数量和位置、产品组合、生产计划及季节性	跟踪调查
库存成本	包括库存转移、再订货和仓库处理相关的政策与成本	跟踪调查
潜在仓库	包括潜在仓库的运营成本、运作能力、产品组合、库存水平和服务能力	跟踪调查
运输数据	包括使用运输方式的数目和种类、运输方式的选择标准、运输速度和转运次数、装运规则和政策	跟踪调查
竞争对手	包括竞争对手的战略和能力相关信息	公开资料

（4）收集并确认数据。确定了数据来源以后，就可以收集数据了。数据收集处理的一个主要目标就是使数据满足分析方法的要求，该过程包括收集需要的数据并将这些数据转换为适合分析工具进行分析的格式。收集数据过程可能出现的错误包括从不具有代表性的时间段内收集数据，或者忽略了不反映主要物流活动的数据。因此，必须仔细记录收集数据的过程。此外，还必须收集基准数据或确认数据，以确保分析结果能够准确地反映现实。进行确认的目的是增加管理者对分析过程的信任度，如果分析没有产生令人信服的结果，那么管理者们将不会相信分析结果和相关的建议。

2.5.5 方案分析阶段

在方案分析阶段，需要开展设计备选方案、数据基准分析、备选方案分析和敏感性分析等工作。

（1）设计备选方案。设计备选方案过程首先要分析供应链逻辑模型的结构参数中对目标的影响程度，并选择影响程度较大的参数作为备选方案的基本构成要素。然后，对备选方案的基本构成要素进行创意思考，并将可能的想法联结成完整概念，再按照设计目标和约束对其进行修改和完善形成备选方案，其设计过程如图 2-18 所示。

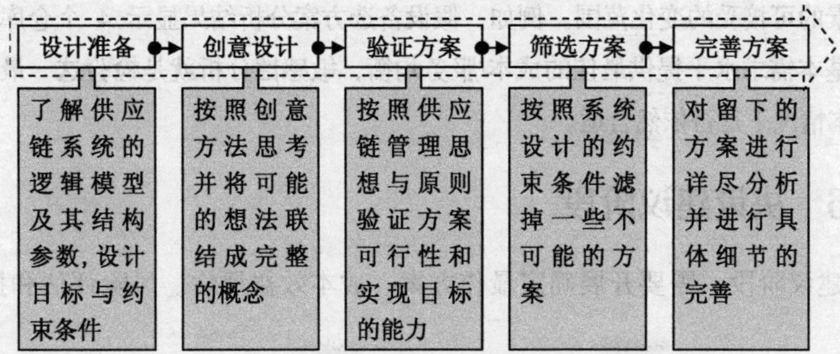

图 2-18 备选方案设计过程

设计备选方案的一种有效方法就是对供应链的现有方案应用创意检查表法设计出各种备选方案，创意检查表法如图 2-19 所示。

改变现有方案	引进新的涵义	放大现有方案	缩小现有方案
可否改变现有方案的某些属性，可否组合创造新方案	现有方案是否有其他含义，还有类似的方案吗	可否放大现有方案的某些属性，增加现有方案使用时机	可否缩小方案的某些属性，缩小方案使用时机或减小方案规模

取代现有方案	重排现有方案	反转现有方案	组合现有方案
取代现有方案决策者，取代现有方案；改变方案的执行环境	可否改变方案元素的组成和顺序可以重排排列方案执行顺序	现有方案是否有其相反方案，可否对现有方案做逆向反推	组合现有元素创造新方案；将不同的目标、用途、想法结合

图 2-19　方案设计的创意检查表法

（2）数据基准分析。基准分析就是针对供应链逻辑模型的结构参数中对目标影响较大的参数，通过将这些参数在本企业供应链的当前水平与竞争对手或行业内外一流的企业的水平进行对比分析而选择的比较基准，也就是对供应链所有可以衡量的因素给出一个参考值。基准分析是将外部企业的持久业绩作为本企业供应链发展目标，并将外界的最佳实践移植到本企业供应链中的一种方法。基准分析结果必须与先前收集的确认数据进行比较，确定历史数据和分析结果的吻合程度。比较的重点是找出两者之间的重大区别并确定这些区别产生的可能原因。

（3）备选方案分析。针对备选方案的结构参数中对绩效有重要影响的参数，应用所选择的分析方法分析每种备选方案实现设计目标的能力，并对管理政策和实践变化的影响进行量化，包括工厂和仓库等设施数量、库存目标水平或运输发货批量等。由于市场需求、要素成本和竞争对手行为等因素具有不可控制性，因此，对每个备选方案能力的评价都应该在变化的环境下进行。

（4）敏感性分析。敏感性分析就是分析市场需求、要素成本和竞争对手行为等不可控制因素的可能变化对绩效最好的备选方案能力的影响，以选择达到管理者期望的最佳方案，或者是分析所选择的最佳设计方案要发挥出最佳的能力，市场需求、要素成本和竞争对手行为等不可控因素的可接受的变化范围。例如，假设备选方案分析结果显示 4 个仓库可以为企业市场区域的基本需求水平提供最佳的成本/服务均衡，敏感性分析就是检验这一最佳方案在不同需求或成本情况下是否依然合适。

2.5.6　决策建议阶段

在决策建议阶段，需要开展确定最佳方案、成本效益评估、风险评估和提交报告等工作。

（1）确定最佳方案。通过对备选方案分析和敏感性分析可以确定最佳方案。当有多种方案产生相似的结果时，就必须比较各个方案的绩效特征和条件，确定出两个或者三个最佳方案。尽管对最佳方案可以有不同的解释，但一般是指用最低总成本实现所要求的设计目标的方案。

（2）成本效益评估。评价最佳设计方案的收益须将目前战略的成本和服务能力与最佳设计方案的预计情形进行比较。理想的成本效益分析应该在基准时间阶段内将最佳设计方案与目前战略进行对比，然后在某个计划期内推算对比的结果。这样，根据供应链重新设计所获得的一次性成本节约和供应链运营的经济效益，可以计算出最佳设计方案的收益。正确的物流战略可实现提高服务水平、降低成本和成本预防的目的。

（3）风险评估。风险评估考虑的是计划环境与假设条件匹配的可能性，并考虑供应链变化可能带来的危害。采用某个特定方案的风险可以使用敏感性分析进行量化。例如，可以改变假设条件，然后确定这种变化对每个方案的影响；或者分析所选择的方案在需求增加或者减少 20%的情形下，是否仍然是最佳的方案，若是，就可以得出在需求环境出现适度的变化时，系统的风险很小。如果假设条件与实际情况不符，风险评估的最终结果则是要对不利风险进行财务评估。

（4）提交报告。报告中要确定决策实施所产生的变化，并从服务、费用、资产利用和生产率提高等方面定量地证实这种变化的合理性。报告应该大量使用图表、地图和流程图来阐述供应链运作、供应链流程及物流网络中的变化。

2.5.7 决策实施阶段

在决策实施阶段，需要开展确定实施计划、安排实施进度、确定验收标准和项目保障计划等工作。

（1）确定实施计划。根据项目事件、项目顺序和项目之间的依赖性确定实施计划。项目实施计划必须细化到单个任务，确定每个任务的责任和义务、任务之间的相互联系及完成顺序。

（2）安排实施进度。安排实施进度就是根据事件的完成顺序确定作业的时间阶段。进度中必须留出充足的时间进行设施和设备采购、协议谈判、制订流程和培训。

（3）确定验收标准。验收标准应关注服务水平的完善、运营成本的降低、资产利用率的提高和产品质量的改进。关注服务水平的改善应该确定产品可获性或履行订单周期等详细的项目，关注运营成本的降低，应该明确影响运营成本变化的积极因素和消极因素。

（4）项目保障计划。保障计划可以采用正式的实施流程来指导供应链系统设计和改进项目，对实施过程进行控制，以确保能够按照进度执行，并确保充分地监控验收标准。

本章小结

本章讨论了供应链战略的概念与特点、战略目标与战略匹配、产品标准化设计策略与选择、供应链集成模式与选择和供应链设计过程等内容。

1. 供应链战略

供应链战略：从战略高度对企业的供应链特性、结构、组织和运作进行全局性规划。确定原材料的获取和运输、产品的制造或服务的提供以及产品配送和售后服务的方式与特点。

供应链战略特点：是实现顾客价值链的整体战略，是互补性企业之间的联盟战略，是企业核心能力的强化战略，是支持企业战略的职能战略。

供应链战略目标：使供应链结构与顾客需求特性更好地匹配，以便为顾客更有效地提供产品和服务并赢得竞争优势。

供应链战略匹配：反应供应链结构特性的效率—响应性指标应该与其目标市场需求不确定性相匹配，即目标市场需求具有高不确定性，则供应链就应该具有高响应性；目标市场需求不确定性低，则供应链就应该具有高效率性。

2. 产品标准化设计策略

产品标准化设计策略：主要有部件标准化、流程标准化、产品标准化和生产标准化。

产品标准化设计策略选择：主要取决于产品是否为模块化，工艺流程是否为离散化。

供应商参与新产品设计策略：为提高新产品市场竞争能力，有时制造商在新产品开发阶段需要引入供应商参与新产品的零部件开发。开发形式主要有向供应商咨询、供应商独立开发、供应商不参与零部件开发、制造商和供应商合作开发。

供应商参与新产品设计策略选择：主要取决于新产品开发中某个零部件的设计与开发是否与新产品开发的其他阶段可以分离，以及制造商是否有能力开发这种零部件。

3. 供应链集成模式

供应链集成：指组成供应链的所有成员企业基于共同的目标和利益，通过信息共享、资源配置和流程再造形成一个有机整体的过程。

供应链集成程度：指供应链上各企业之间分工细化程度与合作密切程度的总和。可分为信息集成、同步计划、业务协调和供应链全面集成四个等级。

供应链集成模式：主要由采购过程、制造过程和配送过程的不同专业化组织形式的选择与组合以及对相应库存管理模式的选择所决定。

供应链集成模式选择：主要取决于供应链结构是具有高响应性，还是具有高效率性，所提供的产品是否具有模块化结构。

4. 供应链设计过程

问题定义阶段：主要有情景分析、问题分析、逻辑模型设计和效果评价等工作。

目标设计阶段：主要有需求预测、目标确定、约束分析和工作计划等工作。

数据收集阶段：主要有确定分析方法、分析前提假设、确定数据来源和收集并确认数据等工作。

方案分析阶段：主要有设计备选方案、数据基准分析、备选方案分析和敏感性分析等工作。

决策建议阶段：主要有确定最佳方案、成本效益评估、风险评估和提交报告等工作。

决策实施阶段：主要有确定实施计划、安排实施进度、确定验收标准和项目保障计划等工作。

复习与思考

1. 如何才能使企业供应链战略与企业竞争战略相匹配？

2. 如何才能使企业供应链战略与产品市场需求特性进行匹配？

3. 给出一个论据来支持这样一个论断：沃尔玛在其竞争战略和供应链战略间已经赢得很好的战略匹配。

4. 简述影响供应链战略匹配因素以及实现供应链战略匹配的障碍。

5. 哪些行业的产品品种增加而生命周期缩短？这些行业的供应链是如何适应的？

6. 如何描述如金鹰这样的高端百货连锁店的竞争战略的特点？什么是金鹰国际所要满足的主要顾客需求？

7. 笔记本电脑市场竞争非常激烈，致使各生产商的笔记本电脑利润率也非常低，导致这一现象的原因很多，其中一个重要原因与产品特点相关。这个原因是什么？

8. 苹果公司总裁乔布斯曾经说过，如果 IT 企业只剩下三家，那一定是微软、Intel 和戴尔，如果只剩下两家，将只有戴尔和沃尔玛。这显然只是玩笑话，沃尔玛虽然是零售业的翘楚，但无论如何还算不上 IT 企业。不过，沃尔玛对信息技术的执着追求却是有目共睹，正是缘于此，沃尔玛低成本战略才得以屡试不爽。请阐述沃尔玛供应链战略，以及探讨沃尔玛商品类型与供应链战略是如何匹配的。

课后案例

SE 汽车集群模块化重构精敏供应链

1995 年，福建 SE 汽车公司属于小批量、多品种的装配，面对众多品牌的多个系列产品，加之每个系列的产品还有不同组合的配置。每个车型展开后都有三四十个零部件品种系列。SE 汽车计划通过模块化生产、发展模块供应商的方式来实现快速响应顾客需求的制造过程，建立敏捷化的供应链。

SE 汽车供应链从供方驱动、关注高度自治的工艺过程的精益供应链，发展成为市场需求“拉动”的敏捷供应链。SE 汽车已形成 0.5 级配套厂、一级供应商与二级供应商相结合的多层次供应网络体系，也形成了由顾客、分销商网络、维修网络、整车制造商以及备件供应与配送构成的汽车分销与售后服务体系。这两大体系交织在一起，顾客驱动的一体化供应链管理难以有效进行。SE 必须借助于新技术，与供应商、经销商、服务商精诚合作，打破产业隔阂，打破企业界限，共同打造快速、一体化的精益、敏捷供应链。

SE 汽车自创建以来就同时创建了汽车工业园区，集聚了许多“亲密”的供应商，形成了产业集群效应。SE 汽车成为了产业结构中的“舵手企业”。

SE 汽车的模块供应商提供整车中的某个模块或部件组合，而不是分离的部件。供应商在园区内的位置根据总体规划来设定，总体规划根据装配线的布局以及园区内便捷物流通道合理确定，每个供应商都有装卸部件的装卸区。

SE 汽车应以模块化的精敏供应链为目标，进行产品模块的选择和匹配设计，优化产品设计方案。采用“模块化”组织方式有利于发展汽车零部件品种、提高其质量和自动化水平，提高汽车的装配质量，缩短汽车的生产周期。

（1）SE 汽车运用了准时化生产中的看板管理。SE 汽车每旬都会向配套厂下计划订单，但这些订单并不是要求供应厂商交货的通知依据，而是给厂商做生产物料准备之用。配套厂向总装生产线交货的实际依据是 SE 汽车给它的“看板”。SE 汽车每小时到装配流水线上收集一次“看板”，收回来后通过条形码扫描方式采集“看板”上的信息，然后通过信息系统和网络传递给配套厂，配套厂依据“看板”生产和交货。零部件从配套厂生产线下线后，直接就送到 SE 汽车的装配线工位上。

（2）SE 汽车和多数配套厂统一的企业资源计划（ERP）系统的应用成为 SE 汽车供应链管理的信息化平台。ERP 系统的导入为 i2 供应链管理系统软件实施奠定了基础，有利于供应链管理系统和 ERP 系统间信息的平滑对接。

（3）SE 汽车的 ERP 系统根据“看板”信息，自动上传供应链管理系统，通过 SE 汽车城内部的百兆光纤网，自动发送给泰全、全兴等配套厂。以生产座椅的联泓公司为例，联泓工作人员下载的需求计划自动导入联泓公司的 ERP 系统，与联泓的库存自动对接后，形成联泓给 SE 汽车的供货计划和联泓给其供货商的物料需求计划，并同步发送给 SE 汽车和联泓的供货商。SE 汽车接到联泓公司的供货回复后，就可以立即着手准备接货，填写单据、安排接货人员等。而联泓公司的生产线则根据 SE 汽车的最新需求微调生产顺序，包括调整产品型号、生产数量等。这样，联泓生产的多数座椅在下线的同时，就装上小拖车，送到了 SE 汽车的整车装配线。以前，配套厂交货的小拖车要在 SE 汽车停留大约 40 分钟，包括核对配件型号、清点配件数量、办理相关手续以及排队等候等，如今，小拖车在 SE 汽车最多停留 20 分钟有时甚至不到 5 分钟。过去 SE 汽车的库存一般在四天左右，现在一般控制在一天到一天半，因为部分核心部件和在其他城市的配套厂提供的配件需要大量库存；而 SE 汽车城内的绝大多数配套厂的库存已经降低到 2～4 小时。

案例思考题

（1）哪些行业可以借鉴 SE 汽车集群模块化的模式？

（2）基于 SE 采用 ERP 系统，请你谈谈 ERP 系统对供应链管理意义。

资料来源：中国管理案例共享中心

第 3 章 供应链网络设计

先导案例

中国烟草企业供应链网络构成

由于我国烟草实行专卖体制，其产供销、人财物、内外贸易都是在国家烟草专卖局的行政干预下进行的，因此烟草企业的供应链必然表现出特殊性。我国烟草企业供应链由供应网络、制造网络和分销网络构成。供应网络主要由烟叶供应商（烟农），卷烟原辅料供应商，卷烟机械制造商构成；制造网络主要指各卷烟生产商（卷烟工业公司）；分销网络由卷烟商业公司、零售终端构成。

烟叶供应商由分布在全国各地的烟农组成，各省烟草工业公司每年 11 月根据国家烟草专卖局下发的来年本省的卷烟生产指标，确定本省的烟叶需求量，然后与各地烟农签定烟叶种植和收购合同，以保证烟叶原料的稳定供应。烟叶生产的机械及其他辅助材料，由少数标准化生产的供应商提供，货源稳定。

烟草生产网络是指分布在全国各地的卷烟生产企业。近几年，各卷烟骨干生产企业利用自身雄厚的经济实力，不断提高设备的现代化水平，增强自身竞争优势。近期有很多骨干企业引进了先进的卷烟仓储、运输设备，加速信息化投入，以实现卷烟生产企业由传统储运向现代物流的转变。

卷烟分销网络由烟草专卖局及其下属的各个零售终端构成。各卷烟工业企业生产的卷烟，通过烟草专卖局的划拨和分销，最终到达消费者手中。1994 年，国家烟草专卖局提出建设全国卷烟销售网络的构想，自此，卷烟销售网络建设迅速发展。同时，由于生产企业不能自建渠道，而必须通过各地的烟草商业公司进行销售，使烟草生产企业和市场处于割裂的状态。由于地方保护主义的存在，各烟草商业公司都倾向于销售本地卷烟，把国家专卖转变成地方专卖，并没有构成真正意义上的全国范围内的分销网络。

资料来源：胡绍峰.我国烟草企业供应链集成[D]．广西大学，2007.

学习目标

- **了解供应链网络基本结构。**
- **了解物流设施布局决策及影响因素。**
- **理解供应链网络规划有关原理及设计架构。**
- **掌握网络设施选址与网络优化模型。**
- **了解指定设施开工的成本优化模型及其建模过程。**

供应链网络作为从原材料采购到产品生产再到配送至顾客的整个物流过程中相关组织和设施的集合，对其进行设计主要涉及生产设施、配送中心或仓库设施的布局，以及每个设施的产能和市场需求的分配。合理的设施布局和产能分配有利于供应链在保持低成本运营的同时具有市场需求变化的快速响应性。本章将主要介绍供应链网络基本结构与特点，供应链网络设计过程；设施布局的动因与发展趋势，设施布局的影响因素；生产设施与仓储设施的布局优化模型和设施选址优化模型；由工厂和仓库等设施选址所决定的供应链网络优化模型与指定设施开工的成本优化模型。

3.1 供应链网络基本结构

3.1.1 供应链网络构成

供应链网络是物流过程中相互联系的组织与设施所构成的集合，主要包括供应商、制造商、仓储配送中心、销售商和顾客等节点，如图 3-1 所示。供应链网络由供应物流网络、生产物流网络、销售物流网络和逆向物流网络组成。供应物流网络主要是为保证原材料、零部件、燃料、辅助材料供应等物流活动有效运作而解决如何选择合适的供应商，实现快速供应方式及有效库存管理等问题；生产物流网络主要是为保证生产过程中物料流动及存储等物流活动有效运作而解决物料流动路径和流量配置及存储等问题；销售物流网络主要是为保证企业的产品能够送达目标顾客而解决如何选择合适的经销商和分销网络模式，实现以经济送货方式和运输线路将顾客所需产品按最佳的服务交付给顾客；逆向物流网络的作用主要是保证对供应、生产、销售活动中废料、废品、多余产品和维修产品以环保的、经济的方式进行运输、装卸和处理等物流活动。

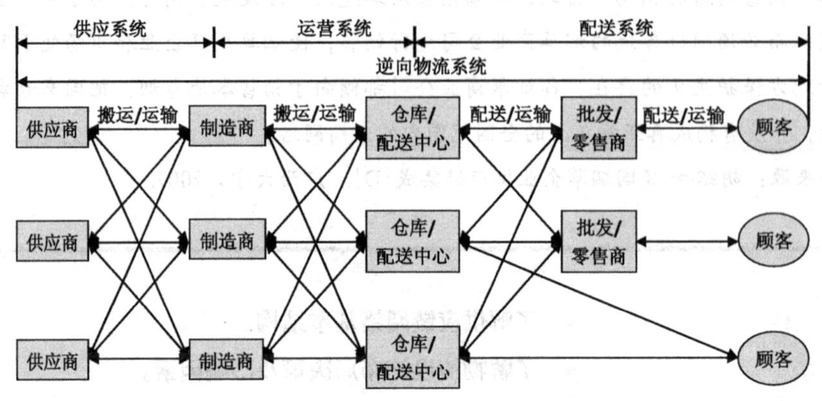

图 3-1 供应链网络构成示意图

3.1.2 供应链网络要素

供应链网络作为一个有具体应用背景的网络，也是由节点和边线构成的。由图 3-1 可见，供应链网络节点是由供应商、制造商、仓库/配送中心、批发/零售商、顾客以及运输过程中所经过的车站、港口、机场等组成的，供应链网络边线是由运输线路和运输车辆所形成的运输过程组成的。一个供应链网络通常具有多个网络源点（一般由供应商组成）和多个网络终点（一般由市场或顾客群组成）。每个供应链网络都是由不同网络节点以及节点之间的运输线路所组成的。

1．供应链网络节点功能与类型

供应链网络节点是包装、装卸搬运、流通加工、仓储、分拣、配货和物流信息等物流功能的载体，也就是这些物流功能只能在网络节点处实现。通过对网络节点的增加或减少、合理布局以及节点处物流功能的选择可以实现整个供应链网络的物流成本和物流服务水平优化。网络节点在供应链网络中的作用主要体现在以下几个方面。

（1）衔接功能。网络节点将各个物流运输线路联结成一个系统，使各运输线路通过节点变得相互影响、互为贯通，进而使物流网络成为一个整体。网络节点的衔接功能是通过装卸搬运、流通加工、仓储、分拣、配货等物流功能实现的，通过装卸搬运衔接不同的运输方式：通过流通加工、分拣和配货实现干线物流与支线物流的衔接；通过储存衔接不同时间发生的供应物流和需求物流。

（2）信息集散功能。网络节点是整个供应链网络中物流相关信息传递、收集、处理、发送的集中地。这种信息集散功能可以使多个不同的物流加工、存储、运输等要素组成一个有机系统，实现物流从供应商到制造商再到顾客的快速有效运行。在一个供应链网络中，每个节点都是供应链管理的一个重要信息源，这些信息源与整个供应链网络的信息中心相结合就组成了指挥、调度和管理整个供应链的信息网络。

（3）管理功能。网络节点在供应链网络中还起到了重要的设施管理和指挥中心的作用。实际上，大多数的网络节点都是集管理、指挥、调度、信息、衔接及货物处理为一体的综合物流设施，整个供应链网络是否能有序运行，供应链网络能否达到期望的效率和服务水平，主要取决于网络节点的管理职能是否配置合理与有效实施。

根据网络节点的主要功能不同，可以将它们分为以下几种。

（1）生产型节点。这是一种以将原材料转换成零部件，将零部件组装成产品为主要职能的节点，如零部件供应商和制造商等。一般来说，这种类型的节点都处在供应链网络中源点或上游，用于产生新的物流或转换物流形态。

（2）转运型节点。这是一种以连接不同形式运输为主要职能的节点，如铁路线路上的车站，水运线路上的港口，航空运输中的空港等。一般来说，这种类型的节点都处在运输线上，以运输形式的转换为主，货物的停留时间一般较短。

（3）储存型节点。这是一种以存放货物为主要职能的节点，如储备仓库、营业仓库等都属于这一类型的节点，货物在这类节点中的停留时间较长。降低库存量、减少库存成本是这类节点的主要经营目标。

（4）流通型节点。这类节点以组织商品在网络中的流动为主要职能，是实现供应链管理的重要组成部分，如现代化的物流中心、配送中心、转运中心等都属于这种类型。在这些节点中，经营的目标是使商品实现在网络中的快速流动，实现总运营成本的最优，同时，它还能够承担分拆、包装、延迟制造等环节以实现供应链优化的功能。

（5）综合型节点。同时具备以上两种或以上功能的网络节点称为综合型节点。这种节点能够满足现代物流大量化、复杂化、个性化、精益化的要求，并作为供应链网络的中枢型节点存在。

2．供应链网络边线特点与功能

构成网络边线的运输具有以下特点。

（1）方向性。运输必须从某一网络节点出发到另一个节点。

（2）多样性。从某一网络节点出发到另一个节点的运输可以有不同运输方式。

（3）连通性。从某一网络节点出发到另一个节点的运输线路通常需要经过多个节点。

（4）有限性。运输必须以某一网络节点为起点，另一节点为终点，并符合规定的运输方式要求，运输线路的运行空间是有限的。

（5）选择性。能够连接两个节点的运输方式及运输线路有多种，按运输方式的不同有铁路线、公路线、水路线、航空线和管道线之分，但网络中的线路必须按经济性的原则，选择能达到运输时间、运输成本和利润平衡的线路。

（6）层次性。在供应链网络中运输路线按照其连接的节点和连接的功能不同，有主线和干线之分，因此，供应链网络是由不同的运输方式、运输时间和运输目的组成的有层次的复杂网络。

作为网络边线的职能，运输具有产品转移和产品存放两个功能。

（1）产品转移。运输的主要功能就是通过产品来回移动产生的时间效应和空间效应创造价值。无论物品是处于原材料、零部件、装配件、在制品形式，还是处于制成品形式，也无论产品是处于制造过程中不同阶段之间的转移，还是处在供应链上各企业之间的移动，运输都是必不可少的。运输的主要目的就是要以最少的消耗时间、财务成本和环境资源成本，在将产品从原产地转移到规定地点的同时，满足顾客对运输方式等的有关要求。

（2）产品存放。对产品进行临时存放是运输的一个特殊功能。如果转移中的产品需要储存但在短时间内又将被重新转移，那么该产品的装卸费用有可能会高于存放在运输工具中所产生的运输成本，因此，在仓库有限的时候，利用运输车辆存放是一种降低总成本的有效方法。

3.1.3 供应链网络设计过程

供应链网络设计所要解决的问题主要包括供应商的选择，生产设施、配送中心或仓库以及零售商的选择等，相关设施的布局，以及每个设施的产能和市场需求的分配。供应链网络设计对于供应链的运营绩效有着重要影响。首先，设施合理布局和产能合理分配有利于供应链在保持低成本运营的同时具有对市场需求变化的快速响应性；其次，生产和仓储设施的供应源和市场需求的分配会影响供应链满足顾客需求所发生的库存和运输成本。供应链网络设计目标就是降低整个供应链网络的运营成本或者提高物流服务水平，物流服务水平通常可通过设定物流设施的服务半径来表示。

由于在供应链网络设计中供应商的选择主要取决于供应链上核心企业的业务自制与外包

决策，零售商的选择主要取决于顾客的分布与顾客购买行为，而生产和仓储等设施的布局主要取决于设施的输入成本和输出成本以及对网络服务水平的影响。因此，对供应链网络进行设计应该在选择供应商和零售商的前提下，首先根据支持设施布局的关键环境因素、与顾客相关的需求条件和企业竞争战略对工厂或仓库等设施布局进行分析，并利用网络优化模型确定网络中生产和仓储设施的数量、布局区域及每个设施服务的市场；其次，通过对生产和仓储设施选址进行分析，为设施潜在布局地区选择一组理想潜在地点，以便支持其理想的生产方式；最后，根据为生产和仓储设施所选择的理想潜在地点，为每个设施选择一个准确位置以及产能分配。供应链网络设计过程如图 3-2 所示。

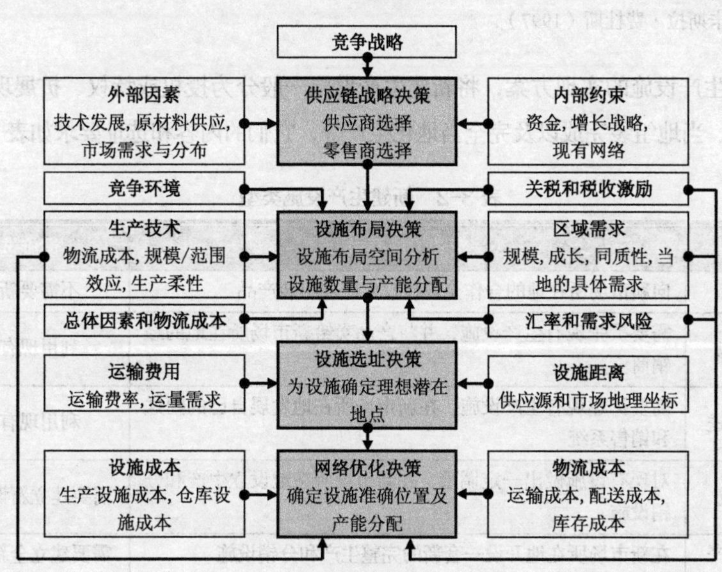

图 3-2　供应链网络设计过程

3.2　供应链设施布局决策

3.2.1　供应链设施类型

生产和仓储设施作为供应链网络优化决策对象，如何对它们进行布局选址决策将首先取决于在供应链网络中增加这些设施的用途。

按照生产设施的用途，卡斯拉 · 费杜斯（1997）将生产设施分为海外设施、源头设施、服务设施、贡献设施、前哨设施和领导设施等，它们的用途和选址要求如表 3-1 所示。

表 3-1　生产设施类型

设施类型	设施用途	设施选址要求
海外设施	用于出口商品生产的低劳动力成本的生产设施	选址应考虑低劳动力成本的地方
源头设施	用于满足全球市场需求的低生产成本的生产设施	选址应考虑生产成本较低，基础设施较好，可获得熟练劳动力的地方

续表

设施类型	设施用途	设施选址要求
服务设施	利用当地政府激励的地区性生产设施，用于满足当地市场需求	选址应考虑税收激励、本地化需求、关税壁垒等
贡献设施	承担产品顾客化定制、流程改进、产品开发责任的全球性生产设施	目标是成为企业全球生产网络中主要产品的设计与开发者
前哨设施	为获得当地技能的地区性生产设施	目标是成为整个网络知识和技能的来源
领导设施	在开发和流程方面起领导作用的生产设施	为整个网络创造新产品和新技术，考虑熟练劳动力和科技资源

资料来源：卡斯拉·费杜斯（1997）.

按照新建生产设施的实现方案，将新建生产设施一般分为授权或特权、扩展现有设施、当地销售和配送、当地组装完成以及完全当地化生产等，它们的内容和选址要求如表 3-2 所示。

表 3-2　新建生产设施类型

新建设施类型	新建设施要求	设施选址要求
授权或特权	向新市场所在地的合作企业授权生产或组装产品	不需要新生产设施
扩展现有设施	需要扩张现有生产设施，并将产品卖给新市场所在地的经销商	利用现有生产设施
当地销售和配送	需要扩建现有生产设施，在新市场所在地发展自己的配送和销售系统	利用现有生产设施
当地组装完成	对现有设施做出一定调整，在新市场所在地设立生产和分销设施	需要建立新设施组装产品
完全当地化生产	在新市场所在地开设一套新的完整生产和分销设施	需要建立全新的生产设施

按照仓储设施的用途，将存储流入物料和零部件的仓库称为面向供应的仓库，将用于支持顾客服务的仓库称为面向需求的仓库。面向供应的仓库通常都位于它们支持的工厂附近，面向需求的仓库通常都分布在它们服务的整个市场区域内。

3.2.2　设施布局动因与影响因素

设施布局选址决策将影响企业的长期绩效，它决定了供应链网络配置，并对供应链运营设置了约束条件。例如，企业投入数百万元新建某个设施，如果设施布局选址错误，这家企业就不能简单地关闭设施并将其转移到更好的地方。而在错误的地方生产，企业运营成本会较高，但是将设施转移到一个新地点其运营成本可能会更高。合理的设施布局选址并不一定是企业运营成功的保障，但不当的设施布局选址必然导致失败。

1．设施布局变化的动因

当全球经济形势或市场环境等发生一些重大的变化时，企业根据发展战略可能需要做出生产设施布局选址决策。例如，现在中国家用轿车市场已成为全球最大市场，因此，中国吉利汽车在整体收购沃尔沃汽车之后就需要在中国设置制造厂商。促使设施布局变化的原因主要有以下几个方面。

（1）企业当前使用的房地产租约将要到期。

（2）企业根据发展战略需要扩展到新的地区。

（3）企业的顾客需求或供应商所在地的变化。

（4）企业生产运营方式的变化，如实施准时制生产方式。

（5）供应链网络的重组，如降低供应链的层数。

（6）生产设施的升级，如可能引入了新的生产技术。

（7）运输方式的变化，如由铁路运输转为公路运输。

（8）运输网络的变化，如某一高速铁路或高速公路的开通。

（9）所有权的合并、获得或变化造成设施的重复。

2．设施布局的发展趋势

设施布局出现一些新的发展趋势，这些趋势主要有以下几个方面。

（1）市区之外的商场、超市和零售店的数量增加及电子商务的增长，意味着仓储或销售设施在传统的繁华商业街区选址在相对下降。

（2）较短的供应链发展趋势意味着供应链网络中间节点层次的消失，物流活动将集中于较少的设施。

（3）准时采购等业务的增长使得许多供应商与制造商的距离更近，电子商务寻求规模经济带来生产和仓储集中化，物流服务贴近人口增长的城市。

（4）第三方物流服务供应商的引入可以承担将企业的产品运送至顾客或将企业购买的零部件或原材料运输到生产设施处的全部或部分职责，这会简化企业的供应链网络。

（5）仓储设施的功能增强对流入的原材料、零部件进行分类、排序和库存集并将会消除多个地点的物料重复处理和库存，进而简化供应链网络。

（6）包含一系列相关行业和其他支持竞争的重要实体的商业集群（Business clusters）概念已成为设施空间布局决策的新思路。

3．设施布局的影响因素

设施布局选址决策的最终目的是提高整个供应链的竞争力，因此，对设施布局选址的决策将主要考虑影响企业供应链竞争力的相关因素，这些因素主要包括鼓励生产的关键环境、与本地顾客分布和顾客购买行为相关的需求条件、政府支持的行业、同业竞争者的竞争程度以及企业的战略与结构等因素，具体包括以下因素。

（1）产品市场的准入性。对地区贸易协议和世界贸易组织的理解是规避贸易壁垒、有效进入某一地区市场的前提。靠近市场选址主要考虑运输可能性、运输成本和设施所在地的市场规模等物流因素以及靠近市场所带来的低成本、快速响应市场和有效顾客服务等竞争优势。如许多公司扩张到中国不仅是为了利用中国的低成本优势，还在于其需要进入中国市场。但是，从供应链运营成本来看，优先将生产设施靠近市场会导致整个供应链网络过于复杂，降低产品的成本竞争优势。

（2）供应商的接近性。生产设施靠近原材料和零部件供应商选址主要考虑原材料和零部件的可得性和运输成本，这就是火力发电站靠近煤矿、纸浆厂靠近森林的原因。某些行业的经营不得不靠近原材料，因为这些原材料易腐烂，如鼓励果蔬加工厂靠近农场、冷冻海鲜公司靠近渔港。

（3）竞争者的区位性。设施布局选址是靠近或者远离竞争对手，需要考虑竞争者集聚会产生正向外部性还是相反。当一个地点聚集了相似的企业并形成了专业优势时，这个地区就会变得更有吸引力；当竞争者提供相似的产品并争夺固定市场中更大的市场份额时会使得区位的吸引力减少。例如，你可以看到银行聚集在商业街或者俱乐部开设在同一条街上，但你很难发现两个医院紧邻。

（4）交通运输的可行性。设施布局决策需要根据产品类型和设施所服务的顾客不同对选址地区的高速公路入口、铁路枢纽、内陆航运与海运港口、航空运输的便利性以及所在地区的运输能力范围进行评价。如计算机、半导体、电子设备等高价值、低重量产品的生产设施选址一般会确定在一个国际性地区，并利用该地区的交通运输便利性将该处生产的全部产品向全球市场配送。

（5）运营成本的经济性。设施布局选址必须考虑由库存成本、运输成本和设施成本构成的整个供应链网络的运营成本。供应链网络中设施数量应该至少等于使整个网络运营成本最低的设施数量。如果为提高响应性增加的设施数量超过使运营成本最低的设施数量，那么，只要响应性提高所带来的边际收益超过设施增加所产生的边际成本即为可行。库存成本和设施成本会随着网络中设施数量增加而增加，运输成本会随着网络中设施数量增加而减少。但设施数量增加到一定数量会导致设施的内向运输的规模经济效应丧失，使运输成本增加。网络中每个设施的成本受到不同地区的劳动力可获性、劳动力技能和劳动力工资水平的影响。不同地区的土地费用和房屋租金以及水、电、燃气等公用设施成本对单个设施成本也有重要影响。

（6）文化环境。企业通过设施布局扩展到拥有相同语言、相似文化背景的地方，要比扩展到一个完全陌生的地方容易得多。例如，2013 年中国成为韩国的第一大贸易伙伴，韩国成为中国的第三大贸易伙伴，两国间贸易额达到 2 700 亿美元，超过韩日和韩美贸易额，这一方面是由于中国经济快速发展，另一方面，也是由于两国文化同属于东亚文化圈。

（7）政府态度。一个国家或地区的经济稳定性、税收政策和经营态度都会对设施选址产生重要影响。很多政府采取各种优惠政策来鼓励和刺激企业进入某个地区，但是也有一些政府并不欢迎外商投资，尽量控制在本国经济中的外国势力。有些地区鼓励某种特殊类型产业的发展，但限制进入其他产业，如核工业、化学工业和容易造成污染的产业。

（8）社会观念。设施布局选址还要考虑一个国家或地区对劳动者个人权益的重视程度、劳动者联合意愿、劳动者道德规范等有关情况。如有些国家比其他国家更重视社会福利，那里工会组织势力较强，对个人利益的重视程度高过企业利益；有些地方不可能实现高劳动生产率模式，并且存在较高的缺勤率和频繁的员工更替。

（9）生活质量。有吸引力的生活质量意味着很容易招募和保留员工、供应商和顾客，对于吸引和维系专家和技术人员尤为重要。因此，对于贡献设施、前哨设施或领导设施的布局选址时，需要着重考虑选址地区的生活质量。一个地区的较高生活质量取决于许多因素，主要包括适宜的气候、绿色的环境、良好的卫生保健设施、卓越的教育条件、较低的生活成本、便利的公共交通和娱乐设施等。

（10）竞争战略。企业的竞争战略对设施布局选址有着重要影响，关注成本领先的企业倾向于在设施成本低的地区选址，即使这样选址会导致设施远离所服务的市场；关注响应性的企业倾向于将设施靠近所服务的市场，即使选址在一个高成本的地区，只要能够快速响应变化的市场即可。

在设施布局选址时，首先，根据企业的竞争战略、重要原材料（零部件）供应源、产品市场分布以及不同地区市场需求的差异性对设施规模和数量的影响情况，确定潜在设施布局选址的个数和可能选址地区。如不同地区市场需求的差异性较低，即具有同质性需求有利于设置规模较大的设施，因而，潜在设施数量较少；反之，有利于设置规模较小或本土化的设施。然后，确定每个可能选址地区的重要影响因素并对其进行评分和加权综合来确定每个潜在设施的备选地区。

影响因素的具体评价指标如表 3-3 所示，影响因素的权重通常根据新建设施的用途和企业的竞争战略对不同因素的关注程度以及不同因素之间的关系来确定，如新建设施作为贡献设施、前哨设施或领导设施，生活质量的权重就应更高一些；如新建设施作为海外设施，社会观念的权重就应更高一些；如新建设施作为源头设施，运营成本的经济性权重就会高一些；如新建设施作为服务设施，政府态度的权重就会高一些；如企业竞争战略关注成本领先，运营成本经济性和供应商接近性的权重就会高一些；如企业关注市场响应性，产品市场准入性和交通运输可行性的权重就会高一些；如靠近产品市场往往就会远离原材料供应商，也就意味着产品市场准入性的权重要高于供应商接近性的权重。

表 3-3　影响因素的评价指标

影响因素	评价指标	最佳实践
产品市场的准入性	市场进入壁垒	比较分析不同备选地区的相关法律法规对市场准入的限制程度并赋分
	市场规模	比较分析不同备选地区的市场需求规模并赋分
	内向运输成本	设施靠近市场使得内向运输成本增加，通过估计和比较备选地区的内向运输成本并赋分
供应商的接近性	原材料的可得性	比较分析不同备选地区的原材料可得性并赋分
	外向运输成本	设施靠近供应商使得外向运输成本增加，通过估算和比较备选地区的外向运输成本并赋分
竞争者的区位性	企业聚集的外部性	比较分析不同备选地区的竞争者聚集所产生的吸引力大小并赋分
交通运输的可行性	交通运输的便利性	比较分析不同备选地区的交通运输设施的便利性并赋分
	地区运输能力范围	估计和比较不同设施备选地区的运输能力范围并赋分
运营成本的经济性	库存成本	估计和比较设施在不同备选地区选址所产生的库存成本并赋分
	运输成本	估计和比较设施在不同备选地区选址所产生的运输成本并赋分
	设施成本	估计和比较设施在不同备选地区选址所产生的设施成本并赋分

续表

影响因素	评价指标	最佳实践
政府态度	税收政策	比较分析不同备选地区的税收政策优惠程度并赋分
	经营态度	比较分析不同备选地区对外商投资准入行业及投资规模和比例的有关政策并赋分
文化环境	语言文化相容性	比较不同备选地区的语言是否相同，是否属于相同文化圈并赋分
社会观念	劳动者权益	比较分析不同备选地区有关保护劳动者权益的法律法规并赋分
	工会组织势力	比较不同备选地区对个人利益的重视程度及工会组织势力强弱并赋分
生活质量	自然环境适宜程度	比较不同备选地区的自然环境适宜程度，是否通过 ISO14000 认证并赋分
	公共设施便利程度	比较不同备选地区的卫生保健、教育、公共交通和娱乐等设施的便利程度并赋分
	生活成本	比较分析不同备选地区的生活成本高低并赋分

3.2.3 设施布局优化模型

当确定了设施选址备选地区之后，就应根据市场需求和供应能力的约束，按照新增设施所增加的设施成本与节约的运输成本相平衡的原则确定网络中设施数量、布局区域及每个设施所服务的市场。由于生产设施将原材料、零部件转换成产品，而仓储设施只是将输入物流集聚，并按照市场需求进行物流分配，因此，确定生产设施和仓储设施的数量、布局区域及服务对象的原则和确定约束条件也就不完全相同，需要建立不同的设施布局优化模型。

1. 生产设施布局优化模型

对于生产设施布局，来源于供应源的物流必须经过生产设施的转换才能到达目标市场，这样，新增设施所带来的运输费用与设施成本之和必须低于新增设施前为该市场服务的运输成本才有增加设施的必要。

设一个从供应商经若干生产设施到产品目标市场的供应链网络，如图 3-3 所示。

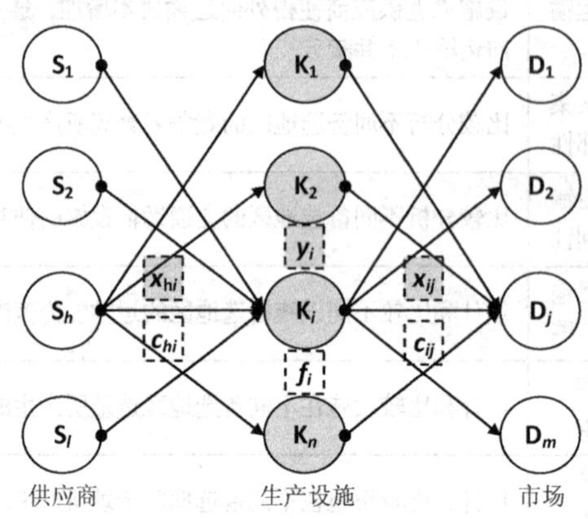

图 3-3 生产设施布局问题示意图

设生产设施布局问题参数如下：

m 为市场或需求点的数量；

n 为潜在的生产设施选址地区的数量；

l 为供应商的数量；

D_j 为目标市场 j 的年需求量；

K_i 为设在地区 i 的生产设施的潜在产能；

S_h 为供应商 h 的供应能力，可向供应商调查获得其数据；

f_i 为设在地区 i 的生产设施开工时的固定成本；

c_{hi} 为从供应商 h 运送到生产设施区域 i 的单位运输成本；

c_{ij} 为从生产设施区域 i 运送到目标市场或需求点 j 的单位运输成本。

在上述结构参数中，市场需求量可通过市场调查和市场中长期预测来获得相应数据；生产设施固定成本可通过对生产设施的房地产税、租金、管理费和折旧费等不随设施经营活动水平而变化的成本进行估算来确定；单位运输成本可从相关物流服务商的运输费率表中获得参考数据，并根据运输商品种类、重量、运输距离、服务水平和其他选择性要求进行调整确定。

生产设施布局优化变量如下：

y_i 为生产设施选址地点变量，在地点 i 时则等于 1，否则为 0；

x_{hi} 为从供应商 h 运送到生产设施区域 i 的产品数量；

x_{ij} 为从生产设施地点 i 运送到目标市场或需求点 j 的产品数量。

生产设施布局优化的目标是生产设施的布局以及每个供应商的产能和目标市场需求的分配数量使整个供应链网络的运营成本最低，即

$$\min\sum_{i=1}^{n} f_i \cdot y_i + \sum_{h=1}^{l}\sum_{i=1}^{n} c_{hi} \cdot x_{hi} + \sum_{i=1}^{n}\sum_{j=1}^{m} c_{ij} \cdot x_{ij} \quad (3\text{-}1)$$

设施布局优化模型的约束条件主要包括以下几个方面。

（1）供应商产能约束条件。从每个供应商运出的产品数量不能超过该供应商的产能：

$$\sum_{i=1}^{n} x_{hi} \leqslant S_h, h=1,2,\cdots,l \quad (3\text{-}2)$$

（2）生产设施投入产出平衡条件。每个生产设施的运出产品所需要的零部件数量不能超过其所接收的零部件数量，即

$$\sum_{h=1}^{l} x_{hi} - M \cdot \sum_{j=1}^{m} x_{ij} \geqslant 0, i=1,2,\cdots,n \quad (3\text{-}3)$$

式中，M 为单位产品所需零部件的数量。

（3）市场需求约束条件。每个目标市场的需求规模必须得到满足，即

$$\sum_{i=1}^{n} x_{ij} = D_j, j=1,2,\cdots,m \quad (3\text{-}4)$$

于是，生产设施布局优化模型可以表示为

$$
\begin{cases}
\min \sum_{i=1}^{n} f_i \cdot y_i + \sum_{h=1}^{l}\sum_{i=1}^{n} c_{hi} \cdot x_{hi} + \sum_{i=1}^{n}\sum_{j=1}^{m} c_{ij} \cdot x_{ij} \\
\text{s.t.} \sum_{i=1}^{n} x_{hi} \leqslant \mathrm{S}_h \text{ , } h = 1,2,\cdots,l \\
\sum_{h=1}^{l} x_{hi} - M \cdot \sum_{j=1}^{m} x_{ij} \geqslant 0 \text{ , } i = 1,2,\cdots,n \\
\sum_{i=1}^{n} x_{ij} = \mathrm{D}_j \text{ , } j = 1,2,\cdots,m \\
y_i = \{0,1\} ; x_{hi}, x_{ij} \geqslant 0
\end{cases}
\tag{3-5}
$$

将初始数据代入式（3-5），可用 Excel 的规划求解工具求解出生产设施的选址区域 y_i^*、设施数量 $\sum_{i=1}^{n} y_i^*$、每个生产设施的潜在产能 $\sum_{j=1}^{m} x_{ij}^*$ 以及所服务的市场与规模 x_{ij}^*。

示例 3-1　某企业生产设施布局优化问题

某企业生产一种日用产品 A 需要用 3 份原料，原料提供商共有 3 家。供应商 S_1 每个月可以提供原料 1 200 份，供应商 S_2 每个月可以提供原料 1 800 份，供应商 S_3 每个月可以提供原料 900 份；产品 A 的生产设施有四个备选区域可供选择，备选区域 K_1 的开工固定成本为 2 000 元，备选区域 K_2 的开工固定成本为 1 500 元，备选区域 K_3 的开工固定成本为 2 500 元，备选区域 K_4 的开工固定成本为 2 000 元；产品 A 有 4 个销售市场，市场 D_1 每月需求为 300 个，市场 D_2 每月需求为 250 个，市场 D_3 每月需求为 450 个，市场 D_4 每月需求为 300 个。每份原材料与每单位产品的运输费用如表 3-4 和表 3-5 所示。请选择生产设施选址地区。

表 3-4　原料运输费用

	备选区域 K_1	备选区域 K_2	备选区域 K_3	备选区域 K_4
供应商 S_1	1	2	3	2
供应商 S_2	3	2	1	2
供应商 S_3	1	3	2	2

注：运费单位为元。

表 3-5　产品运输费用

	市场 D_1	市场 D_2	市场 D_3	市场 D_4
备选区域 K_1	1	3	1	3
备选区域 K_2	2	2	1	2
备选区域 K_3	2	1	3	1
备选区域 K_4	2	1	2	2

注：运费单位为元。

在此例中，首先设决策变量 y_k 与生产设施选址对应，在地点 k 时则等于 1，否则为 0；x_{ik} 为从供应商 i 运送到生产设施区域 k 的产品数量；x_{ki} 为从生产设施区域 k 运送到目标市场 j 的产品数量。然后，根据已知参数构建生产设施布局优化模型，用 Excel 规划求解工具求解，得到最优解，如图 3-4 所示。

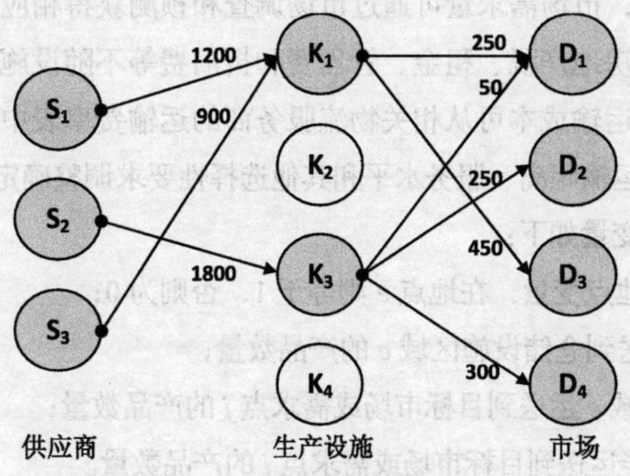

图 3-4 企业生产设施的优化布局

由图 3-4 可见，该企业应该在区域 K_1 和区域 K_3 设立生产设施。

2．仓储设施布局优化模型

对于仓储设施布局，来源于供应源的物流可以不必经过仓储设施而直接到达目标市场，这样，新增设施所带来的运输费用与设施成本之和必须低于新增设施前该目标市场的所有直达运输或间接运输成本才有增加设施的必要。

设一个从制造商经若干仓储设施或直达到目标市场的供应链网络，如图 3-5 所示。

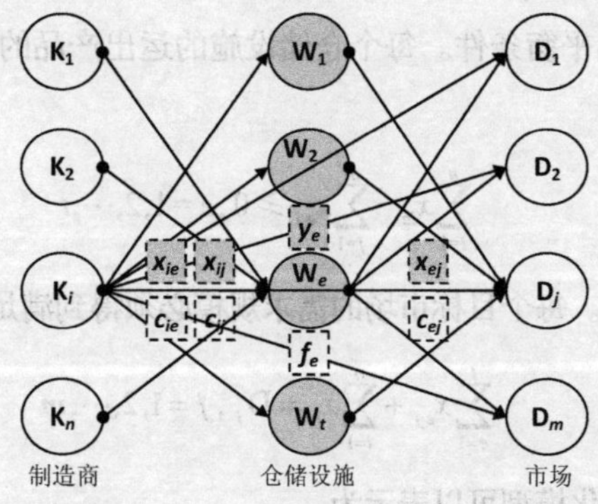

图 3-5 仓储设施布局问题示意图

设仓储设施布局问题参数如下：

m 为目标市场或需求点的数量；

n 为制造商的数量；

t 为潜在的仓储设施选址地区的数量；

D_j 为目标市场 j 的年需求量；

K_i 为制造商 i 的产能；

W_e 为设在地区 e 的仓储设施的潜在仓储能力；

f_e 为设在地区 e 的仓储设施开工时的固定成本；

c_{ie}为从生产设施区域 i 运送到仓储设施区域 e 的单位运输成本；

c_{ei}为从仓储设施区域 e 运送到目标市场或需求点 j 的单位运输成本。

在上述结构参数中，市场需求量可通过市场调查和预测获得相应数据；仓储设施固定成本可通过对仓储设施的房地产税、租金、管理费和折旧费等不随设施经营活动水平而变化的成本估算来确定；单位运输成本可从相关物流服务商的运输费率表中获得参考数据，并根据运输商品种类、重量、运输距离、服务水平和其他选择性要求调整确定。

仓储设施布局优化变量如下：

y_e为仓储设施选址地点变量，在地点 e 则等于 1，否则为 0；

x_{ie}为从制造商 i 运送到仓储设施区域 e 的产品数量；

x_{ei}为从仓储设施区域 e 运送到目标市场或需求点 j 的产品数量；

x_{ij}为从制造商 i 直接运送到目标市场或需求点 j 的产品数量。

设仓储设施布局优化模型的优化目标是仓储设施的布局以及每个制造商的产能和市场需求的分配数量使整个供应链网络的运营成本最低，即

$$\min\sum_{e=1}^{t} f_e \cdot y_e + \sum_{i=1}^{n}\sum_{e=1}^{t} c_{ie} \cdot x_{ie} + \sum_{e=1}^{t}\sum_{j=1}^{m} c_{ej} \cdot x_{ej} + \sum_{i=1}^{n}\sum_{j=1}^{m} c_{ij} \cdot x_{ij} \quad (3\text{-}6)$$

仓储设施布局优化模型的约束条件包括以下几个方面。

（1）制造商产能约束条件。从每个制造商运出的产品数量不能超过其产能，即

$$\sum_{e=1}^{t} x_{ie} + \sum_{j=1}^{m} x_{ij} \leqslant \mathrm{K}_i , i = 1,2,\cdots,n \quad (3\text{-}7)$$

（2）仓储设施投入产出平衡条件。每个仓储设施的运出产品的数量不能超过其所接收的数量，即

$$\sum_{i=1}^{n} x_{ie} - \sum_{j=1}^{m} x_{ej} \geqslant 0 , e = 1,2,\cdots,t \quad (3\text{-}8)$$

（3）市场需求约束条件。每个目标市场的需求规模必须得到满足，即

$$\sum_{e=1}^{t} x_{ej} + \sum_{i=1}^{n} x_{ij} = \mathrm{D}_j , j = 1,2,\cdots,m \quad (3\text{-}9)$$

于是，仓储设施布局优化模型可以表示为

$$\begin{cases} \min\sum_{e=1}^{t} f_e \cdot y_e + \sum_{i=1}^{n}\sum_{e=1}^{t} c_{ie} \cdot x_{ie} + \sum_{e=1}^{t}\sum_{j=1}^{m} c_{ej} \cdot x_{ej} + \sum_{i=1}^{n}\sum_{j=1}^{m} c_{ij} \cdot x_{ij} \\ \text{s.t.} \sum_{e=1}^{t} x_{ie} + \sum_{j=1}^{m} x_{ij} \leqslant \mathrm{K}_i , i = 1,2,\cdots,n \\ \sum_{i=1}^{n} x_{ie} - \sum_{j=1}^{m} x_{ej} \geqslant 0 , e = 1,2,\cdots,t \\ \sum_{e=1}^{t} x_{ej} + \sum_{i=1}^{n} x_{ij} = \mathrm{D}_j , j = 1,2,\cdots,m \\ y_e = \{0,1\} ; x_{ie}, x_{ej}, x_{ij} \geqslant 0 \end{cases} \quad (3\text{-}10)$$

将初始数据代入模型式（3-10），可用 Excel 的规划求解工具求解出仓储设施的选址区域

y_e^*、设施数量 $\sum_{e=1}^{t} y_e^*$、每个仓储设施的潜在仓储能力 $\sum_{j=1}^{m} x_{ej}^*$ 以及所服务的目标市场与规模 x_{ej}^*。同时，还可以确定每个目标市场的需求是由哪些仓储设施来满足或者是由哪些生产设施直接满足，或者是由仓储设施与生产设施共同来满足的。

示例 3-2　某企业仓储设施布局优化问题

某企业生产一个日用产品 A，由 3 个工厂生产供应市场，其中，工厂 K_1 每个月可以提供原料 1 200 件，工厂 K_2 每个月可以提供原料 1 800 件，工厂 K_3 每个月可以提供原料 900 件；为降低运费考虑可以在 3 个区域增设仓库，其中，备选区域 W_1 的启用固定成本为 2 500 元，备选区域 W_2 的启用固定成本为 2 000 元，备选区域 W_3 的启用固定成本为 1 500 元；产品 A 有 3 个销售市场，其中，市场 D_1 每月需求为 1 000 件，市场 D_2 每月需求为 1 500 件，市场 D_3 每月需求为 1 400 件。每单位产品的运输费用如表 3-6～表 3-8 所示。请选择仓储设施选址地区。

表 3-6　工厂到市场的运输费用

	市场 D_1	市场 D_2	市场 D_3
工厂 K_1	6	2	4
工厂 K_2	3	4	6
工厂 K_3	3	4	5

注：运费单位为元。

表 3-7　工厂到仓库的运输费用

	仓库 W_1	仓库 W_2	仓库 W_3
工厂 K_1	3	2	1
工厂 K_2	1	2	3
工厂 K_3	1	1	2

注：运费单位为元。

表 3-8　仓库到市场的运输费用

	市场 D_1	市场 D_2	市场 D_3
仓库 W_1	2	1	1
仓库 W_2	1	3	2
仓库 W_3	2	2	2

注：运费单位为元。

在此例中，首先，设决策变量 y_e 与仓储设施选址对应，在地点 e 则等于 1，否则为 0；x_{ie} 为从工厂 i 运送到仓储设施区域 e 的产品数量；x_{ie} 为从仓储设施区域 e 运送到目标市场 j 的产品数量；x_{ij} 为从工厂 i 运送到目标市场 j 的产品数量。

然后，根据已知参数构建仓储设施布局优化模型，用 Excel 规划求解工具求解，得到最优解，如图 3-6 所示。

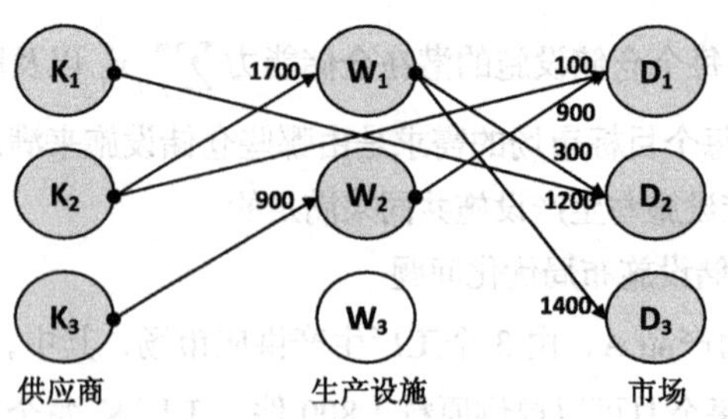

图 3-6　企业仓储设施的优化布局

由图 3-6 可见，该企业应该在区域 W_1 和区域 W_2 设立仓储设施。

3.2.4　设施选址优化模型

利用设施布局优化模型可以确定出每个生产设施或仓储设施的选址区域。但是，管理者还需要为每个潜在设施在拟选址地区选择一组理想的地点，以便使生产和仓储设施能够支持整个供应链网络以最佳运营方式运营。重心法是单个设施选址的常用方法，用重心法进行设施选址需要满足的前提条件：

（1）市场需求量集中于市场中某一集聚地；

（2）运输成本与运输距离成线性正相关关系；

（3）运输路线按平面上两点之间几何距离来计算；

（4）忽略在不同地点选址可能产生的因设施成本、劳动力成本、库存成本不同所引起的运营成本变化。

考虑某一设施从 l 个供应商处获得物流并运送到 n 个目标市场的设施选址问题，如图 3-7 所示。

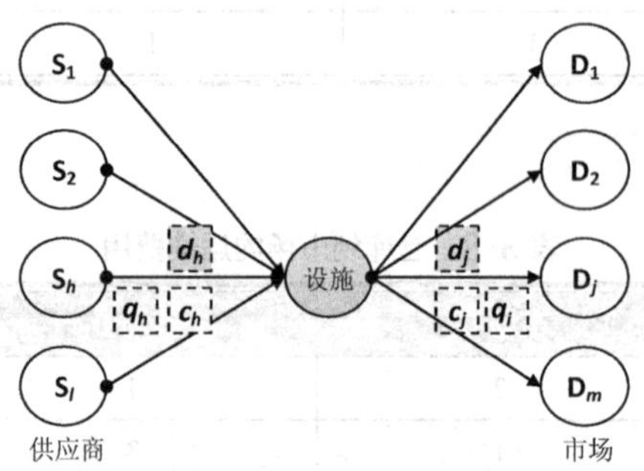

图 3-7　设施选址问题示意图

设选址问题参数如下：

(x_h, y_h) 和 (x_j, y_j) 分别为供应商 h 和市场 j 的地理坐标；

q_h 和 q_j 分别为供应商 h 和市场 j 到该设施的运输数量，由相应的设施布局优化模型的最优解确定；

c_h 和 c_j 分别为供应商 h 和市场 j 到该设施的单位产品每公里运输成本。

设选址问题的决策变量为该设施的地理坐标 (x, y)，则该设施距离供应商 h 和市场 j 的距

离分别为

$$d_h = \sqrt{(x-x_h)^2+(y-y_h)^2} = 111\times\sqrt{(lon-lon_h)^2+(lat-lat_h)^2} \tag{3-11}$$

$$d_j = \sqrt{(x-x_j)^2+(y-y_j)^2} = 111\times\sqrt{(lon-lon_j)^2+(lat-lat_j)^2} \tag{3-12}$$

式中，（lon，lat）为该设施的经度与纬度；（lon_h，lat_h）为供应商 h 的经度与纬度；（lon_j，lat_j）为市场 j 的经度与纬度；数值 111 为 1 纬度的公里数。

于是，设施选址问题的优化目标就是使该设施到达所有供应商和市场的运输费用最低，即

$$\min TC = \sum_{h=1}^{l} d_h\cdot c_h\cdot q_h + \sum_{j=1}^{m} d_j\cdot c_j\cdot q_j \tag{3-13}$$

这是一个无约束的优化问题，应该按照函数极值原理求解。将 d_h 和 d_j 代入目标函数式（3-13），并对 x、y 求偏导数，可得到设施的最优坐标值。

$$x^* = \frac{\sum_{h=1}^{l}\frac{q_h\cdot c_h\cdot x_h}{d_h} + \sum_{j=1}^{m}\frac{q_j\cdot c_j\cdot x_j}{d_j}}{\sum_{h=1}^{l}\frac{q_h\cdot c_h}{d_h} + \sum_{j=1}^{m}\frac{q_j\cdot c_j}{d_j}} \tag{3-14}$$

$$y^* = \frac{\sum_{h=1}^{l}\frac{q_h\cdot c_h\cdot y_h}{d_h} + \sum_{j=1}^{m}\frac{q_j\cdot c_j\cdot y_j}{d_j}}{\sum_{h=1}^{l}\frac{q_h\cdot c_h}{d_h} + \sum_{j=1}^{m}\frac{q_j\cdot c_j}{d_j}} \tag{3-15}$$

由于最优解中 d_h 和 d_j 仍然是 x、y 的函数，因此，需要用迭代法求解设施的最优坐标值，求解过程如下。

① 根据重心公式确定设施坐标初值：

$$x^0 = \frac{\sum_{h=1}^{l} q_h\cdot c_h\cdot x_h + \sum_{j=1}^{m} q_j\cdot c_j\cdot x_j}{\sum_{h=1}^{l} q_h\cdot c_h + \sum_{j=1}^{m} q_j\cdot c_j},\quad y^0 = \frac{\sum_{h=1}^{l} q_h\cdot c_h\cdot y_h + \sum_{j=1}^{m} q_j\cdot c_j\cdot y_j}{\sum_{h=1}^{l} q_h\cdot c_h + \sum_{j=1}^{m} q_j\cdot c_j}$$

② 令 k=0，将 x_k 和 y_k 代入式（3-11）、式（3-12）和式（3-13），求出 d_h^k、d_j^k 和 TC^k；

③ 将 d_h^k 和 d_j^k 代入式（3-14）和式（3-15），求出设施坐标的修正值 x^{k+1} 和 y^{k+1}；

④ 将 x^{k+1} 和 y^{k+1} 代入式（3-11）、式（3-12）和式（3-13），求出 d_h^{k+1}、d_j^{k+1} 和 TC^{k+1}，并比较 TC^k 和 TC^{k+1}。如果 $|TC^{k+1}-TC^k|\leqslant\varepsilon$（$\varepsilon$ 为误差精度），则终止计算过程，x^k 和 y^k 就是设施的最优坐标值；反之，令 $k=k+1$，返回到③，求出设施坐标的新修正值 x^{k+1} 和 y^{k+1}，直至 $|TC^{k+1}-TC^k|\leqslant\varepsilon$ 得到满足。

应用重心法进行设施选址能够充分反映实际问题，使得选址问题的最优解对选址决策有参考意义。但是，应分析重心法的前提条件所产生的实际误差对选址决策带来的影响。实际误差的主要表现是市场重心化会使计算出的运输成本是到需求集聚地而不是到消费点的成本；运输线路直线化与实际运输线路不完全符合，这可以通过对 d_h 和 d_j 乘以迂回因子（中国大陆地区为 1.33）来校正；运输成本及运输距离线性化与多数实际运输价格是由不随运输距离变化的固定部分和随运输距离变化的可变部分组成的事实不相符合；实际选址时必须考虑

不同选址地点所产生的相关设施成本的变化。

在设施选址实践中，有时物流管理人员会事先拟定几个设施备选地址供决策者选择。这时，若每个备选地址的设施固定成本和变动成本能够确认，则可以采用**盈亏平衡分析方法**来选择设施地址。

示例 3-3 新建工厂的设施选址

有三个地址可以作为某家企业的新建工厂的备选地址，每个地址设厂的固定成本和变动成本估计如表 3-9 所示。

表 3-9 备选地址的成本估计

备选地址	年固定成本	变动成本
A	50 000	30
B	75 000	20
C	90 000	10

若预计年需求量 3 000 单位，应该选择哪个地址。

在此例中，首先，为每个备选地址建立总成本方程，并绘制总成本曲线，如图 3-8 所示。3 个备选地址的总成本方程分布为

$$TC_{\mathrm{A}} = 50\,000 + 30 \cdot Q$$

$$TC_{\mathrm{B}} = 75\,000 + 20 \cdot Q$$

$$TC_{\mathrm{C}} = 90\,000 + 10 \cdot Q$$

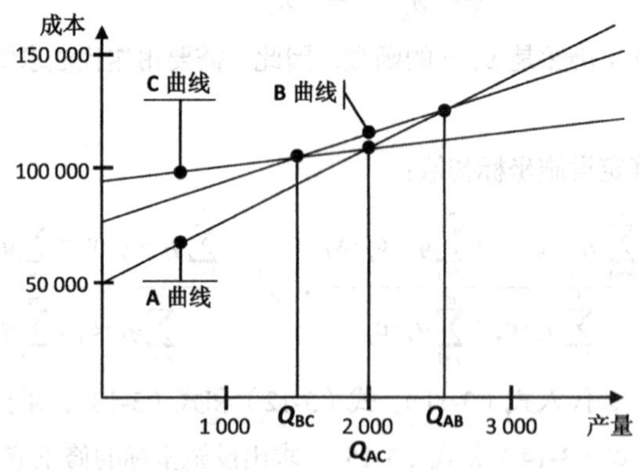

图 3-8 成本曲线与盈亏平衡点

然后，求解不同成本曲线之间的盈亏平衡点。A 地址成本曲线与 B 地址成本曲线的盈亏平衡点 Q_{AB}^{*} 为 2 500 单位；B 地址成本曲线与 C 地址成本曲线的盈亏平衡点 Q_{BC}^{*} 为 1 500 单位；A 地址成本曲线与 C 地址成本曲线的盈亏平衡点 Q_{AC}^{*} 为 2 000 单位。

最后，分析不同需求量范围所处低成本地址。由图 3-8 可见，当年需求量低于 2 000 单位时，选择 A 地址则总成本最低；当年需求量高于 2 000 单位时，选择 C 地址则总成本最低。因此，当预计年需求量为 3 000 单位时，应选择 C 地址。

3.3 供应链网络优化模型

3.3.1 供应链网络全局优化模型

设一个从供应商经制造商、仓储设施到产品目标市场的整个供应链网络，如图 3-9 所示。在整个网络中，每个设施、运输和库存都有固定成本和变动成本发生，固定成本是那些不受设施生产或运输产品变化的成本，变动成本是那些随着设施产生或运输产品变化而成比例变化的成本。由于设施、运输和库存成本通常存在规模经济效应，因此，可以通过确定生产设施和仓储设施的选址及产能分配使整个供应链网络运营成本达到最低。

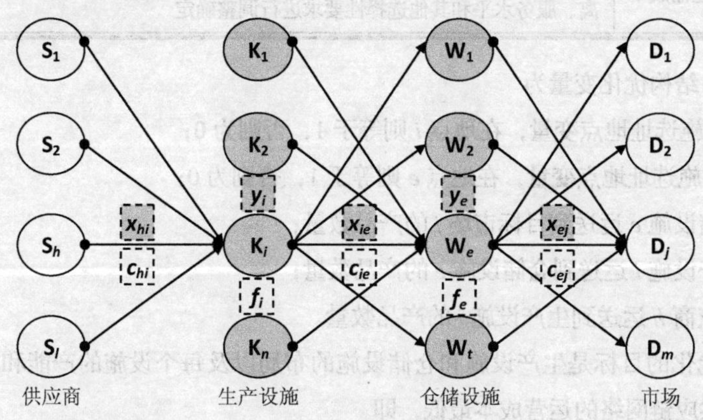

图 3-9 供应链网络结构

设供应链网络结构参数如下：

m 为目标市场或需求点的数量；

n 为潜在的生产设施选址的数量；

l 为供应商的数量；

t 为潜在的仓储设施选址的数量；

D_j 为目标市场 j 的年需求量；

K_i 为设在地点 i 的生产设施的潜在产能；

S_h 为供应商 h 的供应能力；

W_e 为设在地点 e 的配送中心的潜在仓储能力；

F_i 为设在地点 i 的生产设施的固定成本；

f_e 为设在地点 e 的仓储设施的固定成本；

c_{hi} 为从供应商 h 运送到生产设施区域 i 的单位运输成本；

c_{ie} 为从生产设施 i 运送到配送中心 e 的单位运输成本；

c_{ej} 为从仓储设施 e 运送到目标市场 j 的单位运输成本。

在上述网络参数中，有关参数的收集途径或方法如表 3-10 所示。

表3-10 相关参数的收集途径或方法

数据名称	收集途径或方法
不同市场的年需求量	通过对一定时期的订单批量进行分类和统计以及对各需求市场进行预测来获得
供应商的供应能力	通过向各供应商咨询来获得相应的原材料和零部件供应能力
生产设施的潜在能力	利用设施布局优化模型将各市场需求量向各生产设施进行分配
仓储设施的潜在能力	利用设施布局优化模型将各市场需求量向各仓储设施进行分配
生产设施的固定成本	可通过对生产设施的房地产税、租金、管理费和折旧费等不随设施经营活动水平而变化的成本进行核算来确定
仓储设施的固定成本	可通过对仓储设施的房地产税、租金、管理费和折旧费等不随设施经营活动水平而变化的成本进行核算来确定
运输线路的单位运输成本	可从相关物流服务商的运输费率表中获得，并根据商品种类、重量、运输距离、服务水平和其他选择性要求进行调整确定

供应链网络结构优化变量为

y_i为生产设施选址地点变量，在地点i则等于1，否则为0；

y_e为仓储设施选址地点变量，在地点e则等于1，否则为0；

x_{ej}为从仓储设施e运送到目标市场j的产品数量；

x_{ie}为从生产设施i运送到仓储设施e的产品数量；

x_{hi}为从供应商h运送到生产设施i的产品数量。

网络结构优化的目标是生产设施和仓储设施的布局以及每个设施的产能和市场需求的分配数量使整个供应链网络的运营成本最低，即

$$\min\sum_{i=1}^{n}F_i\cdot y_i+\sum_{e=1}^{t}f_e\cdot y_e+\sum_{h=1}^{l}\sum_{i=1}^{n}c_{hi}\cdot x_{hi}+\sum_{i=1}^{n}\sum_{e=1}^{t}c_{ie}\cdot x_{ie}+\sum_{e=1}^{t}\sum_{j=1}^{m}c_{ej}\cdot x_{ej} \tag{3-16}$$

约束条件如下。

（1）供应商的产能约束条件。从每个供应商运出的零部件数量不能超过该供应商的产能，即

$$\sum_{i=1}^{n}x_{hi}\leqslant \mathrm{S}_h, h=1,2,\cdots,l \tag{3-17}$$

（2）生产设施的投入产出平衡条件。每个生产设施的运出产品所需要的零部件数量不能超过其所接收的零部件数量，即

$$\sum_{h=1}^{l}x_{hi}-M\cdot\sum_{e=1}^{t}x_{ie}\geqslant 0, i=1,2,\cdots,n \tag{3-18}$$

式中，M为单位产品所需零部件的数量。

（3）生产设施的产能约束条件。从每个生产设施运出的产品数量不能超过其产能，即

$$\sum_{e=1}^{t}x_{ie}\leqslant K_i\cdot y_i, i=1,2,\cdots,n \tag{3-19}$$

（4）仓储设施的投入产出平衡条件。每个配送中心运出产品的产品数量不能超过其所接收的数量，即

$$\sum_{i=1}^{n}x_{ie}-\sum_{j=1}^{m}x_{ej}\geqslant 0, e=1,2,\cdots,t \tag{3-20}$$

（5）仓储设施的仓储能力约束条件。每个配送中心运出产品的数量不能超过其仓储能力，即

$$\sum_{i=1}^{n} x_{ie} \leqslant \mathrm{W}_e \cdot y_e, e=1,2,\cdots,t \tag{3-21}$$

（6）市场需求约束条件。每个市场的需求规模必须得到满足，即

$$\sum_{e=1}^{t} x_{ej} = \mathrm{D}_j, j=1,2,\cdots,m \tag{3-22}$$

于是，供应链网络结构优化模型可以表示为

$$\begin{cases} \min \sum_{i=1}^{n} F_i \cdot y_i + \sum_{e=1}^{t} f_e \cdot y_e + \sum_{h=1}^{l}\sum_{i=1}^{n} c_{hi} \cdot x_{hi} + \sum_{i=1}^{n}\sum_{e=1}^{t} c_{ie} \cdot x_{ie} + \sum_{e=1}^{t}\sum_{j=1}^{m} c_{ej} \cdot x_{ej} \\ \text{s.t.} \sum_{i=1}^{n} x_{hi} \leqslant \mathrm{S}_h, h=1,2,\cdots,l \\ \sum_{h=1}^{l} x_{hi} - M \cdot \sum_{e=1}^{t} x_{ie} \geqslant 0, i=1,2,\cdots,n \\ \sum_{e=1}^{t} x_{ie} \leqslant \mathrm{K}_i \cdot y_i, i=1,2,\cdots,n \\ \sum_{i=1}^{n} x_{ie} - \sum_{j=1}^{m} x_{ej} \geqslant 0 \quad e=1,2,\cdots,t \\ \sum_{i=1}^{n} x_{ie} \leqslant \mathrm{W}_e \cdot y_e, e=1,2,\cdots,t \\ \sum_{e=1}^{t} x_{ej} = \mathrm{D}_j, j=1,2,\cdots,m \\ x_{hi}, x_{ie}, x_{ej} \geqslant 0; y_i, y_e = \{0,1\} \end{cases} \tag{3-23}$$

将初始数据代入模型式（3-23），可用 Excel 的规划求解工具求解出生产设施选址地点 y_i^*、生产设施数量 $\sum_{i=1}^{n} y_i^*$、仓储设施选址地点 y_e^*、仓储设施数量 $\sum_{e=1}^{t} y_e^*$、每个仓储设施的潜在仓储能力 $\sum_{j=1}^{m} x_{ej}^*$ 以及所服务的目标市场与规模 x_{ej}^*。

在模型式（3-23）中，要求满足所有市场的物流必须经过仓储设施。如果满足所有市场的物流既可以经过仓储设施，也可由生产设施直接运送，则式（3-23）可以改写成

$$\begin{cases} \min \sum_{i=1}^{n} F_i \cdot y_i + \sum_{e=1}^{t} f_e \cdot y_e + \sum_{h=1}^{l}\sum_{i=1}^{n} c_{hi} \cdot x_{hi} + \sum_{i=1}^{n}\sum_{e=1}^{t} c_{ie} \cdot x_{ie} + \sum_{e=1}^{t}\sum_{j=1}^{m} c_{ej} \cdot x_{ej} + \sum_{i=1}^{n}\sum_{j=1}^{m} c_{ij} \cdot x_{ij} \\ \text{s.t.} \sum_{i=1}^{n} x_{hi} \leqslant \mathrm{S}_h, h=1,2,\cdots,l \\ \sum_{h=1}^{l} x_{hi} - M \cdot \sum_{e=1}^{t} x_{ie} \geqslant 0, i=1,2,\cdots,n \\ \sum_{e=1}^{t} x_{ie} + \sum_{j=1}^{m} x_{ij} \leqslant \mathrm{K}_i \cdot y_i, i=1,2,\cdots,n \\ \sum_{i=1}^{n} x_{ie} - \sum_{j=1}^{m} x_{ej} \geqslant 0,\ e=1,2,\cdots,t \\ \sum_{i=1}^{n} x_{ie} \leqslant \mathrm{W}_e \cdot y_e, e=1,2,\cdots,t \\ \sum_{e=1}^{t} x_{ej} + \sum_{i=1}^{n} x_{ij} = \mathrm{D}_j, j=1,2,\cdots,m \\ x_{hi}, x_{ie}, x_{ej}, x_{ij} \geqslant 0; y_i, y_e = \{0,1\} \end{cases} \tag{3-24}$$

式中，x_{ij} 为从生产设施 i 直接运送到市场或需求点 j 的产品数量。

3.3.2 指定设施开工的成本优化模型

在对供应链物流网络进行优化时，因客观条件限制有时需要使某些候选的生产设施地址或仓储设施地址成为固定地址，通常的做法是在优化模型式（3-23）中加入反映这样要求的约束条件，但由于加入约束条件会使模型式（3-23）的可行域变小，进而可能使目标函数的优化水平降低；相反，若将这些候选地址的生产设施固定成本 F_i 和仓储设施固定成本 f_e 作为变量进行优化，使事先设定的生产设施地址或仓储设施地址成为优化模型的最优解，可能会提高目标函数的优化水平。因此，可以将优化模型式（3-23）中部分优化变量作为参数，而将生产设施固定成本 F_i 和仓储设施固定成本 f_e 等参数作为决策变量，用参数 F_i 和 f_e 变化最小为优化目标，用式（3-23）的对偶模型的互补最优性条件作为约束条件构建逆优化模型进行处理。

设 q_{h1}、q_{i2}、q_{i3}、q_{e4}、q_{e5}、q_{j6} 为模型式（3-23）的对偶变量，即影子价格。于是，由线性规划的对偶原理可知式（3-23）的对偶模型如下：

$$\begin{cases}\max W=-\sum_{h=1}^{l}S_h q_{h1}+\sum_{j=1}^{m}D_j q_{j6}\\ \text{s.t. } \mathrm{K}_i q_{i3}\leqslant F_i \quad i=1,2,\cdots,n\\ \mathrm{W}_e q_{e5}\leqslant f_e \quad e=1,2,\cdots,t\\ -q_{h1}+q_{i2}\leqslant c_{hi} \quad h=1,2,\cdots,l;i=1,2,\cdots,n\\ -Mq_{i2}-q_{i3}+q_{e4}\leqslant c_{ie} \quad i=1,2,\cdots,n;e=1,2,\cdots,t\\ -q_{e4}-q_{e5}+q_{j6}\leqslant c_{ie} \quad e=1,2,\cdots,t;j=1,2,\cdots,m\\ q_{h1},q_{i2},q_{i3},q_{e4},q_{e5}\geqslant 0\\ q_{j6}\text{ 无约束}\end{cases} \tag{3-25}$$

若 $\bar{q}_{h1}$、$\bar{q}_{i2}$、$\bar{q}_{i3}$、$\bar{q}_{e4}$、$\bar{q}_{e5}$、$\bar{q}_{j6}$ 为依据式（3-25）的最优解近似确定的，并满足下述条件：

$$\begin{cases}-q_{h1}+q_{i2}\leqslant c_{hi} \quad h=1,2,\cdots,l;i=1,2,\cdots,n\\ -Mq_{i2}-q_{i3}+q_{e4}\leqslant c_{ie}\, i=1,2,\cdots,n;e=1,2,\cdots,t\\ -q_{e4}-q_{e5}+q_{j6}\leqslant c_{ie}\, e=1,2,\cdots,t;j=1,2,\cdots,m\\ q_{h1},q_{i2},q_{i3},q_{e4},q_{e5}\geqslant 0\\ q_{j6}\text{ 无约束}\end{cases} \tag{3-26}$$

设与所确定的影子价格 $\bar{q}_{h1}$、$\bar{q}_{i2}$、$\bar{q}_{i3}$、$\bar{q}_{e4}$、$\bar{q}_{e5}$、$\bar{q}_{j6}$ 对应的 y_i^*、y_e^* 为优化模型式（3-23）的最优解，记 $I=\{i|y_i^*>0\}$，$\bar{I}=\{i|y_i^*=0\}$，$E=\{e|y_e^*>0\}$，$\bar{E}=\{e|y_e^*=0\}$，则模型式（3-25）的互补最优性条件为

$$\begin{cases}\mathrm{K}_i\bar{q}_{i3}\leqslant \bar{F}_i \quad i\in\bar{I}\\ \mathrm{K}_i\bar{q}_{i3}=\bar{F}_i \quad i\in I\\ \mathrm{W}_e\bar{q}_{e5}\leqslant \bar{f}_e \quad e\in\bar{E}\\ \mathrm{W}_e\bar{q}_{e5}=\bar{f}_e \quad e\in E\end{cases} \tag{3-27}$$

这样，如果以设施固定成本 F_i 和 f_e 变化最小为优化目标，以互补最优性条件式（3-27）

为约束条件，就可构建优化模型式（3-23）的逆优化模型：

$$\begin{cases}\min \|\bar{F}-F\|+\|\bar{f}-f\| \\ \text{s.t. } \mathrm{K}_i\bar{q}_{i3} \leqslant \bar{F}_i \quad i\in \bar{I} \\ \quad \mathrm{K}_i\bar{q}_{i3} = \bar{F}_i \quad i\in I \\ \quad \mathrm{W}_e\bar{q}_{e5} \leqslant \bar{f}_e \quad e\in \bar{E} \\ \quad \mathrm{W}_e\bar{q}_{e5} = \bar{f}_e \quad e\in E \end{cases} \tag{3-28}$$

令 $\bar{F}_i = F_i+\theta_i-\alpha_i$，$i=1,2,\cdots,n$，这里 $\theta_i \geqslant 0$ 和 $\alpha_i \geqslant 0$ 分别表示 F_i 的增量和减量；$\bar{f}_e = f_e+\theta_e-\alpha_e$，$e=1,2,\cdots,t$，这里 $\theta_e \geqslant 0$ 和 $\alpha_e \geqslant 0$ 分别表示 f_e 的增量和减量。考虑到 $\|\theta_I-\alpha_I\| \leqslant \|\theta_I+\alpha_I\|$ 和 $\|\theta_E-\alpha_E\| \leqslant \|\theta_E+\alpha_E\|$，则式（3-28）可改写成：

$$\begin{cases}\min \|\alpha_I+\theta_I\|+\|\alpha_E+\theta_E\| \\ \text{s.t. } \mathrm{K}_i\bar{q}_{i3}-\theta_i+\alpha_i \leqslant F_i \quad i\in \bar{I} \\ \quad \mathrm{K}_i\bar{q}_{i3}-\theta_i+\alpha_i = F_i \quad i\in I \\ \quad \mathrm{W}_e\bar{q}_{e5}-\theta_e+\alpha_e \leqslant f_e \quad e\in \bar{E} \\ \quad \mathrm{W}_e\bar{q}_{e5}-\theta_e+\alpha_e = f_e \quad e\in E \end{cases} \tag{3-29}$$

式（3-29）还可写成

$$\begin{cases}\min \|\alpha_I+\theta_I\|+\|\alpha_E+\theta_E\| \\ \text{s.t. } \mathrm{K}_i\bar{q}_{i3}-\theta_i \leqslant F_i \quad i\in \bar{I} \\ \quad \mathrm{K}_i\bar{q}_{i3}-\theta_i \leqslant F_i \quad i\in I \\ \quad -\mathrm{K}_i\bar{q}_{i3}-\alpha_i \leqslant -F_i \quad i\in I \\ \quad \mathrm{W}_e\bar{q}_{e5}-\theta_e \leqslant f_e \quad e\in \bar{E} \\ \quad \mathrm{W}_e\bar{q}_{e5}-\theta_e \leqslant f_e \quad e\in E \\ \quad -\mathrm{W}_e\bar{q}_{e5}-\alpha_e \leqslant -f_e \quad e\in E \\ \quad \alpha_i,\alpha_e \geqslant 0 \quad i\in I, e\in E \\ \quad \theta_i,\theta_e \geqslant 0 \quad i\in I\cup\bar{I}, e\in E\cup\bar{E} \end{cases} \tag{3-30}$$

在选取向量范数 l_1（即向量模数的一种）的情况下，式（3-30）是一个线性规划：

$$\begin{cases}\min \sum_{i\in I}\alpha_i+\sum_{i=1}^{n}\theta_i+\sum_{e\in E}\alpha_e+\sum_{e=1}^{t}\theta_e \\ \text{s.t. } \mathrm{K}_i\bar{q}_{i3}-\theta_i \leqslant F_i \quad i\in \bar{I} \\ \quad \mathrm{K}_i\bar{q}_{i3}-\theta_i \leqslant F_i \quad i\in I \\ \quad -\mathrm{K}_i\bar{q}_{i3}-\alpha_i \leqslant -F_i \quad i\in I \\ \quad \mathrm{W}_e\bar{q}_{e5}-\theta_e \leqslant f_e \quad e\in \bar{E} \\ \quad \mathrm{W}_e\bar{q}_{e5}-\theta_e \leqslant f_e \quad e\in E \\ \quad -\mathrm{W}_e\bar{q}_{e5}-\alpha_e \leqslant -f_e \quad e\in E \\ \quad \alpha_i,\alpha_e \geqslant 0 \quad i\in I, e\in E \\ \quad \theta_i,\theta_e \geqslant 0 \quad i\in I\cup\bar{I}, e\in E\cup\bar{E} \end{cases} \tag{3-31}$$

当需要使某些候选的生产设施地址或仓储设施地址成为固定地址时，求解式（3-31）可以确定出在候选地址的生产设施固定成本 F_i 和仓储设施固定成本 f_e 应该调整多少，才能使供应链整体效益达到最优。

3.3.3 建模过程与应用

在实践中，针对不同的供应链结构所建立的供应链网络优化模型及其逆优化模型也就不同。供应链网络优化模型及其逆优化模型的建模与应用过程如图 3-10 所示。

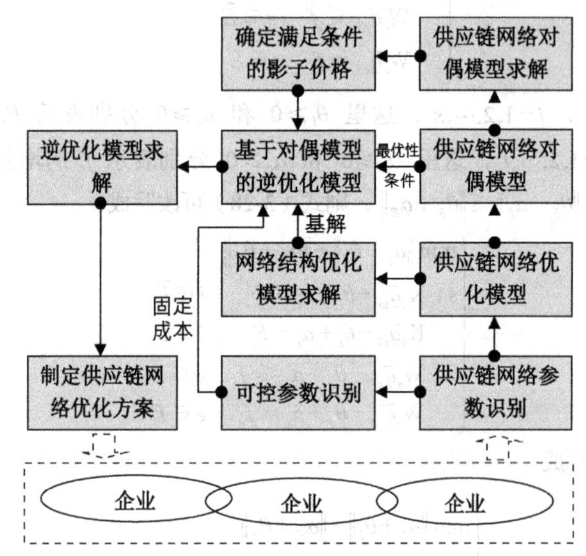

图 3-10 逆优化模型的建模与应用过程

从图 3-10 中可以看到，对供应链网络进行优化的过程如下。

（1）问题分析。对供应链网络结构进行分析，识别出市场需求量、生产设施的潜在产能和固定成本、仓储设施的潜在能力和固定成本以及网络中可能运输线路的单位运输成本等网络结构参数；若要使生产设施或仓储设施选址在希望的位置上可以将生产设施的固定成本和仓储设施的固定成本作为可控制参数。

（2）数据收集。为建立供应链网络优化模型需要对不同市场的产品年需求量、供应商能力、生产设施和仓储设施的潜在能力、生产设施和仓储设施的固定成本以及可能运输线路的单位运输成本等数据进行收集和整理。

（3）优化建模。根据供应链网络结构的分析结果以及网络结构参数，建立以整个网络运营成本或服务水平为优化目标，以设施位置、产品分配数量为优化变量，以供应能力、生产设施的潜在产能、仓储设施的潜在能力及物流需求等为约束条件的供应链网络优化模型及其对偶模型，并采用运筹学方法或启发式方法求解。

（4）逆优化建模。根据供应链结构优化模型的互补最优性条件和对偶模型的最优解确定影子价格，以及由实际情况所确定的生产设施和仓储设施位置，建立以生产设施和仓储设施的固定成本为优化变量的逆优化模型。

（5）逆优化模型应用。采用运筹学方法或启发式方法求解网络结构逆优化模型，以确定供应链网络结构中所指定的生产设施和仓储设施的最优固定成本；依据其求解结果制定适应市场需求的供应链网络结构的改进建议。

示例 3-4　指定设施位置的供应链网络优化

某供应链网络由供应商直接向生产企业发送原材料，生产企业将产品发送到配送中心，并由配送中心分配给各个销售商。现有 3 个供应商和 3 个销售商，可供选址的制造商有 3 个、配送中心有 3 个。假设产品使用单一的原材料，每个产品需要 3 个原材料加工。供应商到制造商的运输成本以及供应商生产能力参数如表 3-11 所示。

表 3-11　供应商生产能力及运输成本

运输成本	制造商 A	制造商 B	制造商 C	供应商产能
供应商 A	81	92	101	75
供应商 B	117	77	108	75
供应商 C	102	105	95	75

供应链中制造商的产品生产能力、制造商开工的固定成本以及制造商到物流中心的运输成本如表 3-12 所示。

表 3-12　制造商生产能力、固定成本及运输成本

运输成本	配送 A	配送 B	配送 C	固定成本	制造商产能
制造商 A	211	232	240	9 000	40
制造商 B	232	212	230	6 750	40
制造商 C	238	230	215	9 750	40

配送中心的仓储能力、固定成本以及运往各销售地的运输成本如表 3-13 所示。

表 3-13　配送中心仓储能力、固定成本及运输成本

运输成本	销售商 A	销售商 B	销售商 C	固定成本	仓储能力
配送 A	1 675	400	685	7 650	30
配送 B	1 460	1 940	970	3 500	30
配送 C	1 925	2 400	1 425	5 000	30
销售地需求	17	20	18		

将表 3-11 ~ 表 3-13 中的数据代入网络结构优化模型式（3-23），求解得到在总体成本最优前提下零部件和产成品的最优生产数量和最佳分配量情况，如表 3-14 所示。

表 3-14　零部件、产成品的产量分配情况

x_{hi}				x_{ie}				x_{ej}			
h/i	1	2	3	*i/e*	1	2	3	*e/j*	1	2	3
1	75	0	0	1	3	0	0	1	0	20	10
2	0	75	0	2	0	25	0	2	17	0	8
3	15	0	0	3	0	0	0	3	0	0	0

供应链中生产设施和配送中心的选址情况如表 3-15 所示。

表 3-15 生产设施和配送中心的选址情况

	固定成本	产能	是否建厂		固定成本	仓储能力	是否建配送中心
生产商 A	9 000	40	1	配送 A	7 650	30	1
生产商 B	6 750	40	1	配送 B	3 500	30	1
生产商 C	9 750	40	0	配送 C	5 000	30	0

供应商、制造商和配送中心的产能利用情况如表 3-16 所示。

表 3-16 供应商、制造商和配送中心的产能利用情况

供应商产能利用情况		制造商产能利用情况		仓库产能利用情况	
供应商 A	0	制造商 A	10	配送 A	0
供应商 B	0	制造商 B	15	配送 B	5
供应商 C	60	制造商 C	0	配送 C	0

从表 3-16 中可以看出，供应商 C 的产能剩余较多，对于供应商 C 可以再寻找新的制造商以充分利用产能，从而降低零部件生产成本。

将表 3-11 ~ 表 3-13 中的数据代入网络结构优化对偶模型式（3-25），求解可得到相应的影子成本 q_{h1}、q_{i2}、q_{i3}、q_{e4}、q_{e5}、q_{j6}，如表 3-17 所示。

表 3-17 影子成本

h, i, e, j	1	2	3
q_{h1}	13	28	0
q_{i2}	94	105	—
q_{i3}	223	169	—
q_{e4}	716	696	—
q_{e5}	255	117	—
q_{j6}	2 272	1 371	1 656

根据表 3-17 中的数据，将 q_{i3} 增加为（230，170），q_{e5} 增加为（260，120），并代入逆优化模型式（3-31），求解得到生产设施的固定成本 F_i 和配送中心的固定成本 f_e 的优化结果，如表 3-18 所示。

根据表 3-17 中的数据，将 q_{i3} 减少为（220，160），q_{e5} 减少为（250，110），并代入逆优化模型式（3-31），求解得到生产设施的固定成本 F_i 和配送中心的固定成本 f_e 的优化结果，如表 3-18 所示。

优化结果表明，在供应链网络中，若指定生产设施 1 和生产设施 2 开工生产，配送中心 1 和配送中心 2 启用，生产设施 1 和生产设施 2 开工的机会成本分别为 230 和 170，配送中心启用的机会成本分别为 260 和 120，那么，当生产设施 1 和生产设施 2 开工的固定成本分别为 9 200 和 6 800，配送中心 1 和配送中心 2 启用的固定成本分别为 7 800 和 3 600 时，整个供应链网络运营成本才能达到最优。

表 3-18 生产设施和配送中心的固定成本优化结果 1

	增加量θ	减少量α	优化结果
F_1	200	0	9 200
F_2	50	0	6 800
f_1	150	0	7 800
f_2	100	0	3 600

表 3-19 生产设施和配送中心的固定成本优化结果 2

	增加量θ	减少量α	优化结果
F_1	0	200	8 800
F_2	0	350	6 400
f_1	0	150	7 500
f_2	0	200	3 300

若指定生产设施 1 和生产设施 2 开工生产，配送中心 1 和配送中心 2 启用，生产设施 1 和生产设施 2 开工的机会成本分别为 220 和 160，配送中心 1 和配送中心 2 启用的机会成本分别为 250 和 110，那么，当生产设施 1 和生产设施 2 开工的固定成本分别为 8 800 和 6 400，配送中心 1 和配送中心 2 启用的固定成本分别为 7 500 和 3 300 时，整个供应链网络运营成本才能达到最优。

本章小结

本章讨论了供应链网络结构、设施布局决策、设施选址与网络优化。

供应链网络结构：物流过程中相互联系的组织与设施所构成的集合，主要由供应商、制造商、仓储配送中心、销售商和顾客组成。可分为供应物流网络、生产物流网络、销售物流网络和逆向物流网络。

供应链网络设计：主要包括供应商的选择，生产设施、配送中心或仓库以及零售商的选择等及相关设施的布局，以及每个设施的产能和市场需求的分配。

供应链设施布局决策：首先，根据鼓励生产的关键环境因素、与本地顾客分布和顾客购买行为相关的需求条件、政府支持的行业、同业竞争者的竞争程度以及企业的战略、结构等因素确定设施候选区域；然后，利用生产和仓储设施布局优化模型确定出每个生产设施或仓储设施的选址区域。

供应链设施选址：为每个设施在选址地区选择一组理想地点的常用方法主要有盈亏平衡分析法和重心法。

供应链网络优化：构建以整个网络运营成本或服务水平为优化目标，以设施位置、产品分配数量为优化变量，以供应能力、生产设施的潜在产能、仓储设施的潜在能力及物流需求等为约束条件的线性规划模型，利用 Excel 规划求解工具可确定出供应链网络中哪些位置的设施可以开工，以及每个开工设施的产能分配情况。

指定设施开工的成本优化模型：当根据实际情况确定了生产设施和仓储设施位置时，可建立以生产设施和仓储设施的固定成本为优化变量、以生产设施和仓储设施固定成本参数变化最小为优化目标的逆优化模型，利用 Excel 规划求解工具可确定出在指定地址的设施开工，其固定成本应该调整多少才能使供应链整体效益达到最优。

复习与思考

1. 如何面向产品进行供应链的构建？产品的设计策略是否应该与供应链的构建策略保持一致？请阐述你的观点。

2. 试以某一企业的供应链为例，分析其网络的薄弱环节并说明如何对其供应链网络进行优化。

3. 对于下列设施的选址，列出你认为重要的影响因素，并给出你分配给各个因素的权重。（1）汽车装配厂；（2）餐厅；（3）消防站；（4）无偿献血中心；（5）银行。

4. 仓库的位置和规模是如何影响一个像京东商城这样企业的绩效的？在做仓库位置决策时，作为京东商城应该考虑哪些因素？

5. 一个像戴尔公司这样的企业，其在全球的生产设施非常少，试列出这种方式的利弊并思考为什么这种方式可能适合计算机产业。

6. 一个像福特公司这样的企业，其在全球的设施超过 160 个，请列出拥有很多设施的利弊并思考这种方式是否适合汽车行业？

7. 供应链网络优化并不是跨国公司的专利，中国的许多企业也正在从中分享其带来的好处，苏宁电器就是其中之一。请阐述中国大型企业集团是如何使用这一工具进行战略决策，分享先进理念和计算机技术的。

8. 菲多利公司是百事可乐集团旗下的一个关键业务部，也是休闲食品行业的市场领导者。菲多利公司旗下拥有乐事薯片、多力多滋、奇多、TOSTITOS 等众多极受市场欢迎的零食品牌。菲多利公司在采用新技术方面非常进取，拥有强烈的开拓和创新意识。菲多利公司的员工们被分配到不同的送货路线，这些员工需自行决定自己路线上每天的库存量与送货量。而后，这些员工向小型仓库报告，并于每天早上提取他们的货品。每个员工平均需花费一个小时来提取自己的库存。这个系统耗费了员工大量的时间与成本，且限制了员工在一日内的顾客送达量。根据所学知识，谈谈该公司如何进行供应链网络优化。

9. 如表 3-20 所示，有 4 个顾客和一个物流中心配送货物，4 个顾客的物资需求量和坐标均为已知，现在用重心法求解物流中心的最佳位置。

表 3-20　4 个顾客的数据

顾客	需求量	运输费率	坐标 x_i	坐标 y_i
1	2	5	2	2
2	3	5	11	3
3	2.5	5	10	8
4	1	5	4	9

课后案例

山西焦煤集团的供应链战略

为适应煤炭物流发展趋势，山西焦煤集团从 2007 年就开始制定其煤炭物流发展战略，确定了建设煤炭大物流体系的目标和思想，并制定了煤炭物流发展的详细规划。

山西焦煤集团物流发展战略的核心内容就是以公司发展战略为指导，整合集团内外物流资源，实现煤炭产、储、运、销一体化的供应链战略，通过战略制度设计以及物流设施和信息系统的建设，形成煤炭大物流系统。物流发展战略目标定位在发展大物流，在企业内部提供高水平的一体化、专业化物流服务。物流发展战略实施步骤是采用先整合企业内部后向外部发展，然后进一步向增长战略发展。具体步骤如下。

（1）第一步（2008 年—2009 年），整合企业内部资源，完成集团运销公司向专业化煤炭及煤化工产品运销企业的转变。首先完成对生产企业的运销业务的剥离和集团运销公司生产业务的剥离，然后对各级机构及部门进行重组与整合，形成适合物流一体化的构建和发展的各级组织架构，构建专业化经营机制。此阶段的主要任务是完善山西焦煤集团的经营管理机制，进行业务流程再造和产权再重组、资本再整合、组织经营结构再调整，实现主业双向延伸，完成现在山西焦煤集团系统资产、人员向整合后的山西焦煤集团系统的平稳过渡。

（2）第二步（2010 年—2012 年），推进销售渠道建设，运输线路和运力建设，信息系统和电子商务建设，最终完成山西焦煤集团物流系统构建。在省内主要煤炭生产地区，建立公路煤炭集散点；在省内主要生产区域，省内外主要销售区域考虑建立一定数量的煤炭现货交易市场；在铁路集中装车的地区，建设 10 个以上战略装车点；在省外建一个煤炭集散点。整合公路运输环节，在企业内部建立专业的运输车队，在企业外部与运输企业合作，逐步形成由企业内自有运输车队，适合煤炭运输的外部运输企业以及社会闲散运力组成的公路运输联合体。建立综合物流信息平台，使其成为采购、运输、销售与服务四位一体的现代化煤炭综合物流信息平台。

（3）第三步（2013 年—2017 年），在保障大物流体系正常运作的基础上，进行纵深战略联合、供应链拓展、多元化增值。通过多种合作方式与合作企业建立长期稳定的战略合作关系。以实施纵深市场的战略联合为主要工作，对山西焦煤集团的供应链进行拓展和延伸，对围绕主业的其他行业进行兼并联合，以巩固主营业务为基础，实现多元化的增值。在煤炭消费集中地，根据成熟的管理经验，在新的煤炭集中消费地与大型消费顾客进行联合，有选择地复制集售煤场站和经营管理中心，拓展新市场。

案例思考题

（1）煤炭供应链网络结构的特点是什么？

（2）煤炭供应链网络建设影响因素包括哪些？

资料来源：武亚红.基于物流一体化的山西煤炭企业供应链运行体系研究[D]．太原理工大学，2010.

第 4 章　供应物流网络设计

先导案例

LCU 公司的供应商管理

1988 年创立的 LCU 公司是目前中国较大的零售商。现拥有近 1 200 家营运零售店，业务范围遍及 20 多个省和地区，LCU 有“大卖场”、“会员店”、“折扣店”、“便利店”等销售业态。

与 LCU 建立业务关系的供应商有数千家，其中 90%都是当地的供应商，只有 10%为进口供应商。由于消费品市场千变万化，其中一些供应商的变动比较频繁。因此，这种业务关系不是十分稳定。为此，LCU 需要其对供应商强化管理，即充分利用分类管理理论。LCU 对供应商管理的内容主要有以下 5 个方面。

（1）对供应商进行分类与编号。分类方法一般可按商品来划分，如蔬菜类、主副食品类、熟食类、一般食品类、文具类、家用电器类、针编织品类、衬衣类、烟酒类、玩具类和日用百货杂品类等十几个大类。为方便管理，LCU 的各大卖场和超市也会给每个供应商设定一个与其供应的商品分类号码相一致的分类编号。

（2）对各类供应商进行业务关系评价。为每一个供应商建立一个专门档案，并按供应商与 LCU 关系的密切程度，将其划分为 3 个类别：分别是很密切、密切和一般供应商（即不够密切），并实施分类管理。这构成了其对供应商进行有效管理的核心内容。

（3）建立不同供应商的商品“台账”制度。为每一种商品以及相应的供应商建立专门的“台账”，以明晰商品的存与销情况。“台账”内容包括：供应商代码、商品代码、商品序号、商品名称、规格、进货量、计量单位、进价、售价、销售额、累计销售额和毛利率等。分别对单位时间内每一供应商所提供的商品数量、销售金额进行统计，并编制厂商销售数量排列表，以此作为下一批次进货时议价谈判的依据。

（4）分门别类地管理采购合同。采购人员根据 LCU 事先制订的一份规范合约书，制订合约管理细则。该管理细则包括合约签订、登记、审核、检查、处理等内容。LCU 配备专职或兼职采购合同管理人员，随时掌握采购合约是否履行和注销等情况，统一负责采购合约的造册登记和存档。

（5）建立服务及商品检查制度。采购人员应随时对分类供应商所提供的商品品质、销售状况、厂商服务状况等进行抽查，向上一级及时汇报，与供应商及时沟通，并针对出现的问题要求供应商在规定的时间内改进完毕。

资料来源：中国管理案例共享中心。

学习目标

- 理解业务外包的基本内涵，自制与外包决策的影响因素与盈亏平衡分析过程。
- 了解供应商选择过程、供应商选择策略以及供应商评价指标。
- 掌握供应商评价的加权评估法、逼近理想解排序法与层次分析法等定量评价方法。
- 掌握供应商绩效评价的偏序型 DEA 方法。
- 了解供给库分析与改进过程。

供应物流网络设计的实质是确定供应商及其与企业之间的关系，这涉及企业业务自制与外包决策，供应商评价与选择以及供给库优化等问题。为此，本章将主要介绍业务外包的优势、风险与外包方式，影响自制与外包决策的因素，以及自制与外包的盈亏平衡分析；供应商选择过程、选择策略以及供应商评价指标等供应商选择的关键要素；评价供应商的逆向拍卖法与协商谈判法等定性评价方法和加权评估法、逼近理想解排序法与层次分析法等定量评价方法；供应商绩效评价指标与偏序型 DEA 方法以及供给库结构分析与改进过程。

4.1 自制与外包决策

4.1.1 理解业务外包

业务外包（Business Outsourcing）是指企业基于合约将一些非核心、辅助性的功能或业务的持续管理责任外包给第三方专业化承包商来执行，利用他们的专长和优势来提高企业的整体效率和竞争力。从劳动分工角度来看，将企业的部分业务外包给承包商，有利于简化企业自身的管理复杂性，同时，有助于提高承包商的专业化生产率；从比较优势理论角度来看，将企业某些业务外包给更专业化的承包商，通过提高承包商的规模经济效益使双方都可以通过外包交易获得利益；从价值链角度来看，把企业的某个薄弱环节外包给更擅长的企业来完成，从根本上可提高价值链的活动质量。可见，业务外包是一种提高效率、降低成本、发挥本企业的核心优势，增加对环境应变能力的管理模式。

第三方承包商为外包企业提供专业化、系列化、个性化、信息化的服务不仅会使外包企业成本降低、效率提升，而且对承包企业自身也是如此，其具体优势如下。

1．对外包方的优势

（1）增强核心能力。企业将非核心业务外包给承包商，一方面，可以使企业的精力和资源更多地集中到核心业务上；另一方面，可以将原来用于非核心业务的资源节省下来用于核心业务上，从而提高企业的核心能力。

（2）利用外部资源。企业将非核心业务外包给承包商，实际上就是利用承包商的专业化生产资源完成自己业务的过程，是资源通过市场在各业务、各部门之间的战略选择过程，因此有效利用企业外部资源可以提高企业的市场竞争力。

（3）降低运营成本。企业将非核心业务外包给承包商，可以避免企业在设备、技术、研发上的大额投资。而承包商的专业化经营将有利于外包企业采用本身不具备的工艺、技术进行生产，降低产品成本。

（4）增加生产弹性。对于市场需求有淡旺季的企业，当淡季的生产能力需求还达不到旺季的生产能力一半的情形下，企业要生存就要求具有生产弹性。这样，当需求旺季来临时，企业通过业务外包可以使其不需要维持旺季的生产能力就能满足市场需求。

（5）分摊经营风险。通过业务外包可以使企业对零部件和技术发展所承担的风险扩散到每个承包商，使企业不再需要为相关的零部件开发和生产投资，从而减少企业自身的投资风险。

（6）加速组织重构。企业组织结构重构需要花费很长时间和很多精力，获得收益也需要很长时间。通过业务外包可以简化企业的组织结构和管理复杂性，因此，业务外包是企业组织结构重构的重要策略，可以帮助企业快速解决重构问题。

2. 对承包方的优势

（1）产能集聚。企业将非关键零部件外包给供应商，可使承包商通过承包多家企业的零部件加工任务将多家企业的需求集中，形成单独一家企业不可能拥有的生产规模，同时，还会形成原材料采购规模和运输规模。这不仅为承包商自己带来经济效益，也为整个供应链提高了赢利能力。

（2）库存集聚。企业将库存业务外包给仓储服务商，可使仓储服务商通过集中大量顾客的库存来降低顾客需求的不确定性，降低单位产品的仓储设施成本和单位产品的库存维持与管理成本，增加仓储规模经济效益。同时，在集中顾客的库存时，也在集中内向运输和外向运输，这也将增加承包商的运输规模经济效益。

（3）运输集聚。企业将运输业务外包给运输服务商，可使运输服务商通过把多个发货人的运输量集中到较高运输规模来降低运输成本。当发货人运输包裹或者零担货物给地理位置分散的顾客，或者发送到某个地区的与离开该地区的货物数量相差很大时，将运输业务外包给运输服务商可以通过将多家企业的运输量集中成整车运输来降低运输成本。

（4）采购集聚。中小企业将采购业务外包给采购服务商，可使采购服务商通过集中采购实现供应商的规模生产和内向运输的规模经济，能够降低采购物品的价格以及采购成本和内向运输成本。采购集聚对采购规模较大的购买者作用非常有限，这是因为进一步集中所带来的边际利润非常有限，而如果外包采购业务，它们将会中止与供应商的关系。

（5）信息集聚。信息服务商可以通过将需求信息和供应信息集中到更高水平来降低顾客的信息搜索成本，这是单独一家企业采取自制策略所无法实现的。如果每个企业都建立自己的网站和网上商店，顾客的信息搜索成本就会更高。因此，信息集聚可以减少搜索成本和信息技术投资，并能够更好地使卡车运输商与货物相匹配。

（6）关系集聚。中介服务可以通过减少多个购买者与销售者之间所需的关系数量，增加每次交易的规模来降低交易成本。如果没有中介服务，连接成千销售商与百万购买者需要 10 亿种关系，而中介服务可将这些关系数量降到 100 万。当许多购买者较分散、每次购买量小而每个订单又包括许多供应商的产品时，关系集聚的效果将非常明显。

3．业务外包的风险

当然，业务外包不仅会给双方带来好处，还会为外包企业带来风险，具体如下。

（1）业务流程分离。企业将其部分业务外包时可能会失去对业务流程的控制，导致供应链流程的分离，从而影响整个供应链的竞争能力。因此，应该保持对外包业务流程的控制，并进行成本/收益分析，再决定是否外包。

（2）低估协调成本。企业将其部分业务外包时可能会低估执行外包协议所带来的协调成本。如果企业认为协调能力是它的核心优势之一，那么，将供应链的各种功能外包给多个服务承包商是可行的（也可能是非常有效的）。

（3）减少顾客接触。企业将其部分业务外包时可能会失去与顾客（供应商）接触的机会，无法掌握市场需求的特点和发展趋势，结果使企业更难快速地响应市场需求。如那些向顾客直销的企业决定使用第三方来收集订单或发送产品时，就会失去与顾客接触的机会。

（4）丧失内部能力。企业将其部分业务外包时会丧失自己完成相关业务的能力，并极大地增加承包商的讨价还价能力，这时如果由自己来执行相关业务功能，可以作为一个对抗选项去限制承包商的讨价还价能力。

（5）泄露敏感信息。企业将其部分业务外包时需要承包商共享企业的需求信息，有时还需要共享知识产权。如果承包商也为其他竞争者服务，那么，就会有泄露信息的危险。如果要求承包商建立防火墙，就会增加资产的专用性，限制承包商的收益增加。

（6）扭曲合同绩效。企业将其部分业务外包时，如果外包合同的绩效指标扭曲了对承包商的激励，通常会极大地减少外包的收益。如企业在外包合同中要求供应商或分销商维持一段时间库存，那么，这种合同就会削弱对承包商采取行动以减少库存的激励。

4．业务外包方式

（1）临时服务和临时工。在这种外包形式中，外包企业拥有一支相对稳定的核心雇员队伍，而其他大量工作人员则根据经营需要临时从人才市场或其他企业雇用流动人员。其优势在于企业要有特殊技能的职工而又不需永久拥有，还可以缩减过量的经常性开支，提高劳动力柔性，提高生产率。

（2）子网（Subsidiary Networks）。在这种外包形式中，企业将所控制的企业组织分解为独立的业务部门，形成母公司的子网公司。独立的部门性公司脱离母公司，会变得更加具有柔性、效率和创新性。

（3）与竞争者合作。在这种外包形式中，由两个或多个竞争者共同对某种产品的生产经营进行投资、开发、生产和销售，利用它们各自的优势资源组成联合经营实体。这不仅可以使企业分散开发新产品的风险，也可使企业获得比单个企业更高的创造性和柔性。

（4）完全业务外包。在这种外包形式中，外包企业将其价值链上非核心业务完全转包给一个或几个在相关业务上具有优势的企业进行设计生产。如某些电子产品公司只进行产品设计和产品销售，而整个产品的生产全部外包给代工企业。

将上述外包方式按照合作目标、市场适应方式、合作生命周期与合作密切程度等项目进行比较，其结果如表 4-1 所示。

表 4-1　不同外包方式的比较

比较项目	临时服务	子网公司	与竞争者合作	完全业务外包
合作目标	降低运营成本	提高供应链柔性	抓住市场机会	提升价值链质量
市场适应方式	策略性应对市场	策略性应对市场	战略性应对市场	战略性应对市场
合作生命周期	短期	长期	机会出现到结束	长期
合作密切程度	不密切	密切	密切程度有限	密切

4.1.2　自制与外包决策影响因素

虽然业务外包会给企业带来降低运营成本、分散经营风险、获取外部稀缺资源等优势，但是，由于制定和实施业务外包过程中会面临许多不确定因素，从而也会给企业经营带来许多风险。因此，充分考虑业务外包的影响因素对于利用外包优势、规避外包风险至关重要。具体来说，影响业务自制与外包决策的因素主要有以下几个方面。

（1）企业竞争战略。业务外包策略作为供应链战略的重要组成必须与企业的竞争战略相匹配，企业竞争战略不仅决定了企业的业务自制与外包决策，而且还影响着业务外包的方式和供应商选择。企业追求成本领先就要求通过规模经济以降低成本，这时，业务外包可能更注重供应商的成本节约优势；而企业追求差异化就要求通过向顾客提供独特产品和服务，这时，业务外包可能更注重供应商的资源与企业资源的匹配程度以及相互整合的难易程度。

（2）需求不确定性。若某项业务的需求不确定性较低，则通常意味着该项业务活动规模较大。这样，如果将该项业务外包，则通过承包商对该项业务集聚形成规模经济所能带来的收益增加将非常有限。相反，若某项业务的需求不确定性较高，则通常意味着该项业务活动规模较小。这样，如果将该项业务自制，则企业就要按订单处理业务，其处理成本也就较高；而如果将该项业务外包，则承包商通过对该项业务进行集聚，就可以减少需求不确定性并形成规模经济。

（3）业务活动规模。如果某项业务活动规模较大，企业自己处理就可以形成较高的规模经济。这种情况下，通过业务外包形成更大规模经济并增加收益的可能性较低，而且，还可能导致承包商对该项业务的控制；相反，如果某项业务活动规模较小，企业自己处理就难以形成足够的规模经济，这种情况下，通过业务外包就可以使承包企业形成更大的规模经济，进而降低业务处理成本。

（4）业务重要性。由于不同业务活动所需投入的资源不同，对企业竞争优势的重要程度也不同，因此，按照对竞争优势的重要程度可将企业的业务分为核心业务与非核心业务。核心业务是企业投入资源最多，对企业竞争优势具有关键性作用，是企业最擅长的、能创造高收益的业务活动。如果将核心业务外包就有可能导致企业核心能力的丧失。而非核心业务对企业竞争优势的重要性相对较低，因而，可以根据需要将这类业务外包，甚至可以通过市场直接采购，以降低风险，提高企业资源的利用效率。

（5）资产专用性。如果企业处理某项业务所需资产是专用的，不能用于其他企业，则外包双方就具有很强的依赖性，交易费用也就高。同时，由于资产专用性较高，承包商难以将其他顾客的业务集聚起来形成规模经济，因此，通过业务外包也就难以获得收益增加。相反，专用性程度低的资产使用面较广，交易费用也就低。同时，承包商也容易将其他顾客的业务集聚起来形成规模经济，因此，通过业务外包也就容易获得收益增加。对于资产专用性程度中等的业务，可以实行外包，利用承包商实现规模经济效应。

（6）业务处理能力。某项业务是自制还是外包还取决于企业处理这项业务的能力，如果该项业务对企业运作成功与否非常重要，并且企业具有处理这项业务的能力，那么，这项业务就应该自制；如果该项业务对企业运作成功与否非常重要，但企业没有处理这项业务的能力，那么，这项业务就应该外包。

当企业需要对某项业务进行自制与外包决策时，就需要综合考虑上述影响因素。首先，需要考虑处理某项业务的资产专用性分别与需求不确定性和业务活动规模的组合对自制与外包决策的影响，如图 4-1 和图 4-2 所示。再考虑处理某项业务的能力与业务重要性的组合对自制与外包决策的影响，如图 4-3 所示。最后，考虑企业竞争战略对自制与外包决策的影响，并最终确定该项业务是自制还是外包。

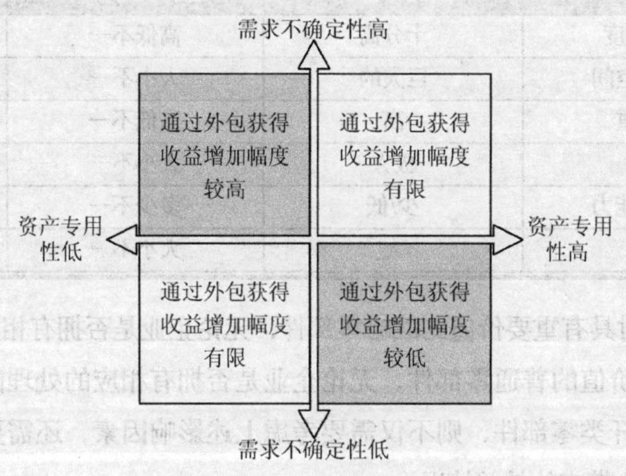

图 4-1　资产专用性与需求不确定性组合的影响

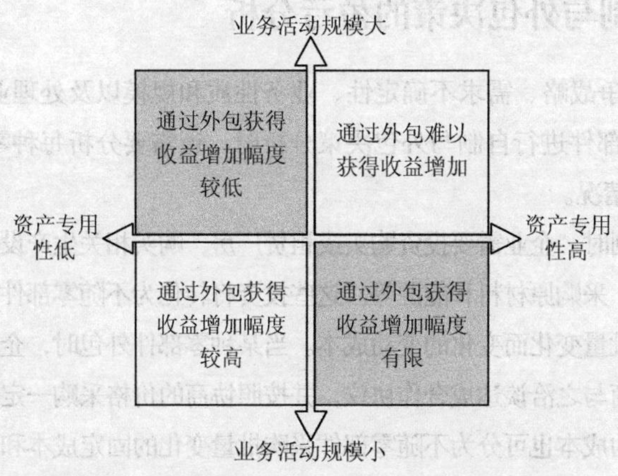

图 4-2　资产专用性与业务活动规模组合的影响

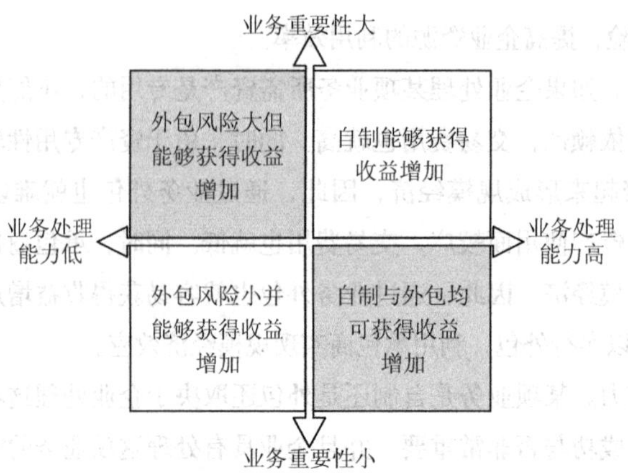

图 4-3　业务处理能力与业务重要性组合的影响

对于制造商的产品零部件是自制还是外包的问题，由于制造商通常有多种产品，而每个产品的零部件一般也较多，因此，需要根据零部件的价值因素进行分类，并依据分类结果决定是自制还是外包。产品零部件的价值因素及分类结果如表 4-2 所示。

表 4-2　零部件价值因素及分类结果

价值因素	战略零部件	杠杆类零部件	普通零部件
与核心竞争力相关度	十分高	高低不一	低
带来的利润和发展空间	巨大的	大小不一	小
占产品成本的比重	高	高低不一	低
技术潜在能力	极大	大小不一	小
供应商数量与供应能力	少/低	多少不一	多/强
短缺的影响	大	大小不一	小

由表 4-2 可见，对具有重要价值的战略零部件，无论企业是否拥有相应的处理能力，都需要自制；对具有一般价值的普通零部件，无论企业是否拥有相应的处理能力，都可以直接外包或购买；而对于杠杆类零部件，则不仅需要考虑上述影响因素，还需要考虑比较每种零部件自制还是外包给企业带来的效益情况。

4.1.3　自制与外包决策的盈亏分析

在企业依据其竞争战略、需求不确定性、业务性质和规模以及处理业务能力与资产专用性等因素对杠杆类零部件进行自制与外包决策分析时，还需要分析每种零部件自制与外包分别给企业带来的收益情况。

当某种零部件自制时，企业需要投资购买或租赁厂房，购买相关生产设备建立生产线，招聘生产工人和管理人员，采购原材料和能源等。这些投资将转化为不随零部件生产批量变化的固定成本和随零部件生产批量变化而变化的变动成本。当某种零部件外包时，企业需要寻找有能力生产该种零部件的供应商与之洽谈达成合作协议，并按照协商的价格采购一定数量的零部件运回。整个外包过程所发生的成本也可分为不随零部件采购批量变化的固定成本和随零部件采购批量变化而变化的变动成本。零部件自制与外包的固定成本和变动成本主要构成项目如表 4-3 所示。

表 4-3　自制与外包成本主要构成项目

自制	外包
变动成本构成	变动成本构成
直接原材料费用 生产工人工资、福利、社保 电力和燃料费用 零部件库存持有成本	采购价格 库存持有成本 装卸搬运费用
固定成本构成	固定成本构成
厂房和设备的折旧 财产税 房屋租金 管理人员工资与福利 职工培训费等	采购费用 运输费用

当考虑到零部件自制与外包的生产技术水平没有明显差异，但供应商运营需要赢利的情形时，可以假设零部件自制的变动成本要低于外包的变动成本；当考虑到零部件自制需要购置厂房和初始设备投资，而供应商已形成相应的生产能力的情形时，可以假设零部件自制的固定成本要高于外包的固定成本。同时，假设自制或外包的变动成本与零部件生产批量或采购批量成线性关系，自制或外包的固定成本在分析范围内保持不变。这样，可以采用盈亏平衡分析来计算零部件自制与外包的成本效益，为零部件自制与外包决策提供依据。

设零部件自制与外包的盈亏平衡分析参数如下：

Q 为某种零部件自制生产批量或外包采购批量；

V_s、V_o 分别为某种零部件自制的变动成本和外包的变动成本；

F_s、F_o 分别为某种零部件自制的固定成本和外包的固定成本。

于是，该种零部件自制的总成本 C_s 和外包的总成本 C_o 分别为

$$C_s = F_s + V_s \cdot Q \tag{4-1}$$

$$C_o = F_o + V_o \cdot Q \tag{4-2}$$

相应的盈亏平衡点批量 Q_0 为

$$Q_0 = \frac{F_s - F_o}{V_o - V_s} \tag{4-3}$$

盈亏平衡点 Q_0 与自制的总成本曲线和外包的总成本曲线之间的关系如图 4-4 所示。

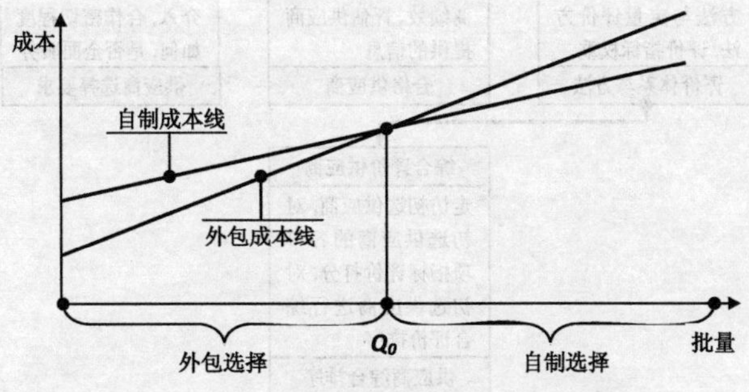

图 4-4　零部件自制与外包的盈亏平衡分析

由图 4-4 可见，当该种零部件的年需求量 Q 低于盈亏平衡点 Q_0 时，外包对企业是有利的；反之，需求量 Q 高于盈亏平衡点 Q_0 时，自制对企业是有利的。

示例 4-1　业务自制与外包的定量决策

某家企业正在考虑自制还是外包一种零部件。这种零部件的年需求量为 15 000 件，供应商可以每件 45 元价格供应，与供应商达成供应协议估计需要 3 000 元。而企业自制生产则需要投资 150 000 元购买设备，生产该种零部件的单位成本估计为 30 元。

在此例中，计算出盈亏平衡产量所需数据已知，将这些数据代入式（4-1）、式（4-2）和式（4-3），可以计算出盈亏平衡产量为 9 800 件，而由于零部件年需求量为 15 000 件，企业自制总成本为 600 000 元，外包总成本为 678 000 元，自制与外部的成本差异为 78 000 元，这就意味着企业选择自制策略每年可以节省 78 000 元的成本，因此，企业应该选择自制该种零部件。

4.2 供应商选择的关键要素

4.2.1 供应商选择过程

当一个企业为其产品确定出需要外包的零部件和原材料种类之后，就必须为其中重要的零部件和原材料选择合适的供应商。供应商选择过程是一个涉及识别、分析、评价和选择等许多环节，质量、成本、时间和服务等许多标准以及为不同类别外包对象确定不同评价方法的复杂过程，并关系到整个供应链的运作成败。

尽管供应商的选择是一个复杂过程，实践中不同企业在选择供应商时所采用的选择过程和评价方法不尽相同，但是，在选择过程中，一些关键步骤却是相同的。图 4-5 给出了供应商评价与选择过程的关键步骤。

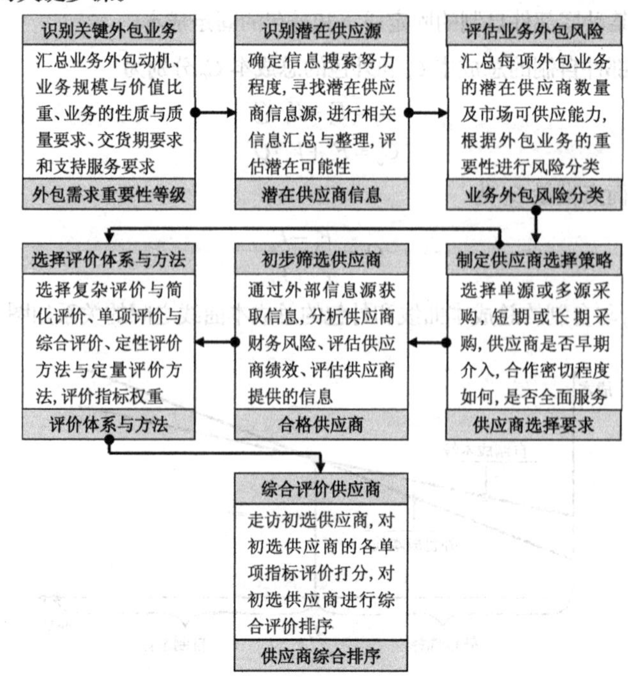

图 4-5　供应商评价与选择过程

（1）识别关键外包需求。对于企业的每一项外包业务都要依据其外包动机（新产品开发、供给库优化、现有合同到期以及开拓新市场等），外包业务的特点、规模、周期和价值比重，外包业务的性能、质量、交付时间和支持服务的要求进行综合评判，对照采购需求重要性等级标准确定每一项外包业务的重要性等级。

（2）识别潜在供应源。根据现有供应商的供应能力和外包业务的重要性等级确定潜在供应源信息搜索的努力程度，如图 4-6 所示。在现有供应商、信息数据库、采购人员经验、行业商贸期刊、贸易展销会和互联网等多种信息源中寻找潜在供应商信息源，对相关信息进行汇总与整理，对每个供应源信息评估其潜在可能性。

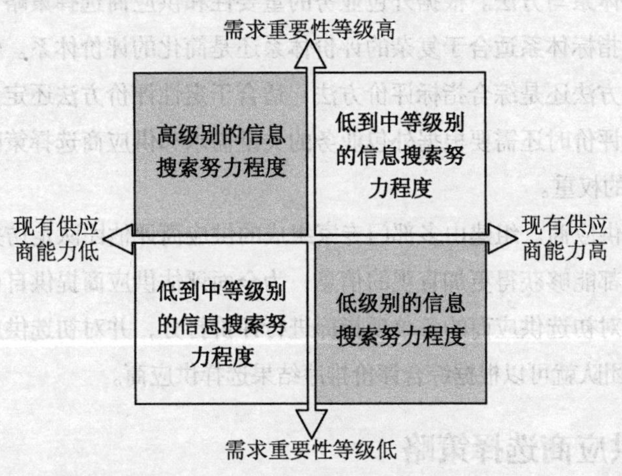

图 4-6　信息搜索的努力程度

（3）评估业务外包风险。根据供应商信息源汇总出每项外包业务的潜在供应商数量及可供应能力，并按照每项外包业务的市场可供应能力以及外包业务的重要性高低将外包业务分为战略外包业务、瓶颈外包业务、杠杆外包业务和普通外包业务，如图 4-7 所示。

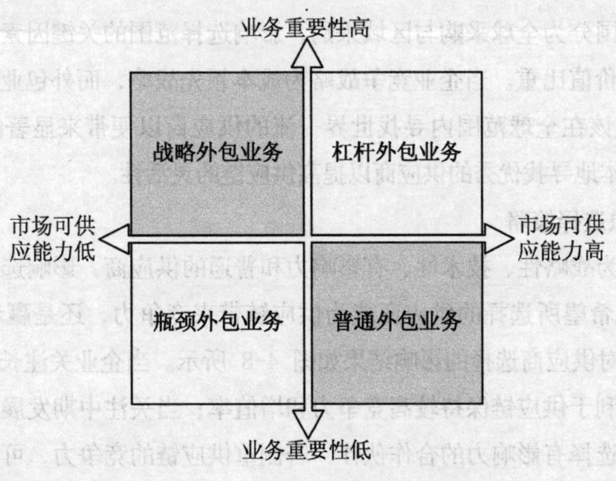

图 4-7　外包业务风险分类

（4）制定供应商选择策略。依据企业的竞争战略和外包业务的特点与重要性等级，通过确定每一项外包业务是单源采购还是多源采购、是短期采购还是长期采购、是全球采购还是区域采购、选择何种类型供应商、供应商是否早期介入产品设计、与供应商合作的密切程度以及供应商是否提供全面服务，进而为供应商选择提供策略性导向。

（5）初步筛选供应商。首先，通过各种外部信息源获得供应商财务信息，并对供应商的财务风险和运营绩效进行初步分析，筛选掉那些有不良财务状况或运营绩效欠佳的供应商。然后，通过电子邮件、网络调查问卷等多种方式与潜在供应商进行沟通，收集供应商的详细信息，并对供应商提供的信息进行评估，确定供应商的能力是否满足采购需求，进而确定出具有稳健的财务能力、获得认证的制造能力和卓越的设计能力的供应商。

（6）选择评价体系与方法。根据外包业务的重要性和供应商选择策略，为每一项外包业务确定供应商评价指标体系适合于复杂的评价体系还是简化的评价体系。供应商评价方法适合于单项指标评价方法还是综合指标评价方法，适合于定性评价方法还定量评价方法。在对供应商进行多指标评价时还需要根据外包业务的关键需求和供应商选择策略的导向性为每个评价指标确定适当的权重。

（7）综合评价供应商。组建由多部门专家组成的供应商评估团队走访并初选供应商，以便使每个团队成员都能够获得更加直观的信息，为全面评估供应商提供自己的独特见解。然后，每个团队成员对初选供应商的各单项指标进行评价打分，并对初选供应商进行综合评价排序。这样，评估团队就可以根据综合评价排序结果选择供应商。

4.2.2 供应商选择策略

在供应商选择过程中，制定企业如何为外包业务寻找供应商，并与供应商形成何种关系的供应商选择策略是指导构建供应商评价体系、选择评价方法的依据，是关系到整个供应链运作成败的关键因素。供应商选择策略明确了对每一项外包业务的供应商选择范围、选择对象与选择数量；企业与供应商所形成的合作内容、合作周期以及合作关系。

1．供应商范围选择策略

供应商选择范围分为全球采购与区域采购，影响选择范围的关键因素是企业竞争战略、外包业务的规模与价值比重。当企业竞争战略为成本领先战略，而外包业务的规模较大，价值比重较高时，应该在全球范围内寻找世界一流的供应商以便带来显著的成本与质量的改善。否则，应该在本地寻找优秀的供应商以提高供应链的灵活性。

2．供应商对象选择策略

供应商对象分为战略性、技术性、有影响力和普通的供应商，影响选择对象的关键因素是企业的战略需求希望所选择的供应商能为供应链带来竞争力，还是赢利能力，或两者兼之。企业战略需求对供应商选择的影响结果如图 4-8 所示。当企业关注长期发展需求时，选择战略性供应商有利于供应链保持较高竞争力和增值率；当关注中期发展需求时，若侧重供应链的增值率，可选择有影响力的合作伙伴，若侧重供应链的竞争力，可选择技术性合作伙伴；当关注短期发展需求时，选择普通合作伙伴可保持成本最低化。

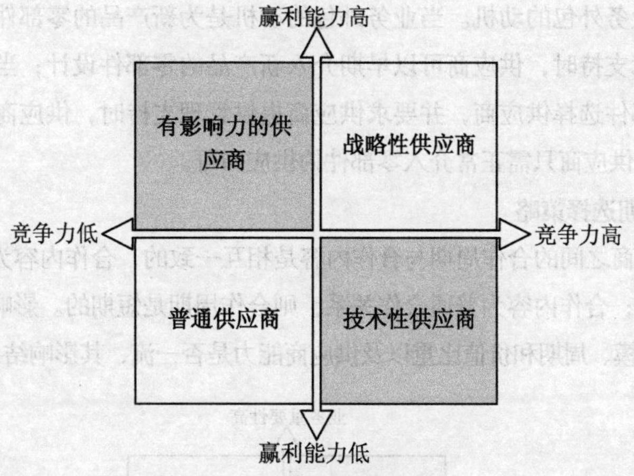

图 4-8　战略需求与供应商选择对象

3．供应商数量选择策略

供应商选择数量分为单源采购与多源采购，影响选择数量的关键因素是企业竞争战略、外包业务的规模与价值比重。当企业的竞争战略关注供应链的精益性，而外包业务的价值比重不高时，可以选择单源采购；当企业的竞争战略关注供应链的敏捷性，而外包业务的价值比重较高并且业务规模较大时，可以选择多源采购。

4．合作内容选择策略

企业与供应商之间的合作内容分为供应商参与产品设计、由供应商管理库存等的延伸性服务和全方位服务。影响合作内容的关键因素是业务外包的动机、对服务内容的要求与供应商提供服务的能力。企业对服务内容的要求与供应商提供服务能力的大小对双方合作内容选择的影响如图 4-9 所示。

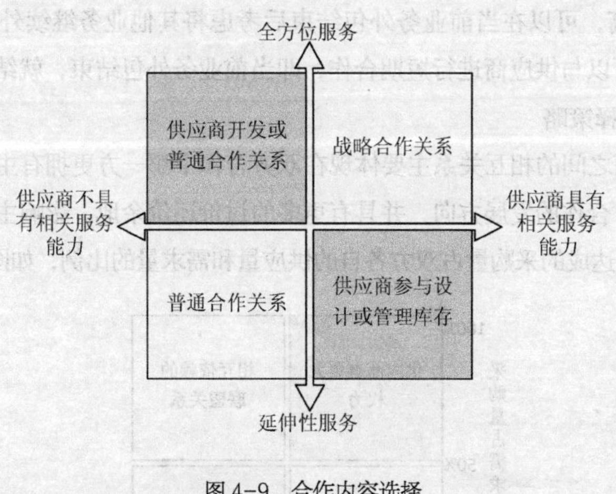

图 4-9　合作内容选择

由图 4-9 可见，如果企业需要供应商提供全方位服务，而供应商没有全方位服务能力，但具有开发潜力，那么，企业可以进行供应商开发；如果企业需要供应商提供延伸性服务，而供应商却不具有相关能力，那么，双方只能选择普通合作关系；如果企业需要供应商提供延伸性服务，而供应商又具有较强能力，企业可以选择延伸性服务。至于进一步选择哪种服务，则取决于业务外包的动机。当业务外包的动机是为新产品的零部件选择供应商，并要求供应商提供技术支持时，供应商可以早期介入新产品的零部件设计；当业务外包的动机是为现有产品的零部件选择供应商，并要求供应商提供管理支持时，供应商可以介入零部件的库存管理。否则，供应商只需正常介入零部件的供应即可。

5．合作周期选择策略

企业与供应商之间的合作周期与合作内容是相互一致的，合作内容为战略合作关系，则合作周期是长期的；合作内容为普通合作关系，则合作周期是短期的。影响合作周期的关键因素是外包业务的规模、周期和价值比重以及供应商能力是否一流，其影响结果如图 4-10 所示。

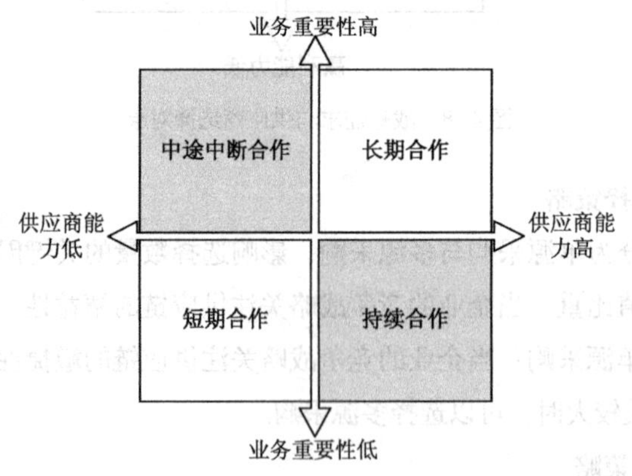

图 4-10　企业与供应商的合作关系

由图 4-10 可见，当外包业务的规模较大、周期较长和价值比重较高，即业务重要性较高时，若供应商能力高，应该与供应商形成长期合作关系；若供应商能力一般，不能满足业务发展的需要，可以根据业务发展要求考虑替换供应商。当外包业务的规模较小、周期较短时，若供应商能力高，可以在当前业务外包结束后考虑将其他业务继续外包给该供应商；若供应商能力一般，可以与供应商进行短期合作，即当前业务外包结束，就结束合作关系。

6．合作关系选择策略

外包方与供应商之间的相互关系主要体现在双方合作中哪一方更拥有主动权，而拥有主动权的一方将决定双方合作的发展方向，并具有更多的讨价还价余地。影响主动权的关键因素主要是外包方与供应商达成的采购量占双方各自的供应量和需求量的比例，如图 4-11 所示。

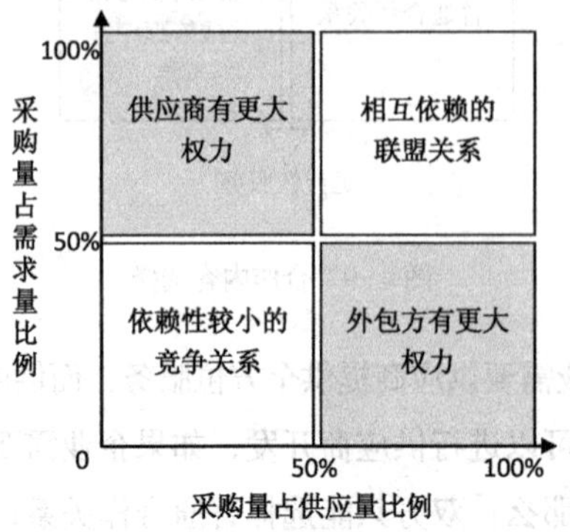

图 4-11　企业与供应商的权力关系

由图 4-11 可见，当采购量占供应商的产量比例较小，而占外包方的需求量比例较大时，供应商将拥有更大的权力；反之，当采购量占供应商的产量比例较大，而占外包方的需求量比例较小时，外包方将拥有更大的权力。当采购量占供应商的产量和外包方的需求量比例都较大时，外包方与供应商会形成互相依赖关系，这种依赖关系会促使双方决策时考虑对方的目标，有利于合作双方信任关系的发展；当采购量占供应商的产量和外包方的需求量比例都较小时，双方容易各行其是，不考虑对方目标，不利于合作双方信任关系的建立和发展。

4.2.3 供应商评价指标体系

尽管由于不同外包业务的特点和重要性不同以及对供应商选择策略不同，使得为不同外包业务选择供应商就需要不同的评价指标体系，而且，在实践中不同企业在选择供应商时所采用的评价指标体系也不尽相同，但是，其中有一些关键评价指标却是相同的。供应商评价过程中一些关键指标如表 4-4 所示。

表 4-4 供应商评价关键指标与测评标准

关键指标	测评标准	评价说明
价格优惠性	价格水平	比较各家价格水平，越低越好
	价格折扣	比较各家价格折扣幅度，越大越好
	库存成本	比较各家库存成本，越低越好
	运输成本	比较各家运输成本，越低越好
	实际成本对比	与历史成本、目标成本比较，越低越好
质量保证性	生产的次品数	比较各家次品率，越低越好
	售出产品退货数	比较各家退货比例数，越低越好
	售出产品中的保修需求数	比较各家保修需求数，越低越好
	统计过程控制的工作中心数量	比较各家记录，越多越好
	质量认证的供应商数量	比较各家记录，越多越好
	质量改进对比	与历史质量、目标质量比较，越高越好
	质量管理证明文件	是否通过 ISO9000 认证及执行六西格玛标准等
	纠错性行动方案覆盖率	是否覆盖所有环节，覆盖率越高越好
交货可靠性	平均产品交货期	与行业先进水平比较，越短越好
	交货承诺的实现比例	与行业先进水平比较，越高越好
	每次运输平均延误的天数	比较各家记录，越少越好
	每种产品的缺货数量	比较各家记录，越少越好
	处理保修申请的天数	比较各家记录，越少越好
市场响应性	产品范围	比较各家产品品种数，越多越好
	平均生产批量	比较各家记录，越少越好
	关键岗位员工的技能平均数	比较各家记录，越多越好
	可提供的定制服务数量	比较定制产量占总产量比例，越多越好
	处理紧急订单所需的天数	比较各家记录，越少越好
技术创新性	研发经费占销售额比例	与行业先进水平比较，越靠近越好
	自动化流程的比例	比较各家记录，越多越好
	引入新产品或服务的数量	比较各家记录，越多越好
	技术合作项目经费比例	与行业先进水平比较，越靠近越好

续表

关键指标	测评标准	评价说明
环境适宜性	环境责任意识 气体污染物排放量 液体废弃物产生量 固体废弃物产生量 环境管理体系	比较执行环境政策的平均数，越多越好 与国家标准比较，越少越好 与国家标准比较，越少越好 与国家标准比较，越少越好 是否通过 ISO14000 认证
管理有效性	全员劳动生产率 平均安全库存水平 平均库存周转率 每个工作单元的废品损失	与行业先进水平比较，越高越好 比较各家平均安全库存水平，越少越好 与行业先进水平比较，越高越好 比较每个单元的平均废品损失额，越少越好
财务稳健性	现金流量 流动资产比率 资产周转率 资产回报率 负债比率	比较各家记录，越大越好 流动比率≥1.0，速动比率≥0.8 比较行业平均值 比较行业平均值 负债权益比率≤3，流动负债比≤1

表 4-4 中有关指标的测评标准所需数据中，有些数据可以由企业提供，有些数据需要由各种外部信息来源获得，有些数据需要通过向企业发放调查问卷获得。

4.3 供应商评价方法

4.3.1 供应商评价的定性方法

当企业需要外包的业务重要性不高，外包需求比较急迫，外包业务只注重价格、质量等较少几个因素或者潜在供应商较多或较少时，对供应商进行评价与选择可以采用定性方法。常用的定性方法主要有逆向拍卖法和协商谈判法等。

1．逆向拍卖法

逆向拍卖（Reverse Auction）（也称拍卖）是由外包企业提供希望采购的产品信息、对需要服务的要求和可以承受的价格定位，由竞标者之间以竞争方式决定最终产品供应商，从而使外包企业以最优的性能价格比实现外包。拍卖的目的是让采购者了解各竞标者的成本结构，以便选择性能价格比最优的供应商。对投标者的资格不予限制的拍卖为公开拍卖，而对投标者的资格予以限制的拍卖为指定竞级招标。当外包产品的采购数量大、供应商竞争激烈时，可采用逆向拍卖法。

拍卖的常用方法有以下几种。

（1）一价密封拍卖（One Price Sealed Auction）是指在拍卖过程中每个竞拍者在特定的时间里提交别人都不知道的价格，然后打开所有报价，价格最低者赢得合同。

（2）英式拍卖（The English Auction）是指在拍卖过程中拍卖者开始报一个价格，竞拍者可在这个基础上持续叫价，只要每一次叫价都比前一次低，则叫价最低者将赢得合同。

（3）荷式拍卖（Dutch Auction）是指在拍卖过程中拍卖者报一个低的价格，竞拍者不断往上加价，直到有供应商愿意签合同为止。

（4）二价密封拍卖（Second-price Sealed Auction）是指在拍卖过程中每个竞拍者给出一个价格，价格最低者获得合同，但以倒数第二低的竞拍者的价格签订合同。

不同拍卖方法的特点和拍卖结果如表4-5所示。

表4-5　常用拍卖方法的比较

比较项目	一价密封拍卖	英式拍卖	荷式拍卖	二价密封拍卖
价格信息	无	最高价格	最低价格	无
竞拍者之间	不知道别人的价格	知道别人的价格	知道别人的价格	不知道别人的价格
报价特点	一次报价	多次向下报价	多次向上报价	一次报价
中标者	价格最低者	价格最低者	愿意签合同者	价格最低者
虚假报价	可能	无	无	无
合同价格	中标者报价	中标者最后报价	中标者最后报价	倒数第二低价格

由于竞拍者的成本结构中一部分来自构造其生产流程的方式，一部分来自普遍面对的市场因素（如原材料和人工成本），使得各供应商的成本结构在一定程度上是互相联系的，因此，各竞拍者的成本也就不会相差太大。这种情况下，拍卖者使用英式拍卖所支付的期望价格不会比二价拍卖高，而二价拍卖的价格也不会比一价密封拍卖高。即英式拍卖更可能获得最低价格。

如果拍卖者拥有对竞拍者报价产生直接影响的信息，那么，拍卖者在拍卖前公布此信息会使竞拍者报价更为合理。对于所有拍卖方法，拍卖者将所有信息公布后所支付的采购价格要比较少信息公布的支付价格更低。因此，从拍卖者利益出发，他不仅要在拍卖前公布所有信息，还要使各竞拍者相信所有信息已经被公布。

2．协商谈判法

协商谈判是指两个或多个人通过正式的面对面或电子方式进行交流以便就一件或多件事情达成协议。应用协商谈判方法选择供应商，首先由外包方选择出供应条件较为有利的几个备选供应商，同他们分别就外包业务的相关事项进行协商谈判，再确定适当的供应商。当采购时间紧迫、投标单位少、竞争程度小，订购物资规格和技术条件复杂时，选择协商谈判法比招标法更为合适。

成功协商谈判的关键是坚持公平、公正和双赢的理念。为实现双赢目标，首先，应该通过直接调查及互联网等间接途径收集相关信息，分析谈判各方的优势和劣势以及关键需求；其次，需要分清事实和问题，事实是指双方很容易就能陈述出来的现实或真理，而问题是指需要双方在谈判中通过讨论或争论达成共识的议题；最后，根据各方的优势和劣势以及对方的关键需求，对需要讨论的议题明确哪些是必须达到目标的议题、哪些是希望达到目标的议题以及哪些是可以妥协或让步的议题，并就每个问题摆明自己的立场（也可以视情况不同而产生相应的变动）。

在协商谈判中达成双赢协议的方法主要有以下几种。

（1）扩大蛋糕法。指通过合作并对合作内容达成谈判协议，如供应商在早期就提供给外包方新技术以拓展其产品范围。如果市场认可这种新产品，那么，销售量将会上升，供应商将会得到更大量的订购单。

（2）争议交易法。成功的争议交易要求外包方识别不止一个存在争议的问题，且外包方同意换位思考这些问题，从而各方都能为其最关心的问题找到最满意的结果。

（3）降低成本法。双方通过共同努力降低供应商成本或降低业务的交易成本使外包方可以获得更低的价格。这样，外包方实现了其竞争性价格的目标，同时，由于降低的成本结构，供应商在市场上也变得更具有竞争力。

（4）利益交集法。寻求利益交集意味着引入新的可以满足各方需求的选择。虽然利益交集法很可能不会满足各方的全部需求，但通常各方都会很满意。

（5）非特定补偿法。指一方可以在某个问题上实现其目标，而另一方也会因为赞同这种结果而获得其他一些有价值的东西作为报酬。

4.3.2 供应商评价的定量方法

当对潜在供应商需要进行多指标定量评价时，可以有多种定量评价方法，常用的方法主要有加权评估法、逼近理想解排序法和层次分析法等。

1．加权评估法

加权评估法就是为评价对象确定多个评价指标及其权重，并对各指标赋值及加权综合来评价各对象的优劣次序。加权评估法适用于评价指标体系为树状结构，每个指标的优劣与属性值成正比，指标之间线性无关，指标之间完全可补偿性的情形。应用加权评估法对潜在供应商进行评价可按下述步骤执行。

（1）依据具体情况确定供应商评价指标，如可从表 4-4 中选择适当的评价指标与测评标准。

（2）对每家供应商的每个测评标准按 5 分制（其中 1 分代表最差，5 分代表最好）评分，得到 Z_{ij}。

（3）确定测评标准 j 的权重 W_j。

（4）计算供应商 i 的综合评价值 C_i：

$$C_i = \sum_{j=1}^{n} W_j \cdot Z_{ij} \tag{4-4}$$

并依据综合评价值 C_i 来评定各备选供应商的优劣顺序。

确定测评标准权重的简单方法：由多名专家（一般 5～7 人较为合适）首先对评价指标进行两两比较，评估哪一个指标更重要，按照每个指标与其他评价指标比较时赞成其为重要的专家人数之和所占比例确定权重，如表 4-6 所示；然后，对每个评价指标的各测评标准按同样方法确定测评标准的权重；最后，将评价指标权重与每个评价指标所属测评标准的权重进行综合，得到最终测评标准权重。

表 4-6 评价指标权重确定方法

	指标 1	指标 2	…	指标 i	…	指标 n	同意人数
指标 1		m_{12}	…	m_{1i}	…	m_{1n}	$\sum m_{1i}$
指标 2	m_{21}		…	m_{2i}	…	m_{2n}	$\sum m_{2i}$
…	…	…	…	…	…	…	…
指标 i	m_{i1}	m_{i2}	…		…	m_{in}	$\sum m_{ii}$
…	…	…	…	…	…	…	…
指标 n	m_{n1}	m_{n2}	…	m_{ni}	…		$\sum m_{ni}$

注：$m_{ij}+m_{ji}=m$，m 为专家人数，m_{ij} 为赞成指标 i 比指标 j 重要的人数；m_{ji} 为赞成指标 j 比指标 i 重要的人数。

2. 逼近理想解排序法

逼近理想解排序法（Technique for Oder Preference by Similarity to the Ideal Solution，TOPSIS）的基本思想是通过构建正理想解和负理想解为评价对象树立正面样板和负面样板，并依据每个评价对象与正理想解和负理想解的距离远近来评价其优劣。正理想解是由所有供应商中每个测评标准的评价值都是该测评标准的所有评价值中最优值构成的正面样板；而负理想解则是由所有供应商中每个测评标准的评价值都是该测评标准的所有评价值中最差值构成的负面样板。

设已知有解 m 个备选供应商，用 n 个测评标准 x_j（$j=1,2,\cdots,n$）评价，备选供应商 i 的第 j 个测评标准的评价值为 $\overline{x}_{ij}$，这样，对于所有备选供应商，所有测评标准的评价值就构成一个评价矩阵 X：

$$X=\begin{bmatrix}\overline{x}_{11} & \overline{x}_{12} & \cdots & \overline{x}_{1n}\\ \overline{x}_{21} & \overline{x}_{22} & \cdots & \overline{x}_{2n}\\ \cdots & \cdots & \cdots & \cdots\\ \overline{x}_{m1} & \overline{x}_{m2} & \cdots & \overline{x}_{mn}\end{bmatrix}$$

应用逼近理想解排序法对供应商进行评价和选择的步骤如下。

（1）对测评标准的评价值进行归一化处理，即

$$\overline{y}_{ij}=\overline{x}_{ij}\Big/\sqrt{\sum_{j=1}^{n}\overline{x}_{ij}^{2}} \tag{4-5}$$

（2）设 ω_j 为测评标准 j 的权重，计算测评标准 j 的加权评价值：

$$\overline{z}_{ij}=\omega_j\cdot\overline{y}_{ij} \tag{4-6}$$

（3）构建正理想解 $\overline{z}_j^+$ 和负理想解 $\overline{z}_j^-$：

$$\overline{z}_j^+=\begin{cases}\max\limits_i \overline{z}_{ij} & j\text{ 为效益型测评标准}\\ \min \overline{z}_{ij} & j\text{ 为成本型测评标准}\end{cases},\ j=1,2,\cdots,n \tag{4-7}$$

$$\overline{z}_j^-=\begin{cases}\max\limits_i \overline{z}_{ij} & j\text{ 为成本型测评标准}\\ \min\limits_i \overline{z}_{ij} & j\text{ 为效益型测评标准}\end{cases},\ j=1,2,\cdots,n \tag{4-8}$$

（4）计算备选供应商 i 到正理想解 $\overline{z}_j^+$ 和负理想解 $\overline{z}_j^-$ 的距离 d_i^+ 和 d_i^-：

$$d_i^+ = \sqrt{\sum_{j=1}^{n}(\overline{z}_{ij} - \overline{z}_j^+)^2}\ , i = 1, 2, \cdots, m \tag{4-9}$$

$$d_i^- = \sqrt{\sum_{j=1}^{n}(\overline{z}_{ij} - \overline{z}_j^-)^2}\ , i = 1, 2, \cdots, m \tag{4-10}$$

（5）计算备选供应商 i 的评价值 v_i^*，并依据评价值由大到小对备选供应商进行排序。

$$v_i^* = \frac{d_i^-}{d_i^+ + d_i^-} \tag{4-11}$$

3．层次分析法

层次分析法（Analytical Hierarchy Process，AHP）的基本思想是通过将决策问题条理化成递阶层次结构，并按照递阶层次结构由上到下，逐层对同一层次具有相同属性的有关因素利用人的经验和判断能力进行两两比较，构建判断矩阵来确定各因素的相对重要性测度值，再按层次从上到下合成各方案对于决策目标的重要性测度值。层次分析法可以对有形和无形、可定量和不可定量的因素以合乎逻辑的方式利用人的经验和判断能力进行统一处理使其具有简单实用的特点。

应用层次分析法对供应商进行评价的步骤如下。

（1）构建递阶层次结构。根据供应商评价问题的特点与构成因素，将该问题条理化成由选择目标、评价指标、测评标准和备选供应商构成的递阶层次结构，如图 4-12 所示。

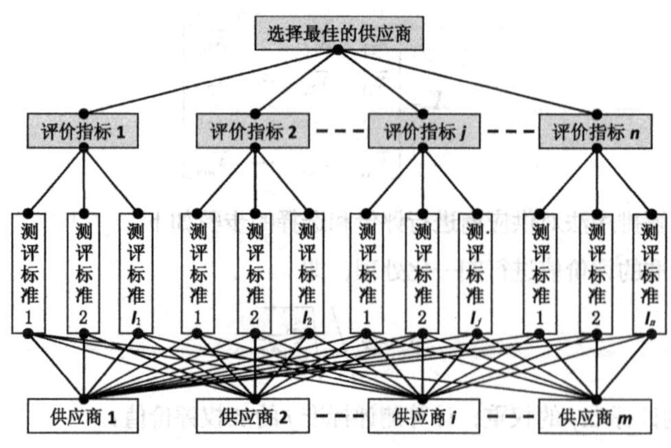

图 4-12　供应商选择问题的递阶层次结构

由图 4-12 可见，从最高层次向最低层次逐层起支配作用，同一层次的因素相对独立，并作为准则对下一层次的某些因素起支配作用，同时它又受到上一层次的因素支配。

（2）构造判断矩阵。按照递阶层次结构由上到下逐层对同一层次中同属于上一层次的某一准则的各因素进行两两比较，构造判断矩阵确定各因素的相对重要性测度值。

首先，以选择目标为比较准则，对所有 n 个评价指标进行两两比较，判断哪一个指标对选择目标更重要以及重要程度，并按 1～9 标度（其含义见表 4-7）对重要性程度赋值，得到评价指标的判断矩阵 $A=(a_{ij})_{n\times n}$，其中 $a_{ii}=1$，$a_{ij}\cdot a_{ji}=1$。

表 4-7　重要性标度的含义

重要性标度	标度含义
1	表示两个元素相比，具有同样重要性
3	表示两个元素相比，一个元素比另一个元素稍重要
5	表示两个元素相比，一个元素比另一个元素明显重要
7	表示两个元素相比，一个元素比另一个元素强烈重要
9	表示两个元素相比，一个元素比另一个元素极端重要
2、4、6、8	相邻两个判断的中间值

其次，以某一评价指标 k（$k=1,2,\cdots,n$）为比较准则，应用两两比较方法构建测评标准的判断矩阵 $B^{(k)}=(b_{ij}^{(k)})_{l_k\times l_k}$，其中，$k=1,2,\cdots,n$，$b_{ii}^{(k)}=1$，$b_{ij}^{(k)}\cdot b_{ji}^{(k)}=1$。

最后，以某一测评标准 h（$h=1,2,\cdots,l,\ l=l_1+l_2+\cdots+l_n$）为比较准则，应用两两比较方法构建备选供应商的判断矩阵 $C^{(h)}=(c_{ij}^{(h)})_{m\times m}$，其中，$h=1,2,\cdots,l$，$c_{ii}^{(h)}=1$，$c_{ij}^{(h)}\cdot c_{ji}^{(h)}=1$。

（3）判断矩阵求解与一致性检验。由于判断矩阵是正互反矩阵，存在正的最大特征根，所对应的特征向量的分量均为正值，因此，可以通过求解判断矩阵的最大特征根所对应的特征向量来确定被比较的各因素重要性权值。求解判断矩阵的最大特征根所对应的特征向量一般需要通过编写计算机程序或利用计算软件来求解，也可以采用判断矩阵的各列向量的算术平均值近似确定。

由判断矩阵 A 的各列向量的算术平均值确定各评价指标的重要性权值 w_k：

$$w_k=\frac{1}{n}\sum_{j=1}^{n}(a_{kj}\Big/\sum_{i=1}^{n}a_{ij}),k=1,2,\cdots,n \tag{4-12}$$

相应的最大特征根 $\lambda_{\max}$ 可按式（4-13）确定：

$$\lambda_{\max}=\frac{1}{n}\sum_{i=1}^{n}\frac{\sum_{k=1}^{n}a_{ik}w_k}{w_i} \tag{4-13}$$

由判断矩阵 $B^{(k)}$的各列向量的算术平均值确定各测评标准的重要性权值 $p_h^{(k)}$：

$$p_h^{(k)}=\frac{1}{l}\sum_{j=1}^{l}(b_{hj}^{(k)}\Big/\sum_{i=1}^{l}b_{ij}^{(k)}),h=1,2,\cdots,l \tag{4-14}$$

相应的最大特征根 $\mu_{\max}^{(k)}$ 可按式（4-15）确定：

$$\mu_{\max}^{(k)}=\frac{1}{l}\sum_{i=1}^{l}\frac{\sum_{h=1}^{l}b_{ih}^{(k)}p_h^{(k)}}{p_i^{(k)}} \tag{4-15}$$

由判断矩阵 $C^{(h)}$ 的各列向量的算术平均值确定各备选供应商的重要性权值 $q_s^{(h)}$：

$$q_s^{(h)}=\frac{1}{l}\sum_{j=1}^{m}(c_{sj}^{(h)}\Big/\sum_{i=1}^{m}c_{ij}^{(h)}),s=1,2,\cdots,m \tag{4-16}$$

相应的最大特征根 $\eta_{\max}^{(h)}$ 可按式（4-17）确定：

$$\eta_{\max}^{(h)}=\frac{1}{m}\sum_{i=1}^{m}\frac{\sum_{s=1}^{m}c_{is}^{(h)}q_s^{(h)}}{q_i^{(h)}} \tag{4-17}$$

对判断矩阵的一致性进行检验。若一致性指标 $C.I.$与平均随机一致性指标 $R.I.$之比 $C.R.$小于 0.1，则认为满足一致性检验。

矩阵 A 的一致性指标 $C.I.$：

$$C.I. = \frac{\lambda_{\max} - n}{n-1} \tag{4-18}$$

矩阵 $B^{(k)}$的一致性指标 $C.I.^{(k)}$：

$$C.I.^{(k)} = \frac{\mu_{\max}^{(k)} - l}{l-1} \tag{4-19}$$

矩阵 $C^{(h)}$的一致性指标 $C.I.^{(h)}$：

$$C.I.^{(h)} = \frac{\eta_{\max}^{(h)} - m}{m-1} \tag{4-20}$$

对于 1 ~ 10 阶判断矩阵，平均随机一致性指标 $R.I.$值如表 4-8 所示。

表 4-8 平均随机一致性指标 R.I.值

阶数	1	2	3	4	5	6	7	8	9	10
R.I.	0.00	0.00	0.58	0.90	1.21	1.24	1.32	1.41	1.45	1.49

（4）计算备选供应商对选择目标的综合重要性权值，并按权值大小排序。为此，首先将每个评价指标的重要性权值与所属的测评标准的重要性权值相乘得到各测评标准对选择目标的综合重要性权值 cp_h，再按照式（4-21）计算各备选供应商对选择目标的综合重要性权值 cq_s，并根据各备选供应商的综合重要性权值大小进行排序，选择最佳的供应商。

$$cq_s = \begin{bmatrix} q_1^{(1)} & q_1^{(2)} & \cdots & q_1^{(h)} & \cdots & q_1^{(l)} \\ q_2^{(1)} & q_2^{(2)} & \cdots & q_2^{(h)} & \cdots & q_2^{(l)} \\ \cdots & \cdots & \cdots & \cdots & \cdots & \cdots \\ q_s^{(1)} & q_s^{(2)} & \cdots & q_s^{(h)} & \cdots & q_s^{(l)} \\ \cdots & \cdots & \cdots & \cdots & \cdots & \cdots \\ q_m^{(1)} & q_m^{(2)} & \cdots & q_m^{(h)} & \cdots & q_m^{(l)} \end{bmatrix} \cdot \begin{bmatrix} cp_1 \\ cp_2 \\ \cdots \\ cp_h \\ \cdots \\ cp_l \end{bmatrix} \tag{4-21}$$

4.4 供给库优化

4.4.1 供给库优化过程

供给库（Supply Base）是指企业用来获取生产运营所需的原材料、零部件、服务和设备的所有供应商。供给库优化是企业对其供给库不断进行绩效分析与结构改进的过程，它通过削减那些现在或将来均不具备达到采购绩效目标能力的供应商来保持合适数目的供应商以及维持与供应商合作的过程。供给库优化可为企业带来以下优势。

（1）通过供给库优化使企业将业务只外包给优秀的供应商，并与之建立更紧密的合作关系。这样，可以提高供应商的规模经济和产品质量与交货的一致性。

（2）通过供给库优化使企业的供给库中保留的那些优秀供应商通常有能力提供一系列服务。这样，企业就可以通过了解供应商的工程、设计、测试、生产及服务能力，决定与供应商的进一步合作内容来提升双方关系的价值。

（3）通过供给库优化可以剔除那些产品质量较差、交付能力较差及价格过高的供应商，保留那些供应绩效优秀的供应商，并与之建立更紧密的合作关系。这有利于增加供应商的忠诚度，进而降低整个供给库的供应低可靠性风险和供给中断风险。

（4）通过削减绩效差的供应商数量，增加绩效好的供应商数量可以减少浪费在与绩效差的供应商之间为解决问题而产生的协调成本，增加与优秀供应商加强协调所创造的价值。进而，可以降低企业与供应商在信息沟通、业务协调和关系维护方面的总成本。

实施供给库优化还需要注意企业将某些业务外包给单一供应商会产生因生产或质量问题所导致的供应中断风险以及对供应商产生的依赖性和供应商之间缺乏竞争性的风险。

供给库优化过程包括分析供给库结构、评价供应商绩效、缩减供给库数量和供应商开发等过程，如图 4-13 所示。

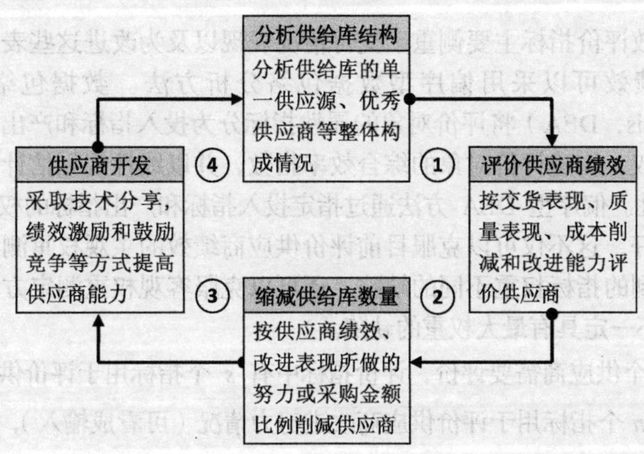

图 4-13　供给库优化过程

4.4.2　供应商绩效评价

不同于备选供应商评价侧重于企业的市场、生产、技术、财务和管理等能力，供应商绩效评价则侧重于交货表现、质量表现、成本表现以及为改进这些表现所做的努力。评价交货表现主要是评价供应商履行对交货数量及交货期的承诺所达到的程度；评价质量表现主要是评价供应商所交付的产品质量与承诺的目标的符合程度以及与行业先进水平的跟进程度；评价成本表现主要是评价供应商所交付的产品价格与同行业先进水平的比较情况；评价改进能力主要是评价供应商为改进交货表现、质量表现和成本表现所做的各种努力及采取的措施。供应商绩效评价主要指标如表 4-9 所示。

表 4-9 供应商绩效评价指标

评价指标	测评项目	评价说明
交货表现	平均产品交货期	本考核期内不同月份或季度的交货周期的平均值
	交货期承诺实现比率	本考核期内实际交货期与承诺比率的绝对平均值
	交货数量承诺实现比率	本考核期内实际交货数量与承诺比率的绝对平均值
	每种产品平均缺货数量	本考核期内交付的不同品种的平均缺货数量
质量表现	交付产品次品检出率	交付的产品中次品检出的平均比率
	交付产品退修比例	交付的产品中需要退货及需要维修的产品数量
	质量同比改进水平	与上一考核周期相比质量水平提高率
	与行业先进水平差距	与行业标杆企业的质量对比差距
成本表现	交付产品平均价格	本考核期内不同月份或季度的价格平均值
	产品价格累计降低率	本考核期期末与期初相比产品价格的降低率
	产品价格同比降低率	与上一考核周期相比产品价格的降低率
	与行业先进水平差距	与行业标杆企业的价格对比差距
改进能力	沟通协调主动性	主动沟通或协调双方之间存在问题的情况
	纠错性行动反应	对要求纠正的行为采取的措施和给予及时反应
	问题持续进展报告	对现存问题或潜在问题的了解和沟通进展报告
	供应商新产品支持	协助缩短新产品开发周期、产品设计的能力

由于供应商绩效评价指标主要侧重于交付情况表现以及为改进这些表现所做的努力，因此，评价供应商绩效可以采用偏序型数据包络分析方法。数据包络分析方法（Data Envelopment Analysis，DEA）将评价对象的属性指标分为投入指标和产出指标，通过对投入指标和产出指标加权，构建评价对象的综合效率指数，并以线性规划估计出各决策单元的综合效率的相对有效性。偏序型 DEA 方法通过指定投入指标和产出指标的权重顺序来反应决策者对评价指标的偏好，这不仅可以克服目前评价供应商绩效的主观权重测定方法因决策者的专业背景不同而得到的指标权重不同的缺陷，还可以克服客观权重测定方法所确定的权重，有时最重要的指标不一定具有最大权重的缺陷。

设供给库有 n 个供应商需要评价，评价指标中有 s 个指标用于评价供应商交付情况表现（可看成输出），有 m 个指标用于评价供应商改进努力情况（可看成输入），x_{ij} 为第 j 个供应商的第 i 个用于评价改进努力情况的指标值，$x_{ij}\geqslant 0$；y_{rj} 为第 j 个供应商的第 r 个用于评价交付情况的指标值，$y_{rj}\geqslant 0$；v_i 为对第 i 个输入指标的一种度量（或称权重）；u_r 为对第 r 个输出指标的一种度量（或称权重）。

对应于权系数：$v=(v_1,v_2,\cdots,v_m)$，$u=(u_1,u_2,\cdots,u_s)$，每个供应商 j 都有相应的供应效率，即全要素相对供应绩效的评价指数：

$$h_j=\frac{\sum_{r=1}^{s}u_r y_{rj}}{\sum_{i=1}^{m}v_i x_{ij}},j=1,2,\cdots,n \tag{4-22}$$

对于供应商 l（$1\leqslant l\leqslant n$）进行供应绩效评价，以权系数 u 及 v 为变量，以供应商 l 的供应绩效指数 V_p^l 为目标，以所有 n 个供应商的供应绩效指数 h_j（$h_j\leqslant 1$）为约束，考虑决策者对评价指标权重的偏好序约束 $u_1\geqslant u_2\geqslant\cdots\geqslant u_r\geqslant\cdots\geqslant u_s$，$v_1\geqslant v_2\geqslant\cdots\geqslant v_i\geqslant\cdots\geqslant v_m$，构成的优化

模型就得到具有偏好序的 C^2R 模型：

$$\begin{cases}\max \dfrac{\sum_{r=1}^{s} u_r y_{rl}}{\sum_{i=1}^{m} v_i x_{il}} = V_p^l, l=1,2,\cdots,n \\ \text{s.t.} \dfrac{\sum_{r=1}^{s} u_r y_{rj}}{\sum_{i=1}^{m} v_i x_{ij}} \leqslant 1, j=1,2,\cdots,n \\ u_r - u_{r+1} \geqslant 0, r=1,2,\cdots,s-1 \\ v_i - v_{i+1} \geqslant 0, i=1,2,\cdots,m-1 \\ u \geqslant 0 \\ v \geqslant 0 \end{cases} \quad (4\text{-}23)$$

令 $\overline{u}_r = u_r - u_{r+1}$，$r=1,2,\cdots,s-1$，$\overline{u}_s = u_s$；$\overline{v}_i = v_i - v_{i+1}$，$i=1,2,\cdots,m-1$，$\overline{v}_m = v_m$；$\overline{y}_{rj} = \sum_{k=1}^{r} y_{kj}$；$\overline{x}_{ij} = \sum_{k=1}^{i} x_{kj}$，则有式（4-24）和式（4-25）成立：

$$\begin{aligned}\sum_{r=1}^{s} u_r y_{rj} &= u_1\overline{y}_{1j} + u_2(\overline{y}_{2j} - \overline{y}_{1j}) + u_3(\overline{y}_{3j} - \overline{y}_{2j}) + \cdots + u_s(\overline{y}_{sj} - \overline{y}_{s-1,j}) \\ &= (u_1 - u_2)\overline{y}_{1j} + (u_2 - u_3)\overline{y}_{2j} + (u_3 - u_4)\overline{y}_{3j} + \cdots + u_s y_{sj} = \sum_{r=1}^{s} \overline{u}_r \overline{y}_{rj}\end{aligned} \quad (4\text{-}24)$$

$$\begin{aligned}\sum_{i=1}^{m} v_r y_{rj} &= v_1\overline{x}_{1j} + v_2(\overline{x}_{2j} - \overline{x}_{1j}) + v_3(\overline{x}_{3j} - \overline{x}_{2j}) + \cdots + v_m(\overline{x}_{mj} - \overline{x}_{m-1j}) \\ &= (v_1 - v_2)\overline{x}_{1j} + (v_2 - v_3)\overline{x}_{2j} + (v_3 - v_4)\overline{x}_{3j} + \cdots + v_m\overline{x}_{mj} = \sum_{i=1}^{m} \overline{v}_i \overline{x}_{ij}\end{aligned} \quad (4\text{-}25)$$

将式（4-24）和式（4-25）代入式（4-23），得到式（4-26）：

$$\begin{cases}\max \dfrac{\overline{u}^T \overline{y}_l}{\overline{v}^T \overline{x}_l} = V_p^l, l=1,2,\cdots,n \\ \text{s.t.} \dfrac{\overline{u}^T \overline{y}_j}{\overline{v}^T \overline{x}_j} \leqslant 1, j=1,2,\cdots,n \\ \overline{u} \geqslant 0 \\ \overline{v} \geqslant 0 \end{cases} \quad (4\text{-}26)$$

利用 Charnes-Cooper 变换：$t = 1/\overline{v}^T \overline{x}_l$；$\mu = t\overline{u}$；$\omega = t\overline{v}$，则有 $\mu^T \overline{y}_l = \overline{u}^T \overline{y}_l / \overline{v}^T \overline{x}_l$，$\omega^T \overline{x}_l = 1$，$\mu^T \overline{y}_j / \omega^T \overline{x}_j = \overline{u}^T \overline{y}_j / \overline{v}^T \overline{x}_j$，$\omega \geqslant 0, \mu \geqslant 0$。于是，式（4-27）成立：

$$(P)\begin{cases}\max \mu^T \overline{y}_l = V_p^l \\ \text{s.t.} \ \omega^T \overline{x}_j - \mu^T \overline{y}_j \geqslant 0 \\ \omega^T \overline{x}_l = 1 \\ \omega \geqslant 0, \mu \geqslant 0 \end{cases} \quad (4\text{-}27)$$

式（4-27）的对偶模型：

$$(D)\begin{cases}\min\theta = V_D^l \\ \text{s.t.}\sum_{j=1}^{n}\lambda_j\overline{x}_j + s^+ = \theta\overline{x}_l \\ \sum_{j=1}^{n}\lambda_j\overline{y}_j - s^- = \overline{y}_l \\ \lambda \geqslant 0, s^+, s^- \geqslant 0\end{cases} \tag{4-28}$$

若规划（P）的最优解中存在$\omega^* > 0$，$\mu^* > 0$，并且目标值：$V_p^l = \mu^{*T}\overline{y}_l = 1$，则称供应商 l 为 DEA 有效（C^2R）。可见，供应商 l 是在取“最有利于该供应商”的权重下获得供应绩效指数V_p^l，故可称其为简单效率。

若权重$\omega^* > 0$，$\mu^* > 0$是供应商 l 为 DEA 有效时的最优解，则第 j 个供应商在其权重取“最有利于第 l 个供应商”的权重时，其绩效指数被称为横切绩效指数 V_{jl}，可按式（4-29）确定：

$$V_{jl} = \frac{\mu^{*T}\overline{y}_j}{\omega^{*T}\overline{x}_j} = \frac{\overline{u}^{*T}\overline{y}_j}{\overline{v}^{*T}\overline{x}_j},\quad j,l = 1,2,\cdots,n \tag{4-29}$$

于是，第 j 个供应商的平均横切绩效指数

$$E_j = \frac{1}{n-1}\sum_{j=1,j\neq l}^{n} V_{jl} \tag{4-30}$$

式（4-30）表明，E_j 越大，表明无论选取有利于自己还是有利于其他供应商的权重，供应绩效指数越接近 1。

这样，当有若干个供应商是 DEA 有效时，可以按照每个供应商的平均横切绩效指数由大到小进行排序。

示例 4-2　某企业的供应商绩效评价

某企业与 14 家供应商的供货合同马上就要到期了。现在需要对这 14 家供应商的供应绩效进行评价，以便决定是否续签供货合同以及如何发展与他们的关系。企业拟用平均交货期（指标 1）、交货期承诺实现比率（指标 2）、交付产品次品检出率（指标 3）、沟通协调主动性（指标 4）和新产品支持（指标 5）5 个指标来评价供应商，并且，管理者认为在指标 1、指标 2 和指标 3 等输出指标中重要性次序为$2 \succ 1 \succ 3$，而在指标 4 和指标 5 两个输入指标中重要性次序为$5 \succ 4$。根据企业的记录可以获得这 14 家供应商的 5 个指标数据，如表 4-10 所示。

表 4-10　供应商的供应绩效数据

供应商	指标 1	指标 2	指标 3	指标 4	指标 5
1	25	0.90	0.86	8	9
2	21	0.85	0.84	9	8
3	23	0.88	0.82	7	8
4	26	0.91	0.88	9	9
5	9	0.97	0.98	8	8
6	10	0.98	0.97	8	7
7	18	0.87	0.93	9	8
8	16	0.92	0.84	7	7

续表

供应商	指标 1	指标 2	指标 3	指标 4	指标 5
9	23	0.94	0.86	8	9
10	10	0.96	0.97	9	8
11	29	0.89	0.89	7	7
12	27	0.95	0.82	8	8
13	22	0.88	0.86	9	8
14	9	0.98	0.98	9	9

在此例中，可应用偏序型 DEA 方法对这 14 家供应商进行绩效评价。为此，需要将表 4-10 中各项指标数据按照输出指标次序和输入指标次序排列并进行变换，可得到表 4-11。

表 4-11　供应商绩效指标变换值

供应商	指标 2	指标 1	指标 3	指标 5	指标 4
1	0.90	25.90	26.76	9	17
2	0.85	21.85	22.69	8	17
3	0.88	23.88	24.70	8	15
4	0.91	26.91	27.79	9	18
5	0.97	9.97	10.95	8	16
6	0.98	10.98	11.95	7	15
7	0.87	18.87	19.80	8	17
8	0.92	16.92	17.76	7	14
9	0.94	23.94	24.80	9	17
10	0.96	10.96	11.93	8	17
11	0.89	29.89	30.78	7	14
12	0.95	27.95	28.77	8	16
13	0.88	22.88	23.74	8	17
14	0.98	9.98	10.96	9	18

依据表 4-11 中的数据对所有供应商应用偏序型 DEA 模型式（4-27）进行综合有效性评价，其评价结果如表 4-12 所示。

表 4-12　供应商绩效评价有效性

供应商	1	2	3	4	5	6	7	8	9	10	11	12	13	14
有效性	0.82	0.81	0.91	0.79	0.92	1.0	0.81	1.0	0.85	0.86	1.0	0.93	0.84	0.83

由表 4-12 可见，供应商 6、供应商 8 和供应商 11 的绩效评价结果最好，企业不仅应该继续同他们签订供货合同，而且，还应该同他们建立密切合作关系；对于评价有效性在 0.9 以上的供应商，企业可以同他们继续签订供货合同；对于评价有效性在 0.8 ~ 0.9 的供应商，如果不能找到更好的供应商替代他们，那么，还需要同他们继续签订供货合同，但是，需要企业指导和帮助他们改进和完善相关业务流程，以便提高他们的供应绩效。毫无疑问，对于评价有效性在 0.8 以下的供应商，应该将他们剔除。

4.4.3 供给库结构分析与改进

对供给库结构进行分析与改进主要涉及供给库整体与构成现状分析、供给库整体数量削减与结构优化以及加强与重点供应商的合作关系。

1．供给库结构分析

对供给库结构分析主要是通过分析供给库的整体分布情况、整体供货质量及质量保证能力、整体提供服务情况以及整体合作关系情况来确定供给库是否适应企业的战略需求。通常，可以通过分析下述指标了解供给库整体与构成现状。

（1）供应商的总数量。用于反应供给库规模。

（2）从单一采购源采购的产品数量或金额比例。用于反映企业整体供应风险情况，从单一采购源采购的产品数量或金额所占比例越大，说明企业整体供应风险就越大，也就需要企业更加关注供应风险，积极采取应对措施。

（3）收到的免检产品和无缺陷产品数量比例。用于反映企业整体供货质量情况，免检产品和无缺陷产品数量比例越大，说明企业整体供货质量就越好，反之，就需要企业对供给库结构加大调整力度。

（4）通过质量认证的供应商占全体供应商的比例。用于反映供给库整体质量保证能力，通过质量认证的供应商所占比例越大，说明供给库结构就越好，反之，就需要企业对供给库结构进行优化。

（5）以 JIT（准时采购）方式接收到的产品品种所占比例。用于反映供给库整体响应企业需求的能力，以 JIT 方式采购的产品品种越多，通常说明供给库中能提供单源可靠供应的供应商数量就多，供给库结构也就越合理。

（6）采用电子交易的产品数量所占比例。用于反映供给库的信息化情况及市场响应能力，采用电子交易的产品数量越多，通常说明企业与供应商之间信息沟通就越便捷，供应商响应企业需求变化的能力就越强，供给库结构也就越合理。

（7）参与早期产品设计或其他增值服务的供应商所占比例。用于反映供给库整体提供服务情况，供应商能延伸服务说明企业与供应商之间合作就越密切，这样的供应商所占比例越多说明供给库结构也就越合理。

（8）投入长期合同中的采购金额所占比例。用于反映企业与供给库整体关系，采购金额所占比例越大，通常说明供给库中与企业形成战略合作关系的供应商就越多，供给库结构也就越合理。

（9）从最佳绩效供应商处采购的金额所占比例。用于反映企业与供给库整体关系，采购金额所占比例越大，通常说明供给库中优秀的供应商就越多，供给库结构也就越合理。

（10）开发供应商所投入的成本与收益。用于反应供给库的优化潜力，投入供应商开发的收益与成本之比越高，通常说明供给库中具有发展潜力的供应商就越多，也就需要企业更加关注供给库的发展。

通过对上述指标的综合分析可以确定供给库的优化目标。

2．供给库结构改进

供给库结构改进有多种方法，常用的改进方法包括以下几种。

（1）按采购金额或供应质量对供应商进行分类。即 20%的供应商可以得到企业采购金额的 80%以上，或者极少数供应商会造成重大质量问题。这样，若造成重大质量问题的供应商属于采购金额较少的那部分，就可以削减他们。

（2）对于供应绩效不佳的供应商，给他们一段时间进行改进来满足新采购绩效要求。在改进时间结束时，按照改进质量水平、交货表现、缩短前置期及降低成本等重要绩效指标进行考核，对那些没有达到既定目标的供应商就可以进行削减。

（3）按供应商绩效综合评价结果将供应商分为优秀级、潜力级和淘汰级。对优秀级供应商，企业应该加强与他们的合作关系；对潜力级供应商，企业可以选择其中较好的予以协助和开发；对淘汰级供应商，无疑应该直接剔除。

在实践中，可以将几种方法相结合来优化供给库。例如，企业对其供给库结构进行分析后，就可以首先剔除那些造成重大质量问题，并且采购金额较少的供应商，然后，采用偏序型 DEA 方法对供应商绩效进行综合评价，并按绩效综合评价结果将供应商分为优秀级、潜力级和淘汰级。对潜力级供应商，企业可以选择其中较好的予以协助和开发，而对其他的潜力级供应商，设定一段整改时间进行改进以满足新供应绩效要求。在整改时间结束时，按照改进质量水平、交货表现、缩短前置期及降低成本等重要绩效指标进行考核，对那些没有达到既定目标的供应商就可以削减。

3．供应商开发

供应商开发是指企业为改进供应商绩效及其保证能力来满足企业短期或长期发展需要而实施的直接参与、激励与奖励、警告与惩罚等活动。供应商开发过程包括明确开发的关键业务、确定开发的供应商、组建跨职能开发团队、明确改进领域与机会、确定关键度量标准、确定资源需求与分配、进行项目监督与调整等阶段，如图 4-14 所示。

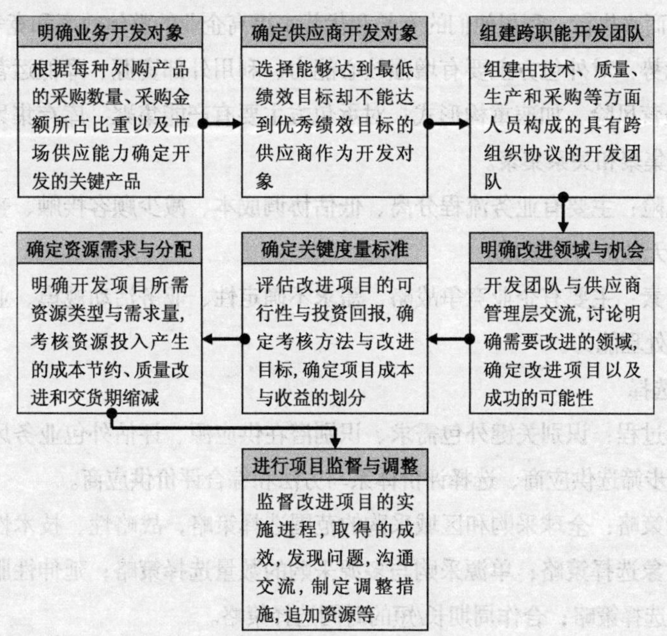

图 4-14　供应商开发过程

在供应商开发过程中会遇到来自企业内部和供应商的阻力，表 4-13 给出了常见的开发阻力与解决方法。

表 4-13　常见开发阻力与解决方法

开发阻力	阻力来源	解决方法
采购数量较少，不值得为供应商开发投资	外包企业	零部件标准化，并且单源采购
对于外包企业，供应商开发不能明显增加收益	外包企业	改变理念，不放弃小规模赢利
采购产品不重要，不值得实施供应商开发计划	外包企业	改变理念，关注长期成效
外包企业对供应商开发缺乏实际的作业支持	外包企业	提高管理层认识，加强协调
外包企业没有足够动机让供应商参与进来	外包企业	设计动机，如供应商参与产品设计
供应商不愿意分享成本或流程信息	供应商	设置供应商联络员
信息机密性约束信息共享	供应商	签署保密协定
供应商不相信开发项目会带来好处	供应商	严肃考核制度，强化奖惩措施
供应商不信任外包企业	供应商	调整采购理念，加强与供应商的合作关系
供应商缺乏擅长执行改进措施的人员	供应商	建立培训中心或提供人员支持
供应商缺乏相关资源来执行改进措施	供应商	直接支持

本章小结

本章讨论了自制与外包决策，供应商选择过程、选择策略和选择方法以及供给库结构分析和优化过程等。

1．自制与外包决策

业务外包：指企业基于合约将一些非核心、辅助性功能或业务的持续管理责任外包给第三方专业化承包商来执行，利用他们的专长和优势来提高企业的整体效率和竞争力。

业务外包优势：对外包方主要有增强核心能力、利用外部资源、降低运营成本、增加生产弹性、分摊经营风险、加速重构形式；对承包方主要有产能集聚、库存集聚、运输集聚、采购集聚、信息集聚和关系集聚。

业务外包风险：主要有业务流程分离、低估协调成本、减少顾客接触、丧失内部能力、泄露敏感信息和无效的合同绩效。

外包影响因素：主要有企业竞争战略、需求不确定性、业务活动规模、业务重要性、资产专用性和业务处理能力。

2．供应商选择

供应商选择过程：识别关键外包需求、识别潜在供应源、评估外包业务风险、制定供应商选择策略、初步筛选供应商、选择评价体系与方法和综合评价供应商。

供应商选择策略：全球采购和区域采购的范围选择策略，战略性、技术性、有影响力和普通供应商的对象选择策略；单源采购与多源采购的数量选择策略；延伸性服务还是提供全方位服务的内容选择策略；合作周期长/短的时间选择策略。

供应商评价指标：包括价格优惠性、质量保证性、交货可靠性、市场响应性、技术创新性、环境适宜性、管理有效性和财务稳健性等方面。

供应商评价方法：定性方法主要有逆向拍卖法和协商谈判法等；定量方法主要有加权评估法、逼近理想解排序法和层次分析法等。

3．供给库优化

供给库概念：企业用来获取运营所需的原材料、零部件、服务和设备的所有供应商。

供给库优化：在分析供给库绩效的基础上，通过削减那些现在或将来均不具备达到采购绩效目标能力的供应商来保持合适数目的供应商以及与供应商合作的过程。

供给库优化过程：主要包括分析供给库结构、评价供应商绩效、缩减供给库数量和供应商开发等过程。

供应商绩效评价：主要侧重于交货表现、质量表现、成本表现以及为改进这些表现所做的努力。

供应商绩效评价方法：可以采用指定投入指标和产出指标的权重顺序的偏序型数据包络分析方法。

供给库结构分析与改进：主要涉及供给库整体与构成现状分析、供给库整体数量削减与结构优化以及加强与重点供应商的合作关系。

复习与思考

1. 以某企业为例，讨论其自制与外包的优势及其风险。
2. 简述供应商绩效评价与单个企业绩效评价的区别与联系。
3. 不同企业的供应商控制方法有什么区别，供应商评估主要有哪些控制要点？
4. 试用偏序型 DEA 方法对某企业供应商绩效进行评价，并找出影响供应商绩效的关键因素。
5. 从美国苹果公司的成功案例中，谈谈在供应商管理中如何选择供应商？
6. 某个电子制造企业采用统一标准的供应商状况登记表列出各种项目并进行比较，包括供应商注册地、注册资金、主要股东结构、生产场地、设备、人员、主要产品、主要顾客、生产能力等信息，同时评估其工艺能力、供应的稳定性、资源的可靠性和综合竞争能力等。请列出各种因素的权重系数。
7. 某家大型电子企业制订了年度供应商实地考察计划，要求每季度对所有的 100 多家供应商进行实地考察，这意味着每年度采购部门要拜访供应商 400 多次。采购人员花费了大量时间，感觉力不从心。根据所学知识，谈谈此企业如何进行更好的供应商管理。
8. 通用汽车公司通过采用业务外包策略，把零部件的运输和物流业务外包给理斯维物流（Leaseway logistics）公司。理斯维公司负责通用汽车公司的零部件到几个北美组装厂的运输工作，通用汽车公司则集中力量于其核心业务——轿车和卡车制造上。通用汽车与理斯维公司的外包合作关系始于 1991 年，使通用汽车公司节约了 10%的运输成本，缩短了 18%的运输时间，裁减了一些不必要的物流职能部门，减少了整条供应链上的库存，并且在供应链运作中保持了高效的反应能力。理斯维在 Cleveland 设有一个分销中心，处理交叉复杂的运输路线，这样可以动态地跟踪装运情况，并实现 JIT 方式的运输。

根据以上情况，回答下列问题：

（1）通用汽车公司的核心竞争力是什么？它的物流外包业务采用的是哪种方式？

（2）通用汽车公司将物流业务外包给理斯维物流公司的原因是什么？

（3）通用汽车公司将物流业务外包给理斯维物流公司获得了哪些益处？

9. 2003 年某月，某行业协会属下的 17 家供货商联合向家乐福发难，要求家乐福取消某些不合理收费，否则他们将集体撤离家乐福。双方的谈判不欢而散。该行业协会说，一些供货商由于家乐福的高额进场费而造成亏损。随后，来自北京、南京等地的部分供货商声援这家行业协会，家乐福面临四面楚歌。形成对比的是，世界最大的零售商沃尔玛对国内供货商一般只收几百元作为所谓的“进场费”，并向供应商公开承诺免收进场费。沃尔玛给人们留下印象最深的是它整套先进、高效的物流和供应链管理系统。沃尔玛的管理模式已经跨越了企业内部管理和与外界“沟通”的范畴，而是形成了以自身为链主，链接生产厂商与顾客的全球供应链。其创始人山姆·沃尔顿有句话说：“供应链制胜的关键——永远都要比对手更好地控制成本。”

请回答下列问题：

（1）试剖析家乐福收取高额进场费的原因，并分析沃尔玛采取免费进场的有效手段。

（2）请你为家乐福设计改进方案，以保持其与供应商的合作。

10. 某物流企业需要采购一台设备，在采购设备时需要从功能、价格与可维护性 3 个角度进行评价，应用层次分析法对 3 个不同品牌的设备进行综合分析评价和排序，从中选出能实现物流规划总目标的最优设备，其层次结构如图 4-15 所示。以 A 表示系统的总目标，判断层中 B_1 表示功能、B_2 表示价格、B_3 表示可维护性。C_1、C_2、C_3 表示备选的 3 种品牌的设备，判断矩阵如表 4-14 ~ 表 4-17 所示。

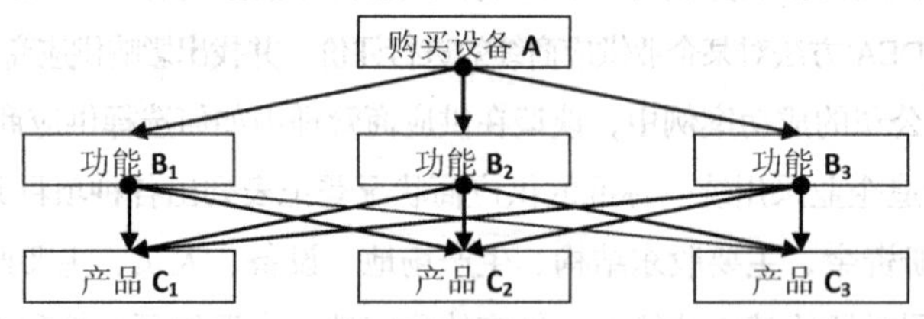

图 4-15　设备现在的层次结构

表 4-14　判断矩阵 A-B

A	B_1	B_2	B_3
B_1	1	1/3	2
B_2	3	1	5
B_3	1/2	1/5	1

表 4-15　判断矩阵 B_1—C

B_1	C_1	C_2	C_3
C_1	1	1/3	1/5
C_2	3	1	1/3
C_3	5	3	1

表 4-16 判断矩阵 B_2—C

B_2	C_1	C_2	C_3
C_1	1	2	7
C_2	1/2	1	5
C_3	1/7	1/5	1

表 4-17 判断矩阵 B_3—C

B_3	C_1	C_2	C_3
C_1	1	3	1/7
C_2	1/3	1	1/9
C_3	7	9	1

课后案例

大连三洋的供应商发展策略

大连三洋冷链在 1994 年成立之初，大部分生产零部件都进口于日本。三洋冷链的产品涵盖五金、玻璃、化工等多个领域，生产所需零部件多达上千种。由于展示柜市场门槛较低，越来越多的本土设备供应商开始涌现，并以低廉的价格使整个展示柜市场充满了残酷的“价格厮杀”。采购成本问题引起了三洋冷链高层管理者的高度重视，三洋冷链把目光投向中国本土供应商，成立了本土化组织，开始在国内寻找和开发合格的供应商。

由于日本方面对中国生产的产品检验十分严格，要实现所有产品供应商的本土化需要很长时间，因此，三洋冷链首先选择本土化周期较短的产品。本土化专员首先会找出有操作价值的产品进行本土化，接着在国内寻找合适的供应商。在初步确定了本土化的供应商后，本土化小组便开始与供应商的谈判环节，从产品价格的商定开始，提供产品图纸及材质说明，要求供应商在期限时间内制作出初步样品，待初检通过后，再送到日本公司进行复检，如果复检不通过，则会给出建议要求供应商进行改进，如果三次复检都不能通过，便会考虑更换供应商。如果日本的复检结果通过，本土化专员和品质保证部技术人员需要一起对本土化产品的生产工艺和生产能力进行指标考察，在确认考查结果可行后，再进行产品试用。试用期间本土化专员需要全程跟进，反馈一线工人对产品的使用情况和问题，直到做出书面报告并存档备案，一个产品的本土化项目才算完成。

自三洋冷链成立之初，中空玻璃几乎全部采购于上海华鹰技术玻璃有限公司。由于距离较远，三洋冷链一直承受高额的运输费用，导致三洋冷链的冷冻柜等产品在市场上难以取得价格优势。为此，三洋冷链决定在大连本地开发新的中空玻璃供应商。在经过了一轮市场调研和考察后，三洋冷链将目光锁定在大连华鹰玻璃制品有限公司。大连华鹰主要为大连地区建筑行业生产玻璃产品，它也是距离三洋冷链最近的一家玻璃加工企业。三洋冷链的采购人员立即与大连华鹰取得了联系并达成合作意愿。虽然大连华鹰在建筑玻璃产品制造上已有成就，但建筑玻璃要求的加工尺寸，表面的展示效果、表面光洁度等都相对于工业玻璃有很大差距。三洋冷链经过考察认为，大连华鹰对工业玻璃的设备加工能力和经验尚不足，加工技术水平较为落后，缺乏完善的作业培训体制，品质管理水平及基础比较薄弱。面对现实与理想的差距，三洋冷链的管理人员清醒地意识到：大连地区整个供应商的配套能力和管理水平与理想中还有很大的差距，但为了扩大生产、降低产品成本，就必须推进和加速本地化的进度，才能取得解决供应商问题的突破。三洋冷链决定派技术人员到大连华鹰现场进行品质和工艺指导，以提高其工艺生产能力并帮助其提高品质管理水平。大连华鹰对三洋冷链的想法表示出极大的支持。为了确定产品的质量，三洋冷链对钢化玻璃品质进行定期检测和指导，对相关设备还进行定期检查和保养。三洋冷链帮助大连华鹰制定了作业指导书，将不良品和合格品进行可视化对比，帮助大连华鹰的工人明确产品的品质标准并不断改进。从产品品质的定位、生产过程到成品的检验，三洋冷链都给予了大连华鹰细致的指导。由于三洋冷链的个性化需求较强，大连华鹰对中空玻璃生产工序的安排比较混乱，没有实现流程的连续性。为此，三洋冷链帮助大连华鹰优化了生产流程，对不同工序的品质要求和检验条件、检验标准都更加细致和明确化。通过不间断地跟进指导，大连华鹰逐渐成长。2003 年，其生产的产品已经能够完全满足三洋冷链的生产需求和品质要求，生产效率也大大提高。三洋冷链产品的生产时间和供给时间减少了 15%，为三洋冷链带来了增幅达 20%的经济收益。

案例思考题

（1）三洋冷链主要供应源转移至中国的决策影响因素是什么？

（2）零部件供应商选择的影响因素包括哪些？

资料来源：http://cmcc.dlemba.com/batch.download.php?itemid=1434.

第 5 章 分销物流网络设计

先导案例

小米手机的在线直销模式

小米公司成立于 2010 年 4 月，小米手机主打超高性价比，采用饥饿营销模式。小米坚持以电子商务 B2C 直销为主，其优势是轻资产，电商直销，快速的资金周转率，接近零库存。小米的赢利模式最重要的就是轻资产，它没有工厂，它可以用世界上最好的工厂；它没有渠道，没有零售店，它可以采用互联网的电商直销模式；更重要的是，因为没有工厂、没有零售店，我们可以把注意力全部放在产品研发，放在和用户的交流之上，所以，小米 4000 名员工，2500 人在做跟用户沟通的事情，1400 人在做研发。

小米基本上放弃渠道销售模式，除了配合电信运营商的合约机外，其他都采用电商直销的模式，通过自己的官方网站直销、第三方电商平台直销以及网络社交媒体平台上的直销。与传统的渠道销售模式不同，小米因为省略了中间几个环节，可以实时反馈销售数据，再根据准确的销售数据预估订单，比较有效地减轻了“牛鞭效应”。在面对突发问题时也有时间尽早进行调整，这种信息反馈的优势在小米发布红米手机的时候显现出來了，直接反映在它与供应链上游供应商的合作上。2013 年 7 月 31 日，它的低端红米手机在 QQ 空间首次发布并接受预约，最终成功预约人数有 745 万人，红米的火爆程度足足超出了小米团队预估数量的 10 倍。应对这个激增的产品需求，小米总裁林斌很快做出反应，8 月 1 日就约见红米手机的芯片供应商联发科，根据预约人数追加订单。

直销在缩短供应链的同时还影响到仓储物流及资金链的变化。小米的库存周期短，回款周期也短。网上支付不提供货到付款，而即使是运营渠道也是要先付款后拿货。在小米的账面上几乎不会出现“应收账款”。这就让它在很大程度上与中华酷联等传统制造业公司拉开了距离。与传统制造业需要有庞大的仓库储存出货产品不同，小米在库存上做出的最大改进是按实物销售：当周的生产量就是下周的销售量。根据小米提供的数据，它在 2013 年 11 月的出货量是 200 万台，其中 70%的量通过电商渠道。每周二的抢购按照仓库的库存量销售，数字为 30～40 万台，手机的库存周期完全周转一次大约是 10 天，配件类 3～4 周。没有库存积压就意味着节省了仓储成本。在销售量足够大的情况下，仓储成本平摊下来几乎可以忽略不计。

资料来源：李锋. 粉丝驱动的直销模式研究——以小米公司为例[D]. 厦门大学，2014.

学习目标

- 理解分销网络的基本功能和结构特征。
- 了解分销网络的影响因素。
- 熟悉分销网络的典型模式。
- 了解分销网络的设计过程。
- 熟悉电子分销网络的特点和优势。

分销网络是供应链与最终顾客之间进行信息传递和产品移动的渠道，因此，分销网络的设计影响着供应链的顾客服务水平和运营成本。本章将主要介绍分销网络的基本功能、结构特征和分销网络设计过程；分销网络的影响因素和绩效分析；分销网络的几种典型模式，分销网络方案设计与选择以及电子分销网络的特点、优势和 OTO 商业模式。

5.1 分销网络的功能与特征

5.1.1 分销网络的基本功能

分销网络是指某种产品从生产者向最终顾客直接或间接所有权转移过程中所涉及的一系列相互联系、相互依赖的组织和个人的集合。这些组织和个人主要包括生产者及其自设的销售机构、代理商、批发商、零售商和消费者，它们通过分工和协作，形成跨越企业边界的网络组织，使商品和服务能够有效地从生产者转移至消费者，一般分销网络的构成如图 5-1 所示。由图 5-1 可见，一个企业的不同工厂可以向不同地区的仓库或配送中心供应产品，不同的仓库也可以向不同地区的分销商供应产品。但是，不同的分销商只能向其所属的下一级分销商或零售商供应产品。

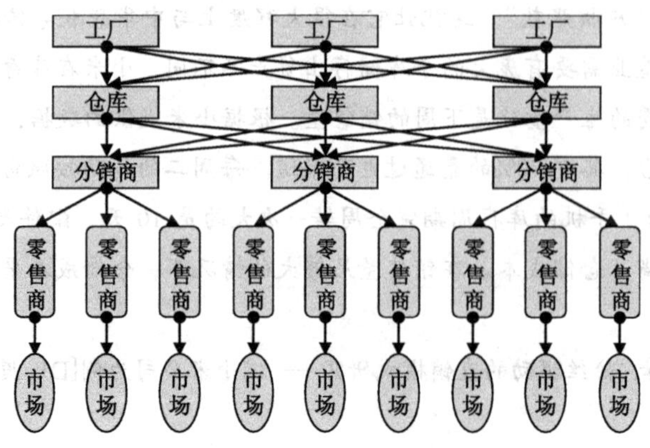

图 5-1 一般分销网络结构示意图

在实践中，生产高价值产品的企业通常会对不同品牌的产品使用不同的分销网络，如汽车厂商一般会对不同品牌的轿车使用不同的分销网络。而对于生产一般产品的企业则会对不同品种产品使用同一分销网络，甚至与其他生产同类型产品的企业共同使用同一个分销网络。如家电厂商一般就会对电视、冰箱等产品使用相同的分销网络。

分销网络的基本功能是通过对所有权转移、商品配送、货款回收、信息传递和促销推送等活动实施计划、组织和控制来实现商品从生产者向最终顾客及时、准确地转移，如图5-2所示。

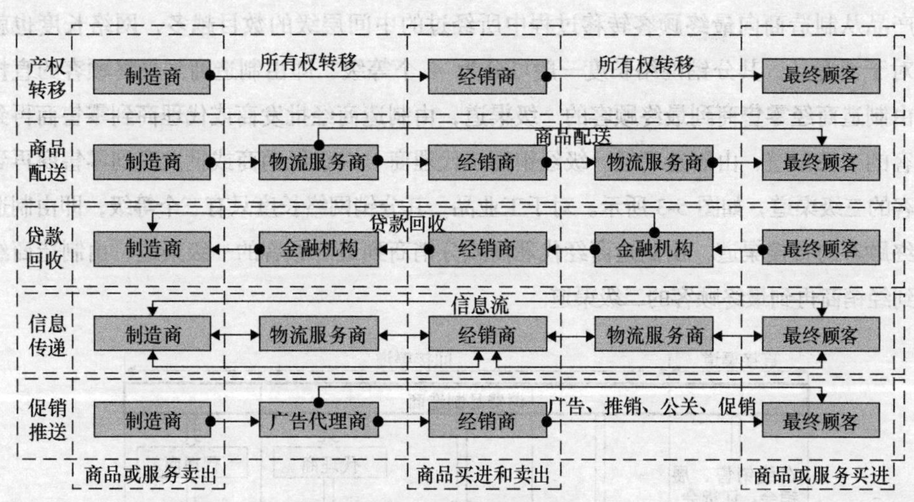

图 5-2　分销网络的基本功能

由图 5-2 可见，所有权转移是通过卖出和买进等活动实现商品从制造商到经销商再到最终顾客的转移过程；商品配送是通过运输、存储和配送等活动实现商品从制造商到经销商再到最终顾客的转移过程；货款回收是通过资金结算等活动实现货款从最终顾客经过金融机构到达各成员的流动过程；信息传递是有关商品的需求和供给等信息在各成员之间相互传递的过程；促销推送是网络中某个成员通过广告、推销、公关、促销等活动对其他网络成员施加影响的过程。

如果分销网络中各成员相互独立，没有成员有能力支配其他成员，成员之间是松散的合作关系，各自追求利益最大化，则称这种分销网络为松散型的。这种类型的分销网络由于其成员之间缺乏长期合作基础，相互之间缺乏信任，因此，虽然可以根据需要灵活调整网络，但分销效率较低。松散型分销网络主要适合于产品品种多变的中小型企业。

如果分销网络对各成员之间分销活动采用专业化管理，并通过集中计划和行动安排来实现各成员之间的共同利益目标，则称这种分销网络为垂直型的。在垂直型分销网络中，一种形式是由一个或少数几个实力强大的成员依靠自身的影响力，通过强化管理来协调各成员的分销活动，即管理式垂直分销网络；一种形式是由一家企业依靠参股或控股等所有权形式来统一管理或控制整个分销网络的分销活动，即所有权式垂直分销网络；还有一种形式是分销网络中各成员之间通过契约来确定各自的分销权力和义务，即契约式垂直分销网络。由于垂直分销网络中生产者与代理商、批发商和零售商之间形成利益共同体，因此，便于根据需求变化安排生产与分销活动，有利于网络管理与控制，降低分销成本，提高服务水平。

5.1.2 分销网络的结构特征

一种产品的分销网络可以用产品从生产者向最终顾客转移过程中所经过的中间层级的数目即网络长度，以及产品从生产者向最终顾客转移过程中所使用的同类型中间商数目即网络宽度来描述其结构特征。

1．分销网络长度

产品从制造商向最终顾客转移过程中所经过的中间层级的数目越多，网络长度也就越长。对于消费品，其分销网络长度一般可分为 4 个等级，即由制造商到最终顾客的直接渠道，由制造商经零售商到最终顾客的一级渠道，由制造商经批发商或代理商到零售商再到最终顾客的二级渠道，由制造商经一级经销商或代理商、二级经销商或批发商到零售商再到最终顾客的三级渠道，如图 5-3 所示。对于工业品，其分销网络长度只有三个等级，即由制造商到最终顾客的直接渠道，由制造商经代理商或分销商到最终顾客的一级渠道，由制造商经代理商到经销商再到最终顾客的二级渠道。

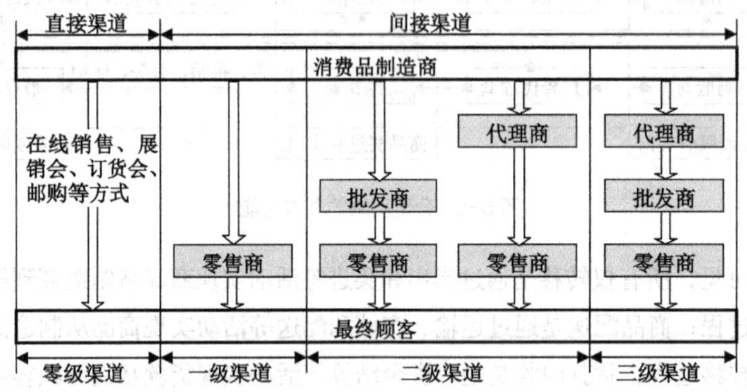

图 5-3 分销网络长度

由图 5-3 可见，分销网络的长度越长，产品就需要经过更多层次的中间商才能从制造商转移到最终顾客，而且，由于每个中间商只能向其所属的下一级中间商或零售商供应产品，使得分销网络中分销设施数量也就越多，零售商所服务的市场范围也就越窄，内向运输(进入分销设施的运输)平均距离增加，外向运输(离开分销设施的运输)平均距离减少。因此，不同长度的分销网络在运营成本控制、信息传递速度、资金周转速度和渠道可控性等方面表现也有不同，如表 5-1 所示。

表 5-1 不同网络长度的绩效比较

绩效指标	直接渠道	一级渠道	二级渠道	三级渠道
设施成本	1	2	3	4
运输成本	4	3	2	1
装卸搬运成本	1	2	3	4
安全库存	1	2	3	4

续表

绩效指标	直接渠道	一级渠道	二级渠道	三级渠道
信息传递速度	1	2	3	4
资金周转速度	1	2	3	4
渠道可控性	1	2	3	4

注：1 表示绩效最好，4 表示绩效最差。

由表 5-1 可见，直接渠道由于没有中间环节，其设施成本、装卸搬运成本、信息传递速度、资金周转速度和渠道可控性均有较好表现。同时，由于制造商直接面对市场需求，使需求量得到更高水平集聚，其需求不确定性也就较低，因此，安全库存也较低。但是，因为外向运输批量较大使得单位外向运输成本高于内向运输成本，而直接渠道中外向运输平均距离较长使其运输费用较高。对于间接渠道，随着中间环节的增加，其设施成本和装卸搬运成本随之增加，信息传递速度、资金周转速度和渠道可控性随之降低；而且，越靠近市场的中间商或零售商因其需求量集聚水平较低致使其需求不确定性就越高，安全库存也就越多。但因为随着中间环节的增加，分销网络中内向运输平均距离增加、外向运输平均距离缩短会使得运输成本随着中间环节的增加而降低。

2．分销网络宽度

产品从生产者向最终顾客转移过程中所使用的同类型中间商数目越多，产品就可以进入更多的市场，分销网络的宽度也就越宽。分销网络宽度一般可分为 3 个等级，即独家分销、选择分销和密集分销。独家分销是指企业在一定的市场范围内，选择一家某种类型的中间商经销其产品，通常双方协商签订独家经销合同，并规定中间商不得经营竞争者的产品。选择分销是指企业在一定的市场范围内，通过挑选少数几个合适的中间商如特约代理商或特约经销商经销其产品。密集分销是指企业尽可能地通过大量的符合最低信用标准的中间商参与其产品的销售。独家分销、选择分销和密集分销各有优点、不足和适用对象，如表 5-2 所示。

表 5-2　分销网络不同宽度比较

比较项目	独家分销	选择分销	密集分销
特点	一地一家分销商	一地若干家分销商	一地多家分销商
市场覆盖面	小	中	大
顾客接触率	低	中	高
渠道可控性	好	中	低
渠道冲突性	无	有	高
运营成本	低	中	高
适用对象	高价值商品、特殊商品	高价值、选择性商品	日用商品

由于产品从生产者向最终顾客转移过程中所经过各层级中的每个中间商所能控制的下一级中间商或零售商的数目是有限的，因此，一种产品的分销网络的长度与宽度密切相关。通常，分销网络长度越长，其网络宽度也就越宽，反之，网络宽度越宽，其网络长度

也就越长。

5.1.3 分销网络的设计过程

对一种产品的分销网络进行设计主要包括识别市场需求特征、确定分销网络目标、设计分销网络方案和评估分销网络方案等步骤，如图 5-4 所示。

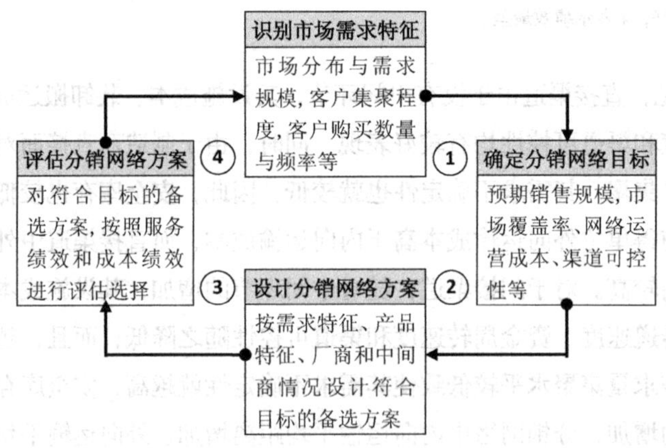

图 5-4 分销网络的设计过程

（1）识别市场需求特征。设计分销网络首先需要根据企业的产品目标市场定位确定其产品的市场分布情况，并通过需求预测或市场调查确定每个市场的需求规模。在此基础上，识别出每个市场的顾客集聚度、顾客平均购买数量与购买频率等需求特征。

（2）确定分销网络目标。根据市场需求特征和产品特征评估分销网络的预期销售规模、市场覆盖率、网络运营成本和渠道可控性等目标。要求分销网络目标达到销售量最大、运营成本最低、网络覆盖率最高、渠道之间合作最好且冲突最少。

（3）设计分销网络方案。在确定出分销网络目标后，需要根据市场需求特征、产品特征、厂商和中间商的实力与要求，针对分销网络结构特征的影响情况以及先进营销理念和先进营销模式，设计出符合设计目标的备选方案。

（4）评估分销网络方案。对符合设计目标的备选方案，在考虑实现网络的稳定性与灵活性统一以及对网络的管理与控制能力的基础上，按照服务绩效和成本绩效进行评估，并选择出最佳的分销网络方案。

5.2 分销网络的绩效分析

5.2.1 网络绩效的影响因素分析

分销网络能否满足顾客需求以及其运营成本高低直接影响着企业的收益，因此，评估分销网络的绩效应评估其能够满足顾客需求情况以及其运营成本情况。描述分销网络满足顾客需求情况以及其运营成本情况的绩效指标如表 5-3 和表 5-4 所示。

表 5-3 服务绩效指标

指标名称	指标含义
订单响应时间	顾客下达订单到订单交付所需时间
产品多样性	分销网络能提供的不同产品或配置的数目
产品可获性	顾客订单到达时，产品有现货的概率
顾客体验性	顾客下达和接收订单的容易程度，以及这种体验的顾客化程度
面市时间	新产品推向市场所需的时间
订单可视性	顾客下达订单到交付过程中跟踪他们订单的能力
可退货性	顾客退回不满意产品的难易程度，以及网络处理这种退货的能力

表 5-4 成本绩效指标

指标名称	指标含义
设施成本	分销网络中所有中间商和零售商的设施租赁或建设费用及设施运营成本
运输成本	为满足市场需求将产品从制造商运输到最终顾客的运输成本
库存成本	产品从制造商到最终顾客的周转库存持有成本和安全库存占用成本
信息成本	分销网络中各成员之间信息传递所需信息平台的建设费用与运行费用

在确定评价分销网络的绩效指标以后，需要分析分销网络的结构特征即网络长度和网络宽度对服务绩效指标和成本绩效指标的影响。如表 5-5 所示。

表 5-5 分销网络结构特征对绩效指标的影响

指标名称	网络长度增加	网络长度减小	网络宽度增加	网络宽度减小
订单响应时间	短	长	短	长
产品多样性	不好	好	不好	好
产品可获性	低	高	低	高
顾客体验性	好	不好	好	不好
面市时间	慢	快	慢	快
订单可视性	好	不好	好	不好
可退货性	好	不好	好	不好
设施成本	增加	降低	增加	降低
运输成本	降低	增加	降低	增加
库存成本	增加	降低	增加	降低
信息成本	降低	增加	降低	增加

由于分销网络的宽度会随着网络长度的增加（减小）而增加（减小），因此，分销网络的长度增加（减小）和网络宽度增加（减小）对网络绩效指标会产生相同或相似的影响结果。当网络长度增加或网络宽度增加时，产品从制造商到最终顾客所经历的环节就会增多，经销商数量也会增多，经销商就越靠近目标市场，但单个经销商所覆盖的市场范围就会变小，所

存放的产品数量和品种也就有限。因此，产品经历的环节增多会延长新产品面世时间，但会缩短订单响应时间；网络中经销商数量增多会增加设施成本，但因为缩短外向运输的平均距离而使运输成本降低，同时，经销商数量增多也会分散制造商和每个经销商与最终顾客的联系，进而会通过简化信息平台的复杂性而降低其建设费用与运行费用；经销商靠近目标市场就会增加顾客体验性、订单可视性和产品可退货性；单个经销商所覆盖的市场范围变小会增加需求不确定性，进而增加安全库存量，而且，在每个经销商处产品所存放的时间通常会延长，结果是增加了安全库存占用成本和库存持有成本；经销商处存放的产品数量和品种有限会降低产品多样性和产品可获性。

5.2.2 网络特征的影响因素分析

在分析了分销网络的长度和宽度等结构特征对网络绩效指标的影响后，需要对分销网络结构特征的影响因素进行分析，这些影响因素主要来自于分销网络的构成与运作要素，即产品特征、市场分布特征、顾客购买行为以及生产者与中间商的实力和要求，它们对分销网络结构特征的影响情况如表 5-6 和表 5-7 所示。

表 5-6 网络构成对网络特征的影响

构成要素	测评指标	测评标准	网络长度（宽度）长（宽）	网络长度（宽度）短（窄）
市场分布特征	需求规模	大或小	大	小
	市场集聚度	集中或分散	分散	集中
顾客购买行为	平均购买数量	多或少	少	多
	购买频率	高或低	高	低
中间商	产品经营意愿	愿意或不愿意	愿意	不愿意
	进场费或成本	高或低	低	高
生产者	产品组合宽度	大或小	小	大
	厂商经济实力	强或弱	弱	强
	网络控制能力	强或弱	弱	强

在表 5-6 中，网络构成要素的测评指标对网络长度（宽度）的影响情况如下。

（1）若某种产品的市场需求量较大，其适用面也就广泛，相应地，市场分布也就分散，采用较长渠道有利于降低销售费用；而对于专业性强的产品，其市场需求量也就有限，选择较短渠道的销售费用要低于较长渠道。

（2）若目标顾客的市场集聚度较高，采用短渠道的销售费用要低于长渠道，有利于渠道控制；相反，若目标顾客的市场集聚度低，采用长渠道的销售费用要明显低于短渠道。

（3）若顾客一次购买数量大，如钢材等原材料以及粮食、食用油等生活必需品，其单位分销成本也就低，也就有条件将产品直接销售给顾客；相反，若顾客购买特点是少量而频繁，如牙膏、药品等日用品，则采用较长渠道有利于降低销售费用。

（4）若企业有足够实力可采用短渠道，否则，即使产品适合短渠道分销，也必须放弃。若企业的产品组合宽而深，采用短渠道有利于发挥产品的范围经济性。

（5）若企业在战略上有需要，又有渠道控制能力，可采用短渠道分销；若企业缺乏渠道管理和运作经验，可借助中间商进行分销。

（6）若中间商愿意经营厂商的产品，要求又不高，可采用长渠道分销；若中间商已经营同类型竞争产品，并且产品之间没有集聚效应，那么，厂商只好自建渠道分销；中间商成本较高，或压价较低或进场费过高可考虑短渠道。

表 5-7　产品特征对网络特征的影响

测评指标	测评标准	网络长度（宽度）长（宽）	网络长度（宽度）短（窄）
产品价值	高或低	低	高
产品技术性	高或低	低	高
产品耐用性	高或低	高	低
标准化程度	高或低	高	低
产品体积重量	大（重）或小（轻）	小（轻）	大（重）
产品易变性	易或否	否	易
产品生命周期	长或短	长	短
产品季节性	有或无	有	无

在表 5-7 中，产品特征的各测评指标对网络长度（宽度）的影响情况如下。

（1）产品价值高，其单位产品的库存持有成本和库存占用成本也就高，采用短渠道分销有利于减少安全库存，加快产品周转速度，因而，可以降低库存成本。

（2）产品技术含量较高，如工业用品、家用电器等，通常需要提供专业性的安装、使用指导和维修服务，适合于选择短渠道分销；而产品技术性较低，对售后服务要求不高时，适合选择短渠道分销。

（3）耐用产品的使用和消费要持续一段时间，适合选择短渠道，典型的产品如住房、汽车、家具及一些家用电器等；而非耐用产品的使用和消费持续时间很短，这种产品一般采用较长的分销渠道，典型的产品如日常生活用品和小商品。

（4）若产品是非标准化的，适合采用短渠道分销，如定制的服装、大型机器设备等一般都采用供需双方直接交易的方式；产品若标准化程度高，如量具、刀具等，则适合采用较长渠道分销。

（5）产品体积大而重，其运输和储存都很不方便，如建材、机器设备等产品，尽可能选择短渠道；体积小而轻的产品，如服装、食品等，其运输和储存相对容易，可选择较长的分销渠道。

（6）若产品易变性高，如生鲜食品，易腐烂、保质期短，要求流通时间越短越好，为避免环节多造成更多损失，可采取短渠道分销。

（7）若产品寿命周期短，如款式变化快的商品，应采用短渠道分销，可避免不必要的损失。产品在其寿命周期的不同阶段，对分销渠道的选择也有所不同，如在新产品上市时，企业通常选择短渠道，当进入成熟期时，通常通过中间商来维持较为稳定的销量。

（8）若产品有季节性需求，厂商自已很难在短时间内达到需要的铺货率，则适合选用较长的分销渠道；而对于季节性不明显的产品，不要求快速上市销售，厂商有机会可以建立自已的分销网络，直接向最终顾客销售产品。

5.3 分销网络的方案设计

5.3.1 零售店选址模型

在分销网络中，零售店是直接为最终顾客服务的场所，因此，其选址对于整个分销网络方案设计至关重要。零售店选址不同于工厂和仓库选址重视成本因素，而是更重视选址地区的人口统计特征、选址地点的位置特征，交通可达性和零售业结构情况。影响零售店选址的具体因素如表 5-8 所示。

表 5-8 零售店选址的影响因素

人口统计特征	零售业结构
本地区人口规模 本地区收入潜力	区内商店的类型与数量 区内竞争者数量 相邻商店的互补性 接近商业区的情况
交通可达性	**位置特征**
交通工具的类型 交通工具的密度 步行者类型 步行者人数 能否进入交通干线 通行街道情况	可使用的停车场数量 距停车场的距离 该位置是否明显 入口和出口是否方便 店面大小和形状 社区服务情况

对于可能的几个备选地点情况，在表 5-8 中所述选址因素的基础上，可以通过适当增加或删减来确定选址影响因素并根据分销网络设计目标确定影响因素的权重，然后，对每个可能选址地点的影响因素进行评分和加权综合来确定每个潜在设施的备选地点。

零售店选址还可以通过确定选址地点的吸引力或总体可得性来进行，其基本思想就是一个零售店设置在不同地点对其周边的人口中心的吸引力不同，零售店对周边的人口中心的吸引力与零售店的规模和人口中心的规模成正比，与人口中心到零售店的距离成反比。赫夫（David. L·Huff，1996）模型是确定零售店吸引力的基本模型，该模型可表示为

$$E_{ij}=P_{ij}\cdot C_i=\frac{\frac{S_j}{T_{ij}^{\alpha}}}{\sum_{j=1}^{n}\frac{S_j}{T_{ij}^{\alpha}}}\cdot C_i \tag{5-1}$$

式中，E_{ij}为从人口中心 i 被吸引到零售点 j 的预期需求；P_{ij}为顾客从人口中心 i 出行到零售点 j 的概率；C_i为人口中心 i 的顾客需求；S_j为零售点 j 的规模，即所有能够吸引顾客到该零售点来的变量，包括商店的吸引力、库存的可得性、商品价格、停车场等；T_{ij}为从人口中心 i 到零售点 j 的出行时间，也可以是所有排斥顾客的变量，包括距离、交通堵塞、绕行等；α 为经验估计参数，其估计方法是将现有零售的实际销售额与模型产生的零售布局的销售额进行比

较，使两者相等的参数值即为该参数估计值。

利用模型式（5-1）可以估计出不同零售店将获得的整个市场的份额 E_j，即

$$E_j = \sum_{i=1}^{n} E_{ij} \tag{5-2}$$

示例 5-1　零售店选址问题

在某市区内有两个零售店备选地址 A 和 B，其相对位置用顾客平均步行时间表示。该市区有 3 个主要居民区 C_1、C_2和 C_3，其潜在销售额分别为 1 000 万元、500 万元和 700 万元。地址 A 的售货面积为 50 万平方米，地址 B 的售货面积为 100 万平方米。参数 α 的估计值为 2；零售店 A 和 B 的地址坐标，居民区 C_1、C_2和 C_3 的地址坐标如表 5-9 所示。

表 5-9　赫夫模型应用示例

步骤	计算内容	人口中心与零售点	$C_1(10,20)$	$C_2(20,60)$	$C_3(70,40)$
1	到达时间 T 计算	A(40,20) B(50,60)	30.0 56.6	44.7 30.0	36.0 28.3
2	到达时间 α 调整值	A(40,20) B(50,60)	900 3 200	2 000 900	1 300 800
3	规模与时间调整值比例	A(40,20) B(50,60)	555 313	250 1 111	385 1 250
4	顾客出行概率	A(40,20) B(50,60)	0.64 0.36	0.18 0.82	0.24 0.76
5	零售店获得的份额	A(40,20) B(50,60)	6.4 3.6	0.9 4.1	1.7 5.3

在此例中，首先应根据两点之间距离公式计算出每个居民区到达不同零售点的出行时间，并对计算出的出行时间按照参数 α 进行调整；然后，根据不同零售点的售货面积与到达该零售点的出行时间的 α 调整值计算每个居民区到达不同零售点的出行概率；最后，根据每个居民区的潜在销售额以及到达不同零售点的出行概率计算不同零售店将获得的整个市场的份额。整个计算过程中每个步骤的计算结果如表 5-9 所示。

由表 5-9 可以计算出零售店 A 所获得的潜在销售额为 9.0 百万元；零售店 B 所获得的潜在销售额为 13.0 百万元。

5.3.2　分销网络典型模式

目前，可供企业选择的分销网络典型模式主要包括制造商存货加直送、制造商存货加直送及在途并货、分销商存货加承运人交付、分销商存货加到户交付、制造（分销）商存货加顾客自提以及零售商存货加顾客自提六种模式。

1．制造商存货加直送

在这种模式中，分销网络由制造商和零售商组成，零售商只负责接收顾客需求订单并传递给制造商以及向制造商请求订单交付，制造商根据顾客需求订单将产品绕过零售商直接发送给最终顾客。这种模式的产品流与信息流如图 5-5 所示。如许多数码产品制造商都通过其经销商在线方式接受顾客订单，然后根据订单向顾客直接发送产品。

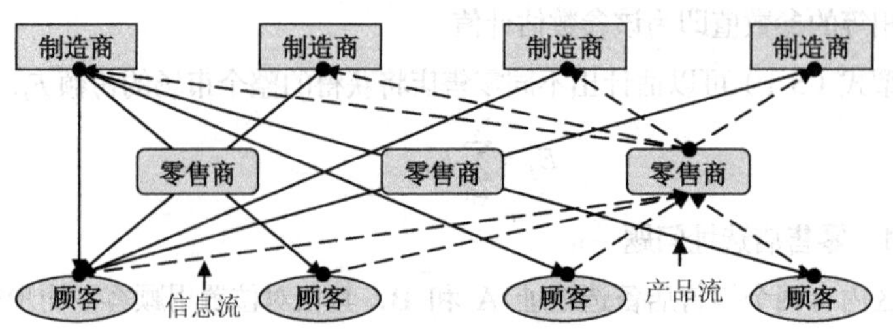

图 5-5　制造商存货加直送网络

由图 5-5 可见，在制造商存货加直送网络中没有中间环节，整个网络中只有零售商设施，产品库存主要集中在制造商处并由制造商直接发送给顾客，网络中没有内向运输，而外向运输平均距离却较长，制造商直接同面向顾客的零售商进行信息交互，因而需要信息处理能力更强的平台来支持。这些结构特征对分销网络绩效指标的影响如下。

（1）由于网络中没有中间环节，顾客的需求订单需要从零售商传递到制造商，而制造商需要根据订单信息从其集中化的仓库中配货和发货，并且，发货的运输距离也较长，因此，订单响应时间较长。同时，没有中间环节将会使新产品面市时间较短。

（2）由于网络中只有零售商设施，因此会节省中间商等设施的固定成本与日常运行成本以及相应的装卸搬运成本。

（3）由于制造商直接汇聚零售商所面对的市场需求并将产品库存主要集中在制造商处，使得制造商所面对的需求不确定性较低，因此安全库存也就可以降低。并且，在这种情况下也为制造商提供了延迟生产的机会，这将会进一步降低产品库存。

（4）由于产品集中存放在制造商处并直接发送给顾客，不仅可以使顾客更容易买到所需产品，而且，制造商还可以将所生产的每种产品方便地提供给顾客，而不必受到零售商的存储空间限制。因此，这种模式具有较好的产品可获性和产品多样性。

（5）由于网络中只有外向运输，而且，外向运输不能整合，一般需要采用包裹运输或快递向顾客发货，而包裹运输或快递的单位运费又高于整车或零担运输的单位运费，因此，这种模式的运输成本较高。顾客要退回它们不满意的产品也需要较高的运费。

（6）由于这种模式需要信息处理能力更强的平台，因此，其信息平台的建设费用与运行费用较高。若制造商的信息处理平台不能与零售商的信息处理平台很好整合，则顾客要追踪其订单的执行情况是较困难的，要退回它们不满意的产品也需要较高的协调成本。

将这种模式的结构特征对绩效指标的影响结果进行汇总，如表 5-10 所示。

表 5-10　制造商存货加直送网络的绩效特征

绩效指标	绩效特征
设施成本	较低
运输成本	较高
库存成本	较低
信息成本	较高

续表

绩效指标	绩效特征
订单响应时间	较慢
产品多样性	较好
产品可获性	较好
顾客体验性	较差
面市时间	较快
订单可视性	较差
可退货性	较差

2．制造商存货加直送及在途并货

这种模式与直送模式相同之处是分销网络也是由制造商和零售商组成，制造商和零售商的角色也相同，不同之处是由承运商将来自不同制造商的发货按照顾客需求订单进行组合，使顾客只需接收一次交付，这种模式的产品流与信息流如图 5-6 所示。如戴尔公司就接受顾客在订购其个人计算机时要求显示器来自其他厂家的订单。当戴尔公司收到这样的订单时，承运商将从戴尔公司提取个人计算机主机，再到另外一家厂商提取显示器，然后，在配送中心进行产品组合实现一次交付。

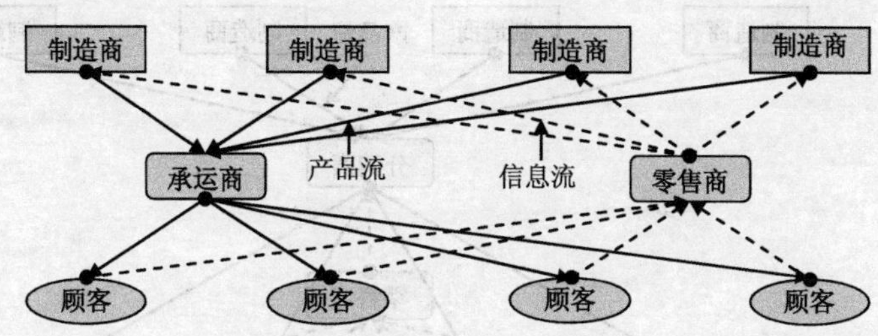

图 5-6　在途并货网络

在这种模式中，承运商将网络中外向运输按订单进行整合实现对顾客的一次交付，将减少产品的交付次数，提高顾客体验性，降低运输成本。但是，为实现在途并货，需要制造商有一个信息处理能力更强的信息平台来支持零售商、制造商和承运商之间的相互协调，并要求承运商有一定的场地、包装、装卸搬运和信息处理能力。这将增加整个分销网络的信息成本、设施成本和搬运成本。

在这种模式中，产品多样性、产品可获性、面市时间、订单可视性和可退货性与直送模式相似，但订单响应时间可能会因为需要按订单并货而延长一些。

这种模式对分销网络绩效指标的影响结果，如表 5-11 所示。

表 5-11　在途并货网络的绩效特征

绩效指标	绩效特征
设施成本	与直送模式相比，搬运费用较高
运输成本	与直送模式相比稍低
库存成本	与直送模式相似

续表

绩效指标	绩效特征
信息成本	与直送模式相比稍高
订单响应时间	与直送模式相似
产品多样性	与直送模式相似
产品可获性	与直送模式相似
顾客体验性	与直送模式相比要好
面市时间	与直送模式相似
订单可视性	与直送模式相似
可退货性	与直送模式相似

3．分销商存货加承运人交付

在这种模式中，零售店只负责接收顾客需求订单并传递给分销商以及向分销商请求订单交付，分销商存放来自于各制造商的产品并根据顾客的需求订单将产品交由承运商，由承运商直接交付给最终顾客。这种模式的产品流与信息流如图 5-7 所示。如许多品牌家具商就采用这种销售模式，顾客到其销售点选好家具下达订单后，销售点就会将订单传递给其上一级经销商并请求发货，经销商就会将家具产品发送给顾客。

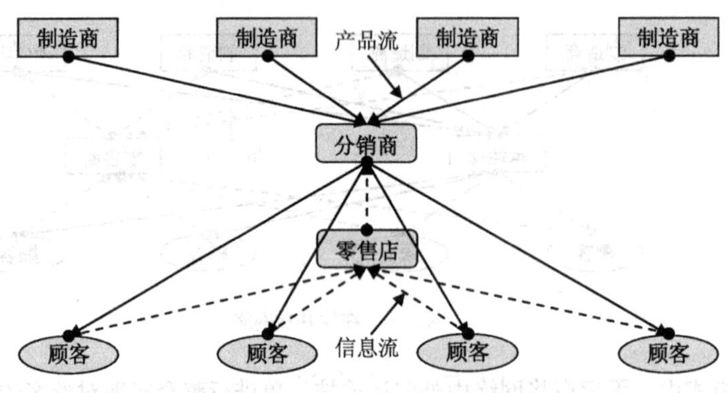

图 5-7　分销商存货加承运人交付网络

在这种模式中，分销网络结构特征对分销网络绩效指标的影响如下。

（1）产品由制造商经过分销商到达顾客，将因为分销商更靠近顾客使得订单响应时间更快，可退货性更好，并且因为分销商将来自于各制造商的产品按订单组合实现对顾客一次交付，使得顾客体验性和订单可视性更好。

（2）网络长度的延长将使网络中设施数量增加，导致设施成本和装卸搬运成本增加。

（3）产品库存集中在分销商处将因分销商所覆盖的市场分布范围低于制造商，使得分销商所面对的需求不确定性更高，需要更高水平的安全库存，因此库存成本会更高。同时，由于在分销商处存放的产品品质和数量有限，将使产品多样性和产品可获性降低。

（4）由于网络中分销商的内向运输可以采用更经济的规模运输，并且，因分销商更靠近顾客使其外向运输平均距离更近，因此运输成本会更低。同时，分销商按订单组合产品实现对顾客一次交付将使运输成本会进一步降低。

（5）由于网络中分销商的加入，分散了制造商和每个经销商与最终顾客的联系，简化了信息平台的复杂性，因此，信息成本会更低。

将这种模式的结构特征对绩效指标的影响结果进行汇总，如表 5-12 所示。

表 5-12　分销商存货加承运人交付网络的绩效特征

绩效指标	绩效特征
设施成本	比制造商存货模式高
运输成本	比制造商存货模式低
库存成本	比制造商存货模式高
信息成本	比制造商存货模式低
订单响应时间	比制造商存货模式快
产品多样性	比制造商存货模式差
产品可获性	比制造商存货模式差
顾客体验性	比制造商存货模式好
面市时间	比制造商存货模式长
订单可视性	比制造商存货模式容易
可退货性	比制造商存货模式容易

4．分销商存货加到户交付

这种模式与承运人交付模式相似，不同之处是，分销商根据顾客的需求订单将来自于各制造商的产品直接到户交付，而且，由于分销商所能服务的范围更窄，因此，要求分销商仓库更靠近顾客，并需要更多的仓库。这种模式的产品流与信息流如图 5-8 所示。如苏宁等家电销售商就采用这种销售模式，顾客到其销售点选好家电下达订单后，销售点就会将订单传递给地区分销中心，分销中心就会按订单中的时间和地址送货到户。

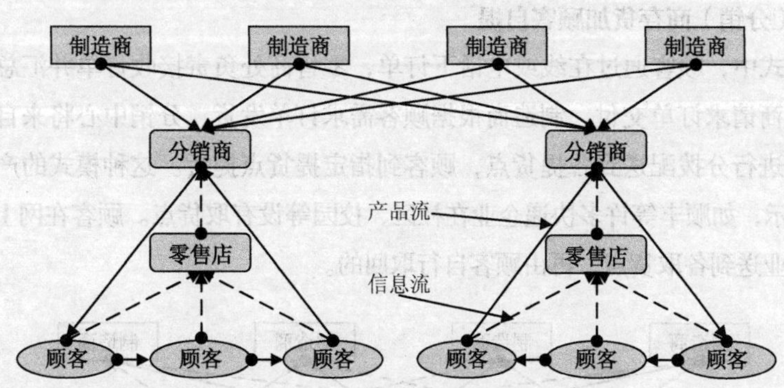

图 5-8　分销商存货加到户交付网络

在这种模式中，分销网络结构特征对分销网络绩效指标的影响如下。

（1）尽管分销商靠近顾客，但将产品到户交付需要更长的外向运输距离，而且，到户交付很难采用更经济的批量运输，除非顾客更为密集。因此运输成本较高。

（2）分销商将产品到户交付意味着从接受顾客订单到将产品交付到户整个过程的业务处理都需要分销商来完成，因此设施运行成本会更高。

（3）由于在到户交付模式下分销商所能服务的范围更窄，因此分销商所面对的需求不确定性更高，这就要求更高的库存水平，进而会增加库存成本。

（4）分销商靠近顾客将会使订单响应时间更快，订单可视性更好，但新产品面市时间可能更长。

（5）由于分销商所服务的范围更窄，在分销商处存放的产品品种和数量也就更少，因此产品多样性和产品可获性也就更低。

（6）分销商将产品到户交付，会为顾客提供更好的顾客体验。同时，如果顾客有货要退，分销商也会到户取货，但退货费用会更高一些。

将这种模式的结构特征对绩效指标的影响结果进行汇总，如表5-13所示。

表5-13 分销商存货加到户交付网络的绩效特征

绩效指标	绩效特征
设施成本	比制造商存货模式和承运人交付模式高
运输成本	比其他模式都高
库存成本	比承运人交付模式高
信息成本	与承运人交付模式相似
订单响应时间	比承运人交付模式快
产品多样性	比承运人交付模式差
产品可获性	比承运人交付模式差
顾客体验性	比承运人交付模式更好
面市时间	比承运人交付模式长
订单可视性	比承运人交付模式容易
可退货性	比承运人交付模式容易

5．制造（分销）商存货加顾客自提

在这种模式中，顾客通过在线或电话下订单，零售商处负责接收订单并汇总传递给制造商以及向制造商请求订单交付，制造商根据顾客需求订单发货，分销中心将来自于各制造商的产品按订单进行分拨配送到各提货点，顾客到指定提货点提货。这种模式的产品流与信息流如图5-9所示，如顺丰等许多快递企业在社区、校园等设有取货点。顾客在网上购买的商品就是由快递企业送到各取货点，再由顾客自行取回的。

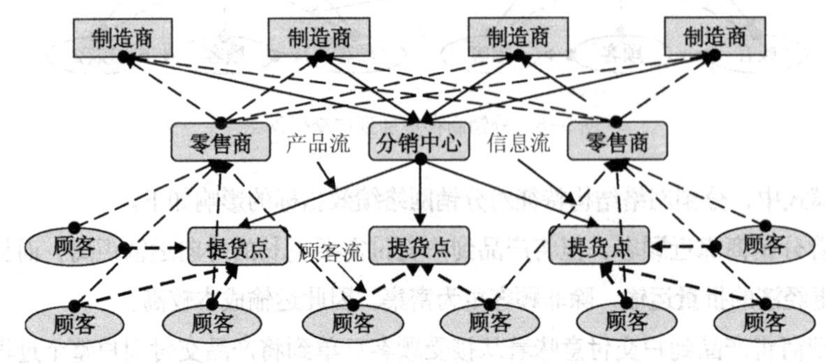

图5-9 制造（分销）商存货加顾客自提网络

在这种模式中，分销网络结构特征对分销网络绩效指标的影响如下。

（1）由于分销网络中包括分销中心、零售商和提货点等设施，数目较多，因而设施成本，尤其是提货点的作业成本较高。如果需要建设新的提货点，那么，设施成本就会更高。

（2）由于分销网络中外向运输可以通过按提货点进行配送实现经济批量运输，运输成本要比承运人交付模式更低。

（3）在这种模式中，不仅每个分销中心需要一个信息处理能力较强的平台使运进产品与运向每个提货点的产品需求相匹配，而且，每个提货点也需要一个信息处理能力较强的平台来支持每个订单的执行与特定顾客的匹配。因此，其信息成本比其他任何模式都要高。但提货点的信息处理平台也为顾客跟踪订单提供了便利。

（4）由于顾客需要到提货点提货，因此，顾客体验性较差。但是如果顾客将要退回的产品带到提货点进行退货也是很方便的。

将这种模式的结构特征对绩效指标的影响结果进行汇总，如表5-14所示。

表5-14 制造（分销）商存货加顾客自提网络的绩效特征

绩效指标	绩效特征
设施成本	比承运人交付模式高
运输成本	比承运人交付模式低
库存成本	与制造商存货模式相当
信息成本	比制造商存货模式高
订单响应时间	与制造商存货模式相当
产品多样性	与制造商存货模式相当
产品可获性	与制造商存货模式相当
顾客体验性	比其他模式差
面市时间	与制造商存货模式相当
订单可视性	比其他模式差
可退货性	比到户交付模式容易

6．零售商存货加顾客自提

这是一种传统经销模式。在这种模式中，产品存放在零售商处，顾客走进零售店选择商品和购买商品，或者通过在线方式下达订单，然后，在零售店将购买的商品提货带回家里。这种模式的产品流与顾客流如图5-10所示。

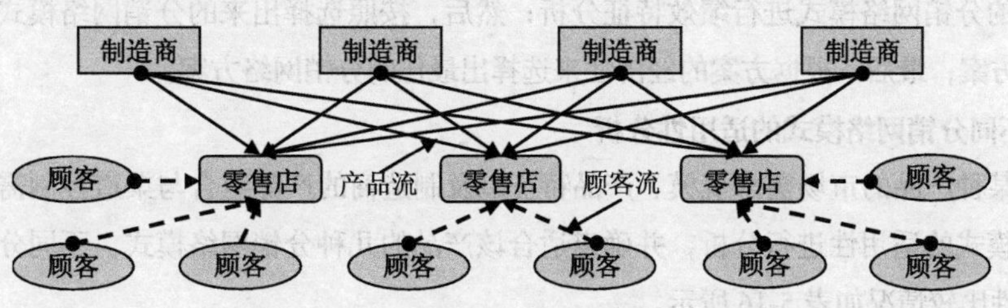

图5-10 零售商存货加顾客自提网络

在这种模式中，分销网络结构特征对分销网络绩效指标的影响如下。

（1）采用这种模式需要很多零售设施，因此设施成本较高；而每个零售店因市场覆盖面非常有限使其所面对的需求不确定性也就非常高，因此库存成本也就较高。

（2）每个零售店的内向运输可以采用更为经济的运输方式，因此运输成本较低；顾客走进零售店选择和购买商品只需要基本的信息平台即可，因此信息成本也较低。

（3）每个零售店都存有许多品种的商品，顾客走进零售店选择好商品即可购买带走，因此订单响应时间非常好；订单执行过程也就是顾客选择和购买商品过程，因此订单可视性也非常好；顾客对不满意的商品可方便地到零售店里退货。

（4）由于存放在零售店处的商品品种和数量都有限，因此产品多样性和产品可获性都很低；制造商推出的新产品要经过整个供应链才能提供给顾客，因此新产品面市时间也就较长；顾客体验性好坏取决于顾客是否喜欢逛商店。

将这种模式的结构特征对绩效指标的影响结果进行汇总，如表 5-15 所示。

表 5-15　零售商存货加顾客自提网络的绩效特征

绩效指标	绩效特征
设施成本	比其他模式高
运输成本	比其他模式低
库存成本	比其他模式高
信息成本	比其他模式低
订单响应时间	比其他模式快
产品多样性	比其他模式低
产品可获性	比其他模式高
顾客体验性	取决于顾客观点
面市时间	比其他模式长
订单可视性	比其他模式好
可退货性	比其他模式容易

5.3.3　分销网络方案设计与选择

在确定分销网络方案时，首先应从上述典型分销网络模式中选择适用于某种产品特征和企业要求的分销网络模式进行绩效特征分析；然后，按照选择出来的分销网络模式设计分销网络备选方案；最后，根据方案的经济性来选择出最佳的分销网络方案。

1．不同分销网络模式的适用性分析

根据某种产品的市场需求规模、产品特征以及制造商的产品组合与渠道控制需求对不同分销网络模式的适用性进行分析，并确定适合该产品的几种分销网络模式。不同分销网络模式的适用性比较情况如表 5-16 所示。

表 5-16 不同分销网络模式的适用性比较

适用性项目	零售商存货加顾客自提	制造商存货加直送	制造商存货加直送和并货	分销商存货加承运人交付	分销商存货加到户交付	制造（分销）商存货加自提
产品需求规模大	+2	−2	−1	0	+1	−1
产品需求规模中	+1	−1	0	+1	0	0
产品需求规模小	−1	+1	0	+1	−1	+1
快速响应性高	+2	−2	−2	−1	+1	−2
高价值产品	−1	+2	+1	+1	0	+2
技术密集性产品	−2	+2	+1	+1	+1	−1
易变性产品	−2	+2	+1	−1	−1	−1
季节性产品	−2	+2	+1	−1	−1	0
日用型产品	+2	−2	−1	+1	0	−1
企业产品组合宽	−2	+2	+1	−1	−1	+1
渠道控制要求	−2	+2	+1	−1	−1	+2

注：+2 表示非常适合；+1 表示适合；0 表示中性；−1 表示较不适合；−2 表示非常不适合。

2．不同分销网络模式的绩效特征分析

对适合该产品的几种分销网络模式进行绩效评估，选择出绩效最佳的几种分销网络模式。对不同分销网络模式的绩效指标按照 1 ~ 6 分评分，其中，1 表示绩效最高，6 表示绩效最低，不同分销网络模式的绩效指标评分结果如表 5-17 所示。

表 5-17 不同分销网络模式的绩效指标比较

绩效指标	零售商存货加顾客自提	制造商存货加直送	制造商存货加直送和并货	分销商存货加承运人交付	分销商存货加到户交付	制造（分销）商存货加自提
设施成本	6	1	2	3	4	5
运输成本	1	4	3	2	5	1
库存成本	4	1	1	2	3	1
信息成本	1	4	4	3	2	5
订单响应时间	1	4	4	3	2	4
产品多样性	4	1	1	2	3	1
产品可获性	4	1	1	2	3	1
顾客体验性	1 ~ 5	4	3	2	1	5
面市时间	4	1	1	2	3	1
订单可视性	1	5	4	3	2	6
可退货性	1	5	5	4	3	2
综合绩效得分	28 ~ 32	27	29	28	31	32

资料来源：苏尼尔·乔普拉，等．供应链管理（第 5 版）．中国人民大学出版社，2013.

3．分销网络备选方案设计

当确定出适合产品特征和企业需求并具有较好绩效特征的分销网络模式后，就需要按照每种分销网络模式设计具体方案，即将分销网络模式具体化，其过程如图 5-11 所示。

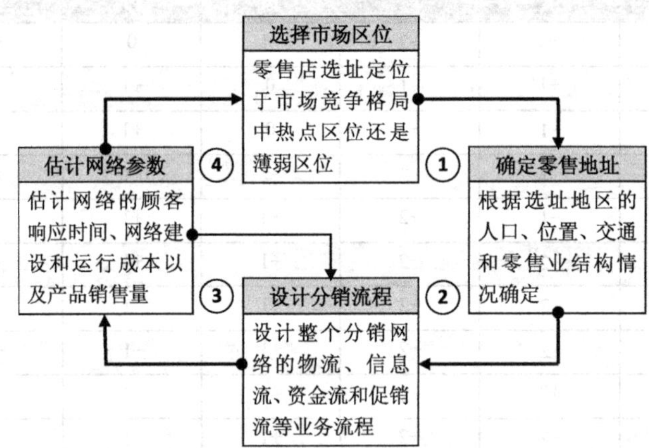

图 5-11　基于分销网络模式的备选方案设计过程

（1）选择市场区位。根据市场分布情况和企业的竞争战略和竞争实力确定零售店选址，是定位于市场竞争格局中热点区位还是薄弱区位。

（2）确定零售地址。根据选址地区的人口统计特征、选址地点的位置特征、交通可达性和零售业结构情况采用综合评价方法或者零售店吸引力模型确定各零售店地址。

（3）设计分销流程。按照所确定的分销网络模式，借鉴行业内外高效分销网络经验设计整个分销网络的物流、信息流、资金流和促销流等业务流程，并对发现的功能不明确、没有价值和多余的流程采用删除、简化、合并、自动化或重新界定等手段来改进。同时，根据企业的竞争实力决定批发、代理、零售、运输等业务流程是自制还是外包。

（4）估计网络参数。完成整个分销网络的流程设计就需要估计出分销网络的订单响应时间、网络建设成本和运行成本以及产品销售量等参数。若某个参数不能达到预期目标就需要调整市场区位或对分销流程重新设计。

4．分销网络备选方案经济性评价

对已设计出的具体分销网络备选方案，评价其经济性并选择出最佳的分销网络方案。分销网络备选方案的经济性可用单位成本的产品分销数量来测评，这时可采用盈亏平衡分析法来选择分销网络方案。为此，需要对每个分销网络备选方案的固定成本和变动成本进行核算，其固定成本和变动成本主要构成如表 5-18 所示。

表 5-18　分销网络的成本主要构成项目

制造商存货网络	分销商存货网络
变动成本构成	变动成本构成
库存资本成本 产品陈旧化成本 运输成本	库存资本成本 产品陈旧化成本 运输成本

续表

制造商存货网络	分销商存货网络
运输损耗费	运输损耗费
直接销售费用	直接销售费用
固定成本构成	固定成本构成
信息成本	交易成本（制造商与分销商之间交易）
搬运成本	信息成本
包装成本	搬运成本（制造商和分销商搬运成本）
仓储运输设施折旧费	包装成本
保险费	保险费
零售设施折旧	设施折旧（分销商和零售商）
零售设施运行费用	设施运行费用（分销商和零售商）

在核算出每个备选方案的固定成本和变动成本后，首先为每个备选方案建立总成本方程，并绘制总成本曲线；然后，求解不同成本曲线之间的盈亏平衡点，并分析不同销售量范围所处的低成本方案。

示例 5-2　分销网络方案经济性评价

某企业拟为新产品构建分销网络，经论证认为适合采用制造商存货加直送或在途并货模式，基于这两种分销模式设计的备选方案的固定成本和变动成本估计如表 5-19 所示。

表 5-19　备选方案的成本估计

备选地址	年固定成本	变动成本
A	900 000	100
B	750 000	200

试分析，若希望年产品销售量为 30 000 单位，应该选择哪个方案。

在此例中，首先，为备选方案建立总成本方程，并绘制总成本曲线，如图 5-12 所示。

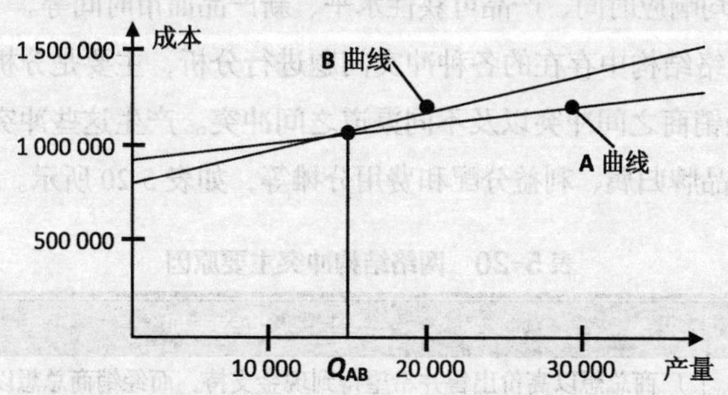

图 5-12　分销网络方案的总成本曲线

两个备选方案的总成本方程分布为

$$TC_A = 900000 + 100 \cdot Q$$

$$TC_B = 750000 + 200 \cdot Q$$

然后，求解盈亏平衡点。A 方案与 B 方案的盈亏平衡点为 15 000 单位。

最后，分析不同销售量范围所处低成本方案。由图 5-12 可见，当年销售量低于 15 000 单位时，选择 B 方案则总成本最低；当年销售量高于 15 000 单位时，选择 A 方案则总成本最低。因此，当希望产品年销售量为 30 000 单位时，应选择 A 方案。

5.3.4 分销网络结构优化

由于市场环境的变化或者分销网络运行中出现冲突，要求企业对其分销网络结构和功能进行调整和优化。分销网络结构优化过程包括分析网络绩效、评估网络成员、调整网络结构和激励网络成员等过程，如图 5-13 所示。

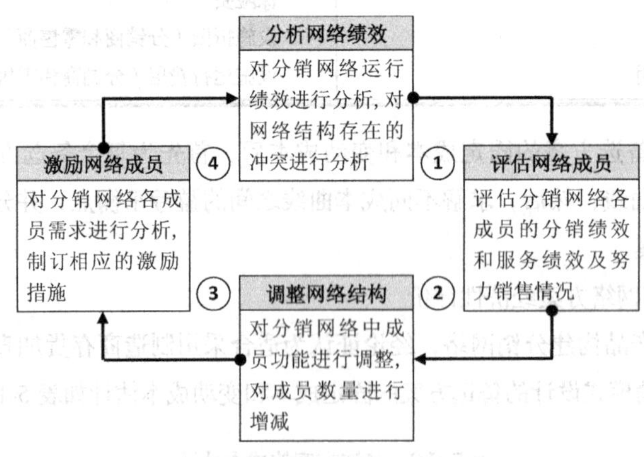

图 5-13 分销网络结构优化过程

1. 分析网络绩效

通过网络结构和绩效分析明确差距和问题所在，为分销网络结构优化指明方向。

首先，对整体分销网络的财务绩效指标和服务绩效指标进行分析。财务绩效指标主要包括销售量水平和增长率、市场占有率、商品周转速度、网络运行成本及赢利水平；服务绩效指标主要包括顾客平均响应时间、产品可获性水平、新产品面市时间等。

然后，对分销网络结构中存在的各种冲突问题进行分析，主要是分析上下级经销商之间的冲突、相同层次经销商之间冲突以及不同渠道之间冲突。产生这些冲突的主要原因包括交易行为、经营目标、品牌归属、利益分配和费用分摊等，如表 5-20 所示。

表 5-20 网络结构冲突主要原因

冲突原因	冲突表现
交易行为冲突	厂商总想以高价出售并希望得到现金支持，而经销商总想以低价购进并希望有一定的信用条件
经营目标冲突	厂商总是希望市场占有率、销售量和利润不断增长，而经销商在销售和利润达到一定程度后却往往不愿再努力
品牌归属冲突	厂商希望中间商销售自己的品牌，而经销商则对产品不问品牌，只看销路
利益分配冲突	厂商希望经销商将其提供的折扣再提供给消费者，而经销商却喜欢把这种折扣据为己有
费用分摊冲突	厂商和经销商都希望对方负担广告费，承担运输和仓储任务等

2．评价网络成员

评估网络成员就是对分销网络各成员的分销绩效指标、服务绩效指标和改进绩效的努力情况进行评价。网络成员的绩效指标及其相应的测评标准如表5-21所示。

表5-21 网络成员的绩效指标与测评标准

绩效指标	测评标准	测评说明
分销绩效指标	产品销售量 销售量增长率	考核期销售量 考核期销售量与上期绩效比较
服务绩效指标	订单响应时间 产品可获性水平 退货处理情况	接受订单到交付的平均时间 考核期平均缺货率 退货次数与退货平均处理时间
改进绩效的努力	促销费用 促销费用同比变化率 促销活动次数 与厂商合作情况	考核期促销费用 考核期促销费用与上期绩效比较 各种形式促销活动累计次数 与厂商在促销和培训等合作情况

评估方法可将分销绩效指标和服务绩效指标作为输出指标，将改进绩效的努力情况作为输入，应用偏序型DEA方法对网络成员分销绩效进行评价排序。

3．调整网络结构

通过对网络结构各成员功能调整、成员替换和数量增减来消除分销网络的结构冲突，提高网络运行效率。首先，针对市场需求变化和导致网络结构冲突的关键，对网络成员功能进行调整，去掉不适应市场需求的经销商，增加能够通向潜在需求的经销商。其次，需要根据网络成员评估结果对分销网络中成员进行替换和增减，剔除绩效差的成员，引入更优秀的成员。在增加新成员时不仅要考虑这样做带来的直接收益，还要考虑新增的成员对其他成员在销售量、销售成本与情绪方面所带来的影响。

4．激励网络成员

激励网络成员就是为实现其分销网络目标，采取一系列措施激发网络成员努力销售的活动过程。为此，首先需要对分销网络中各成员的需求进行分析，在分析成员的需求时，必须注意到：网络成员作为有独立决策权力的组织，有自己的经营方式和经营目标以及网络成员感兴趣的是顾客要从他那里购买什么而不是厂商要向他提供什么。然后，制定有针对性的直接激励措施和间接激励措施，激励措施的主要形式如表5-22所示。

表5-22 激励措施的主要形式

措施形式	措施内容
返利政策	返利标准（品种、数量、额度），返利形式（现价或货物），返利时间和返利条件
价格折扣	包括销售数量折扣、经销商等级折扣、现金折扣、季节折扣和提货量折扣等
促销活动	协助安排商品陈列，举办产品展览和操作表演，训练推销人员等
基金支持	设立市场启动基金用于调动经销商在市场开拓的各个环节能动性
设立奖项	如合作奖、开拓奖、回款奖、专售奖、信息奖、销货奖等
帮助管理	帮助经销商建立进销存报表，做好安全库存和先进先出库存管理等

续表

措施形式	措施内容
库存保护	帮助经销商确定适度的库存量，提高库存管理水平
开拓市场	提供市场情报，共同研究市场发展动向
技术支持	提供优质的产品和强有力的技术支持及服务

5.4 电子分销网络

5.4.1 电子分销网络的特点

电子分销网络（Electronic Distribution Network）就是指借助互联网和信息技术将产品从生产者转移到最终顾客的过程。以互联网为支撑的电子分销网络也应具有传统分销网络的功能，即它应该具有为消费者提供产品信息和促销信息并进行产品选择的订货功能；在消费者选定产品后能完成交易手续和在线支付的结算功能以及无形产品的网上直接配送和有形产品的仓储、运输、订货控制和订单处理等配送功能。

电子分销网络主要有直接分销网络和间接分销网络两种形式。

直接分销网络是指生产者通过互联网直接把产品销售给顾客的分销网络。在这种分销网络中，企业可以通过建立电子商务网站，让顾客直接从网站订货，再通过与网上银行、认证中心等电子商务服务机构合作，直接在网上实现支付结算，然后，通过物流配送系统将商品转移到顾客手中并提供售后服务，完成商品的交易，如图 5-14 所示。

间接分销网络是指通过网络商品交易中介机构销售商品。在这种交易过程中，网络商品交易中心利用先进的通信技术和计算机软件技术，把商品供应方、购买方和银行紧密联系起来，为顾客提供市场信息、商品交易、货款结算和物流配送等全方位的服务，如图 5-15 所示。

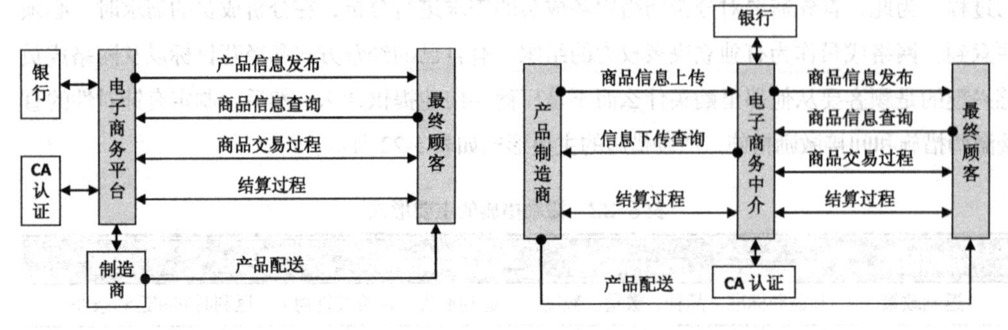

图 5-14　直接分销网络示意图　　图 5-15　间接分销网络示意图

与传统分销网络相比，电子分销网络具有以下特点。

（1）商品交易泛在化。由于互联网具有超越时间约束和空间限制进行信息交换的特点，使得交易不受时空限制成为可能，企业可有更多时间和更大的空间进行营销，可每周 7 天、每天 24 小时随时随地提供全球性销售服务。

（2）分销功能协同化。传统分销网络的各项功能之间难以协同，顾客往往从广告等媒体中获取商品信息，从经销商那里购买自己所需的商品。而电子商务使数字化产品、产品及促销信息、交易过程、结算过程、物流信息、售后服务等可以通过互联网传播，并与物流配送相互协同完成分销网络的各项功能。

（3）信息内容多样化。生产者不仅可以利用互联网向顾客发布企业的概况、产品种类、规格、型号、价格和优惠促销活动等信息以及帮助消费者进行购买决策，还可以实时统计产品销售和顾客行为等资料以便及时根据顾客的个性化需求进行生产和控制库存。

（4）网络结构扁平化。由于互联网可以使得产品信息、商品交易、货款结算和售后服务等活动在线上即可完成，因此，电子分销网络最多只需要一个交易中介机构来沟通买卖双方的信息。而传统分销网络可能有多个中间环节。

（5）系统运作高效化。电子分销网络发布的产品信息和优惠促销活动等信息传播速度快、受众面广，顾客可以在网上直接挑选和购买自己所需要的商品，再通过互联网直接结算，这使得电子分销网络比传统分销网络更加能够及时更新产品或调整价格，及时有效了解并满足顾客的需求。

5.4.2 电子分销网络的绩效分析

由于产品及促销信息、交易过程、结算过程、物流信息、售后服务等活动可以在线上完成，使得电子分销网络的各项功能协同性更好、网络结构更简单以及信息交流实现双向互动，因此。电子分销网络的绩效特征呈现明显变化，具体表现如下。

（1）订单响应时间。对于可以从互联网上直接下载的数字产品，采用电子分销网络具有时间优势；对于实体产品，则需要比零售店更长的配送时间才能到达顾客手里。

（2）产品多样性更好。互联网可以展示比实体店更丰富的产品信息和促销信息供顾客选择，而实体店要提供同样信息则需要更大空间和资源。

（3）产品可获性更好。互联网可以提高顾客需求信息的传播速度，提高需求预测准确性，因而可以及时根据顾客的需求变化调整生产进度安排和控制库存。

（4）顾客体验性更好。互联网可以不受时间和地点限制使企业在广阔的范围上接触顾客和方便顾客购买，并通过顾客在线浏览和购买行为分析为顾客在定制化和便利性等方面创造个性化的体验。

（5）面世时间更快。互联网的信息传播速度使得企业可以比实体分销网络更快的速度推出新产品。

（6）订单可视性好。互联网通过提供订单执行状态信息和物流配送状态信息使顾客很容易了解其订单执行状态。

（7）可退货性较难。由于在线销售的产品通常来自一个集中地点，这样采用在线订货的订单退货就比较难。而且，由于顾客在选购产品时难以接触和感受实体产品，因此在线购买的产品退货比例较高。

（8）库存成本减少。互联网通过提高需求预测准确性可以改进供应链协调、更好匹配供给与需求以及更好实现产品定制化来降低库存水平和库存成本。

（9）设施成本减少。互联网通过简化网络结构使网络所需设施数量减少，因此可降低网络设施建设成本。同时，由于产品选购、下达订单和货款支付可以在线完成，使企业不必需要更多的事务处理人员，因此可以减少设施运行成本。

（10）装卸搬运成本。互联网通过简化网络结构会减少产品转运次数，减少搬运成本。而对那些原来由顾客自提的日用产品现在则需要到户交付，因此又会增加搬运成本。

（11）运输成本增加。对于数字产品可以直接下载因而会显著减少运输成本。而对于实体产品，由于库存集中在制造商处使向外运输量增加，因而增加了运输成本。

（12）信息成本增加。当企业自建电子商务网站时，可以通过信息共享改善供应链网络的协调性，因此，会减少供应链协调成本，但会增加所需的硬件与软件成本。

电子分销网络的绩效特征对于不同类型产品也会有不同的表现，如表 5-23 所示。

表 5-23　不同类型产品的电子分销网络绩效特征

绩效指标	高技术产品	易变性产品	季节性产品	日用产品
订单响应时间	−1	−2	−1	0
产品多样性	+2	+1	+1	0
产品可获性	+1	+1	+1	0
顾客体验	+2	+1	+1	+1
面市时间	+2	+1	+1	0
订单可视性	+1	+1	+1	0
库存成本	+2	+1	0	0
设施与搬运	+2	+1	+1	−1
运输成本	−1	−1	−1	−2
信息成本	0	0	0	−1

注：+2 表示非常适合；+1 表示适合；0 表示中性；−1 表示较不适合；−2 表示非常不适合。

由表 5-23 可见，电子分销网络对于高技术产品有非常积极的作用，对于易变性产品和季节性产品也有积极作用，而对于日用产品等适合于长渠道的产品作用有限。

5.4.3　线上与线下融合

由于电子分销网络的特点和绩效优势使其成为每个企业的战略选择。但是，当企业提供自己建立的电子商务平台或通过第三电子商务中介构建起电子分销网络时，却出现与实体分销网络相互冲突的情况。这种冲突主要表现为互联网的介入，一方面使企业可以直接将产品信息推送给顾客，而不必经过经销商，使经销商处于不利地位；另一方面使企业可以直接获取市场需求信息，打破企业与经销商之间关于需求信息不对称的格局。结果使得企业与经销商之间产生利益冲突，电子分销网络与实体分销网络之间产生产品、信息等资源冲突。解决这种冲突的有效途径是实施线上到线下（Online To Offline，OTO）相融合这种新的商业模式。

OTO 商业模式就是把线上的消费者带到线下实体商店中去，在线支付购买线下的商品和服务，再到线下去体验服务。OTO 商业模式是通过线下体验、线下推荐、线上交易、线上或线下支付、线下消费和消费反馈等环节实现线上的信息流和资金流与线下的物流和商流的无缝衔接，其运行过程如图 5-16 所示。

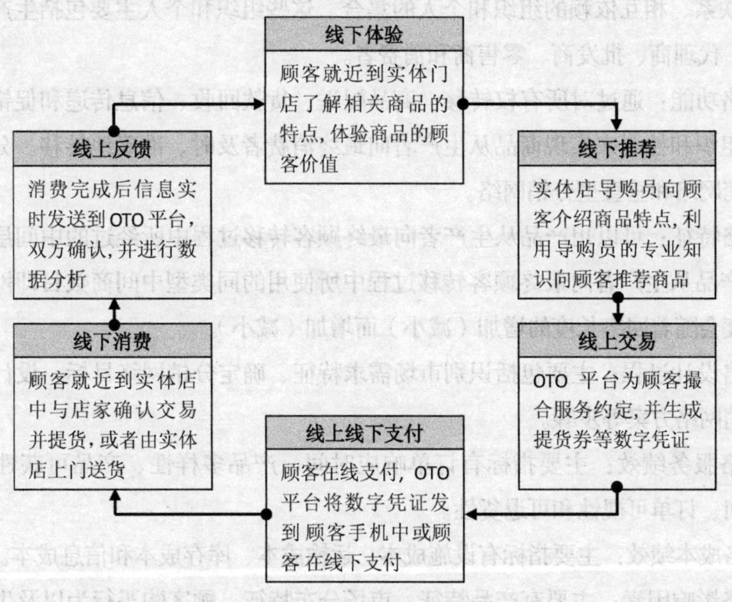

图 5-16　OTO 商业模式的运行过程

对于已经建立起完善的实体分销网络的企业来说，实现线上与线下相融合可以分为线下到线上与线上到线下两个阶段来实施 OTO 商业模式。

（1）线下到线上过程。企业可以利用自身线下的优势，把线下的顾客群体带到线上来发展，对顾客群体进行合理规划，保证线下活动与线上推广相互映射，从而达到推广与营销的最大化，引导顾客体验网上生活，优化顾客群体。

（2）线上到线下过程。企业可以采用一些价格策略，积极鼓励顾客在线上交易和支付。此时企业可以通过顾客的支付信息对顾客个性化需求进行深入挖掘，利用这些数据可以提升对老顾客的维护与营销效果。同时，还可以发现新顾客，预判甚至控制顾客流量，进而分析顾客特征和来源，重新组织合理的推广和营销。

这样，通过线下到线上再到线下的过程将线上线下两个网络在商品、配送、售后服务等方面实现无缝衔接，使线上下单，线下提货；线上比价，线下下单等购物体验成为现实。例如，我国航空企业多数都已建立了电子商务平台，人们已经开始习惯在网上预定机票，再按照时间到机场换取。

在建立起 OTO 商业模式后，需要实现相同产品价格线上与线下一致，商品信息和促销信息线上与线下一致，商品服务质量线上与线下一致，才能实现线上与线下两个渠道的协调。

本章小结

本章讨论了实体分销网络的基本功能、结构特征、影响因素、典型模式和设计过程，电子分销网络的特点和优势。

1．实体分销网络

分销网络概念：指某种产品从生产者向最终顾客直接或间接所有权转移过程中所涉及的一系列相互联系、相互依赖的组织和个人的集合。这些组织和个人主要包括生产者及其自设的销售机构、代理商、批发商、零售商和消费者。

分销网络功能：通过对所有权转移、商品配送、货款回收、信息传递和促销推送等活动实施计划、组织和控制来实现商品从生产者向最终消费者及时、准确地转移。分销网络可分为松散型分销网络和垂直型分销网络。

分销网络特征：可以用产品从生产者向最终顾客转移过程中所经过的中间层级的数目即网络长度和产品从生产者向最终顾客转移过程中所使用的同类型中间商数目即网络宽度来描述。网络宽度会随着网络长度的增加（减小）而增加（减小）。

分销网络设计过程：主要包括识别市场需求特征、确定分销网络目标、设计分销网络方案和评估分销网络方案等步骤。

分销网络服务绩效：主要指标有订单响应时间、产品多样性、产品可获性、顾客体验性、面市时间、订单可视性和可退货性。

分销网络成本绩效：主要指标有设施成本、运输成本、库存成本和信息成本。

分销网络影响因素：主要有产品特征、市场分布特征、顾客购买行为以及生产者与中间商的实力和要求等。

零售店选址：主要考虑选址地区的人口统计特征、选址地点的位置特征、交通可达性和零售业结构情况。选址模型主要有影响因素评价模型和赫夫模型。

分销网络典型模式：主要包括制造商存货加直送、制造商存货加直送及在途并货、分销商存货加承运人交付、分销商存货加到户交付、制造（分销）商存货加顾客自提以及零售商存货加顾客自提等。

分销网络方案设计：首先应从典型分销网络模式中选择适用于产品特征和企业要求的分销网络模式进行绩效特征分析；然后，按照所选择的分销网络模式设计分销网络备选方案；最后，根据方案的经济性来选择出最佳的分销网络方案。

分销网络结构优化：其过程包括分析网络绩效、评估网络成员、调整网络结构和激励网络成员等。

2．电子分销网络

电子分销网络：指借助互联网和信息技术将产品从生产者转移到最终顾客的过程。

电子分销网络特点：主要有商品交易泛在化、分销功能协同化、信息内容多样化、网络结构扁平化、系统运作高效化。

电子分销网络绩效特征：对产品多样性、产品可获性、顾客体验性、面世时间和订单可视性有积极影响，对订单响应时间和可退货性有一定不利影响，可降低库存成本、设施成本和装卸搬运成本，增加运输成本和信息成本。

线上与线下融合：实施 OTO 商业模式是实现实体分销网络与电子分销网络相互协调的有效途径。

复习与思考

1. 亚马逊网上书店在线销售图书、音乐、电子产品、软件、玩具以及家庭装饰品。相比一个连锁零售店，电子商务在哪个产品类别中提供的优势最大？在哪个产品类别中提供的优势最小(或一个潜在的成本劣势)？为什么？

2. 举例说明在不同行业中电子商务如何影响分销网络的设计。

3. 哪些类型的分销网络最适合于日用品或差异大的产品？

4. 美国某著名服装制造商准备开拓中国上海市场，并决定通过上海的零售商来销售其产品。该企业考虑了两种分销网络方案：（1）公司雇佣 10 个业务代表，在上海设立一个营业办事处，采取基本薪金加上以销售额为基础的佣金；（2）公司在上海寻找一家和零售商有着广泛联系的代理商。请为这家企业提供你的政策建议。

5. 供应链模式下如何科学选择分销模式？

6. 一家专业的化工公司正考虑将其业务扩展到巴西去，在那里有 5 家企业控制了专业化工品的消费量。这家公司应该利用哪种类型的分销网络？

7. 一个分销商听说它从其购货的一个主要的制造商在考虑采用直销的模式。这个分销商对此能做什么？它能提供给制造商哪些制造商不可复制的利益？

8. 在快速响应顾客需求的整个供应链上，产品分销环节的地位越来越重要。但是，传统的分销与库存管理模式并不能满足这一要求。例如，在英国举办的“98'供应链管理”专题会议上，一位与会者提到，在他的欧洲日杂公司，从渔场码头得到原材料，经过加工、配送到产品的最终销售需要 150 天时间，而产品加工的整个过程仅仅需要 45 分钟。以美国食品业的麦片粥为例，产品从工厂到超级市场，途经一连串各有库房的批发商、分销商、集运人，居然要走上 104 天。另有统计资料表明，在供应链的增值过程中，只有10 % 的活动时间产生增值，其他 90%的时间都是浪费的。

（1）请简述产生上述现象的原因并提供解决方案。

（2）请阐述对供应链的理解。

9. 在国内大型家电企业中，提倡最多的就是“渠道为王”，在中国，竞争最为激烈的几大行业，如 PC、手机、家电、空调等行业，这句战略谚语已被演绎成：得渠道者得天下。在竞争中，联想 VS 戴尔、夏新 VS 诺基亚、TCLVS 三星等，渠道战场已成为兵家必争之地。阐述企业如何用分销软件系统来实现渠道管理优化？

课后案例

大娘水饺选址策略

大娘水饺自 1996 年销售至今，通过融入西式快餐的理念，对品质进行标准化及现代化管理，已在全国大中小城市开设了 300 多家连锁店，可谓是引领了中式快餐的新潮流。

大娘水饺在选址方面也有自己的独特方略和原则：（1）不是大型商圈的中心位置不做；（2）没有充足的客流量不做；（3）相对封闭的二层楼层以上不做；（4）户外无独立醒目的广

告牌不做；(5) 得不到房东与当地主管部门支持不做。在选址定位时遵循测人流，从人流中分析客流；补缺位，在商圈中填补餐饮缺位；看伴侣，与众邻居形成双赢；抓时机，在远景预测中抓住进驻时机；易操作，选址要方便连锁店的种种操作；宽胸怀，就是不赌气，从生意本身的需要出发，不争谈判形式上的胜负。张磊准备结合水饺产品的特性，充分依照大娘水饺常州总部的成功做法，参考麦当劳的选址方略，通过对北京的各个门店进行深入的分析来完成自己的选址重任。

大娘水饺目前北京共有 21 家门店，张磊上网收集并实地考察了这 21 家店的地址情况，多数分布在地铁一号线周边的中心城区，而在人口聚居的北部城区，只有东北部亚运村附近有一家店。张磊经过调研和实地走访，初步设想在学院路高校周边或者再往西的中关村，或者商机无限的新北京南站附近，选择一处店面。他上网查找并在上述 3 个区域找到了大体相当的正在招租的店面。

第 1 个候选地址在学院路上。学院路是北京高校云集的区域，东西两侧有大专院校和科研院所等十几个单位。该候选地址是学院路和成府路的交叉路口处的一个店面，不仅与上述单位相邻，而且与五道口服装市场、超市发超市不远，人流量大，租金适中。不足的是作为目标顾客的学生，其消费能力相对较低，而且学校周边的零散小吃、学校食堂和校内经济餐厅的分割也使得真正现实的客源数量变得不太明朗。这些都是大娘水饺在此地方选址需要面临的比较严峻的问题。

第 2 个候选地址在中关村。该店面坐落在中关村的核心区，周围有住宅小区、白领写字楼，临近海龙等电子城，客源充足稳定，设备齐全，适合经营各类餐饮。该店面位于繁华的商业街，店面租金较高。顾客消费能力强，客流量大而能带来更高的营业收入，还可用相对较高的价格作为支撑。然而，有多少人会选择在一家水饺店进餐也是个未知数。该店址附近有麦当劳和一些商务餐厅。大娘水饺显然不适合在此洽谈业务及商务谈判。同时，白领聚集的地区，对就餐时间要求比较高，这显然对大娘水饺是不利的。

第 3 个候选店面位于北京南站候车大厅。北京南站是目前世界客流量第三的客运火车站。该站每天 10 多万，高峰时可达到 50 万的客流量。随着地铁及多条公交线路的进驻，北京南站的商业网点已逐渐形成规模，在南站开店可弥补很多西式快餐的不足。大娘水饺作为一个品牌中式快餐，能够提供便捷的餐饮服务，满足火车站商业的特殊要求。

案例思考题

大娘水饺应该选哪个方案呢？

资料来源：中国管理案例共享中心.

第6章 供应链综合计划

先导案例

亨氏公司的 Demand Driven S&OP 系统

美国亨氏公司目前在中国有 3 家子公司，涉及工厂多达 12 家。亨氏旗下所覆盖的业务包括冷冻食品、婴儿食品以及调味品等几大类，SKU（库存量单位）多达上千，销售网点覆盖全国。由于食品时令性很强、保质期短、缺货成本高等，不仅要求库存合理，同时要求客户响应及时，因而导致其供应链管理难度加大。亨氏公司管理层充分认识到需求管理已经是其供应链管理的薄弱环节，希望借助于专业管理系统全面改善其预测质量长期低迷的现状。特别是在亨氏公司拥有职能完整、业务专业的 S&OP 管理团队情况下，希望基于行业需求管理以及 S&OP 流程的最佳实践，重建其基于需求预测的产销协同管理体系。

为此，亨氏公司选择 Demand Driven 系统来突破现有管理工具，以实现公司的需求管理目标。其方案特点如下。

（1）实现了基于多职能角色预测的独立和协同。Demand Driven 系统支持销售、市场、计划以及供应链等部门并行预测，互相独立，不同职能将预测在各个不同的产品和区域层次，基于协同规则生成最终预测数据。同时，将供应链产能约束预测同步纳入，将实现具有现实意义的产销平衡，形成真正相互独立又互动融合的协同产销协同管理。

（2）强化了预测团队对预测的直接介入和控制。由于传统预测模式缺乏精细的分解聚合技术以及多维预测视角的支撑，而无法提供基于分公司层面的预测指导建议，无法与销售部门的预测建议实现真正的互动。Demand Driven 系统的双向预测模式，可以对预测调整进行控制和追溯，延伸和强化了预测团队对前端市场信息的掌控深度和广度。

（3）历史修正技术使基准预测与促销预测的分离成为现实。Demand Driven 系统提供人工修正和自动修正两种技术来满足亨氏对历史数据的修正需求，在支持聚合层的修正同时支持基于不同促销事件的分类修正，而只有基于修正后的历史数据才能实现基准预测。

（4）21 种经典统计模型为企业提供了高品质的基准预测。Demand Driven 系统提供的 21 种经典统计模型，包括季节类和自适应类模型。结合多模型预测模拟，基于统计误差的模型优选、自动预警、趋势衰减和分类预测技术等，为亨氏在 SKU 层次上提供了平均准确度达到 70%左右的高品质的统计预测。

（5）提供促销预测和新产品预测编制方法。Demand Driven 系统支持亨氏公司在不同的促销类型和对以往促销效果的评估基础上编制独立的促销预测。同时其强大的新产品模型（类比模型）将为不断推陈出新的产品提供有效基准预测。

资料来源：摘自 http://www.demand-driven.cn/uploadfile/201310/.

学习目标

- 理解供应链需求预测特点和预测过程。
- 熟悉需求预测方法和需求风险分析方法。
- 理解销售与运营计划作用与流程。
- 了解供应链综合能力优化模型及其逆优化模型。
- 了解生产能力调整模型。

供应链需求预测是供应链战略规划的前提，也是供应链运作的驱动力；整合的销售与运营计划是供应链协调运作和高效运作的基础，而供应链综合能力计划则是销售与运营计划有效整合的有力手段。本章将介绍供应链需求预测特点和预测过程，需求预测方法与需求风险分析方法；销售与运营计划作用与流程；供应链综合能力优化模型及其逆优化模型以及生产能力调整模型。

6.1 供应链需求预测

6.1.1 需求预测

供应链需求主要是指供应链运营过程所需要满足的最终顾客的产品需求，以及由此导致的沿供应链向上各环节产生的相关需求。如果一个供应链能够协同运作，那么，最终顾客的产品需求就能够基本决定供应链上各环节所产生的相关需求。因此，对最终顾客的产品需求进行预测是所有供应链规划和运作管理的基础。最终顾客的产品需求主要受到季节性因素、宏观经济形势、气候等环境因素以及本企业与竞争对手的产品价格、促销、新产品或替代产品等企业行为因素的影响。供应链的最终顾客需求有以下特点。

（1）需求的时间特性和空间特性。需求的时间特性表现为需求是随时间而变化的，这种变化归因于市场销售量的增长或下降、需求模式的季节性变化以及多种因素导致的波动。需求的空间特性表现为管理者在规划设施位置、平衡物流网络中库存水平、按地理位置分配运输资源时，需要知道需求所发生的空间位置。

（2）需求的不规则性与规则性。不同产品的市场需求随时间而变化的模式是不同的。需求的变动可能是规则性的，也可能是不规则的。导致需求模式规则性变动的因素有长期趋势、季节性因素和随机性因素等。如果随机波动占时间序列中变化部分的比例很小，利用常规预测方法就可以得到较好的预测结果。

（3）需求的派生性与独立性。需求的独立性是指需求来自一些独立的顾客，这些顾客多数是独立采购，其采购量只占企业分拨总量的很少一部分。需求的派生性是由某一特定的生产计划要求派生出来的，这是一种从属性的需求。如从某供应商处购买新轮胎的数量就是汽车厂要生产的新汽车量的一定倍数。

1．需求预测的特点

需求预测就是基于过去模式的延伸性对整个产品或特定产品的需求量或需求金额，利用现在和过去的历史数据并考虑未来各种影响因素进行的预先估计和推断。需求预测主要有以下特点。

（1）预测总是不精确的，所以必须兼顾预测结果和预测误差。对于大多数供应链来说，预测误差或需求的不确定性必然是一个关键输入信息。

（2）长期预测的精度往往比短期预测低。也就是说，长期预测的标准差相对于均值而言比短期预测要大些，如较短的订货提前期可使管理者能够更加准确地掌握天气等影响产品销售的当前信息。

（3）综合预测往往比分解预测更精确。相对于均值，综合预测的标准差要小于单项预测的标准差，如预测企业的销售收入就要比预测单一型号产品的销售收入的精确度高。

（4）供应链上游企业对市场需求预测的误差要高于下游企业对市场需求预测的误差。

2．需求预测的组成要素

由于需求变化的影响因素主要包括基本需求（B_t）、季节性因素（S_t）、趋势因素（T_t）、周期性因素（C_t）、促销因素（P_t）和随机因素（I），因此，对需求进行预测就需要将这些因素先进行分解和预测，然后再进行因素综合，其综合模型可表示为

$$F_t = B_t \times S_t \times T_t \times C_t \times P_t + I \tag{6-1}$$

式中，F_t为时段 t 内需求预测值。

在这些因素中，基本需求反映了需求在很长一段时期内的平均值，当不存在其他因素的影响时，预测值就是基本需求量；季节性因素反映了对需求的影响所产生的每年上下波动情况；趋势因素反映了一段时期的销售趋势上升或下降的变化情况；周期性因素反映了在一年以上的需求周期性向上或向下的变动情况；促销因素对需求变动的影响来源于企业的市场营销活动；随机因素是指无法归入到其他因素类型的影响因素，包括随机需求或难以预测的需求。对不规则需求几乎不可能对它做出预测。

需求预测就是通过找出各影响因素的规律，对其做出预测，并将不规则因素的影响减小到最低程度。当然，在实际预测中，需要预测的对象不一定包含上述所有类型因素。

3．需求预测的基本过程

需求预测过程主要包括理解预测目标、整合需求计划和预测、识别主要影响因素、选择合适的预测问题、选择合适的预测模型和建立预测绩效标准等步骤，如图 6-1 所示。

（1）理解预测目标。所有预测结果都是用来支持以预测为基础的决策的，所以明确识别出这些决策很重要。因为这些决策必然会受需求预测的影响。这就要求供应链上相关方应当就产品促销量达成一个共同的预测，并以此为基础确定一个共同的行动方案。

（2）整合需求计划和预测。将预测与整个供应链中所有计划活动联系起来，如产能计划、作业计划、促销计划和采购计划等。通过预测信息共享实现产能计划、作业计划、促销计划和采购计划等的协调一致。

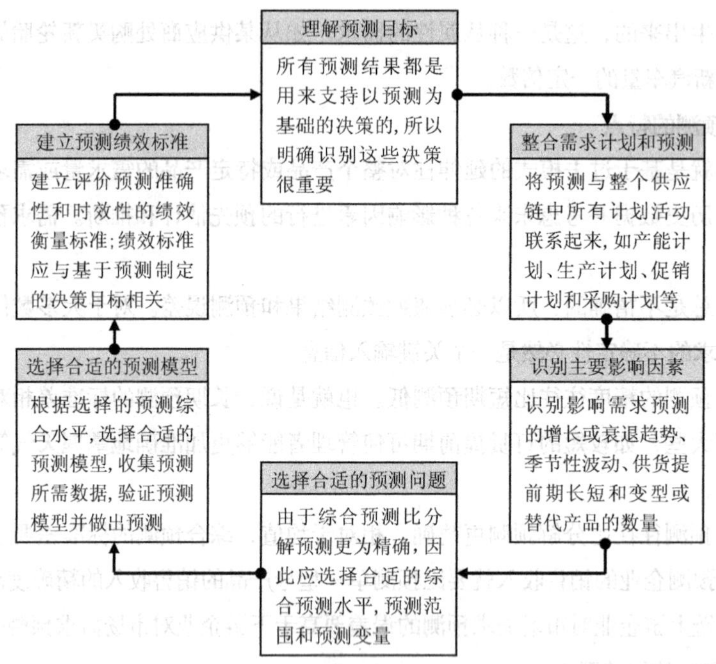

图 6-1　需求预测的基本过程

（3）识别预测影响因素。识别需求是增长或衰退趋势还是季节性波动，以便选择预测方法；识别供货提前期变长还是变短，以便决定所需要的预测精确度；识别变型或替代产品的数量对预测的影响，以便决定需要预测的产品数量。

（4）选择合适的预测问题。企业的产品需求预测按照产品和需求区域可分为单一产品分区预测、单一产品需求总量预测、系列产品需求总量预测和多种产品销售总额预测等不同综合水平预测，因此应选择合适的综合预测水平、预测范围和预测变量。

（5）选择合适的预测模型。根据对预测影响因素的识别结果和所选择的预测综合水平，选择合适的预测模型，收集预测所需数据，验证预测模型并做出预测。

（6）建立预测绩效标准。为衡量预测效果，应建立评价预测准确性和时效性的绩效衡量标准。根据评价结果，采取适当方案来降低预测误差或对观察到的预测误差做出响应。

4．需求预测方法分类

需求预测方法按照预测对象的性质和预测模式可分为定性预测法、时间序列预测法和因果关系预测法。

（1）定性预测法。定性预测主要是根据预测人员的专业知识和经验对事物的发展趋势利用判断、直觉、调查或比较分析做出定性的估计。当历史数据缺乏或历史数据与当前的预测相关度很低时，采用定性预测方法更合适。如预测新产品是否成功、政府政策是否变动时，因没有直接的历史数据，定性预测法将是唯一的选择。定性预测法的准确性不高。定性预测方法主要有专家调查预测法、市场调查预测法、领先指标法、类推法等。

（2）时间序列预测法。时间序列预测主要是根据预测对象随时间变化的历史信息（如统计数据、实验数据和变化趋势等），只考虑预测变量随时间的发展变化规律，对其未来做出预测。如果拥有相当数量的历史数据，时间序列的趋势和季节性变化特征明显，那么时间序列预测法是将这些数据映射到未来的有效预测方法。因此该方法的基本前提就是假设过去的时间模式将会延伸到未来。

（3）因果关系预测法。该方法用于预测对象的变量之间存在着某种因果关系的情形。应用该方法需要找出影响某种结果的一个或几个因素，建立起它们之间的数学模型，并根据自变量的变化预测结果变量的变化。只要能够准确地描述因果关系，因果预测模型在预测时间序列主要变化以及中长期预测时就会非常准确。

6.1.2 时间序列预测方法

常用的时间序列预测方法主要有移动平均法、指数平滑法、趋势外推方法等。

1．移动平均法

移动平均法（Moving Averages）的基本思想是根据时间序列信息，逐项推移，依次计算包含一定项数的序时平均值，以消除周期波动或随机波动的影响，揭示出数据序列的长期趋势。因此，当时间序列值由于受周期变动和随机波动的影响而起伏较大，不易显示出事件的发展趋势时，使用移动平均法可以消除这些因素的影响，显示出事件的发展方向与趋势，然后就可以依据趋势线预测序列值的长期趋势。

设时间序列为 $y_1,y_2,\cdots,y_t,\cdots$，则按数据点顺序逐项推移求出 N 个数的平均数，即可得到一次移动平均数：

$$M_t^1=\frac{y_t+y_{t-1}+\cdots+y_{t-N+1}}{N}=M_{t-1}^1+\frac{y_t-y_{t-N}}{N} \tag{6-2}$$

式中，M_t^1 为第 t 周期的一次移动平均数；y_t 为第 t 周期的观测值；N 为移动平均的项数。

适当选择移动平均的项数 N 可以提高预测准确性。一般选择使预测误差最小的移动项数 N。预测误差即实际值和预测值之差，可采用由全部预测误差总和比上误差个数即平均绝对误差（MAD）来衡量。

由于移动平均可通过平滑数据消除周期变动和不规则变动的影响，使长期趋势得以显现，因而可用第 t 周期的一次移动平均数作为第 $t+1$ 周期的预测值，即

$$\hat{y}_{t+1}=M_t^1 \tag{6-3}$$

当时间序列出现线性变动趋势时，用一次移动平均数来预测就会出现滞后偏差。因此，需要进行修正，修正的方法是在一次移动平均的基础上再做二次移动平均，利用移动平均滞后偏差的规律找出曲线的发展方向和发展趋势，并建立直线趋势的预测模型。

设一次移动平均数为 M_t^1，则二次移动平均数 M_t^2 的计算公式为

$$M_t^2=\frac{M_t^1+M_{t-1}^1+\cdots+M_{t-N+1}^1}{N}=M_{t-1}^2+\frac{M_t^1-M_{t-N}^1}{N} \tag{6-4}$$

若时间序列 $y_1,y_2,\cdots,y_t,\cdots$ 从某时期开始具有直线趋势，且认为未来时期亦按此直线趋势变化，则此直线趋势预测模型可表示为

$$\hat{y}_{t+T}=(2M_t^1-M_t^2)+\frac{2T}{N-1}(M_t^1-M_t^2) \tag{6-5}$$

式中，t 为当前时期数；T 为由当前时期 t 到预测期的时期数；$\hat{y}_{t+T}$ 为第 $t+T$ 期预测值。

在实际应用移动平均法时，移动平均项数 N 的选择十分关键，它取决于预测目标和实际数据的变化规律。

示例 6-1　基于移动平均数的汽车销售量预测

某汽车 4S 店的过去一年汽车销售量如表 6-1 所示。

表 6-1　汽车销售量及移动平均预测值

月份	1	2	3	4	5	6	7	8	9	10	11	12	1
销售量	10	12	13	16	19	23	26	30	28	18	16	14	
预测值				11.7	13.7	16	19.3	22.7	26.3	28	25.3	20.7	16

在此例中，采用 3 个月的移动平均，所得移动平均数及预测值如表 6-1 所示。

2．指数平滑法

指数平滑法（Exponential Smoothing）是利用平滑系数来修正上一期预测误差而调整上一期预测值得到新估计值的方法，包括一次指数平滑预测法、二次指数平滑预测法和高次指数平滑法。该方法简单、易用、预测精度较高，只需很少数据量就可以连续使用。一次指数平滑预测模型可表示为

$$F_{t+1}=\alpha \cdot y_t+(1-\alpha)\cdot F_t \tag{6-6}$$

式中，F_{t+1} 为 $t+1$ 时刻经过一次指数平滑的预测值；F_t 为 t 时刻的预测值；α 为平滑指数 $(0\leqslant\alpha\leqslant1)$，适当选择平滑指数可以提高预测准确性；$y_t$ 为 t 时刻的实际值。

初始值 F_1 一般要通过一定的方法选取。如果时间序列数据较多且比较可靠，可以将已有数据中的某一部分的算术平均值或加权平均值作为初始值 F_1；若历史数据较少或数据的可靠性较差，则可采用定性预测法选取 F_1，如采用专家评估法确定。

一般应选择使预测误差最小的平滑指数。平滑指数 α 的选择需要一定的主观判断。α 值越大，对近期数据影响越大，模型对时间序列的变化就越敏感，但 α 过大可能使预测结果只跟踪时间序列的随机波动，而不是根本性变化；α 值越小，则对近期数据影响越小，使历史数据的权重越大，可以消除随机波动性，但只能反映长期发展趋势。

如果数据表现出明显的长期趋势，基本模型内在的滞后性就会造成很大的预测误差，因此必须对预测模型式（6-6）加以修正，其修正过程按以下方程组进行：

$$\begin{cases}S_{t+1}=\alpha\cdot y_t+(1-\alpha)\cdot(S_t+T_t)\\T_{t+1}=\beta\cdot(S_{t+1}-S_t)+(1-\beta)\cdot T_t\\F_{t+1}=S_{t+1}+T_{t+1}\end{cases} \tag{6-7}$$

式中，F_{t+1} 为第 $t+1$ 期校正趋势后的预测值，S_t 为第 t 期的最初预测值，T_t 为第 t 期的趋势，β 为趋势平滑指数。

示例 6-2　基于指数平滑法的服装销售量预测

某品牌户外服装专卖店 2013 年到 2014 年前 2 个季度的服装销售量如表 6-2 所示。请预测 2014 年第三季度服装销售量。

表 6-2 服装销售量及预测值

季度	1	2	3	4
2013 年	1 200	700	900	1 100
2014 年	1 400	1 000		
预测值 1	1 000	1 080	1 064	
预测值 2	1 008	1 117	1 118	

在此例中，先用一次指数平滑预测模型式（6-6）进行预测，为此，可根据经验选定 $\alpha = 0.2$，并将去年 4 个季度的需求平均值作为预测初值，即 $F_0 = 975$。然后由模型式（6-6）可以得到 2014 年 1～3 季度的预测值，见表 6-2 中预测值 1 所在行的数值。

再用修正指数平滑预测模型式（6-7）进行预测，为此，可根据经验选定 $\alpha = 0.2$，趋势平滑系数 $\beta = 0.3$，初始趋势 $T_0 = 0$。然后由模型式（6-7）可以得到 2014 年 1～3 季度的预测值，见表 6-2 中预测值 2 所在行的数值。

3．具有趋势和季节变化的预测法（趋势外推方法）

当时间序列存在趋势和季节性成分时，一个月到另一个月的变化可能是一种趋势或是季节变化或是随机波动。利用中心移动平均法（Centered Moving Average）确定季节性指数可以避免将由趋势引起的变化认定为由季节性引起。

用 *CMA* 计算季节指数的步骤：

① 计算每个观测值的 *CMA*；

② 计算季节性比率=观测值/*CMA*；

③ 对季节性比率做平均得到季节指数。

若季节指数总和不等于季节数，可将每个季节指数乘以相应的季节数，再除以季节指数之和。

用季节性指数分离时间序列中趋势和季节因素的步骤：

① 为每个季度计算季节指数；

② 将每个数据除以季节指数得到调整后数据；

③ 根据调整后数据建立趋势预测模型并预测；

④ 将预测值乘以相应的季节指数。

示例 6-3 空调销售量的趋势预测

某品牌空调专卖店在过去 3 年每季度销售量如表 6-3 所示。

表 6-3 空调销售量与季节性指数

季度	1,1	1,2	1,3	1,4	2,1	2,2	2,3	2,4	3,1	3,2	3,3	3,4
销售量	108	125	150	141	116	134	159	152	123	142	168	165
CMA			132.0	134.1	136.4	138.9	141.1	143.0	145.1	147.9		
季节比率			1.136	1.051	0.851	0.965	1.127	1.063	0.848	0.960		
季节指数	0.85	0.96	1.13	1.06	0.85	0.96	1.13	1.06	0.85	0.96	1.13	1.06
趋势数据	127.1	130.2	132.7	133.0	136.5	139.6	140.7	143.4	144.7	147.9	148.7	155.7

在此例中，先用中心移动平均法计算中心移动平均数如表 6-3 中 *CMA* 所在行数据，如第一年的第三季度移动平均值的公式如下：

$$CMA(1,3)=\frac{1}{4}(0.5\times108(1,1)+125(1,2)+150(1,3)+141(1,4)+0.5\times116(1,5))$$

按销售量/*CMA* 计算季节性比率见表 6-3 中季节比率所在行数据，并对季节性比率求和做平均数可得到季节指数，见表 6-3 中季节性指数所在行数据。

然后，将每个销售数据除以季节指数得到调整后数据，如表 6-3 中趋势数据所在行数据，根据调整后数据按式（6-5）建立趋势预测模型：

$$\hat{y}_{t+T}=124.78+2.34\times T$$

按上式进行预测，得到第四年第一季度销售额为 155.2（季节调整之前），将预测值乘以相应的季节指数得到调整后预测值 131.92（155.2/0.85）。

对于具有趋势和季节变化的需求预测还可以通过对指数平滑模型式（6-7）进行修正并直接预测，其修正模型为

$$\begin{cases}S_{t+1}=\alpha\cdot\dfrac{y_t}{I_{t-L}}+(1-\alpha)\cdot(S_t+T_t)\\ T_{t+1}=\beta\cdot(S_{t+1}-S_t)+(1-\beta)\cdot T_t\\ I_t=\gamma\cdot\dfrac{y_t}{S_t}+(1-\gamma)\cdot I_{t-L}\\ F_{t+1}=\dfrac{S_{t+1}+T_{t+1}}{I_{t-L+1}}\end{cases}\tag{6-8}$$

式中，F_{t+1} 为第 $t+1$ 期对趋势和季节性因素进行校正后的预测值；γ 为季节性指数的平滑系数；I_t 为第 t 期的季节性指数；L 为一个完整的季节周期，如一年 4 个季节重复一次。

6.1.3 回归分析预测法

常用的因果关系预测方法主要是回归分析预测法。回归分析预测法就是根据事物内部因素变化的因果关系来预测事物未来发展趋势的方法。根据回归分析模型中考虑的自变量个数，可分为一元回归分析和多元回归分析；按变量之间的关系，又可分为线性回归和非线性回归。大多数的非线性回归问题可以转化为线性回归的问题进行处理，因此，这里只介绍线性回归预测方法。

回归分析预测法用于对事物之间的不确定的相关关系通过数理统计方法建立变量间的回归方程来描述变量间的相关程度，并实现对变量回归的估计和预测。

考虑预测变量（因变量）y 有 m 个影响因素，用自变量 $x_1,x_2,\cdots,x_m$ 表示，做 n 次实验的观测值为 $(x_{1k},x_{2k},\cdots,x_{mk};y_k)$ $(k=1,2,\cdots,n)$，则 y 与 $x_1,x_2,\cdots,x_m$ 之间的线性关系可描述为

$$y=b_0+b_1x_1+b_2x_2+\cdots+b_mx_m\tag{6-9}$$

式中，b_0 为待定的常数，$b_1,b_2,\cdots,b_m$ 为回归系数。

根据最小二乘原理，应使预测值 $\hat{y}$ 与实测值 y 之间的离差平方和最小，预测值用式（6-9）等号右边的表达式代入，即

$$\min \sum_{k=1}^{n} (y_k - b_0 - b_1 \cdot x_{1k} - b_2 \cdot x_{2k} - \cdots - b_m \cdot x_{mk})^2$$

对上式中的回归参数求偏导，并令其等于零，经整理后得：

$$\begin{cases} l_{11} \cdot b_1 + l_{12} \cdot b_2 + \cdots + l_{1j} \cdot b_j + \cdots + l_{1m} \cdot b_m = l_{10} \\ l_{21} \cdot b_1 + l_{22} \cdot b_2 + \cdots + l_{2j} \cdot b_j + \cdots + l_{2m} \cdot b_m = l_{20} \\ \cdots \\ l_{i1} \cdot b_1 + l_{i2} \cdot b_2 + \cdots + l_{ij} \cdot b_j + \cdots + l_{im} \cdot b_m = l_{i0} \\ \cdots \\ l_{m1} \cdot b_1 + l_{m2} \cdot b_2 + \cdots + l_{mj} \cdot b_j + \cdots + l_{mm} \cdot b_m = l_{m0} \end{cases} \quad (6\text{-}10)$$

式中，

$$l_{ij} = \sum_{k=1}^{n} (x_{ik} - \overline{x}_i)(x_{jk} - \overline{x}_j), \quad i,j = 1,2,\cdots,m;$$

$$l_{i0} = \sum_{k=1}^{n} (x_{ik} - \overline{x}_i)(y_k - \overline{y}), \quad i = 1,2,\cdots,m;$$

$$\overline{y} = \frac{1}{n}\sum_{k=1}^{n} y_k, \quad \overline{x}_i = \frac{1}{n}\sum_{k=1}^{n} x_{ik}。$$

于是，回归系数 $b_1, b_2, \cdots, b_m$ 由式（6-11）给出：

$$(b_1, b_2, \cdots, b_m)^T = L^{-1}(l_{10}, l_{20}, \cdots, l_{m0})^T \quad (6\text{-}11)$$

式中，

$$L = \begin{bmatrix} l_{11} & l_{12} & \cdots & l_{1m} \\ l_{21} & l_{22} & \cdots & l_{1m} \\ \cdots & \cdots & \cdots & \cdots \\ l_{m1} & l_{m2} & \cdots & l_{mm} \end{bmatrix}, \quad L^{-1} = \begin{bmatrix} c_{11} & c_{12} & \cdots & c_{1m} \\ c_{21} & c_{22} & \cdots & c_{1m} \\ \cdots & \cdots & \cdots & \cdots \\ c_{m1} & c_{m2} & \cdots & c_{mm} \end{bmatrix}$$

常数项 b_0 由式（6-12）给出：

$$b_0 = \overline{y} - \sum_{i=1}^{m} b_i \overline{x}_i \quad (6\text{-}12)$$

为检验回归方程与实测值 y 的拟合程度，需要考察回归方程的总平方和，即

$$S_T(n-1) = \sum_{i=1}^{n} (y_i - \overline{y})^2$$

回归平方和 S_R 是由于自变量 $x_1, x_2, \cdots, x_m$ 变化使 $\hat{y}$ 随之变化的误差，按下式计算：

$$S_R(m) = \sum_{k=1}^{n} (\hat{y}_k - \overline{y})^2 = \sum_{i=1}^{m} b_i l_{i0}$$

则复相关系数为

$$R = \pm\sqrt{\frac{S_R}{S_T}} = \pm\sqrt{\frac{1}{l_{00}}\sum_{i=1}^{m} l_{i0} b_i} \quad (6\text{-}13)$$

式中，$l_{00} = \sum_{k=1}^{n} (y_k - \overline{y})^2$。

复相关系数 R 满足于 $0 \leqslant |R| \leqslant 1$，用于衡量变量 y 与变量 $x_1, x_2, \cdots, x_m$ 的线性关系密切程度。通常认为：$0 < |R| \leqslant 0.3$，变量 y 与变量 $x_1, x_2, \cdots, x_m$ 之间存在微弱线性相关；$0.3 < |R| \leqslant 0.5$，变量 y 与变量 $x_1, x_2, \cdots, x_m$ 之间存在低度线性相关；$0.5 < |R| \leqslant 0.8$，变量 y 与

变量 $x_1, x_2, \cdots, x_m$ 之间存在显著线性相关；$0.8 < |R| \leqslant 1$，变量 y 与变量 $x_1, x_2, \cdots, x_m$ 之间存在高度线性相关。

回归方程的剩余平方和 S_E 是因随机因素或回归直线不适当引起的误差，按下式计算：

$$S_E(n-m-1) = \sum_{k=1}^{n}(y_k - \hat{y}_k)^2 = l_{00} - \sum_{i=1}^{m} l_{i0} b_i$$

于是，检验回归方程的总体效果所用的 F 检验统计量为

$$F(m, n-m-1) = \frac{(n-m-1)S_R}{m \cdot S_E} \tag{6-14}$$

F 与显著性水平之间存在反向关系。若相应的置信限为 $F_\alpha(m, n-m-1)$，那么，当 $F > F_\alpha$ 时，认为回归显著，线性关系密切；当 $F < F_\alpha$ 时，则认为回归不显著，线性关系不密切。建立回归分析预测模型可采用 Excel 的数据分析工具。

示例 6-4　某港口货物吞吐量的回归预测

某港口的货物吞吐量与该地区的总产值、人均收入的近几年统计数据如表 6-4 所示。如果该地区 2013 年的总产值预计为 451 亿、人均月收入为 1 400 元，要求预测该港口 2013 年的年吞吐量。

表 6-4　有关统计数据

序号	年份 t	港口吞吐量 y（万吨）	地区总产值 x_1（亿元）	人均月收入 x_2（元）
1	2005	554	215.8	900
2	2006	563	280.0	880
3	2007	615	338.4	950
4	2008	637	321.6	1 050
5	2009	655	344.7	1 100
6	2010	670	378.5	1 150
7	2011	733	409.5	1 250
8	2012	980	444.0	1 300

将表 6-4 中相关数据绘制成曲线，如图 6-2 所示。

从图 6-2 可以看出，港口吞吐量随着该地区的国民生产总值和人均月收入的增加而增加，因此，港口吞吐量与这两因素之间有一定的相关关系。

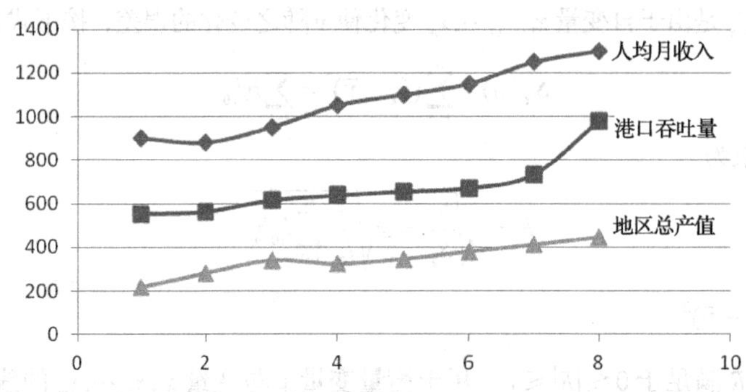

图 6-2　货物吞吐量、地区总产值和人均月收入变化曲线

利用 Excel 中的回归分析工具，可以求得回归方程为

$$y = -64.22 + 0.5869x_1 + 0.5031x_2$$

统计量 F 为 8.2894，显著性水平 $F_{0.95}$ 为 0.0258，有 $F > F_{0.95}$ 成立，表明线性关系显著。

将 2013 年的总产值 451 亿元、人均月收入 1 400 元代入回归方程，可得 2013 年港口吞吐量的预测值为 904.8 万吨。

6.1.4 需求风险分析方法

无论哪种预测方法都是通过尽量剔除历史数据中随机因素而根据历史数据中趋势因素或规律性因素来预测未来数据的，因此，所得到的预测值自然就没有考虑未来可能的随机因素。为提高预测准确性，需要考虑未来可能的随机因素对预测的影响。

设预测变量 y 通过某种预测方法得到的预测值为 $\hat{y}_i$。在考虑未来可能的随机因素影响时，变量 y 的预测值可能有 n 种情形。这 n 种情形的预测值包括已获得的预测值 $\hat{y}_i$，其余预测值则是有关专家根据相关知识和经验，以预测值 $\hat{y}_i$ 为基础通过定性方法估计获得，即有关专家在定量预测的基础上根据相关知识和经验变量可以估计出 y 的 n 种可能预测值为 $\hat{y}_1, \hat{y}_2, \cdots, \hat{y}_i, \cdots, \hat{y}_n$。同时，有关专家尽管不能判断出每种可能预测值的出现概率，但可以判断出 n 种可能预测值的概率大小顺序，不妨设 $\theta_1 \geqslant \theta_2 \geqslant \cdots \geqslant \theta_i \geqslant \cdots \geqslant \theta_n$。这时按概率由大到小排列的 n 种可能预测值如表 6-5 所示。

表 6-5　不同自然状态概率与预测值

自然状态	1	2	…	i	…	n
概率	θ_1	θ_2	…	θ_i	…	θ_n
预测值	$\hat{y}_1$	$\hat{y}_2$	…	$\hat{y}_i$	…	$\hat{y}_n$

这种情形下，我们希望能够获得预测变量 y 的期望值来作为预测值。但由于不知道可能预测值的概率，而只知道其概率大小顺序，因此只能确定预测变量 y 的期望最大值 $\max E(y)$ 和期望最小值 $\min E(y)$，并可用线性规划模型来确定：

$$\begin{cases} \begin{matrix}\max \\ \min\end{matrix} E(y) = \sum_{i=1}^{n} \hat{y}_i \cdot \theta_i \\ \text{s.t.} \sum_{i=1}^{n} \theta_i = 1 \\ \theta_i - \theta_{i+1} \geqslant 0, i = 1, 2, \cdots, n-1 \\ \theta_i \geqslant 0, i = 1, 2, \cdots, n \end{cases} \tag{6-15}$$

对于式（6-15），令 $z_i = \sum_{k=1}^{i} \hat{y}_k$，$\omega_i = \begin{cases} \theta_i - \theta_{i+1}, i = 1, 2, \cdots, n-1 \\ \theta_n \end{cases}$，则有下式：

$$\sum_{i=1}^{n} \hat{y}_i \cdot \theta_i = z_1 \cdot \theta_1 + (z_2 - z_1) \cdot \theta_2 + \cdots + (z_n - z_{n-1}) \cdot \theta_n$$

$$= z_1 \cdot (\theta_1 - \theta_2) + z_2 \cdot (\theta_2 - \theta_3) + \cdots + z_n \cdot \theta_n = \sum_{i=1}^{n} z_i \cdot \omega_i$$

$$\sum_{i=1}^{n}\theta_i=(\theta_1-\theta_2)+2(\theta_2-\theta_3)+\cdots+n\cdot\theta_n=\sum_{i=1}^{n}i\cdot\omega_i$$

由于$\omega_i\geqslant 0$必含有$\theta_i\geqslant 0$，因此，有式（6-16）成立：

$$\begin{cases}\underset{\min}{\max}\, E(y)=\sum_{i=1}^{n}z_i\cdot\omega_i\\ \text{s.t.}\sum_{i=1}^{n}i\cdot\omega_i=1\\ \omega_i\geqslant 0, i=1,2,\cdots,n\end{cases}\tag{6-16}$$

由于模型中只有一个约束方程，根据线性规划的原理，如果存在有限最优解，则只有一个非零的最优基解。若第l个解ω_l为非零，其余$\omega_i(i\neq l)$均为零，则最优解$\omega_l=1/l$，相应的目标函数为

$$\underset{\min}{\max}\, E(y)=\frac{1}{l}z_l=\overline{y}_l,\quad l=1,2,\cdots,n\tag{6-17}$$

式中，$\overline{y}_l=\frac{1}{l}\sum_{i=1}^{l}\hat{y}_i$为$y_1,y_2,\cdots,y_n$的第$l$个局部平均数。

由式（6-17）可知，求解最优期望值只需要计算出所有n个局部平均数并直接判断，就可以找到最大期望值和最小期望值，即最大的局部平均数就是期望值的最大值，最小的局部平均数就是期望最小值。

示例 6-5　某港口货物吞吐量的预测风险分析

在上例中，应用多元回归分析预测 2013 年港口吞吐量约为 905 万吨。但考虑到不确定性因素，有关专家估计在理想情况下，港口吞吐量可能达到 1 100 万吨或 1 200 万吨；也可能因经济增长缓慢和原油价格上涨等不利因素使港口吞吐量低于预测值在 850 万吨左右，不过专家认为港口吞吐量达到 1 100 万吨的可能性最大，其次是 905 万吨，再次是 1 200 万吨，而 850 万吨的可能性较小。请分析港口吞吐量的不确定性。

在此例中，求得局部平均数$\overline{y}_1=1100$，$\overline{y}_2=1002.5$，$\overline{y}_3=1068.3$，$\overline{y}_4=1013.8$。于是，港口吞吐量的期望最大值为 1 100 万吨，期望最小值为 1 002.5 万吨。因此，港口管理者应该按照港口吞吐量在 1 002.5 万吨至 1 100 万吨的需求量安排运营计划。

6.2　销售与运作计划

6.2.1　销售与运作计划特点

传统的销售计划与运营计划相互分离，使得销售计划试图通过提供更多的产品种类和更快的响应速度来满足顾客的多样化需求，而运营计划则倾向于通过最少的产品种类、有限的生产变更和较长的生产提前期来实现规模经济。满足顾客多样化需求与规模经济运营的相互冲突导致供应链拥有较高的库存水平和较低的服务水平，较高的运营成本和较低的产品质量。为克服它们之间的冲突，有必要系统地权衡这两种目标。这就需要一个整合的销售与运

作计划。

销售与运作计划（Sales & Operations Planning，S&OP）作为一项业务过程，通过对市场、研发、采购、生产和财务等部门的沟通和协调，做出对市场变化具有快速响应的决策，以适应市场需求的变化和供需平衡，实现一个可执行的出货计划，帮助企业保持需求与供应的平衡。销售与运作计划主要回答了在计划期要生产什么、生产多少、何时需要，生产以上产品需要什么资源和能力、需要多少、何时需要，企业可用资源和能力能否满足生产需要以及如何协调矛盾等问题。

销售与运作计划具有以下特点。

（1）跨职能部门的综合性。销售与运作计划通过将市场、销售、研发、制造、采购和财务等业务计划进行集成和协同来帮助企业维持需求和供应平衡的管理流程。

（2）总量与分量的平衡性。销售与运作计划通过按产品族进行总量计划，可使单个产品或订单需求与供应得到更好平衡。

（3）汇总与明细的协调性。销售与运作计划每月至少执行一次，由管理层在汇总层进行审核，要求所有供应、需求、新产品与商务计划保持一致，使汇总和明细在层次上协同。

（4）战略与作业的衔接性。销售与运作计划是衔接企业战略计划、经营计划和日常运营活动的重要工具，是全面了解和掌握供应链运营情况，支持企业决策的重要工具。

整合的销售与作业计划和基于分离的销售与运作计划具有不同特点，如表 6-6 所示。

表 6-6　不同的销售与作业计划比较

比较项目	分离的销售与运作计划	整合的销售与作业计划
计划时间	近期 3 个月	未来 4 个月之后
管理对象	关注运营	关注计划
管理重点	关注事件本身	关注背后原因
管理目标	解决问题	预防问题
运行过程	被动无序	主动有序
管理方法	短期供需平衡	未来可视性
管理结果	恶性循环	良性循环

6.2.2　销售与运作计划作用

销售与运作计划通过对不受约束的市场计划所需资源和可用资源约束进行平衡，将各个部门的运作与企业的经营计划联系起来，使所有部门都朝同一个目标努力，进而，提供了一个满足企业经营目标的可行运作计划，提高了主生产计划（MPS）、物料需求计划（MRP）计划的可执行性。通过销售与运作计划的总协调作用，使得企业的各级计划达到了统一，形成了一体化计划体系，使得企业在市场和销售、产品的研发、生产制造、物资供应、资金管理、能源和设备、人力资源等各个环节达到需求和供应两方面的平衡。

销售与运作计划与物资供应计划、劳动工资计划、技术组织措施计划、生产准备计划、设备维修计划、品种质量计划、设备更新改造计划和基本建设计划紧密联系。这些计划的实施将为实现市场计划所需资源与有限资源约束之间的长期平衡提供支持。

销售与运作计划在企业计划体系中与经营计划、主生产计划、物料需求计划以及相关支持计划之间关系如图 6-3 所示。

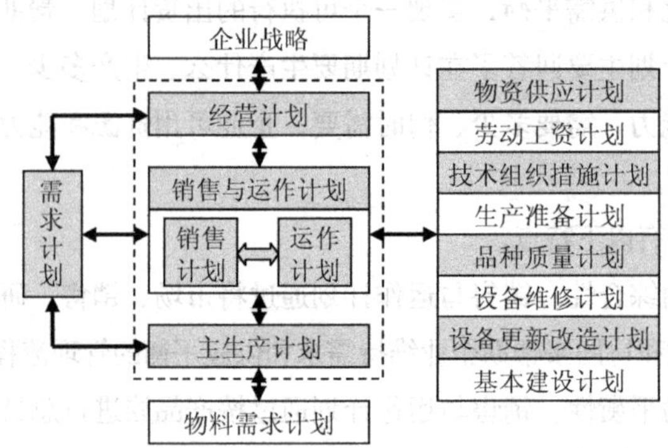

图 6-3　销售与运作计划同相关计划的关系

在图 6-3 中，企业经营计划是企业在一定时期内确定和组织全部生产经营活动的综合规划，而销售与运作计划则将经营计划用金额表达的生产经营目标转换成产品系列的产量，进而用主生产计划细化为每个时期每种独立需求产品的生产数量。销售与运作计划和主生产计划之间区别如表 6-7 所示。

表 6-7　销售与运作计划和主生产计划之间区别

比较项目	销售与运作计划	主生产计划
计划目的	市场开拓	顾客订单
处理问题	供需关系	产品组合
详细程度	综合计划	详细计划
管理集中度	集中管理	分散管理
报表输出	产品系列	具体产品
计划时段	月度/季度	每周/每月
关注重点	预测达成情况	计划完成情况

6.2.3　销售与运作计划实施

销售与运作计划实施过程主要包括准备销售预测报告、编制销售计划、编制生产运作计划草案、编制资源需求计划、协调可用资源和资源需求以及审批和确定销售与运作计划等步骤，具体如下。

（1）准备销售预测报告。其主要内容包括上月实际销售情况、库存、生产以及未完成订单等，并提供一些销售分析数据和对预测准确性的统计分析给销售和市场人员，以便对未来需求进行预测。精确的基于产品系列的预测，即无偏的基线预测法（Unbiased Baseline Forecast）是针对不同系列产品的需求特点，考虑到所有可能对需求产生影响的因素，采用有针对性的预测方法，不同产品系列的需求特点和相应的预测方法如表 6-8 所示。

表 6-8　不同产品品类与预测方法

产品品类	需求特点	预测方法
非促销的既定产品	销售多年变化不大	时间序列预测
促销型的成熟产品	销售多年,依赖于促销或经济条件	时间序列与回归预测结合
缓慢和零星产品	需求不是每期都发生，预测需求发生次数	泊松分布法
依赖型产品	产品销售依赖于一些独立变量和因素	回归预测方法
成套件和部件	产品需求取决于成套件的预测	根据 BOM 分解零部件需求
新产品	以前从未销售过	生命周期法或类比法预测
配件	产品销售受相关产品影响	考虑相关产品销售及影响程度

（2）编制销售计划。销售计划表示了企业对当前销售情况和对未来顾客需求的预测。销售计划给出每个产品系列各月的销售量和销售额，还规定了销售和市场经营的准则，指导销售人员采用必要的、合理的方式和方法开展销售活动。销售计划的制订过程通常包括对正在谈判项目的梳理，确定小额合同剩余、大额合同剩余、即将签单的重大项目、销售预测四项数据的需求分布，并将这四部分数据按月求和得到未来 3 ~ 5 个月需求计划量。

（3）编制生产运作计划草案。生产运作计划草案是依据经营计划和销售计划的要求，确定产品系列产出的整体生产水平，生产运作计划将经营计划用金额表达的目标转换为用产品系列的产量来表达，用以说明企业在可用资源的条件下，在生产展望期每一系列产品的月总产量，最终确定一个产品系列均衡的月生产速率，力图保持均衡地利用资源。

（4）编制资源需求计划。当确定了所要生产的产品系列后，就要计算生产这些产品系列所需要的资源，并检查企业是否具备足够的资源，如果这些资源不足，应该如何协调这些资源上的差距，为此需要召开由相关职能部门经理参加的销售与运营计划预备会议，就供需平衡问题、各职能部门计划中存在问题及差异进行协商形成供需策略的调整建议。在编制资源需求计划过程中涉及的资源指关键资源，如关键工作中心、关键原材料等。

（5）协调可用资源和资源需求。当资源需求超过可用资源时，将出现资源短缺。这时可按修正需求以匹配生产约束或修正供应以匹配销售计划的策略，在生产运作计划确定前确定资源短缺的解决方案。在进行资源需求和可用资源平衡时，需要对资源调整的成本和收益进行分析，以便得到优化的资源调整方案。

（6）审批和确定销售与运作计划。在通过资源平衡和调整后，如果能满足经营计划的目标和要求，就可以对初稿进行确定，并报请上级主管部门审批和得到相关职能部门的最终认可。通过审批的销售与运作计划，既体现了企业经营计划的目标和要求，又因经过了企业生产经营各职能部门认真的分析和调整，使其更具可行性。

销售与运作计划作为跨部门的业务流程，需要企业不同职能部门必须共同积极承担责任，尤其是关键环节的部门管理者必须承担销售与运作计划中本部门的工作，并对这部分工作绩效负责。

6.3 供应链综合能力优化

6.3.1 综合能力与利用策略

一个供应链能够为顾客提供满足其需求的一定品种、数量和质量的产品仅依靠制造商的产品生产能力是不够的，还取决于供应商的零部件供应能力、分销商的销售能力、物流服务商的产品配送能力和仓库的库存管理能力，以及这些能力与产品生产能力的相互协调程度。这些能力及其协调程度就反映了供应链的综合能力。

供应链上每个组织的相应能力都是指该组织所输入的资源，在先进合理的技术组织条下，所能实现的最大单位时间产量，因而，可以将供应链上每个组织的相应能力统称为生产能力。供应链上每个组织的生产能力可分为设计能力和查定能力（即有效能力）。设计能力是指在给定时期内一个组织理想状态下的理论最大产出，而有效能力是指一个企业在现有生产限制条件下的预期能力。有效能力总是低于设计能力，这是因为生产设施是按产品的一个早期版本或不同的产品组合设计的，可能并不适合目前所生产的产品。

由于生产能力反应的是输入资源转换为输出产品的能力，而这种转换过程就是生产工人利用生产设备在组织管理条件下，按照一定工艺过程对生产对象进行加工作业的过程，因此，影响生产能力的主要因素包括人员能力、设备能力和管理能力。

（1）人员能力。生产工人对生产能力的影响主要表现为在生产设备和组织管理允许情况下的人员数量、有效劳动时间、出勤情况和劳动定额水平高低。这些因素对生产能力的影响关系可用下式表示：

人员能力=人员数量×出勤率×劳动时间×劳动定额

提高人员能力的途径主要有计划加班、增加班次、雇佣工人和转包等，可在短期内提高生产能力。提高劳动定额是提高生产能力的根本途径，但需要对员工进行一定时间的培训才能实现。

（2）设备能力。设备能力对生产能力的影响主要表现为在人员数量、场地情况和技术管理允许情况下，完好设备的数量、可开动的设备数量、设备平均运转时间和设备的生产效率水平等。这些因素对生产能力的影响关系可用下式表示：

设备能力=设备数量×完好率×开动率×运转时间×设备生产效率

提高设备能力的途径主要有增加设备数量、缩短设备运转时间、工序转包、升级现有设备和采用不同工艺路线等。提高设备生产效率和采用先进的工艺路线是提高生产能力的根本途径，但这是一项较为复杂的更新、改造和试制工作，需要较长时间才能完成。

（3）管理能力。按照人员和设备对生产能力的影响关系式所计算出来的生产能力是理想状态下的最大生产能力，而实际有效生产能力还取决于员工的积极性和创造性、生产要素的有机配合等组织管理水平的高低。管理能力对生产能力的影响关系可用下式表示：

管理能力=生产能力×生产利用率

提高管理能力主要是提高管理人员的综合素质，充分调动员工的积极性和创造性。

在上述影响生产能力的因素中，增加或减少员工数量和设备数量，压缩或延长员工劳动时间和设备运转时间属于外延扩大生产能力途径，而提高劳动定额水平、设备完好率、设备开动率、设备生产效率和生产利用率则属于内涵扩大生产能力途径。

供应链综合能力与销售计划的平衡是制定销售与运作计划的核心，也是执行主生产计划和物料需求计划的保证。平衡供应链综合能力与销售计划主要有以下策略。

（1）以生产能力为杠杆的应急策略。当企业的生产能力不能满足销售计划需要时，采用这种策略就是通过调整生产设备数量或增减劳动力数量来改变生产能力，使之与销售计划平衡。在实践中，因短时间增减设备数量和劳动力数量有一定难度，使得这种策略通常难以达成目的。采用这种策略会使供应链维持较低的库存水平，因此，这种策略适用于库存成本较高，而设备产能和劳动力数量的变动成本较低的情形。

（2）以生产效率为杠杆的柔性策略。当企业的生产能力不能满足销售计划需要时，采用这种策略就是在设备产能充裕而劳动力安排有较大灵活性的条件下通过灵活安排劳动力工作时间来实现生产能力与销售计划的平衡。采用这种策略避免了因劳动力数量增减所带来的成本增加、短期内实施困难等问题，同时，可以降低库存和生产设备的利用率。这种策略适用于库存成本较高，而设备产能的变动成本较低的情形。

（3）以周转库存为杠杆的均衡策略。当企业的生产能力不能满足销售计划需要时，采用这种策略就是根据需求预测，或将旺季需求延迟到淡季交付来满足销售计划的需要。这种策略将保持稳定的设备产能和劳动力数量，但可能会形成大量库存和出现延迟交付顾客订单的情况。这种策略适用于改变设备产能的成本较高，而库存成本和订单延期交付成本较低的情形。

（4）以需求调节为杠杆的主动策略。当生产能力过剩时，采用这种策略就是通过调整产品价格、加大促销力度、积极创造新需求等途径去调整顾客需求，从而影响生产能力的利用。但这种策略不像调整生产能力那样容易实现，因为这涉及难以控制的外部环境和顾客消费习惯等因素。

在实践中，通常将这几种策略结合起来使用，很少单一使用。

6.3.2 综合能力优化模型

由于供应链综合能力取决于供应链上各企业的生产能力及其配合情况，因此可以建立以每种产品产量为变量，以供应链上各企业或组织的生产能力为约束，以供应链运营成本最低为目标的优化模型，供应链综合能力优化模型可用一个线性规划模型表示。

设某供应链由 1 个制造商、N_S 个零部件供应商、N_t 个分销商和 1 个配送中心组成，配送中心负责将制造商的产品配送到分销商，整个供应链的有关参数如下：

n 为供应链在计划期内生产的产品品种数；

m 为供应链在计划期内生产这 n 种产品所需零部件品种数；

S_i 为产品 i 的市场销售价格；

V_i 为供应链上制造商在计划期内生产第 i 种产品的单位可变成本；

M_{ij} 为供应链上制造商在计划期内生产第 i 种产品所需要的第 j 种零部件的单位数量；

F_k 为供应链上制造商在计划期内的固定成本；

V_{js} 为供应链上第 s 个供应商在计划期内生产第 j 种零部件的可变成本；

F_s 为供应链上第 s 个供应商在计划期内的固定成本；

C_{js} 为供应商到制造商的零部件运输成本；

T_i 为第 i 种产品在配送中心的存储时间；

I_i 为第 i 种产品在配送中心的安全库存量；

C_i 为从制造商到配送中心第 i 种零部件的单位运输成本；

F_w 为配送中心的固定成本；

λ_i 为配送中心的单位时间存储费用；

C_{it} 为从配送中心到第 t 个分销商的第 i 种产品的单位运输成本；

V_{it} 为产品 i 在第 t 个分销商单位销售成本；

F_t 为第 t 个分销商的固定成本；

D_{it} 为第 t 个分销商对产品 i 的平均分销能力。

若第 s 个供应商生产第 j 种零部件，则 δ_{js} 表示制造商从第 s 个供应商所能够获得的第 j 种零部件需求量的百分比，δ_{js} 主要由该供应商零部件生产成本和运输成本决定，成本越低则获得零部件需求量的百分比越高。

供应链综合能力优化目标应该是整个供应链系统的运营成本最低。这样，若在计划期内整个供应链的产品生产计划为 $x_1,x_2,\cdots,x_n$，并按照各分销商的销售能力的比例将这些产品配送到各个分销商，则在供应链的运营总成本中，包括：

零部件生产成本 TCP 为

$$TCP=\sum_{s=1}^{N_s}\Big(\sum_{j=1}^{m}\delta_{js}\cdot V_{js}\cdot\sum_{i=1}^{n}M_{ij}\cdot(x_i+I_i)+F_s\Big) \tag{6-18}$$

零部件运输成本 TCC 为

$$TCC=\sum_{s=1}^{N_s}\sum_{j=1}^{m}\delta_{js}\cdot C_{js}\cdot\sum_{i=1}^{n}M_{ij}\cdot(x_i+I_i) \tag{6-19}$$

产品库存成本 TCI 为

$$TCI=\sum_{i=1}^{n}T_i\cdot\lambda_i\cdot(x_i+I_i)+F_w \tag{6-20}$$

产品生产成本 TCM 为

$$TCM=\sum_{i=1}^{n}V_i\cdot(x_i+I_i)+F_k \tag{6-21}$$

产品运输成本 TCT 为

$$TCT=\sum_{i=1}^{n}C_i\cdot(x_i+I_i)+\sum_{t=1}^{N_t}\sum_{i=1}^{n}\Big(C_{it}\cdot D_{it}\cdot x_i\Big/\sum_{t=1}^{N_t}D_{it}\Big) \tag{6-22}$$

产品分销成本 TCD 为

$$TCD=\sum_{t=1}^{N_t}\Big(\sum_{i=1}^{n}\Big(V_{it}\cdot D_{it}\cdot x_i\Big/\sum_{t=1}^{N_t}D_{it}\Big)+F_t\Big) \tag{6-23}$$

于是，供应链综合能力优化模型的总成本目标函数 TC 为：

$$\begin{aligned}TC(x_1,x_2,\cdots,x_n)=&TCP(x_1,x_2,\cdots x_n;I_1,I_2,\cdots I_n)+TCC(x_1,x_2,\cdots x_n;I_1,I_2,\cdots I_n)\\&+TCI(x_1,x_2,\cdots x_n;I_1,I_2,\cdots I_n)+TCM(x_1,x_2,\cdots x_n;I_1,I_2,\cdots I_n)\\&+TCT(x_1,x_2,\cdots x_n)+TCD(x_1,x_2,\cdots x_n)\end{aligned} \tag{6-24}$$

在供应链综合能力优化模型中，对计划期产品生产计划 $x_1,x_2,\cdots,x_i,\cdots,x_n$ 的约束条件主要包括：

各零部件供应商的零部件生产能力约束：

$$\sum_{i=1}^{n}M_{ij}\cdot(x_i+I_i)\leqslant P_j,\quad j=1,2,\cdots,m \tag{6-25}$$

式中，P_j 为供应商的零部件生产能力。

产品制造商的生产能力约束：

$$x_i+I_i\leqslant Q_i,i=1,2,\cdots,n \tag{6-26}$$

式中，Q_i 为制造商产品生产能力。

配送中心的仓储能力约束：

$$\sum_{i=1}^{n}(x_i+I_i)\leqslant W \tag{6-27}$$

式中，W 为产品仓储能力。

分销商的产品分销能力约束：

$$x_i\leqslant\sum_{t=1}^{N_t}D_{it},\ i=1,2,\cdots,n \tag{6-28}$$

综上所述，可以得到供应链综合能力优化的线性规划模型：

$$\begin{cases}\text{Max } R=\sum_{i=1}^{n}S_i\cdot x_i-\sum_{i=1}^{n}A_i(x_i)-A_0\\ \text{s.t.}\sum_{i=1}^{m}M_{ij}(x_i+I_i)\leqslant P_j\\ x_i+I_i\leqslant Q_i\\ \sum_{i=1}^{n}(x_i+I_i)\leqslant W\\ x_i\leqslant\sum_{t=1}^{N_t}D_{it}\\ x_i\geqslant 0,i=1,2,\cdots,n\\ j=1,2,\cdots,m;t=1,2,\cdots,N_t\end{cases} \tag{6-29}$$

式中，$A_i(x_i,x_2,\cdots x_n)$ 表示产品 i 的销售总成本，包括零部件生产运输成本、产品生产成本、产品仓储成本、产品从制造商经过配送中心到各个分销商的运输成本。

$$A_i(x_i,x_2,\cdots x_n)=\sum_{j=1}^{m}\sum_{s=1}^{N_t}(V_{js}+C_{js})(\delta_{js}\cdot M_{ij}\cdot x_i)+(V_i+C_i+T_i\cdot\lambda_i)x_i+\sum_{t=1}^{N_t}(C_{it}+V_{it})\left(\left(D_{it}\Big/\sum_{t=1}^{N_t}D_{it}\right)\cdot x_i\right)$$

A_0 表示供应链上各个企业或组织的固定成本，以及由于应对需求波动性所产生与安全库存产品相关的运输、生产、仓储成本。

$$A_0=\sum_{i=1}^{n}(\sum_{j=1}^{m}\sum_{s=1}^{N_s}(V_{js}+C_{js})(\delta_{js}\cdot M_{ij}\cdot I_i)+(V_i+C_{ii}+T_i\cdot\lambda_i)\cdot I_i)+\sum_{s=1}^{N_s}F_s+\sum_{t=1}^{N_t}F_t+F_w+F_k$$

通过对式（6-29）求解可以获得在供应链上各企业现有能力条件下各品种产品的最佳产量 $(x_1^*,x_2^*,\cdots,x_m^*)$，将最佳产量与销售计划中各品种产品的计划产量相比，就可以判断出哪种产品的生产能力能够满足销售计划的需要，哪种产品的生产能力不能满足销售计划的需要。同时，将最佳产量 $(x_1^*,x_2^*,\cdots,x_m^*)$ 代入式（6-25）至式（6-28），通过判断约束条件是否为 0 来识别能力瓶颈。

6.3.3 综合能力的逆优化模型

由于供应链的综合能力优化模型中各供应商的零部件生产能力、制造商的产品生产能力、仓库的产品存储能力和分销商的产品销售能力等参数作为决策变量更有利于满足销售计划的要求，有利于提高目标函数的优化水平。因此，可构建以零部件生产能力、产品生产能力、产品存储能力和产品销售能力等参数为决策变量，以式（6-29）的互补最优性条件作为约束条件，使销售计划所确定的产品组合成为最优解的逆优化模型。

设 $\overline{x}_1,\overline{x}_2,\cdots,\overline{x}_n$ 为销售计划所确定的产品组合，y^* 为式（6-29）的对偶模型的最优解，并记 $J=\left\{j\middle|y_j^*>0\right\}$，$\overline{J}=\left\{j\middle|y_j^*=0\right\}$，$T=\left\{t\middle|y_t^*>0\right\}$，$\overline{T}=\left\{t\middle|y_t^*=0\right\}$，$I=\left\{i\middle|y_i^*>0\right\}$，$\overline{I}=\left\{i\middle|y_i^*=0\right\}$，则模型式（6-29）的逆优化模型为

$$\begin{cases}\text{Min }\left\|\overline{P}-P\right\|+\left\|\overline{Q}-Q\right\|+\left\|\overline{W}-W\right\|+\left\|\overline{D}-D\right\|\\ \text{s.t.}\sum_{i=1}^{n}M_{ij}(\overline{x}_i+I_i)\leqslant\overline{P}_j\quad j\in\overline{J}\\ \sum_{i=1}^{n}M_{ij}(\overline{x}_i+I_i)=\overline{P}_j\quad j\in J\\ \sum_{i=1}^{n}(\overline{x}_i+I_i)\leqslant\overline{W}\quad(1-\mu)\\ \sum_{i=1}^{n}(\overline{x}_i+I_i)=\overline{W}\bullet\mu\\ \sum_{i=1}^{n}\overline{x}_i\leqslant\overline{D}_t\quad t\in\overline{T}\\ \sum_{i=1}^{n}\overline{x}_i=\overline{D}_t\quad t\in T\\ \overline{x}_i+I_i\leqslant\overline{Q}_i\quad i\in\overline{I};\\ \overline{x}_i+I_i=\overline{Q}_i\quad i\in I\end{cases}\tag{6-30}$$

式中，$\overline{P}_j$、$\overline{W}$、$\overline{D}_t$、$\overline{Q}_i$ 为由销售计划确定的产品组合 $\overline{x}_1,\overline{x}_2,\cdots,\overline{x}_n$ 所要求的零部件生产能力、产品仓储能力、产品分销能力和产品生产能力，μ 取值 0 或 1，若 $y_{m+1}^*=0$，则取 0；否则，取 1。

令 $\overline{P}_j=P_j+\sigma_j-\beta_j$，$j=1,2,\cdots,m$，这里 $\sigma_j\geqslant0$ 和 $\beta_j\geqslant0$ 分别表示 $\overline{P}_j$ 的增量和减量；$\overline{W}=W+\sigma_{m+1}-\beta_{m+1}$，这里 $\sigma_{m+1}\geqslant0$ 和 $\beta_{m+1}\geqslant0$ 分别表示 $\overline{W}$ 的增量和减量；$\overline{D}_t=D_t+\sigma_t-\beta_t$，$t=1,2,\cdots,N_t$，这里 $\sigma_t\geqslant0$ 和 $\beta_t\geqslant0$ 分别表示 $\overline{D}_t$ 的增量和减量；$\overline{Q}_i=Q_i+\sigma_i-\beta_i$，$i=1,2,\cdots,n$，这里 $\sigma_i\geqslant0$ 和 $\beta_i\geqslant0$ 分别表示 $\overline{Q}_i$ 的增量和减量。考虑到 $\left\|\sigma_J-\beta_J\right\|\leqslant\left\|\sigma_J+\beta_J\right\|$、

$\|\sigma_{m+1}-\beta_{m+1}\|\leqslant\|\sigma_{m+1}+\beta_{m+1}\|$、$\|\sigma_T-\beta_T\|\leqslant\|\sigma_T+\beta_T\|$ 和 $\|\sigma_I-\beta_I\|\leqslant\|\sigma_I+\beta_I\|$，在选取向量范数 l_1（即向量模数的一种）的情况下，经整理式（6-30）后可写成如下形式：

$$
\begin{cases}
\text{Min} \sum_{j=1}^{m}\sigma_j+\sum_{j\in J}\beta_j+\mu\cdot\sigma_{m+1}+(1-\mu)\cdot\beta_{m+1}+\sum_{t=1}^{N_t}\sigma_t+\sum_{t\in T}\beta_t+\sum_{i=1}^{n}\sigma_i+\sum_{i\in I}\beta_i \\
\text{s.t.} \sum_{i=1}^{n}M_{ij}(\overline{x}_i+I_i)-\sigma_j\leqslant P_j \quad j\in\overline{J} \\
\sum_{i=1}^{n}M_{ij}(\overline{x}_i+I_i)-\sigma_j\leqslant P_j \quad j\in J \\
\sum_{i=1}^{n}M_{ij}(\overline{x}_i+I_i)+\beta_j\geqslant P_j \quad j\in J \\
\sum_{i=1}^{n}(\overline{x}_i+I_i)-\sigma_{m+1}\leqslant W\cdot(1-\mu) \\
\sum_{i=1}^{n}(\overline{x}_i+I_i)-\sigma_{m+1}\leqslant W\cdot\mu \\
\sum_{i=1}^{n}(\overline{x}_i+I_i)+\beta_{m+1}\geqslant W\cdot\mu \\
\sum_{i=1}^{n}\overline{x}_i-\sigma_t\leqslant D_t \quad t\in\overline{T} \\
\sum_{i=1}^{n}\overline{x}_i-\sigma_t\leqslant D_t \quad t\in T \\
\sum_{i=1}^{n}\overline{x}_i+\beta_t\geqslant D_t \quad t\in T \\
\overline{x}_i+I_i-\sigma_i\leqslant Q_i \quad i\in\overline{I} \\
\overline{x}_i+I_i-\sigma_i\leqslant Q_i \quad i\in I \\
\overline{x}_i+I_i+\beta_i\geqslant Q_i \quad i\in I \\
\sigma_j,\sigma_{m+1},\sigma_t,\sigma_i\geqslant 0;\beta_j,\beta_{m+1},\beta_t,\beta_i\geqslant 0
\end{cases}
\tag{6-31}
$$

逆优化模型式（6-31）表明，为使产品产量由 $x_1^*,x_2^*,\cdots,x_n^*$ 调整为 $\overline{x}_1,\overline{x}_2,\cdots,\overline{x}_n$，供应链上各供应商的零部件生产能力 P_j、产品仓储能力 W、产品分销能力 D_t 和制造商的产品生产能力 Q_i 应该调整到 $\overline{P}_j$、$\overline{W}$、$\overline{D}_t$ 和 $\overline{Q}_i$ 才能使供应链整体效益达到最优。

6.3.4 生产能力调整模型

利用供应链综合能力的逆优化模型式（6-31）可以确定供应链上各企业或组织的生产能力调整目标值。进一步，对于确定供应链上每个企业或组织的生产能力调整方案，可以根据影响生产能力的人员数量、设备数量、劳动时间、设备运转时间、劳动定额水平、设备完好率、设备开动率、设备生产效率和生产利用率等因素的变化特点调整可能性，构建以生产能力的调整成本最低为优化目标，以影响生产能力的人员、设备和库存等因素的变化为优化变量，以生产能力的影响因素调整可能性为约束条件构建优化模型。

设企业生产能力调整优化模型参数如下：

n 为计划期长度；

W 为员工正常工作时间每小时劳动工资；

W_O 为员工加班工作时间每小时劳动工资；

H 为每月单位产品库存持有成本；

C_U 为每月单位产品缺货或延期交付成本；

C 为单位产品成本；

C_S 为单位产品转包成本；

C_E 为雇佣或培训一名员工的成本；

C_D 为解雇一名员工的成本；

T 为正常时间生产单位产品所需工时；

T_O 为加班时间生产单位产品所需工时；

T_E 为每人每月允许的加班时间；

L_0 为初始员工数量；

I_0 为初始库存水平；

D_t 为第 t 个月的产品需求量。

模型的优化变量：

L_t 为第 t 个月的员工数量；

L_t^H 为第 t 个月初雇佣的员工数量；

L_t^D 为第 t 个月初解雇的员工数量；

Q_t 为第 t 个月的产品生产数量；

Q_t^S 为第 t 个月的产品转包数量；

I_t 为第 t 个月末库存水平；

U_t 为第 t 个月末缺货数量或延期交付数量；

O_t 为第 t 个月的加班工时数。

企业生产能力调整方案的优化目标就是使计划期内产品生产成本最小化。产品生产成本主要包括以下几个部分。

（1）正常时间的劳动力成本。若每月正常劳动时间按 20 天、每天 8 小时计算，则正常时间的劳动力成本（ LC ）为

$$LC = \sum_{t=1}^{n} 160 \cdot W \cdot L_t \tag{6-32}$$

（2）加班时间的劳动力成本。计划期加班时间的劳动力成本（ OC ）为

$$OC = \sum_{t=1}^{n} W_O \cdot O_t \tag{6-33}$$

（3）雇佣和解雇员工的成本。计划期雇佣员工的成本（ EC ）和解雇员工的成本（ DC ）为

$$EC + DC = \sum_{t=1}^{n} C_E \cdot L_t^H + \sum_{t=1}^{n} C_D \cdot L_t^D \tag{6-34}$$

（4）库存持有成本与缺货成本。计划期库存持有成本（ HC ）与缺货成本（ UC ）为

$$HC + UC = \sum_{t=1}^{n} H \cdot I_t + \sum_{t=1}^{n} C_U \cdot U_t \tag{6-35}$$

（5）生产成本与转包成本。计划期生产成本（ PC ）与转包成本（ SC ）为

$$PC + SC = \sum_{t=1}^{n} C \cdot Q_t + \sum_{t=1}^{n} C_U \cdot Q_t^S \tag{6-36}$$

产品生产能力总成本就等于上述各项成本之和，即

$$TC=\sum_{t=1}^{n}160\cdot W\cdot L_t+\sum_{t=1}^{n}W_O\cdot O_t+\sum_{t=1}^{n}C_E\cdot L_t^H+\sum_{t=1}^{n}C_D\cdot L_t^D+\sum_{t=1}^{n}H\cdot I_t+\sum_{t=1}^{n}C_U\cdot U_t+\sum_{t=1}^{n}C\cdot Q_t+\sum_{t=1}^{n}C_S\cdot Q_t^S \quad (6\text{-}37)$$

企业生产能力调整的约束条件包括以下几点。

（1）员工数量关系约束。本期员工数量由上一期期末员工数量加上本期雇佣的员工数量减去本期解雇员工数量所确定，即

$$L_t=L_{t-1}+L_t^H-L_t^D \quad (6\text{-}38)$$

（2）产品生产数量约束。每一期由企业自己生产的产品数量不能超过由正常工作时间和加班时间所决定的产品生产能力，即

$$Q_t\leqslant 160\cdot\frac{L_t}{T}+\frac{O_t}{T_O} \quad (6\text{-}39)$$

（3）库存平衡关系约束。本期产品可用数量应与总需求量平衡。本期产品可用数量由本期企业自己生产的产品数量、本期外包出去的产品数量和前一期期末库存量构成，本期产品总需求量由本期需求量加上前一期延期交付的产品数量，再加上本期期末库存量减去本期延期交付的产品数量构成，即

$$I_{t-1}+Q_t+Q_t^S=D_t+U_{t-1}+I_t-U_t \quad (6\text{-}40)$$

（4）加班时间约束。本期加班时间应该满足能力调整目标值，并不超过一定限制，即

$$(D_t-160\cdot\frac{L_t}{T})\cdot T_O\leqslant O_t\leqslant T_E\cdot L_t \quad (6\text{-}41)$$

这样，由式（6-37）和式（6-38）至式（6-41）所构成的生产能力调整优化模型是一个线性规划模型，可以采用 Excel 规划求解工具确定生产能力调整方案。

上述优化模型主要考虑了劳动力数量变化、劳动力工作时间变化、库存水平变化以及生产转包等因素对生产能力的影响。在实践中，可以根据实际需要引入设备数量、调整设备工作时间或组织管理水平等。

6.3.5 建模过程应用

在实践中，不同的供应链其结构所建立的综合能力优化模型及其逆优化模型也就不同。供应链综合能力优化模型及其逆优化模型的建模与应用过程如图 6-4 所示。

从图 6-4 中可以看到，对供应链综合能力进行优化建模过程如下。

（1）问题分析。对供应链网络结构进行分析，识别出供应链上各企业或组织的生产能力和运行的固定成本、供应链网络中可能运输线路的单位运输成本以及供应链上各企业生产能力等结构参数；同时，为适应销售计划对供应链综合能力的要求，将供应链上各企业生产能力作为可控制参数。

（2）数据收集。为建立供应链综合能力优化模型需要对供应链上各企业或组织的生产能力和运行的固定成本、供应链网络中可能运输线路的单位运输成本以及供应链上各企业生产能力等数据进行收集和整理。

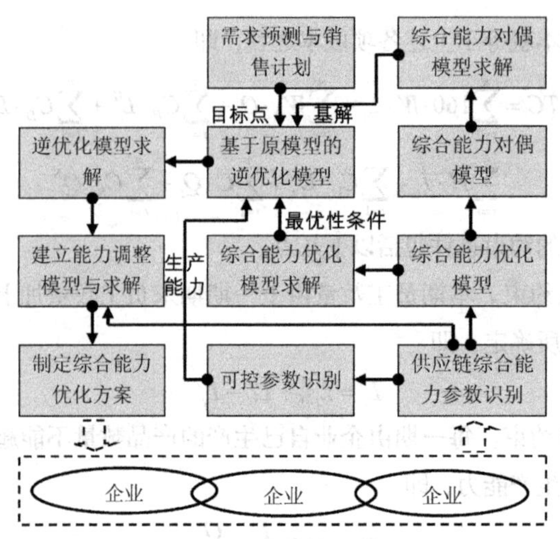

图 6-4　逆优化模型的建模与应用过程

（3）优化建模。根据供应链网络结构的分析结果以及网络结构参数，建立以供应链运营成本为优化目标，以不同品种产品生产数量为优化变量，以供应链上各企业的生产能力为约束条件的供应链综合能力优化模型及其对偶模型，并采用运筹学方法求解。

（4）逆优化建模。根据供应链综合能力优化模型及其对偶模型互补最优性条件，构建以销售计划确定的产品销售量为目标点，以供应链上各企业或组织的生产能力为优化变量、以各企业生产能力变化最小为优化目标的逆优化模型。

（5）逆优化模型应用。采用运筹学方法求解供应链综合能力逆优化模型，以确定满足销售计划需要的各企业生产能力调整目标；依据其求解结果建立供应链上有关企业的生产能力调整方案优化模型，进而确定有关企业的生产能力调整方案。

示例 6-6　供应链综合能力优化

某供应链在计划期内可生产 3 种产品 A、B、C，制造商在计划期内的固定成本为 50 000 元；3 种产品共有 9 种零部件，由 4 家供应商生产，经配送中心组织供应，配送中心的固定成本为 10 000 元；这 3 种产品由 3 家分销商分销。供应链上有关参数如表 6-9 至表 6-16 所示。其中，D_t可以通过表格中各个分销商的分销能力综合取得。

表 6-9　参数 F_s、F_t、W 值　（单位：元、件）

	1	2	3	4
F_s	20 000	18 000	15 000	20 000
F_t	5 000	6 000	7 000	
W	600			

表 6-10　参数 M_{ij} 的取值

M_{ij}	1	2	3	4	5	6	7	8	9
A	1	0	3	2	0	0	4	3	0
B	0	4	4	0	3	2	0	0	1
C	3	3	0	2	5	0	2	0	5

表6-11 参数 V_{js}的取值

V_{js}	1	2	3	4	5	6	7	8	9
1	10	0	0	25	12	0	6	6	0
2	13	10	0	0	11	20	0	0	5
3	0	0	8	20	0	19	6	0	0
4	15	11	0	23	0	0	5	7	5

表6-12 参数δ_{js}的取值

δ_{js}	1	2	3	4	5	6	7	8	9
1	0.400	0.000	0.000	0.300	0.480	0.000	0.350	0.540	0.000
2	0.340	0.520	0.000	0.000	0.520	0.490	0.000	0.000	0.500
3	0.000	0.000	1.000	0.370	0.000	0.510	0.290	0.000	0.000
4	0.260	0.480	0.000	0.330	0.000	0.000	0.360	0.460	0.500

表6-13 参数 C_{js}的取值

C_{js}	1	2	3	4	5	6	7	8	9
1	0.5	0	0	1	0.5	0	0.2	0.1	0
2	0.6	0.5	0	0	0.4	0.8	0	0	0.1
3	0	0	0.2	1	0	0.8	0.4	0	0
4	0.7	0.5	0	0.9	0	0	0.2	0.2	0.1

表6-14 参数 C_{it}、V_{it}、D_{it}的取值

	C_{i1}	C_{i2}	C_{i3}	V_{i1}	V_{i2}	V_{i3}	D_{i1}	D_{i2}	D_{i3}
A	5	4.7	5.2	20	25	18	35	30	35
B	7.5	7	7.2	25	30	27	50	55	55
C	8	7.5	8.5	35	30	35	70	80	60

表6-15 参数 T_i、λ_i、I_i、C_i、V_i、Q_i的取值

	T_i	λ_i	I_i	C_i	V_i	Q_i
A	1	0.5	10	6	120	120
B	1	0.7	20	5	160	180
C	4	0.5	30	3	200	230

表6-16 参数 CP_j的取值

	1	2	3	4	5	6	7	8	9
CP_j	850	1 400	1 100	750	1700	350	900	350	1 400

若产品A、B和C的销售价格分别为350、450、500，将表6-9～表6-16中数据代入优化模型式（6-28）中，求解可得到产品A、B和C的最优产量为（100，155，200）。

根据产品A、B和C的最优产量（100，155，200），产品A、B和C在计划期的销售计划产量为（95，150，210），求解供应链综合能力的逆优化模型式（6-31），可以得到零部件生产能力 P_j、产品生产能力 Q_i、产品仓储能力 W 和产品分销能力 D_t 的优化结果，如表6-17和表6-18所示。

表 6-17 零部件生产能力优化结果

	增加量σ	减少量β	优化结果
P_1	0	13	837
P_2	0	0	1 400
P_3	0	53	1 047
P_4	0	30	720
P_5	5	0	1 705
P_6	0	5	345
P_7	0	0	900
P_8	0	18	332
P_9	0	15	1 385

表 6-18 产品生产能力、仓储能力和分销能力优化结果

	增加量σ	减少量β	优化结果
W	0	43	600
Q_1	0	8	120
Q_2	0	5	180
Q_3	5	0	230
D_1	0	0	155
D_2	0	0	165
D_3	0	0	150

优化结果表明，当供应链生产的产品 A、B 和 C 在计划期目标产量为（95，150，210）时，零部件生产能力、产品生产能力和产品仓储能力达到表 6-17 和表 6-18 中相应数据，整个供应链的运营成本才能达到最优。

本章小结

本章讨论了供应链需求预测的特点、影响因素、预测过程和预测方法，销售与运作计划的特点、作用和实施过程，供应链综合能力优化与调整模型。

1．供应链需求预测

供应链需求：主要是指供应链运营过程所需要满足的最终顾客的产品需求，以及由此导致的沿供应链向上各环节产生的相关需求。

供应链需求特点：需求的时间特性和空间特性，需求的不规则性与规则性，需求的派生性与独立性。

需求预测：基于过去模式的持续性对整个产品或特定产品的需求量或需求金额，利用现在和过去历史数据并考虑未来各种影响因素进行预先的估计和推断。

需求预测特点：预测总是不精确的，长期预测的精度往往比短期预测低，综合预测往往比分解预测更精确，供应链上游企业的市场需求预测误差要高于下游企业。

需求预测影响因素：主要包括基本需求、季节性因素、趋势因素、周期性因素、促销因素和随机因素。需求预测需要将这些因素分解并预测其值后再进行综合。

需求预测过程：主要包括理解预测目标、整合需求计划和预测、识别影响需求预测的主要因素、选择合适的预测问题、选择合适的预测模型和建立预测绩效标准等步骤。

需求预测方法：按照预测方法的性质可分为定性预测法、时间序列预测法和因果关系预测法。时间序列预测法主要包括移动平均法、指数平滑法、趋势外推方法等；因果关系预测方法主要是回归分析预测法。

需求风险分析：主要考虑未来可能的随机因素对预测结果的影响。

2．销售与运作计划

销售与运作计划：通过对市场、研发、采购、生产和财务等部门的沟通和协调，做出对市场变化具有快速响应的决策，以适应市场需求的变化和供需平衡。

销售与运作计划特点：主要有跨职能部门的综合性、总量与分量的平衡性、汇总与明细的协调性和战略与作业的衔接性。

销售与运作计划作用：将各个部门的运作与经营计划联系起来，使所有部门都朝向同一个目标努力，进而，提供了一个满足企业经营目标的可行运作计划，提高了主生产计划和物料需求计划的可执行性。

销售与运作计划实施过程：主要包括准备销售预测报告、编制销售计划、编制生产运作计划、编制资源需求计划、协调可用资源和资源需求以及审批和确定销售和运作计划等步骤。

3．供应链综合能力

供应链综合能力：供应链上各企业或组织的生产能力综合。

生产能力影响因素：主要包括人员能力、设备能力和管理能力。

综合能力平衡：供应链综合能力与销售计划平衡策略主要有以生产能力为杠杆的应急策略，以生产效率为杠杆的柔性策略，以周转库存为杠杆的均衡策略和以需求调节为杠杆的主动策略。

综合能力优化模型：以每种产品产量为变量，以供应链上各企业或组织的生产能力为约束，以供应链运营成本最小化为目标的优化模型，通过模型求解来衡量供应链综合能力，评估综合能力是否能满足销售计划的需要，并识别出供应链上能力的瓶颈。

综合能力逆优化模型：以零部件生产能力、产品生产能力和产品存储能力和产品销售能力等参数为决策变量，确定供应链上各企业或组织的生产能力调整目标。

生产能力调整模型：以影响生产能力的人员、设备和库存等因素的变化为优化变量，确定生产能力调整方案。

复习与思考

1. 需求预测在像戴尔公司这样的按照订单生产的制造商的供应链中起到什么作用？
2. 你认为在巧克力市场的需求中会有怎样的系统需求和随机需求？
3. 当一个预测者声称自己基于历史数据的预测结果不存在误差时，为什么会引起管理者的质疑？
4. 若利用往年的销售数据而不是需求数据进行第二年的预测，会有什么影响？
5. 列出几个需求呈现出季节性变动的商品的例子。

6. 需求预测有哪些定量预测和定性预测方法？说明它们各自的特点和适用范围。

7. 就生产商而言，分析分布式生产和集中式生产的在供应链管理上优缺点，哪些生产商做这种选择是合理的，举例说明。

8. 讨论公司如何能让生产部门和营销部门一起协作来控制供给和需求，以达到利润最大化的共同目标。

9. 供应链综合能力计划如何在需求不确定性较大的环境中使用？

10. 数据信息如表1所示。（1）运用二次指数平滑法进行销售预测，其中 α=0.2，β=0.5，最初的基数为38，趋势系数为2。（2）预测至第15个周期。

表6-19 预测数据信息

周期	销售量	周期	销售量
1	39	6	47
2	46	7	46
3	40	8	55
4	43	9	54
5	50	10	60

课后案例

宝钢的综合销售计划系统

宝钢的综合销售计划系统的任务就是要根据其市场营销战略和财务绩效目标的要求，合理分配计划期的生产能力，制订计划期分品种、分去向的销售计划，并据此生成计划期各工序的生产计划。其最主要功能就是通过主计划模型和效益优化模型，获得企业的效益最大化。

宝钢的综合销售计划主要包括价格制订、资源计划、生产计划、资源分配计划等内容。价格制订由销售部负责，主要考虑钢材供求关系、竞争对手价格、价格走势、成本数据等因素制订期货、现货等大类的指导价格和最低限价；资源计划编制也由销售部完成，以可用生产能力为主要依据并结合市场需求汇总。销售部还依据资源计划制订生产计划，并结合市场情况、公司战略等编制资源分配计划；出厂中心编制运输计划。

宝钢的综合销售计划系统在市场和生产之间扮演着协调者的角色，一方面结合生产能力对销售计划提供指导，另一方面根据需求和能力，通过主计划模型和效益优化模型，在满足用户需求的条件下，追求企业价值的最大化。

宝钢目前生产的产品牌号总计已超过 1000 种，每个牌号下不同规格的组合预计达到 102 的数量级。如果把所有的产品对象都作为综合销售计划模型的计划优化对象，可能会使模型的规模和求解的时间达到不可容忍的地步，并对基础数据的收集和整理带来不可估计的难度。为简化问题的规模和降低模型的计划对象个数，可以考虑只对当前生产的产品进行优化或者对相似产品归类，相似产品归类原则可以从销售、成本、能力、工艺等方面考虑。

宝钢产品的生产工艺路径十分复杂，如果在综合销售计划系统中考虑宝钢所有的生产工序，即使采用了上述的简化计划对象的措施，其模型规模和运行效率也将受到影响。因此，为降低模型的复杂程度，即降低模型的约束条件，可采用瓶颈工序约束的方法，即分析目前已有的瓶颈工序或将要成为瓶颈的工序或机组，对其进行约束和优化。

在宝钢的各成品生产厂，除了产品库和原料库外，还有大量的中间库，每个机组前后各有一个仓库。在进行库存管理时不仅需对各物理库的总量进行控制，还必须对各物理库的逻辑库存进行控制（即对物理库中产品结构进行控制）。由于宝钢产品不仅产量大，而且产品种类多，要保证物理库和逻辑库的平衡是十分困难的。因此，需要采用不同的库存控制策略对物理库和逻辑库进行管理和控制，以达到计划与物流平衡。

宝钢产品的生产周期十分长，因此，在建立综合销售计划模型时，必须考虑到生产周期的问题。生产周期不仅是产品在每个加工工序的加工周期，也包括计划生产时间和产品冷却时间等。这样，就可以根据产品工艺路径，逆向推出各产品在各工序的加工量、加工时间和加工时间段。

在综合销售计划系统的支持下，综合考虑库存、需求、能力和效益等要求，建立库存、需求、能力和效益四维一体的线性规划模型，在满足需求、能力和库存目标的前提下，追求企业的效益最大化。

案例思考题

（1）宝钢的综合销售计划是如何优化宝钢供应链管理效益的？

（2）通过研究宝钢的综合销售计划对你有何启示？

资料来源：陈文明，苏冬平. 宝钢供应链管理中的综合销售计划模型. 宝钢技术，2003(5).

第 7 章　供应链库存管理

先导案例

GS 公司的库存管理问题

GS 公司主要从事半导体元器件的开发和生产，其产品具有系列化、标准化、规范化、批量化、多样化的特点。GS 公司的直接材料的平均库存控制在一个月左右，间接材料的平均库存控制在一周左右。公司的数据显示，直接原材料库存金额占所有原材料总金额的 90%左右。可见，有效地提升这一部分库存管理水平，尽快地解决其库存控制管理问题，是提高企业整体库存管理水平的关键。然而，在实际的物料库存控制中，直接材料部分正是难度最大、问题最多、管控起来最复杂的部分，其主要原因就是物料需求计划预测不准。其主要表现有以下几点。

（1）主生产计划变化幅度和频率较大，部分订单调产流程不规范。目前公司的主生产计划按 4 个月排产，当月的最后一周再更新未来 4 个月的计划，这样滚动更新的目的是使当月和未来几月的排产更接近实际需求。但在实际运营中，由于订单需求不稳定，不同产品变化的频率和幅度各不相同，因而这些因素都给原材料的备货造成了巨大的困扰。

（2）部分产品 BOM 设计不规范，存在一对多的情况。BOM 作为物料备货及管控的关键依据，其设计是否规范和合理对生产的应用和物料的管控有着重要意义。目前，GS 公司的 BOM 的设计和维护工作由工艺部门管控，存在着许多 BOM 设计不规范问题。

（3）产品投料要考虑设备型号和产能的问题。在编制物料需求计划时，会遇到 BOM 设计不规范的情况。产生这样的原因，主要是因为同一种产品可以在几种型号不同的设备上投产，由于设备规格和产出率不同，对应的原物料就有所差异。

资料来源：中国管理案例共享中心.

学习目标

- 理解库存概念、分类、功能与作用。
- 掌握库存管理基本方法和库存管理模式。
- 掌握最优订货批量基本模型。
- 了解不同情形下的最优订货批量模型。
- 了解不同策略下的安全库存模型。
- 了解库存仿真模型和仿真过程。

在保证企业生产经营需求的前提下，通过库存管理和控制使库存量经常保持在合理的水平上，有利于避免超储或缺货，减少库存空间占用，降低库存总费用，控制库存资金占用和加速资金周转。本章将主要介绍库存概念与分类、库存功能与作用、库存管理基本方法与模式；库存系统构成要素、周转库存和库存成本参数；经济批量、联合订货、数量折扣和允许缺货的批量模型；定量控制策略、定期控制策略和集聚策略下的安全库存模型；库存策略仿真原理、有销售损失的和有间接需求的库存仿真。

7.1 库存与库存管理

7.1.1 库存与库存分类

库存（Inventory）是指处于储存状态的商品，即某段时间内持有的存货或是作为今后按预定目的使用而处于闲置或非生产状态的物料。在生产制造企业，库存包括原材料、产成品、备件、低值易耗品以及在制品；在商业流通企业，库存一般包括用于销售的商品以及用于管理的低值易耗品。

库存按照不同的分类标准，可分为多种类型库存。

按生产过程可将库存分为：原材料库存，即企业已经购买，但尚未投入生产过程的存货；在制品库存，即经过部分加工，但尚未完成的半成品存货；产成品库存，即已经制造完成并正等待装运发出的存货。

按库存所处状态可将库存分为：在库库存，即存储在企业仓库中的存货，这是库存的主要形式；在途库存，即生产地和储存地之间的存货，这些物资或正在运载工具上处于运输状态，或者在中途临时储存地暂时处于待运状态。如果运输距离长，运输速度慢，在途库存数量甚至可能超过在库库存数量。

按存货目的可将库存分为：周转库存，即为满足两次进货期间的市场需求或生产经营需要而储存的货物，其存货数量受市场平均需求、生产批量、运输中的经济批量、资金和仓储空间、订货周期、货物特征等多种因素的影响；安全库存，即为防止需求波动或订货周期的不确定而储存的货物，其存货数量与市场需求特性、订货周期的稳定性密切相关；促销库存，即在企业促销活动期间，一般销售量会出现一定幅度增长，该库存就是为满足这类预期需求而建立的；投机性库存，即以投机为目的而储存的物资，如铜、黄金等重要原材料，企业购买并储存的目的并不是经营，而是做价格投机；季节性库存，即为满足具有季节性特征的需要而建立的库存，如冬季取暖用煤、夏季防汛产品等。

7.1.2 库存功能与作用

库存的基本功能是满足不同时间产生的顾客需求，具体有以下功能。

（1）平衡供需数量的缓冲功能。如果某种产品的供应数量或供应速率不能满足需求，或者生产过程中后一道工序开始前而前一道工序尚未完成时，就需要用库存来缓冲供需之间的平衡。

（2）衔接供需时间的存储功能。若原材料已经购入、半成品已经加工出来而尚未使用或者产品已经制造出来而尚没有订单，这时就需要对它们进行存储。

（3）应对随机需求的应变功能。当某种产品的需求或供应具有不确定性时，存储一定数量的产品可以满足这种不确定性。

（4）考虑数量折扣的经济功能。许多供应商会对大批量订货提供一定的价格折扣，这将激励企业大量订货，进而会产生库存。

（5）避免存货短缺的保障功能。当预测到某种产品出现价格上涨或短缺时，提前采购并存储这种产品，可以避免存货短缺或不足。

库存作为一项流动资产所占用的资金一般要占企业现金总投资的很大比例。因此，过多的库存量会产生许多的问题，这些问题包括如下内容。

（1）占用大量的流动资金，加重贷款利息等负担，影响资金的时间价值和机会收益。

（2）增加仓库面积和库存保管费用，增加产品成本。

（3）造成产成品和原材料的有形损耗和无形损耗。

（4）造成企业资源的大量闲置，影响其合理配置与优化。

（5）掩盖企业生产经营全过程的各种矛盾和问题。

但是，过少的库存量也会产生许多的问题，具体内容如下。

（1）造成服务水平的下降，影响销售利润和企业信誉。

（2）造成生产系统原材料或其他物料的供应不足，影响生产过程的正常进行。

（3）使订货间隔期缩短，订货次数增加，进而增加订货（生产）成本。

（4）影响生产过程的均衡性和装配过程的成套性。

7.1.3 库存管理基本方法

库存管理是指通过对企业生产经营所需的各种货物进行管理和控制，使其储备保持在经济合理的水平，以获得库存服务水平与库存成本的优化。库存管理也是执行库存管理政策和管理方法的过程。

在企业的库存管理中，经济合理的库存应该着眼于企业的所有储备货物的库存管理合理化，而不是单一品种储备货物的库存管理合理化。这就需要根据每种储备货物的顾客价值贡献进行分类，并制定分类库存管理策略。

1. ABC分类法

ABC分类法是常用的库存分类法。这种分类方法将企业的库存货物按照库存价值分为A、B和C3类，每类货物的特点如表7-1所示。

表7-1 ABC分类法特点

库存类型	库存价值比例	库存品种比例
A	占库存价值70%～80%	约占库存品种15%
B	占库存价值15%～25%	约占库存品种30%
C	约占库存价值5%	约占库存品种55%

通过分类可以对不同类别的库存货物制定不同的库存管理策略：对 A 类货物需进行重点管理，可连续进行检查和盘点库存，采用经济批量订货，不许缺货；对 B 类货物需进行次要管理，可按季进行检查和盘点库存，采用经济批量或生产批量订货，允许偶尔缺货；对 C 类货物进行一般管理，可按年度进行检查和盘点库存，根据实际需求订货，允许合理范围内缺货。

应用 ABC 分类法分别根据年度需求库存价值和现有库存价值对库存货物进行分类，然后，将两种 ABC 分类相结合得到一个 ABC 库存矩阵，如图 7-1 所示。

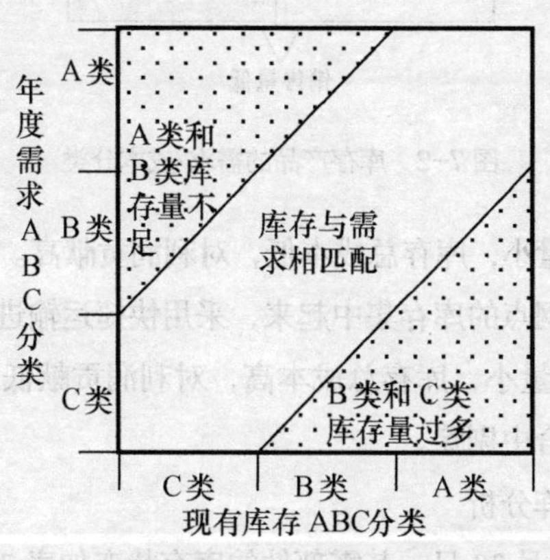

图 7-1　ABC 库存矩阵

在图 7-1 中，基于年度需求库存价值所分的 A 类库存应与基于现有库存价值所分的 A 类库存相互匹配，落在图中两斜线间的无阴影区域。同样，B 类库存和 C 类库存也应相互匹配，落在图中无阴影区域，否则该企业所备库存就是错误的。

从图中左上角三角阴影区可知，一些基于年度需求库存价值的 A 类库存，在基于现有库存价值分类时被归入 B 类或 C 类库存，一些 B 类库存被归入 C 类库存。这表明，该企业 A 类和 B 类现有库存过少，且高价值的库存正面临着不能满足需求的危险。相反，从图中右下角的三角阴影区可知，一些基于年度需求库存价值的 C 类库存，却是基于现有库存价值的 A 类或 B 类库存，而一些 B 类库存也可能成为 A 类库存。这表明，企业所拥有的 B 类和 C 类库存过多，会带来较高的库存持有成本。若企业的存货周转率非常低，则表明有过多的陈旧存货存在。

2．需求/成本分类法

需求/成本分类法，将企业的库存产品按照库存总成本（包括订货成本、库存持有成本和库存占用成本）的高低和产品销售量的多少划分为 4 类库存，并针对不同类型库存采取不同的库存管理策略，如图 7-2 所示。

由图 7-2 可见，这 4 类库存产品的特点以及对应的库存管理策略如下。

（1）A 类库存产品需求量大，库存总成本低，对利润贡献高。对这类库存产品，应该提供高服务水平，确保产品的高可获性。

（2）B 类库存产品需求量大，库存总成本高，对利润贡献低。对这类库存产品，应该加强库存成本控制，降低其安全库存量。

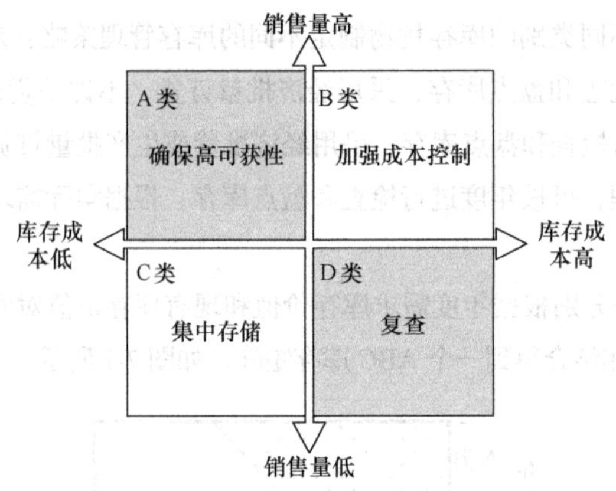

图 7-2　库存产品的需求/成本分类

（3）C 类库存产品需求量小，库存总成本低，对利润贡献高。对这类库存产品，应该实行集中管理，将分散在各销售网点的库存集中起来，采用快捷运输进行配送。

（4）D 类库存产品需求量小，库存总成本高，对利润贡献低。对这类库存产品，应该考虑是否将它们从库存产品组合中剔除。

示例 7-1　ABC 库存矩阵分析

某企业截至 2014 年度 6 月 30 日，其零部件的库存状态如表 7-2 所示。请分析这些零部件库存是否合理。

表 7-2　某企业零部件的库存状态

库存项目	产品成本（元）	年度需求量	年度库存价值	现有库存量	现有库存价值
1	25.0	1400	35000	250	6250
2	10.0	500	5 000	200	2 000
3	3.0	1 000	3 000	600	1 800
4	1.0	2 000	2 000	1 000	1 000
5	12.0	500	6 000	300	3 600
6	6.0	1 500	9 000	1 100	6 600
7	2.0	3 000	6 000	2 000	4 000
8	8.0	3 500	28 000	1 900	15 200
9	45.0	400	18 000	300	13 500
10	17.0	1 800	30 600	900	15 300
总价值			142 600		69 250

在此例中，首先，分别按照年度库存价值和现有库存价值对库存项目进行 ABC 分类，分类结果如表 7-3 所示。

然后，根据年度库存分类和现有库存分类结果绘制 ABC 库存矩阵，如图 7-3 所示。

表 7-3　库存项目分类结果

库存项目	年度库存价值比例	现有库存价值比例	年度库存分类	现有库存分类
1	24.54%	9.03%	A	B
2	3.51%	2.89%	C	C

续表

库存项目	年度库存价值比例	现有库存价值比例	年度库存分类	现有库存分类
3	2.1%	2.6%	C	C
4	1.4%	1.44%	C	C
5	4.21%	5.2%	B	B
6	6.31%	9.53%	B	A
7	4.21%	5.78%	B	B
8	19.64%	21.95%	A	A
9	12.62%	19.49%	A	A
10	21.46%	22.09%	A	A

由图 7-3 可见，1 号产品位于左上角三角阴影区，表明该产品库存量过少；6 号产品位于右下角三角阴影区，表明该产品库存量过多；其他产品位于图中两斜线间的无阴影区域，表明它们的现有库存量与年度需求相匹配。

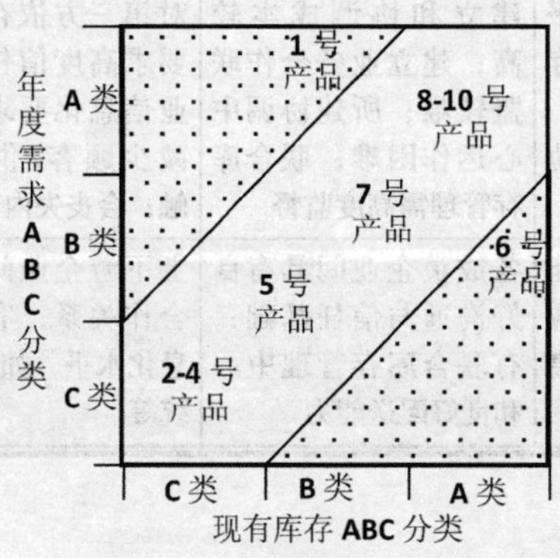

图 7-3　企业的 ABC 库存矩阵

7.1.4　库存管理模式

在供应链库存管理中，由于供应链中上、下游企业之间的信息不对称、产品供应和需求不确定性以及库存所有权与管理权分离等原因，会导致在供应链上从销售商到制造商再到供应商的订货量逐级放大的现象。企业之间的信息不对称，会导致企业因无法掌握下游企业的真实需求和上游企业的供货能力而多订多储货物；下游企业的需求波动和上游企业的供货提前期的变化，也会导致企业增大订货量；库存所有权与管理权分离，即供应商将商品交由销售商销售，而其库存责任仍归供应商，待销售完成后进行结算。这将会导致销售商普遍倾向于加大产品订货量以掌握库存控制权。

同时，考虑到经济性，销售商接到订单后并不会立即向上级供应商订货一次，而是按周期汇总或汇总到一定数量后再向供应商订货。另外，频繁订货也会增加供应商的工作量和成本，进而要求销售商按一定数量或周期订货。这样，订货量的层层放大，有可能导致最终供应商所得到的订单需求量是顾客实际需求的几倍甚至几十倍。

为消除产生这种现象的原因，供应链中上、下游企业之间可以采用供应商管理库存（VMI）、双方联合管理库存（JMI）、第三方管理库存（TPL）和协同计划、预测与补货

（CPFR）等库存管理模式（参见 2.4.2 部分）管理他们之间共同的库存。这几种库存管理模式的管理思想、优缺点与适应条件如表 7-4 所示。

表 7-4　库存管理模式比较

比较项目	VMI 模式	JMI 模式	TPL 模式	CPFR 模式
管理思想	各节点企业共同帮助供应商制订库存计划；供应商参与管理顾客库存，拥有和管理库存控制权	各节点企业共同参与库存计划管理，共同制订统一生产与销售计划；各方保持对需求预测水平的一致	通过合作提供专业化服务；为顾客提供以合同为约束，以结盟为基础的个性化、信息化的物流服务	提供覆盖整个供应链的合作过程；通过共同管理业务和共享信息来改善零售商和供应商的伙伴关系
主要优点	降低库存和成本；改善缺货和服务水平；缩短提前期；提高库存周转率和需求预测精度，配送最佳化	共享库存信息；加强信息交换与协调；改善供应链运作效率；降低成本与风险，有利于同步运行	使第一方、第二方将有限资源集中于核心业务；利用其专业优势和成本优势提高各环节能力利用率	实现企业间功能合作；改善预测精度和服务水平；降低成本和库存；发掘商业机会，发挥供应链效率
主要缺点	系统集成与协作水平有限；对供应商依存度高，需高度信任；决策过程缺乏足够协商；加大供应商风险	建立和协调成本较高；建立业务合作联盟较难；所建协调中心运作困难；联合库存管理需高度监督	对第三方依存度高，要求高度信任；对企业信息化要求较高，减少顾客/供应商接触；会丧失内部能力	以顾客为中心思想未能完全实现，CPFR 始于需求预测终于订单产生；其合作过程并不十分完善
适应条件	制造商没有 IT 系统能有效管理库存；供应商实力雄厚，有较高直接存储交货水平	各成员企业间具有良好沟通与信任基础；有联合库存管理中心和良好配送能力	上下游企业间有良好合作关系；有较高信息化水平，如 ERP 系统等	有良好 IT 支持；协作关系固定；对流程保持高度一致；能快速响应及预测需求

7.2　库存系统及参数

7.2.1　库存系统

库存随时间的推移所发生的盘点数量变化被称为库存状态。库存状态随需求过程而减少，随补充过程而增大。库存系统是一个由补充、存储、需求 3 个环节紧密构成，并按一定的盘点方式、存储策略和缺货处理方式运行的系统。由于生产或销售等需求，从库存点取出一定数量的库存货物就是库存的输出；对库存点货物的补充就是库存的输入。

1．满足需求

对于一个库存系统，需求就是其输出，即从库存系统中取出一定数量的货物以满足生产或消费的需要，而库存量会因满足需求而减少。需求可以有不同的形式。

（1）间断的或连续的。如商业库存系统中，顾客对时令商品的需求是间断的，对日用品的需求是连续的。

（2）均匀的（线性的）或不均匀的（非线性的）。如工厂自动流水线对原料的需求是均匀的，而一个城市对电力的需求则是不均匀的。

（3）确定性的或随机的。如生产活动中对原材料的需求一般是确定性的，而销售活动中对商品的需求则往往是随机的。对于随机需求，可通过大量观察试验认识其统计规律。

2．补充供应

库存由于需求会不断减少，必须适时加以补充。补充有内部生产和外部订购（采购）两种方式。库存系统对于补充订货的订货时间及每次订货的数量是可以控制的。在补充供应环节，从订货到交货之间有一段滞后时间，该时间是影响库存系统性能的一个重要因素。为使库存在某一时刻获得补充，就必须提前一段时间订货，这段时间称为提前时间（订货提前期）。它可能是确定性的或随机性的。

3．缺货处理

由于需求数量和订货提前期具有随机性，因此发生缺货的情况是可能的。对于缺货，通常采取两种方式处理。一是对于未能完全满足的需求，其不足部分在订货到达后立即补上；二是对于未能完全满足的需求，其不足部分不再补充供应。后一种情形常发生在顾客到零售店购物时，若缺货，顾客会到其他零售店购买相同货物。

4．盘点方式

为掌握库存量，需要对 $t \geqslant 0$ 时的库存量 $I(t)$ 进行盘点。盘点方式主要有连续盘点和周期盘点两种方式。

连续盘点就是在每次货物出库时，均盘点库存剩余货物，检查其库存量是否低于预定的订货点。若低于订货点，将发出采购命令，如图 7-4 所示。在连续盘点方式中，每次订货量是固定的，而相邻两次订货的时间间隔是不固定的。

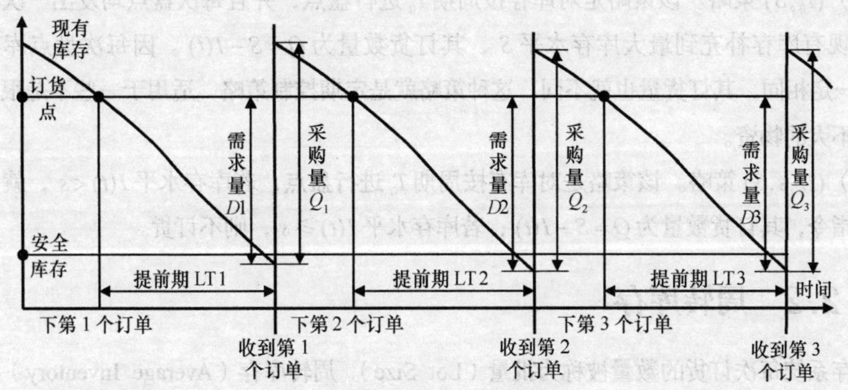

图 7-4　连续盘点方式

周期盘点就是按照固定周期盘点库存，并根据库存情况及下个计划期预计的需求情况确定每次采购量。若库存储备较少或预计需求量增加，可适当增加采购量，如图 7-5 所示。在周期盘点方式中，每两次订货的时间间隔是固定的，但订货数量是变化的。

5．存储策略

一个库存系统的需求即其服务对象，因而不需要进行控制。需要控制的是库存的输入过程，即补货时间和补货数量。管理者可以通过控制补货时间和补货数量两个决策变量，来调节库存系统的运行，以便达到最优运营效果。决定补货时间和补货数量的策略称为库存策略。常用的库存策略有以下几种类型。

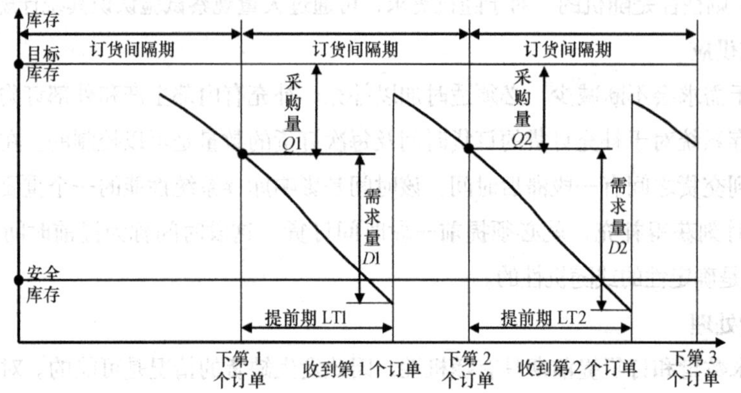

图 7-5 周期盘点方式

（1）(R,Q) 策略。该策略是对库存进行连续盘点，若库存水平 $I(t)<R$，就立即发出订货指令，每次的订货数量保持不变，其订货数量为固定值 Q；若库存水平 $I(t)\geqslant R$，则不订货。R 称为订货点。这种策略就是定量控制策略，该策略适用于需求量大、缺货费用较高、需求波动性很大的情形。

（2）(s,S) 策略。该策略是对库存进行连续盘点，若库存水平 $I(t)<s$，就立即发出订货指令，订货后使最大库存 S 保持不变，其订货数量为 $Q=S-I(t)$；若库存水平 $I(t)\geqslant s$，则不订货。因每次库存水平 $I(t)$ 不一定相同，其订货量也就不一定相同。

（3）(T_0,S) 策略。该策略是对库存按周期 T_0 进行盘点，并且每次盘点均发出一次订货指令，将现有库存补充到最大库存水平 S，其订货数量为 $Q=S-I(t)$。因每次盘点库存水平 $I(t)$ 不一定相同，其订货量也就不同。这种策略就是定期控制策略，适用于一些不是很重要或使用量不大的物资。

（4）(T_0,s,S) 策略。该策略是对库存按周期 T_0 进行盘点，若库存水平 $I(t)<s$，就立即发出订货指令，其订货数量为 $Q=S-I(t)$；若库存水平 $I(t)\geqslant s$，则不订货。

7.2.2 周转库存

库存系统每次订货的数量被称为批量（Lot Size）。周转库存（Average Inventory）是由于库存系统每次的产品订货批量 Q 大于顾客需求速率 d 而产生的平均库存量（$Q/2$）。每次订货批量 Q 完全流转出库所需要的时间为平均库存量（$Q/2$）与顾客需求速率 d 之比，即 $Q/2d$，如图 7-6 所示。

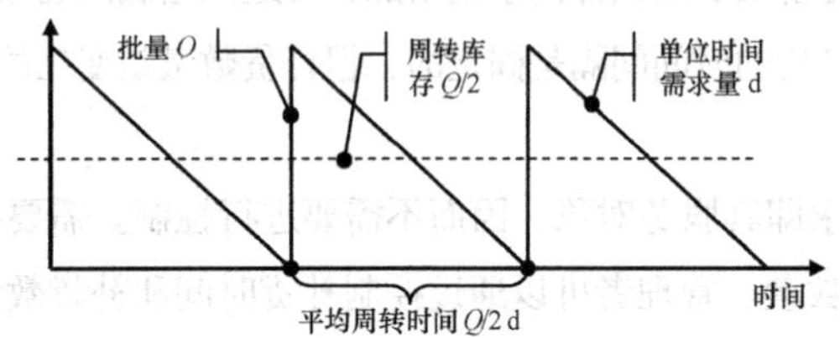

图 7-6 周转库存与库存流转时间

7.2.3 库存成本

库存系统运行中所发生的成本主要包括固定订货成本、库存持有成本、缺货成本和库存占用成本。

1．固定订货成本

固定订货成本是指企业为实现订货而发生的那些不随订货批量大小变化却在每次订货时都要发生的所有成本总和，用 S 表示。固定订货成本包括所有因发出或接收额外订单而增加的成本，那些与订货数量无关的固定订货成本主要包括以下组成部分。

（1）采购员时间成本。采购员时间是指采购员下达额外订单所增加的时间。只有在采购员全负荷工作时，才需要考虑该成本。一个空闲的采购员进行订货所产生的增量成本为零，不会增加订货成本。因此，电子订货可以大幅降低采购时间成本。

（2）运输成本。运输成本通常与订货数量无关。例如，如果每次货物交付都安排一辆卡车，那么装运半车货和卡车满载的成本是完全一样的。零担运输定价也包括不随装运货物量变化而变化的固定部分和随着装运数量的变化而变化的可变部分，其中固定部分应当包括在订货成本中。

（3）收货成本。主要包括处理订货的差旅费、邮资、通信费用、验收货物以及对单和更新库存记录等相关的支出。其中一些与订货数量无关的收货成本应计算在订货成本中，而与订货数量相关的收货成本不应计算其中。

（4）其他成本。每一种情况下都可能存在一些仅和订货次数有关，而与订货数量无关的需要考虑的特殊成本。

2．库存持有成本

库存持有成本是指在一定时间内持有单位产品的库存所需支付的成本，用 H 表示。若 h 表示 1 元的库存产品持有 1 年的成本，C 为单位产品成本，则 $H=h\cdot C$。与库存数量无关的固定成本主要包括仓库折旧、仓库职工的固定月工资等。与库存数量有关的变动主要包括以下 4 项成本。

（1）资金占用成本。该成本是指产品库存所占用资金的机会成本，反映失去的盈利能力。如果资金投入其他方面就会要求取得投资回报，因此资金占用成本就是这种尚未获得的回报的费用。通常资金占用成本是库存持有成本的一个最大组成部分，可用持有库存的货币价值的百分比来表示。

（2）空间占用成本。该成本主要反映由于周转库存变化而导致的空间成本变化。如果企业支付的货物存储费用是以仓库中存储货物的实际数量来计算，就属于直接空间占用成本。企业通常是租赁或购买一定空间来存储货物，但只要周转库存的增加不改变对存储空间的需求，那么空间占用成本增加即为零。

（3）库存搬运成本。搬运成本应当只包括那些随订货数量变化而变化的收货成本，而与订货数量无关。但随着订货次数变化而变化的搬运成本应当包括在订货成本当中。尽管搬运成本与订货数量变化相关，但通常当数量变化仅在一定范围内时，其搬运成本不变，这时库存持有成本中增加的搬运成本为零。如果需要增加人手来应付收货数量的增加，那么在库存持有成本中需要加上增加的搬运成本。

（4）库存服务成本。这项成本主要指安全及税金。根据产品的价值和类型，产品丢失或损坏的风险越高，就越需要较高的风险金。另外，由于许多国家将库存列入应纳税的财产，因而高水平库存必导致高税费。安全及税金将随产品的不同而有很大变化，但在计算存货储存成本时，必须要考虑它们。

由于库存持有成本中固定成本与库存数量无直接关系，因而它不影响库存管理决策。

3．缺货成本

缺货成本是指由于库存供应中断而造成的损失，用 C_s 表示，主要包括因原材料供应中断而造成的停工损失、因产成品库存缺货而造成的延迟发货损失和丧失销售机会的损失（还应包括商誉损失）。如果生产企业以紧急采购代用材料来解决库存材料的中断之急，那么缺货成本表现为紧急额外购入成本（紧急采购成本大于正常采购成本的部分）。当一种产品缺货时，顾客就会购买竞争对手的产品，进而造成企业直接利润的损失。如果失去顾客，还可能给企业造成间接或长期损失。在供应物流方面，原材料或半成品或零配件的缺货，意味着机器空闲甚至生产设备全部处于关闭状态。

7.3 经济订货批量模型

7.3.1 经济批量基本模型

当某种产品的全年需求量确定时，每次订货批量的多少将影响库存持有成本、订货成本和缺货成本的变化。通常，某种产品的全年库存持有成本将随着订货批量的增加而增加，而订货批量的增加将会减少全年订货次数，进而导致订货成本减少。同时，订货批量的增加会减少缺货发生，进而减少缺货成本。

经济订货批量（Economic Oder Quantity，EOQ）是指使库存持有成本、固定订货成本和缺货成本之和达到最小的订货批量。

若假设产品需求已知，订货提前期已知且不变，交货与形成库存是同时的，没有数量折扣，不存在存货短缺或不足，就可以得到只取决于库存持有成本和固定订货成本的经济批量基本模型。

设某种产品成本为 C，全年需求量为 D，每次固定订货成本为 S，产品库存费率为 h，每次订货批量为 Q，则该种产品的全年订货次数为 D/Q，全年库存持有成本为 $(Q/2)\cdot h\cdot C$，全年固定订货成本为 $S\cdot D/Q$，全年库存占用成本为 $D\cdot C$。

于是，该种产品的全年库存总成本可表示为

$$TC=\frac{D}{Q}S+\frac{Q}{2}h\cdot C+D\cdot C \tag{7-1}$$

将（7-1）式对变量 Q 求一阶导数，并令导数等于 0，可以求得最优订货批量即经济订货批量 Q^*，其计算公式为

$$Q^* = \sqrt{\frac{2D \cdot S}{h \cdot C}} \tag{7-2}$$

单位产品在库存系统中的流转时间T^*为

$$T^* = \frac{Q^*}{2D} \tag{7-3}$$

全年最优订货次数n^*为

$$n^* = \frac{D}{Q^*} = \sqrt{\frac{D \cdot h \cdot C}{2S}} \tag{7-4}$$

最优库存成本TC^*为

$$TC^* = D \cdot C + \sqrt{2h \cdot C \cdot S \cdot D} \tag{7-5}$$

可见，最优订货批量是固定订货成本与库存持有成本相互平衡的结果。由于全年库存持有成本随订货批量增大而增加，全年固定订货成本随订货批量增大而降低，使得固定订货成本与库存持有成本相等之处得到最优订货批量，如图 7-7 所示。

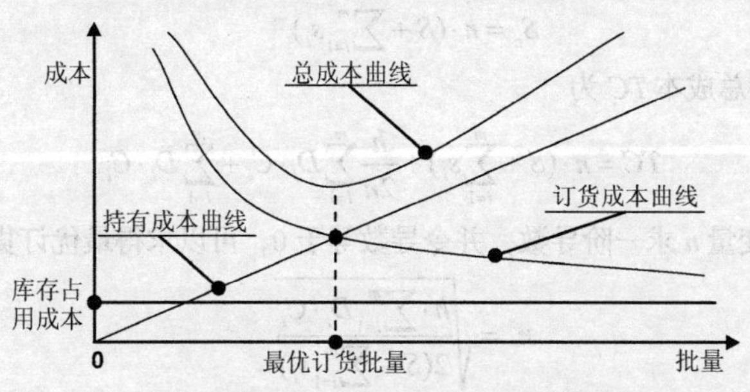

图 7-7　最优订货批量

设C_B为由固定订货成本与库存持有成本组成的成本函数，Q为偏离最优订货批量的订货批量，即$Q=(1+\delta)\cdot Q^*$，$0\leqslant\delta\leqslant 1$，则库存成本的相对误差值$\Delta(\delta)$为

$$\Delta(\delta) = \frac{C_B(Q) - C_B(Q^*)}{C_B(Q^*)} = \frac{\dfrac{S \cdot D}{Q^*(1+\delta)} + \dfrac{1}{2}h \cdot C \cdot (1+\delta) \cdot Q^*}{\sqrt{2h \cdot C \cdot S \cdot D}} - 1 \tag{7-6}$$

给定订货批量的偏离幅度δ，就可计算出库存成本的相对误差$\Delta(\delta)$，如表 7-5 所示。

表 7-5　订货批量偏离幅度与库存成本相对误差值

	1	2	3	4	5	6	7	8	9	10	11	12
δ	0.05	0.10	0.15	0.20	0.25	0.30	0.35	0.40	0.45	0.50	0.55	0.60
Δ	0.001	0.005	0.010	0.017	0.025	0.035	0.045	0.057	0.070	0.083	0.098	0.113

示例 7-1　最优订货批量及其敏感性分析

有一家企业生产的某品牌万用表的年产量为 8 000 台，组装每台万用表需要 1 个电源组件，这种组件的单价为 0.4 元。每次采购电源组件的订货费用为 5.2 元，年库存费率为 0.36。求最佳订货批量。

在此例中，求解最佳订货批量所需的参数均为已知。由式（7-2）至式（7-4）可以求得电源组件的最佳订货批量为760个；每年最佳订货次数为10.5次，即每隔35天订货一次。

若每次订货批量为1 000个，即实际订货批量比最佳订货批量提高31.6%，那么库存成本将增加3.8%。这表明，相应订货批量的变化并不会引起有关成本较大幅度的增长。

7.3.2 联合订货批量模型

通常，在一个企业里会生产不同的产品系列，而每个产品系列都单独由不同的产品主管负责。相应地，每个产品系列的原材料和零部件采购以及产品交付也是独立进行的，由此将会导致原材料、零部件和产品周转库存大幅度增加。由于在一次订货中，通过集中多个产品或多个供应商的补货订单，可使订货成本和运输成本在各产品、供应商之间分摊，因此，整合不同产品系列进行集中订货和交付，可有效降低周转库存。当然，集中订货也会使部分成本随产品数量或装载地数目的增加而增加。

设每次固定订货成本为S，且与订单中产品品种无关；订单中产品i的附加订货成本为s_i。若需要对m种产品进行集中采购，全年订货次数为n，则集中订货的订购成本S_c为

$$S_c = n \cdot (S + \sum_{i=1}^{m} s_i) \tag{7-7}$$

于是，年度库存总成本TC为

$$TC = n \cdot (S + \sum_{i=1}^{m} s_i) + \frac{h}{2n}\sum_{i=1}^{m} D_i \cdot C_i + \sum_{i=1}^{m} D_i \cdot C_i \tag{7-8}$$

对式（7-8）的变量n求一阶导数，并令导数等于0，可以求得最优订货次数n^*为

$$n^* = \sqrt{\frac{h \cdot \sum_{i=1}^{m} D_i \cdot C_i}{2(S + \sum_{i=1}^{m} s_i)}} \tag{7-9}$$

产品i的最优订货批量Q^*为

$$Q_i^* = \frac{D_i}{n^*} = D_i\sqrt{\frac{2(S + \sum_{i=1}^{m} s_i)}{h \cdot \sum_{i=1}^{m} D_i \cdot C_i}} \tag{7-10}$$

在实践中，企业不可能将全部产品进行集中订货，而是需要考虑每种产品的需求量及其特定订货成本。如果低需求量产品的特定订货成本很高，将导致较高的库存总成本；而对低需求量产品采用低于高需求量产品的订货频率，可以减少低需求量产品的特定订货成本。因此，选择那些需求量较高、同一企业或相邻企业或运输路径相同的产品进行集中订货，其特定订货成本将会降低。

示例7-2 联合订货最优订货批量

有一家经销计算机外围设备的经销商销售A型号打印机、B型号投影仪和C型号扫描仪。A型号打印机年需求量为12 000台，B型号投影仪需求量为2 400台，C型号扫描仪360台。每台打印机成本为1 000元，每台投影仪成本为2 000元，每台扫描仪成本为3 000元。每次订货的固定订货成本为5 000元，若这3种产品分别订货，则再增加1 000元；若集中订货，则每次订货成本为8 000元。该经销商库存持有成本费率为20%。请分别计算分别订货和集中订货的最优订货批量，并比较两种订货方式的库存成本。

在此例中，计算分别订货和集中订货的最优订货批量所需的参数已知。将相应数据代入

式（7-2）可计算出 3 种产品分别订货的最优订货批量，并计算出固定订货成本和库存持有成本，如表 7-6 所示。

表 7-6　分别订货的批量和成本

产品品种	A 型号打印机	B 型号投影仪	C 型号扫描仪
年需求量	12 000	2 400	360
订货成本	5 000	5 000	5 000
产品价格	1 000	2 000	3 000
最优批量	775	245	75
周转库存	387	122	39
订货频率	15	10	5
年订货成本	77 460	48 990	23 238
年持有成本	929 516	58 788	2 789
年总成本	1 006 976	107 778	26 026

由表 7-6 可得 3 种产品分别订货的总成本为 1 140 780 元（1 006 976+107 778+26 026）。

将相应数据代入式（7-9）可计算出三种产品的最优订货批量，并计算固定订货成本和库存持有成本，如表 7-7 所示。

表 7-7　集中订货的批量和成本

产品品种	A 型号打印机	B 型号投影仪	C 型号扫描仪
订货成本	8 000	8 000	8 000
订货频率	15	15	15
最优批量	800	160	24
周转库存	400	80	12
年订货成本		120 000	
年持有成本	80 000	32 000	7 200

由表 7-7 可得 3 种产品集中订货的总成本为 239 200 元（120 000+80 000+32 000+7 200）。集中订货比分别订货的总成本节约 901 580 元。

7.3.3　非即时库存批量模型

当库存中某些产品不是由外部供应而是由企业自己生产时，将用准备成本（setup cost）代替固定订货成本。生产准备成本是指企业为生产一批货物而进行生产线调试和准备的成本。其中，更换模具、夹具所需要的工时或添置某些专用设备等费用属于固定成本，而与生产产品的数量有关的费用，如材料费、加工费等属于变动成本。

当企业生产的产品数量不是按照订单数量一次性到达，而是在数日或数周内按一定速率到达，且生产速率大于需求速率时，其最大库存量为：日生产速率 · 生产天数–日需求速率 · 生产天数。非即时库存水平变化如图 7-8 所示。

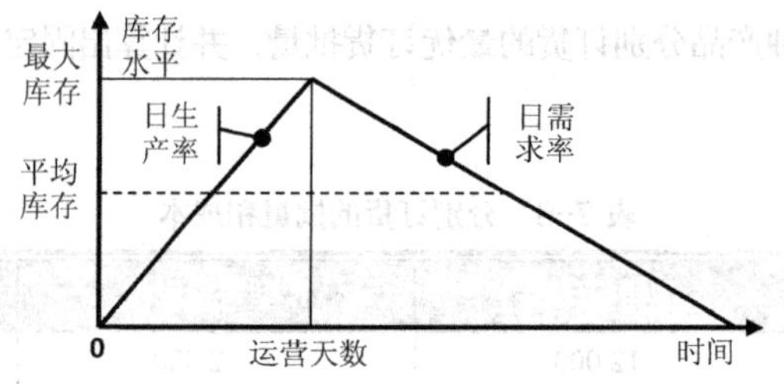

图 7-8　非即时库存水平变化

设每次生产数量为Q，生产准备成本为S，产品日生产速率为p，日需求速率为d。则生产数量为Q的生产天数为Q/p，周转库存量为$Q(1-d/p)/2$。

于是，库存总成本TC为

$$TC=\frac{Q}{2}\cdot(1-\frac{d}{p})\cdot h\cdot C+\frac{D\cdot S}{Q}+D\cdot C \tag{7-11}$$

最优生产批量Q^*为

$$Q^*=\sqrt{\frac{2p\cdot D\cdot S}{h\cdot(p-d)\cdot C}} \tag{7-12}$$

7.3.4　数量折扣批量模型

有时企业为鼓励顾客大量购买，规定凡是每批购买数量达到一定范围时，就可以享受价格上的优惠，这种价格上的优惠叫作数量折扣。在有数量折扣的情况下，顾客加大订货批量一方面可以从中得到折扣收益，减少订货次数，节省订货费用；另一方面购买数量增加会造成货物积压，占用流动资金和增加库存费用。因此，是否选择有折扣的订货批量或选择何种折扣，其依据仍然是选择总费用最小的订货方案。

数量折扣的常见形式是在定价方案中包含特定的数量分割点$q_0,q_1,q_2,\cdots,q_r$，其中$q_0=0$。若顾客发出订单的订货批量满足$q_i\leqslant Q<q_{i+1}$，那么，将获得单位产品的价格为C_i，如表 7-8 所示。

表 7-8　常见数量折扣形式

折扣点	数量折扣范围	折扣后价格
1	$[q_0,q_1)$	C_0
2	$[q_1,q_2)$	C_1
…	…	…
r	$[q_{r-1},q_r)$	C_{r-1}

可见，在有数量折扣情况下，库存占用成本、固定订货成本和库存持有成本都将随着产品价格折扣和订货批量的变化而变化。

确定考虑数量折扣的最优订货批量步骤如下。

① 计算每个价格C_i $(0\leqslant i\leqslant r)$对应的最优订货批量$Q_i$，即

$$Q_i=\sqrt{\frac{2D\cdot S}{h\cdot C_i}} \tag{7-13}$$

② 选择每一个价格 C_i 下的最优订货批量 Q_i^*。如果 $q_i \leqslant Q_i < q_{i+1}$，则 $Q_i^* = Q_i$；如果 $Q_i < q_i$，若以 Q_i 为最优订货批量就不能获得折扣价格，因此，应取 $Q_i^* = q_i$ 以获得单位折扣价格 C_i。

③ 根据折扣点 i（$0 \leqslant i \leqslant r$），计算订货批量 Q_i^* 的年度库存总成本 TC_i 为

$$TC_i = \frac{D}{Q}S + \frac{Q}{2}h \cdot C_i + D \cdot C_i \tag{7-14}$$

④ 选择使库存总成本 TC_i 为最低的订货批量即最优订货批量。

示例 7-3　考虑数量折扣的最优订货批量

某自行车专营店销售某品牌自行车。最近，该专营店得到该品牌自行车供应商的数量折扣表如表 7-9 所示。每次固定订货成本为 49 美元，每年对自行车的需求为 5 000 辆，单位产品库存成本比例为 0.2。

表 7-9　某品牌自行车数量折扣表

折扣点	数量折扣范围	折扣率	折扣后价格（元）
1	0~99	0	500
2	100~199	4	480
3	200 或以上	5	475

在此例中，首先，计算每个价格的最优订货批量：价格为 500 元时最优订货批量 Q_1 为 70 辆；价格为 480 元时最优订货批量 Q_2 为 71.4 辆；价格为 475 元时最优订货批量 Q_3 为 71.8 辆。然后，调整批量，Q_1 数值在 0 ~ 99，不需要调整；Q_2 数值低于相应折扣范围 100 ~ 199，将其调整为 100 辆；Q_3 数值低于相应折扣范围 200 或以上，将其调整为 200 辆。最后，计算每个订货量的库存总成本，计算结果如表 7-10 所示。

表 7-10　各订货量的库存总成本　　单位：（元）

单价	订货数量	库存占用成本	订货成本	库存持有成本	库存总成本
500	70	2 500 000	3 500	3 500	2 507 000
480	100	2 400 000	2 450	4 800	2 407 250
475	200	2 375 000	1 225	9 500	2 385 725

由表 7-10 可见，订货批量为 200 辆时，库存总成本最低。

7.3.5　允许缺货批量模型

允许缺货是指从新的订货指令发出至订货到达这段时间的剩余库存允许有缺货情况的出现。对于所缺库存，可以在订货到达后立即补上。在这种情形下，库存水平变化如图 7-9 所示。

允许缺货的库存策略有得有失。一方面，因缺货而耽误需求会造成缺货损失；另一方面，由于允许缺货可减少库存量和订货次数，因而可进一步节省库存成本和订货成本。所以，零售商需要在两者之间进行权衡。

假设订货周期为 T，订货批量为 Q，平均需求速率为 d，缺货数量为 Q_s，缺货损失费率 u 表示单位价格的产品缺货在单位时间的费用；则在采取缺货预约（即未能满足的需求将在

订货到达后补上）库存策略时，有 $Q = t_1 \cdot d$ ，$Q_s = (T - t_1) \cdot d$ 。

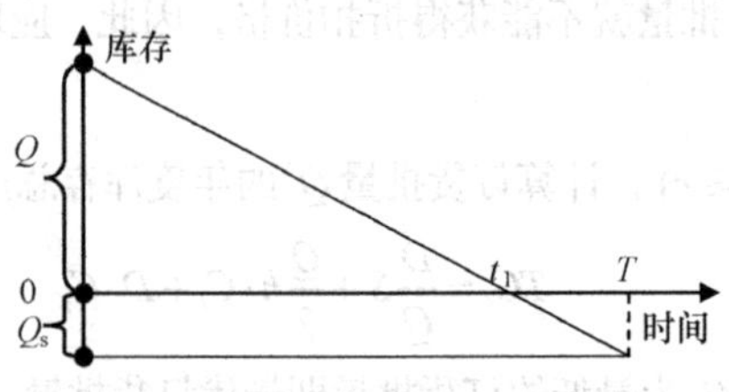

图 7-9　允许缺货库存水平变化

由图 7-9 可见，在周期 T 内产品单位时间的库存持有成本为

$$\frac{Q}{2T} \cdot t_1 \cdot h \cdot C = \frac{t_1^2}{2T} \cdot d \cdot h \cdot C$$

在周期 T 内产品单位时间的缺货成本为

$$\frac{Q_s}{2T} \cdot (T - t_1) \cdot u \cdot C = \frac{(T - t_1)^2}{2T} \cdot d \cdot u \cdot C$$

于是，在周期 T 内，单位时间的订货成本、库存持有成本与缺货成本之和 $C_T(T, t_1)$ 为

$$C_T(T, t_1) = \frac{S}{T} + \frac{t_1^2}{2T} \cdot d \cdot h \cdot C + \frac{(T - t_1)^2}{2T} \cdot d \cdot u \cdot C \tag{7-15}$$

由于式（7-15）是变量 T 和 t_1 的函数，需要对变量 T 和 t_1 分别求一阶偏导数。于是，令偏导数等于 0，则可以得到方程组

$$\begin{cases} \dfrac{\partial C_T(T, t_1)}{\partial T} = \dfrac{1}{2} d \cdot u \cdot C - \dfrac{S}{T^2} - \dfrac{t_1^2}{2T^2} d \cdot C \cdot (h + u) = 0 \\ \dfrac{\partial C_T(T, t_1)}{\partial t_1} = \dfrac{t_1}{T} d \cdot C \cdot (h + u) - d \cdot u \cdot C = 0 \end{cases} \tag{7-16}$$

求解式（7-16）可得

$$\begin{cases} \dfrac{S}{T^2} + \dfrac{1}{2} \cdot \dfrac{t_1^2}{T^2} \cdot d \cdot C \cdot (h + u) = \dfrac{1}{2} \cdot d \cdot u \cdot C \\ \dfrac{t_1}{T} = \dfrac{u}{h + u} \end{cases} \tag{7-17}$$

求解式（7-17），可分别得到最优订货周期 T^*，最优缺货时间 t_1^* 和最优订货批量 Q^* 以及缺货数量 Q_s^* 分别为

$$T^* = \sqrt{\frac{2S \cdot (h + u)}{d \cdot u \cdot h \cdot C}} \tag{7-18}$$

$$t_1^* = \sqrt{\frac{2u \cdot S}{(h + u) \cdot d \cdot h \cdot C}} \tag{7-19}$$

$$Q^* = d \cdot t_1 = \sqrt{\frac{u}{h + u}} \cdot \sqrt{\frac{2d \cdot S}{h \cdot C}} \tag{7-20}$$

$$Q_s^* = (T^* - t_1^*) \cdot d \tag{7-21}$$

在实际库存管理中，缺货损失费率难以估计。因而，可以要求库存缺货的时间比例小于 α ，故可令 $\alpha = 1 - t_1/T$ ，则有

$$\alpha = 1 - \frac{t_1^*}{T^*} = \frac{h}{h + u} \tag{7-22}$$

由式（7-22）可求出缺货损失费率为

$$u = h \cdot (\frac{1}{\alpha} - 1) \quad (7\text{-}23)$$

示例 7-4　允许缺货的最优订货批量

某酒类批发商每天向零售商供应 150 瓶酒，且批发商存储酒的费用为每天每瓶 0.05 元，每次供货费用 300 元。根据供货协议，如果发生缺货，批发商每天需要向零售商赔偿 0.2 元/瓶。请计算最优订货周期、缺货时间和订货批量。

在此例中，确定最优订货周期、缺货时间和订货批量所需参数已知。将相应数据代入式（7-18）、式（7-19）和式（7-20），可求出最优订货周期为 10 天，最佳缺货时间为 2 天，最优订货批量 1 200 瓶。

7.4 安全库存与订货点

7.4.1 安全库存影响因素

安全库存（Safety Stock）是指在给定期间内，为满足实际需求而超出预期需求的额外持有库存。如果实际需求超出预期需求，就会导致产品短缺，进而造成延迟发货损失、丧失销售机会的损失以及产生的商誉损失。因此，设置安全库存的目的就是提高产品可获性，减少缺货损失。

安全库存主要受到需求和供应不确定性及期望产品可获性水平的影响。

1．需求和供应不确定性

当顾客需求发生波动时，需求就包含有规律性成分和随机性成分。这时可用一段时间的平均需求量表示其规律性成分，用需求标准差表示该时期的随机性成分。

假设第 i 个时期（$i = 1, 2, \cdots, L$）的产品需求服从均值为 $\bar{d}_i$ 和标准差为 σ_i 的正态分布，则 L 个时期的产品总需求服从均值为 $\bar{d}_L$ 和标准差为 σ_L 的正态分布，即

$$\bar{d}_L = \sum_{i=1}^{L} \bar{d}_i \text{，} \quad \sigma_L = \sqrt{\sum_{i=1}^{L} \sigma_i + 2\sum_{i>j} \rho_{ij}\sigma_i\sigma_j} \quad (7\text{-}24)$$

式中，ρ_{ij} 为第 i 期需求与第 j 期需求的相关系数。

如果第 i 期需求与第 j 期需求完全独立，则相关系数 $\rho_{ij} = 0$。进一步地，若每个时期的需求都服从均值为 $\bar{d}$ 和标准差为 σ 的相同正态分布，则 L 个时期的产品总需求的均值 $\bar{d}_L$ 和标准差 σ_L 分别为：

$$\bar{d}_L = \bar{d} \cdot L \text{，} \quad \sigma_L = \sqrt{L} \cdot \sigma \quad (7\text{-}25)$$

如果一段时间内顾客需求速率 d 确定，而供货提前期是随机波动的，并服从均值为 $\bar{L}$ 和标准差为 s_L 的正态分布，则供货提前期内产品总需求的均值 $\bar{d}_L$ 和标准差 σ_L 分别为：

$$\bar{d}_L = d \cdot \bar{L} \text{，} \quad \sigma_L = s_L \cdot d \quad (7\text{-}26)$$

如果一段时间内每个时期的需求均服从均值为 $\bar{d}$ 和标准差为 σ 的相同正态分布，而供货

提前期服从均值为 $\bar{L}$ 和标准差为 s_L 的正态分布，则供货提前期内产品总需求的均值 $\bar{d}_L$ 和标准差 σ_L 分别为：

$$\bar{d}_L=\bar{d}\cdot\bar{L}\text{，}\quad \sigma_L=\sqrt{\bar{L}\cdot\sigma^2+s_L^2\cdot\bar{d}^2} \tag{7-27}$$

2．期望产品可获性

期望产品可获性水平反映了企业从库存产品中立即满足顾客订单的能力，可用周期服务水平（Cycle Service Level，CSL）来描述。周期服务水平是指顾客所有需求得到满足的订货周期次数与所有订货周期次数之比，相当于一个订货周期内不出现缺货的概率。

当顾客需求呈现出随机性时，订货周期内发生缺货是可能的。如果缺货期间的全部需求积累起来，没有需求转移，可在库存得到补充后予以满足，那么，在一个订货周期内库存成本最小化，就应该使增加的单位安全库存量所增加的成本与所增加的收益相等。

设单位时间的平均需求为 d，每件产品单位时间库存持有成本为 H，单位产品的缺货成本为 C_s，订货批量为 Q，周期服务水平为 CSL，则在一个订货周期内增加单位安全库存量所增加的成本就是库存持有成本即为 $Q\cdot H/d$，增加单位安全库存量所增加的收益也就是增加单位产品所减少的缺货损失即为 $(1-CSL)\cdot C_s$。

于是，可得到最优周期服务水平 CSL^* 为

$$CSL^*=1-\frac{H\cdot Q}{d\cdot C_s} \tag{7-28}$$

如果缺货期间的全部需求丢失，则在一个订货周期内，增加单位安全库存量所增加的库存持有成本 $CSL\cdot Q\cdot H/d$ 应该等于增加单位产品所减少的缺货损失 $(1-CSL)\cdot C_s$。

于是，最优周期服务水平 CSL^* 为

$$CSL^*=1-\frac{H\cdot Q}{H\cdot Q+d\cdot C_s} \tag{7-29}$$

我们给出了产品缺货期间全部需求积累起来和丢失两种情形下的周期服务水平优化模型。但在现实中，产品缺货期间，通常一部分顾客会转移需求，而另一部分顾客会选择再次购买。

7.4.2　定量策略下安全库存模型

在定量控制策略下，订货点（Reorder Point）就是剩余库存量刚好满足从发出订单到订货到达这段时间顾客需求的库存水平。因此，订货点将主要受到安全库存量的影响，也就是受到需求不确定性和订货提前期不确定性的影响。根据需求是否确定、提前期是否确定和缺货成本是否已知，可分为以下几种情况确定安全库存和订货点。

1．需求与提前期均确定的情形

由于在一个订货周期内每个时期内的需求量 d 为已知，订货提前期 L 为已知。因此，在订货周期内安全库存量 ss 0，订货点 R 的计算公式

$$R=d\cdot L \tag{7-30}$$

当库存水平下降到订货点 R 以下时，就下达采购指令，采购量为 Q。在时间长度 L 后采购的货物到达之时，库存下降为零。

2．需求不确定与提前期确定的情形

在一个订货周期内，若每个时期的需求都服从均值为 $\overline{d}$ 和标准差为 σ 的相同正态分布，订货提前期 L 为已知，设定周期服务水平为 CSL，则订货点 R 所代表的剩余库存量能够满足顾客需求的概率为 CSL，即

$$P\{\text{提前期内需求} \leqslant R\} \geqslant CSL \tag{7-31}$$

将式（7-31）变换成标准正态分布

$$P\left\{\frac{\text{提前期内需求} - \overline{d} \cdot L}{\sigma \cdot \sqrt{L}} \leqslant \frac{R - \overline{d} \cdot L}{\sigma \cdot \sqrt{L}}\right\} \geqslant CSL \tag{7-32}$$

通过查找标准正态分布表可得到 $(R-\overline{d} \cdot L)/(\sigma \cdot \sqrt{L}) = Z_{CSL/2}$，故可得到订货点 R 和安全库存量 ss 计算模型

$$R = \overline{d} \cdot L + Z_{CSL/2} \cdot \sigma \cdot \sqrt{L} \tag{7-33}$$

$$ss = Z_{CSL/2} \cdot \sigma \cdot \sqrt{L} \tag{7-34}$$

还可通过在 Excel 中计算函数 $NORMSINV(CSL)$ 求得 $Z_{CSL/2}$。

由式（7-34）可以给出服务水平、订货提前期和需求标准差对安全库存的影响曲线图，如图 7-10 所示。

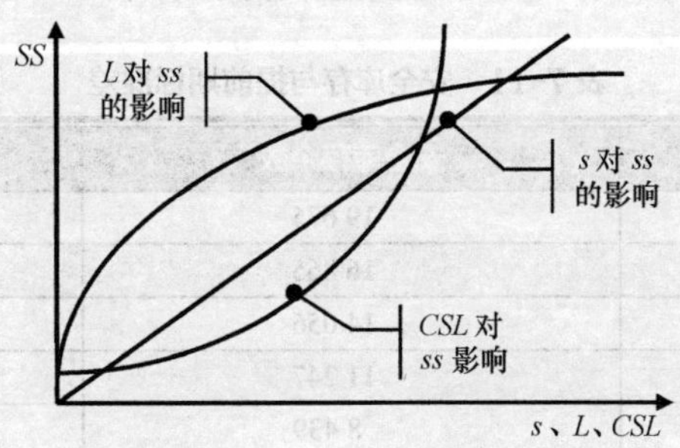

图 7-10　CSL、L、δ 与 ss 的变化曲线

3．需求确定与提前期不确定的情形

在一个订货周期内，若需求速率 d 为已知，订货提前期服从均值为 $\overline{L}$ 和标准差为 s_L 的正态分布，设定周期服务水平为 CSL，则可以通过将 $P\{\text{提前期内需求} \leqslant R\} \geqslant CSL$ 变换为标准正态分布，得到订货点 R 和安全库存量 ss 计算模型：

$$P\left\{\frac{\text{提前期内需求} - d \cdot \overline{L}}{s_L \cdot d} \leqslant \frac{R - d \cdot \overline{L}}{s_L \cdot d}\right\} \geqslant CSL \tag{7-35}$$

$$R = d \cdot \overline{L} + Z_{CSL/2} \cdot s_L \cdot d \tag{7-36}$$

$$ss = Z_{CSL/2} \cdot s_L \cdot d \tag{7-37}$$

4．需求与提前期均不确定的情形

在一个订货周期内，若每个时期的需求都服从均值为 $\overline{d}$ 和标准差为 σ 的相同正态分布，订货提前期服从均值为 $\overline{L}$ 和标准差为 s_L 的正态分布，设定周期服务水平为 CSL，则可以通过将 $P\{\text{提前期内需求} \leqslant R\} \geqslant CSL$ 变换为标准正态分布，得到订货点 R 和安全库存量 ss 计算模型：

$$P\left\{\frac{\text{提前期内需求}-\bar{d}\cdot\bar{L}}{\sqrt{\bar{L}\cdot\sigma^2+s_L^2\cdot\bar{d}^2}}\leqslant\frac{R-\bar{d}\cdot\bar{L}}{\sqrt{\bar{L}\cdot\sigma^2+s_L^2\cdot\bar{d}^2}}\right\}\geqslant CSL \tag{7-38}$$

$$R=\bar{d}\cdot\bar{L}+Z_{CSL/2}\cdot\sqrt{\bar{L}\cdot\sigma^2+s_L^2\cdot\bar{d}^2} \tag{7-39}$$

$$ss=Z_{CSL/2}\cdot\sqrt{\bar{L}\cdot\sigma^2+s_L^2\cdot\bar{d}^2} \tag{7-40}$$

示例 7-5 需求与提前期均不确定的安全库存与订货点

组装笔记本电脑需要一个关键零部件是硬盘。某品牌笔记本电脑的市场需求服从均值为每天 2 000 台，需求标准差为 100 的正态分布，硬盘供应商的平均供货提前期为 7 天，提前期标准差为 7 天，对硬盘库存设定服务水平 92%。需要计算硬盘的安全库存和订货点。如果笔记本电脑厂商谋求与硬盘供应商加强合作关系以便将硬盘供货提前期标准差由 7 天减少到 0 天。若目标实现，硬盘的安全库存为多少?

在此例中，需求与订货提前期均为随机的，可采用式（7-39）和式（7-40）计算硬盘的安全库存和订货点。

由函数 *NORMSINV*(0.92) 求得 $Z_{CSL/2}$ 为 1.405，将已知参数代入式（7-40），可得硬盘安全库存为 19 675 个，订货点为 33 675 个。

提前期标准差由 7 天减少到 0 天，硬盘安全库存变化如表 7-11 所示。

表 7-11 安全库存与提前期标准差

提前期标准差	安全库存个数	安全库存天数
7	19 675	9.84
6	16 865	8.43
5	14 056	7.03
4	11 247	5.62
3	8 439	4.22
2	5 633	2.82
1	2 835	1.42
0	372	0.19

由表 7-11 可见，提前期标准差的变化对安全库存有着重要影响，降低提前期的不确定性，可以显著减少安全库存，进而可为企业带来巨大利益。

5．需求离散分布与缺货成本已知的情形

当订货至交货期间的需求概率分布为离散分布，每单位产品的缺货成本可以获得时，可按期望缺货成本与期望库存持有成本之和最小即风险决策方法来确定订货点。缺货成本主要包括当前损失的销售额、缺货造成的将来销售机会的损失和商誉损失。缺货成本可按短缺数量×每单位短缺成本×每年订货次数（即在订货至交货的期间订货数量小于需求量的订货次数）确定。

示例 7-6 已知缺货成本的订货点

某专营销售店销售一种品牌服装，该品牌服装的存储成本每年每单位 5 元，缺货成本是每单位 40 元，每年最优订货次数为 6 次。根据对过去的销售数据统计，可以预测订货期间的需求概率分布如表 7-12 所示。请确定订货点。

表 7-12 订货期间的需求概率分布

概率	0.2	0.2	0.3	0.2	0.1
需求量	30	40	50	60	70

在此例中，根据需求概率分布的特点，可以确定出订货点的备选方案为 30、40、50、60 和 70，并计算每个方案的期望缺货成本与期望库存持有成本之和，如表 7-13 所示。

表 7-13 订货点备选方案成本分析

概率	0.2	0.2	0.3	0.2	0.1	
需求	30	40	50	60	70	期望成本
30	0	2 400	4 800	7 200	9 600	4 320
40	50	0	2 400	4 800	7 200	2 410
50	100	50	0	2 400	4 800	990
60	150	100	50	0	2 400	305
70	200	150	100	50	0	110

可见，成本最低的订货点方案是 70 单位，期望成本是 110 元。

7.4.3 定期策略下安全库存模型

在定期控制策略下，订货间隔期可依据采购和计划人员的经验确定，并尽可能与计划周期同步。常见的是按月或季度确定，便于定期盘点和采购。也可以根据经济订货批量计算出经济订货次数、确定订货间隔期，即

经济订货次数=年需求量/经济订货批量

订货间隔期=12/经济订货次数（月）

在定期控制策略下，每隔一定时期就检查一次库存，并发出一次订货使库存水平达到最大，其最大库存水平取决于从本次订单发出时刻到下一次发出的订单所订购产品交付为止这段时间的顾客需求量。因此，确定最大库存水平需要考察这段时间的需求特征。

设两次盘点间隔期为T，订货提前期为L，在$T+L$这段时间内，每个时期的需求都服从均值为$\bar{d}$和标准差为σ的相同正态分布，则在$T+L$这段时间产品总需求的均值$\bar{d}_{T+L}$和标准差σ_{T+L}分别为

$$\bar{d}_{T+L}=(T+L)\cdot\bar{d}\text{，}\quad \sigma_{T+L}=\sqrt{T+L}\cdot\sigma \tag{7-41}$$

这样，通过将$P\{T+L\text{期间的需求}\leqslant S\}\geqslant CSL$变换为标准正态分布得到最大需求$S$和安全库存量$ss$计算模型：

$$P\left\{\frac{T+L\text{期间需求}-(T+L)\cdot d}{\sqrt{T+L}\cdot\sigma}\leqslant\frac{S-(T+L)\cdot d}{\sqrt{T+L}\cdot\sigma}\right\}\geqslant CSL \tag{7-42}$$

$$S=(T+L)d\cdot\bar{L}+Z_{CSL/2}\cdot\sqrt{T+L}\cdot\sigma \tag{7-43}$$

$$ss=Z_{CSL/2}\cdot\sqrt{T+L}\cdot\sigma \tag{7-44}$$

设在每次盘点时库存水平为I，则订货批量Q为

$$Q=(T+L)d\cdot\bar{L}+Z_{CSL/2}\cdot\sqrt{T+L}\cdot\sigma-I \tag{7-45}$$

比较定量控制策略与定期控制策略下的安全库存，由于在定量控制策略下安全库存需要应对订货提前期 L 内的需求不确定性，而定期控制策略下安全库存需要应对盘点周期与订货提前期 $T+L$ 内的需求不确定性，因此，在订货提前期与服务水平相同情况下，定期控制策略比定量控制策略需要更多的安全库存。

7.4.4 集聚策略下安全库存模型

集聚策略就是指在区域配送中心或中心仓库和多个地区销售点组成的分销网络中，将原来存储在各地区销售点处的安全库存集中到区域配送中心处存储。

设某一配送中心负责为 k 个地区销售点配送，第 i 个地区的每周需求服从均值为 $\bar{d}_i$，标准差为 σ_i 的正态分布，各地区销售点的订货提前期为 L_i，期望周期服务水平为 CSL。由于各地区销售点的订货提前期长短不同，我们可以将每个地区销售点的订货提前期看成是随机的，用提前期均值 $\bar{L}$ 和标准差 s_L 来表示。这样，第 i 个地区销售点在订货提前期内的产品需求的均值 $\bar{d}_i^L$ 和标准差 σ_i^L 分别为

$$\bar{d}_i^L = \bar{d}_i \cdot \bar{L}\ ,\quad \sigma_i^L = \sqrt{\bar{L}\cdot\sigma_i^2 + s_L^2\cdot\bar{d}_i^2} \tag{7-46}$$

如果将各地区销售点处的安全库存集中到配送中心，那么，集中后的总需求将服从均值为 d^C，标准差 σ^C 的正态分布：

$$d^C = \sum_{i=1}^{k}\bar{d}_i^L = \bar{L}\cdot\sum_{i=1}^{k}\bar{d}_i\ ,\quad \sigma^C = \sqrt{\sum_{i=1}^{k}(\sigma_i^L)^2 + 2\sum_{i>j}\rho_{ij}\cdot\sigma_i^L\cdot\sigma_j^L} \tag{7-47}$$

式中，ρ_{ij} 为第 i 地区需求与第 j 地区需求的相关系数。

如果第 i 地区需求与第 j 地区需求线性无关，即 $\rho_{ij}=0$，则集中后所需安全库存 ss^C 为

$$ss^C = Z_{CSL/2}\cdot\sqrt{\sum_{i=1}^{k}(\bar{L}\cdot\sigma_i^2 + s_L^2\cdot\bar{d}_i^2)} \tag{7-48}$$

在分散策略下，总安全库存 ss^D 为

$$ss^D = Z_{CSL/2}\cdot\sum_{i=1}^{k}\sqrt{\bar{L}\cdot\sigma_i^2 + s_L^2\cdot d_i^2} \tag{7-49}$$

若所有 k 个地区销售点的需求分布相同，均服从均值为 $\bar{d}$，标准差为 σ 的正态分布，则集中策略所带来的安全库存节约额为

$$ss^D - ss^C = Z_{CSL/2}\cdot(k-\sqrt{k})\cdot\sqrt{\bar{L}\cdot\sigma^2 + s_L^2\cdot d^2} \tag{7-50}$$

集中策略所带来的单位销售量的库存持有成本节约额 C_S，就是相应的安全库存节约额乘以单位产品库存费用 H 再除以总需求量 $k\cdot\bar{d}^L$，即

$$C_S = \frac{Z_{CSL/2}\cdot H\cdot\sqrt{\bar{L}\cdot\sigma^2 + s_L^2\cdot d^2}}{\bar{d}^L}\cdot(1-\frac{\sqrt{k}}{k}) \tag{7-51}$$

进一步，若所有 k 个地区销售点的订货提前期相同均为 L，则式（7-48）和式（7-51）可分别写成

$$ss^C = Z_{CSL/2}\cdot\sqrt{\bar{L}}\cdot\sqrt{k}\cdot\sigma \tag{7-52}$$

$$C_S = \frac{Z_{CSL/2}\cdot\sigma\cdot H}{d\cdot\sqrt{L}}\cdot(1-\frac{1}{\sqrt{k}}) \tag{7-53}$$

可见，将分散的安全库存集中到一起，可以节约库存量。而且，若所有 k 个地区销售点

的需求分布相同，则集中后的安全库存就是原有安全库存之和的 $1/\sqrt{k}$ 倍，集中与分散库存量之比同地区数量 k 的关系曲线如图 7-11 所示。

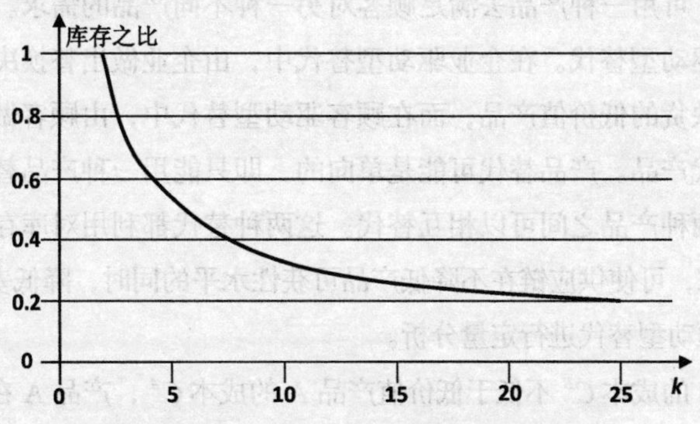

图 7-11　集中前后库存量之比与地区数量的关系

但是，将分散的安全库存集中到一起，可能会延长对顾客订单的响应时间以及增加订单交付的运输成本。

在实践中，多数供应链都会向顾客提供多种产品，这要求管理者对每种产品都需要考虑是集中存储还是分散存储。首先，按照降低安全库存量的目标，若集中存储可以使某种产品的安全库存量大幅度降低，则最好将该种产品集中存储在一个地区的配送中心；否则，就应将该种产品分散存储在各个销售点，以减少顾客响应时间和运输成本。其次，按照产品是畅销还是滞销的原则，若某种产品畅销，则通常其需求不确定性较低。对这样的产品，若集中存储，所产生的安全库存量降低幅度将十分有限，因此，最好将其分散存储在各个销售点。如果某种产品滞销，则其需求不确定性通常较高。对这样的产品，通过集中存储可以使安全库存量大幅度降低，因此，应将该种产品集中存储在中央仓库，这样可以在不影响顾客响应时间和运输成本的同时，显著降低安全库存。

示例 7-7　集聚策略下安全库存量

某电动自行车经销商在相邻的 4 个市县有销售点。这 4 个市县的每周需求量均服从均值为 1 000 辆，标准差为 300 的正态分布，并且 4 个市县的需求量相互独立。供货提前期为 4 周，设定周期服务水平为 95%，经销商的库存持有费率为 20%，每辆电动自行车成本为 1 000 元。现在经销商决定建立一个分销中心将 4 个市县销售点的安全库存加以集中。请计算安全库存节约额和单位销售量的库存持有成本节约额。

在此例中，确定 4 个销售点集中前后的安全库存量所需参数已知：每个销售点在提前期内需求量均值为 4 000、标准差为 600；集中后需求量均值为 16 000、标准差为 1 200。于是，由式（7-50）和式（7-53）可计算出集中前后安全库存节约额为 1 974 辆，单位销售量的库存持有成本节约额为 25 元。

7.4.5　降低安全库存的策略

通过对集中策略进行定量分析可以看到，将分散的安全库存集中到一起可以降低安全库存量，其根本原因在于通过集中需求减少了需求的不确定性。而通过集中需求减少其不确定性还有产品替代、零件通用化和生产延迟等策略。

1．产品替代

当产品缺货时，可用一种产品去满足顾客对另一种不同产品的需求。产品替代分为企业驱动型替代和顾客驱动型替代。在企业驱动型替代中，由企业做出替换决定，通常用库存中高价值产品去替换缺货的低价值产品；而在顾客驱动型替代中，由顾客做出替代决定，购买一个价值相似的替代产品。产品替代可能是单向的，即只能用一种产品替代另一种产品，也可能是双向的，即两种产品之间可以相互替代。这两种替代都利用对库存中替代成品的集中管理来满足顾客需求，可使供应链在不降低产品可获性水平的同时，降低安全库存量。

下面先对企业驱动型替代进行定量分析。

设高价值产品 B 的成本 C^B 不低于低价值产品 A 的成本 C^A，产品 A 在订货期间的单位需求为 d^A，订货量为 Q^A，单位时间库存持有成本为 H^A。当产品缺货时用产品 B 替换缺货的产品 A 的前提是产品 B 不发生缺货。这时，产品 A 的缺货成本就是产品 B 与产品 A 的成本之差 C^B-C^A，而且，这个成本之差将不会高于不用产品 B 替换产品 A 时产生的缺货成本 C_s^A，即 $C^B-C^A\leqslant C_s^A$。于是，由式（7-29）可知，此时产品 A 的最优周期服务水平 CSL_{AB}^* 将低于不替换时的周期服务水平 CSL_A^*，即

$$CSL_{AB}^*=1-\frac{H^A\cdot Q^A}{d^A\cdot(C^B-C^A)}\leqslant 1-\frac{H^A\cdot Q^A}{d^A\cdot C_s^A} \tag{7-54}$$

这样，由式（7-34）可知，用高价值产品 B 替换低价值产品 A 时，产品 A 在订货期间的安全库存量可以减少，其减少量为

$$ss_A-ss_{AB}=(Z_{CSL/2}^A-Z_{CSL/2}^{AB})\cdot\sigma^A\cdot\sqrt{L_A} \tag{7-55}$$

同时，产品 B 的安全库存量也将减少，其减少量为 $(1-CSL_{AB}^*)\cdot L_A\cdot d^A$。

对于顾客驱动型替代，由于顾客选择的替代产品与原来的产品性能更为接近，相互替代的两个产品成本也就更为接近，因此，被替代产品在订货期间的最优周期服务水平就更低一些，其安全库存量可减少得更多。这就需要管理者意识到并鼓励顾客购买替代产品，确保在产品推销时将替代产品相邻摆放。

示例 7-8　企业驱动的产品替代与安全库存量

某硬盘专营店经营 A 和 B 两种规格移动硬盘，A 规格移动硬盘容量 80G，B 规格移动硬盘容量 120G，A 规格移动硬盘进货成本 80 元，B 规格移动硬盘进货成本 100 元。已知，A 规格移动硬盘在订货期间的需求服从每天需求均值为 10 个，标准差为 10 个，单位缺货成本为 40 元，每个硬盘的年库存持有成本为 20 元，每次订货数量为 350 个，订货提前期为 4 天。若专营店允许在产品 A 缺货时可用产品 B 进行替换时，请分析 A 和 B 两种移动硬盘的安全库存量节约额。

在此例中，产品 A 的年平均需求量为 3 650 个，每天需求标准差为 10 个，订货提前期内需求为 40 个，标准差为 20 个。当不允许在产品 A 缺货时可用产品 B 进行替换时，由式（7-29）可得产品 A 在订货期间的最优周期服务水平为 0.95，允许替换时，由式（7-53）可得产品 A 在订货期间的最优周期服务水平为 0.90，由式（7-55）可得产品 A 的安全库存量节约额为 15 个，产品 B 的安全库存量节约额为 4 个。

2. 零件通用化

在供应链中，相当数量的库存是以零部件形式存在的。当一个供应链生产许多品种产品时，其产生的零部件库存也是大量的。在不同种产品上使用标准的通用零部件能够利用规模集聚效应，降低零部件库存。如果在产品设计时使用通用零部件，则每种零部件的需求数量就是使用该种零部件的所有产品的需求之和。这时，由于零部件需求数量变得更大使得需求预测更为准确，从而使供应链上零部件库存得以减少。可见，随着产品多样性增加，零部件通用性已成为保证产品可获性，削减库存的关键所在。

在生产过程中采用延迟策略也可通过在供应链的生产推动环节使用通用零部件将产品的差异化推至需求拉动环节，来实现多数零部件库存集中效应，进而降低零部件库存。例如，在煤炭销售企业中，根据煤炭燃烧热量采购几种规格的标准煤进行存储，然后根据顾客对热量的要求将几种规格的标准煤进行混合来满足顾客的需求，就可以大大减少煤炭的安全库存量。

示例 7-9

某公司生产 54 种型号笔记本电脑需要用到 CPU、内存、硬盘、显示卡 4 种关键零部件。若不采用通用零部件，那么该公司将需要设计 216（4×54）种特殊零部件。若采用通用零部件设计策略，那么公司只需设计 3 种规格的 CPU、3 种规格的内存、3 种规格的硬盘和 2 种规格的显示卡，通过组合就可生产出 54 种型号笔记本电脑。这样，每种规格的 CPU、内存和硬盘都能用于 9 种型号的产品，而每种规格的显示卡可用于 27 种型号产品。假设 54 种型号笔记本电脑的每周需求量相互独立且服从均值为 1 000，标准差为 500 的正态分布，每种零部件订货提前期为 4 周，订货期间的周期服务水平为 95%。请比较采用与不采用通用零部件设计策略时所需安全库存量。

在此例中，为分析采用通用零部件设计策略时所带来的安全库存量节约，首先需要计算不采用通用零部件设计策略时每种零部件所需安全库存量，然后，由式（7-34）可求得每种零部件的安全库存量为 1 645 件，所有 216 种零部件的安全库存量为 355 288 件。

采用通用零部件设计策略时，由式（7-52）可求得 CPU、内存和硬盘等 9 种零部件的安全库存量为 44 411 件，2 种显示卡的安全库存量为 24 174 件。

故采用通用零部件设计策略所带来的安全库存量节约为 286 703（355288−44411−24 174）件。可见，安全库存量节约效果十分显著。

7.5 库存策略仿真

7.5.1 库存策略仿真原理

仿真过程就是利用数学表达式和逻辑表达式等仿真模型对一个商业或管理系统的不可控概率输入进行模拟，研究其可控输入转换为输出的行为特征，并根据仿真结果得出结论和行动决策的过程。

库存仿真（Inventory Simulation）将库存系统的订货批量、库存水平和需求以及订货成本、库存持有成本和缺货成本等用数量关系描述，通过编程进行模拟，对模拟结果进行评估分析，选出较优的库存策略。

尽管前面已介绍了许多库存模型用于确定最优库存策略，但由于库存系统的需求和供应不确定性因素有时难以用正态分布描述，不能适用于上述库存模型，所以仿真方法仍以其描述和求解问题的能力为优势，成为选择库存策略的主要方法。

对不可控概率输入进行模拟的常用方法是蒙特卡罗方法（Monte Carlo Method），该方法通过随机抽样对组成仿真模型的每一个随机性变量进行试验以获取变量变化趋势。

蒙特卡罗仿真 5 个步骤如下。

① 对重要的变量通过其历史数据观测频率和总观测值来获得其概率分布；

② 对上述的每一个变量建立起累计概率分布，以便列出所有可能值和概率；

③ 为每一个变量建立随机数区间，用一组随机数字来代表每一种可能的值或结果；

④ 根据变量的随机分布情况可产生均匀分布的随机数，或正态分布的随机数；

⑤ 进行一系列的模拟试验。

示例 7-10　蒙特卡罗仿真过程

某汽车轮胎销售店出售的子午线轮胎最受欢迎，其销售量在总销售量占很大比重。销售店希望通过模拟连续几天的产品日需求来掌握一段时期内轮胎的需求变化。在过去 200 天内，销售店出售的子午线轮胎的日需求情况如表 7-14 所示。

表 7-14　轮胎日需求、概率分布和随机数区间

轮胎需求	频率（天数）	概率	累计概率	随机数区间
0	10	0.05	0.05	01～05
1	20	0.10	0.15	06～15
2	40	0.20	0.35	16～35
3	60	0.30	0.65	36～65
4	40	0.20	0.85	66～85
5	30	0.15	1.00	86～00

注：概率=频率/200；累计概率=∑概率。

按照蒙特卡罗仿真过程，首先，根据日需求的历史数据观测频率和总观测值，为其建立概率分布和随机数区间，如表 7-14 所示。然后，按一定方法产生由 01、02、…、98、99、00 构成的 10×10 随机数阵列，并从产生的随机数中选择第一列 10 个数字作为需要的随机数来模拟销售店的汽车轮胎商店连续 10 天的需求。

子午线轮胎 10 天内的模拟需求如表 7-15 所示。从表 7-15 中可见，10 天内模拟所得平均需求为 3.9 单位，不同于期望日需求 2.95($0.05\times0+0.1\times1+0.2\times2+0.3\times3+0.2\times4+0.15\times5$)。若模拟进行上千次，平均模拟的需求就会接近期望的需求值。

表 7-15　轮胎日需求模拟结果

日期	1	2	3	4	5	6	7	8	9	10
随机数	52	37	82	69	98	96	33	50	88	90
日需求	3	3	4	4	5	5	2	3	5	5

7.5.2 有销售损失的库存仿真

有销售损失发生是指当缺货发生时未能满足的需求全部转移所产生的损失。对有销售损失的库存系统进行仿真的逻辑过程如图 7-12 所示。

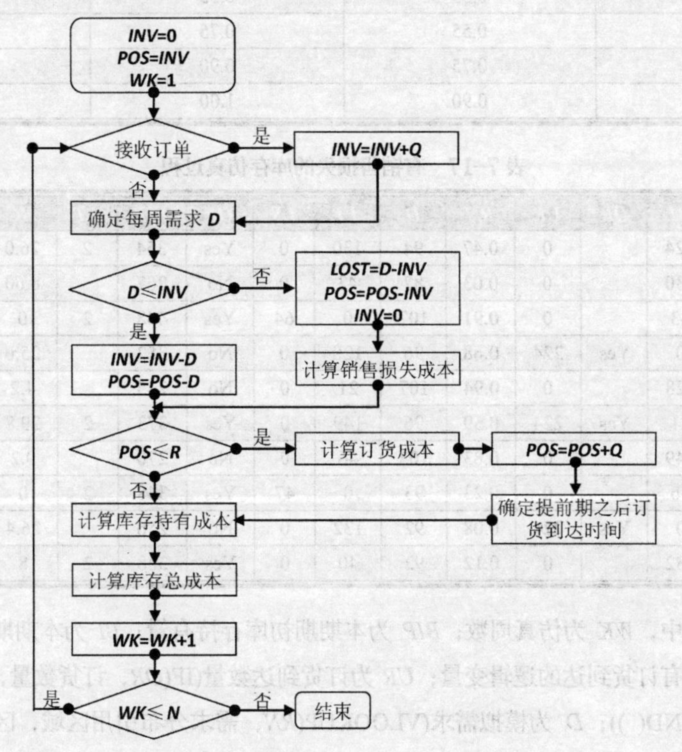

图 7-12 有销售损失的库存仿真逻辑

在图 7-12 中，假设仿真开始时无已发出的订单，期初库存水平（*INV*）等于订货量（*Q*）。因此，仿真开始时库存持有量（*POS*）等于库存水平。

在每个期初，检查是否有任何订货到达，如果有订货到达，将订货量（*Q*）加到当前库存水平中，然后，通过生产合适随机数来确定每周需求，并且检查现有库存是否满足需求（*D*≤*INV*）。如果不能满足需求，则将损失的销售量为（*D*−*INV*），从库存持有量中减去库存水平，并令库存水平等于（*INV*=0），计算销售损失成本。如果能满足需求，则将库存水平和库存持有量减去需求量 *D*。接着需要检查库存持有量是否低于订货点（*R*）。如果是（*POS*≤*R*），则下达数量为 *Q* 的订单并计算订货成本。这时，将库存持有量加上订货量，但库存水平保持不变。然后，安排订货量到达时间表。最后，在每期末计算基于库存水平的持有成本和库存总成本。

示例 7-11 有销售损失的库存仿真过程

对需求为离散分布（见表 7-16），订货批量为 224 个单位，订货点为 200 个单位，初始库存量为 224 个单位，订货提前期为 2 周，订货成本为 50 元，单位产品库存持有成本为 0.2 元，缺货成本为 100 元的库存系统用 Excel 进行为期 10 周的仿真，其仿真过程如表 7-17 所示。

表 7-16 需求分布

概率	累计分布下限	累计分布上限	需求
0.05	0	0.05	87
0.10	0.05	0.15	92
0.20	0.15	0.35	93
0.20	0.35	0.55	94
0.20	0.55	0.75	96
0.15	0.75	0.90	103
0.10	0.90	1.00	107

表 7-17 有销售损失的库存仿真过程

WK	*BIP*	*BI*	*OR*	*UR*	*RN*	*D*	*EI*	*LS*	*OP*	*EIP*	*LT*	*HC*	*SC*	*TC*
1	224	224		0	0.47	94	130	0	Yes	354	2	26.0	0	76
2	354	130		0	0.03	87	43	0	No	267		8.60	0	9
3	267	43		0	0.91	107	0	64	Yes	448	2	0	6400	6450
4	448	0	Yes	224	0.68	96	128	0	No	352		25.6	0	26
5	352	128		0	0.94	107	21	0	No	245		4.2	0	4
6	245	21	Yes	224	0.59	96	149	0	Yes	373	2	29.8	0	80
7	373	149		0	0.83	103	46	0	No	270		9.2	0	9
8	270	46		0	0.23	93	0	47	Yes	348	2	0	4700	4750
9	348	0	Yes	224	0.08	92	132	0	No	256		26.4	0	26
10	256	132		0	0.12	92	40	0	Yes	388	2	8	0	58

在表 7-17 中，*WK* 为仿真周数；*BIP* 为本期期初库存持有量；*BI* 为本期期初库存水平；*OR* 为判断是否有订货到达的逻辑变量；*UR* 为订货到达数量(IF(*OR*，订货数量，0))；*RN* 为随机数发生器(RAND( ))；*D* 为模拟需求(VLOOKUP(*RN*，需求分布引用区域，区域中需求所在列，TRUE))；*EI* 为本期期末库存水平(*BI*+*UR*-*D*)，也是下一个周期的期初库存水平；*LS* 为本期发生销售损失(IF(*D*-*BI*>0，*D*-*BI*，0))；*OP* 为判断是否下达订单的逻辑变量(IF(*BIP*-*D*≤订货点，Yes，No))；*EIP* 为本期期末库存持有量(*POS*-*D*+*LS*+IF(*OP*，订货批量，0))，也就是下一个周期的期初库存持有量；*LT* 为订货提前期；*HC* 为本期发生的库存持有成本(*EI*×单位持有成本)；*SC* 为本期发生的缺货成本(*LS*×单位缺货成本)；*TC* 为本期发生的库存总成本(*HC*+*SC*+IF(*OP*，订货成本，0))。

由表 7-17 可见，平均每周期末存货 69 个单位（689 个/10 周)；平均每周缺货量 11.1 个单位（111 个单位/10 周）；平均每周订货次数 0.5 次（5 次/10 周）。平均每周存货总成本为 1 149 元（11 488 元/10 周），每年存货成本为 59 748 元。

对不同订货批量和订货点按照上述步骤进行仿真就可产生最低库存成本的库存策略。

7.5.3 有间接需求的库存仿真

间接需求是指当缺货发生时，将未能满足的需求全部积累起来等到订货到达后再获得优先满足的需求。这种情形的库存水平可以是负的，其数值表示累计的间接订单。对有间接需求的库存系统进行仿真的逻辑过程如图 7-13 所示。

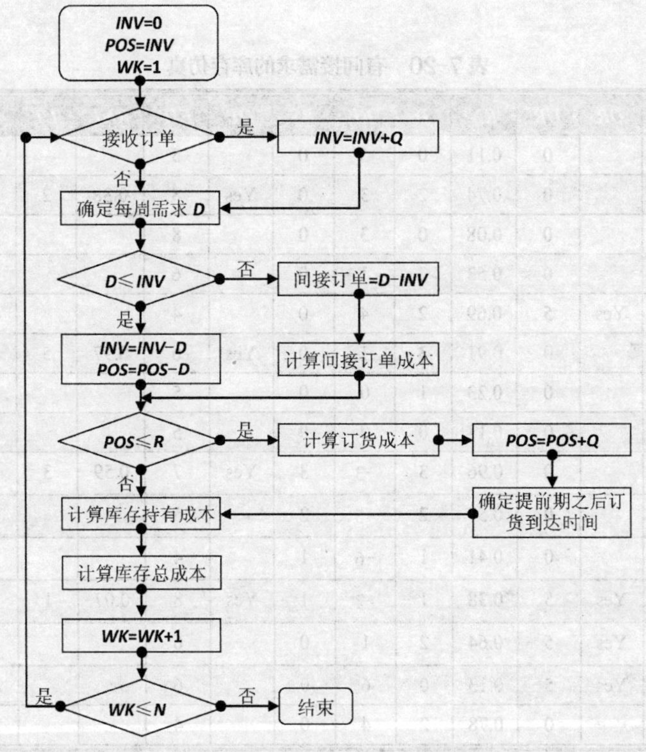

图 7-13　有间接需求的库存仿真逻辑

由图 7-13 可见，有间接需求的库存仿真逻辑与有销售损失的库存仿真逻辑基本相似，唯一差异是当需求大于当前库存水平时，需要计算间接订单数（*D-INV*）和间接订单的成本。

示例 7-12　有间接需求的库存仿真过程

对需求服从如表 7-18 所示的离散分布，订货提前期服从表 7-19 所示的离散分布，订货批量为 5 个单位，订货点为 3 个单位，初始库存量为 5 个单位，订货成本为 50 元，单位产品库存持有成本为 4.0 元，间接订单成本为 20 元的库存系统用 Excel 进行为期 15 天的仿真，仿真过程如表 7-20 所示。

表 7-18　需求分布

概率	累计分布下限	累计分布上限	需求
0.20	0	0.20	0
0.30	0.20	0.50	1
0.30	0.50	0.80	2
0.20	0.80	1.00	3

表 7-19　提前期分布

概率	累计分布下限	累计分布上限	提前期
0.20	0	0.20	1
0.30	0.20	0.50	2
0.20	0.50	0.70	3
0.20	0.70	0.90	4
0.10	0.90	1.00	5

表 7-20　有间接需求的库存仿真

WK	BIP	BI	OR	UR	RN	D	EI	BS	OP	EIP	RNL	LT	HC	BC	TC
1	5	5		0	0.11	0	5	0		5			20.0	0	20
2	5	5		0	0.74	2	3	0	Yes	8	0.38	2	12.0	0	62
3	8	3		0	0.08	0	3	0		8			12.0	0	12
4	8	3		0	0.53	2	1	0		6			4.0	0	4
5	6	1	Yes	5	0.69	2	4	0		4			16.0	0	16
6	4	4		0	0.91	3	1	0	Yes	6	0.97	5	4.0	0	54
7	6	1		0	0.23	1	0	0		5			0	0	0
8	5	0		0	0.17	0	0	0		5			0	0	0
9	5	0		0	0.96	3	−3	3	Yes	7	0.59	3	0	60	110
10	7	−3		0	0.57	2	−5	2		5			0	40	40
11	5	−5		0	0.41	1	−6	1		4			0	20	20
12	4	−6	Yes	5	0.38	1	−2	1	Yes	8	0.07	1	0	20	70
13	8	−2	Yes	5	0.64	2	1	0		6			4.0	0	4
14	6	1	Yes	5	0.13	0	6	0		6			24.0	0	24
15	6	6		0	0.78	2	4	0		4			16.0	0	16

在表 7-20 中，*BS* 为间接订单数(IF(*D-BI*>0，*D-BI*，0))；*EIP* 为本期期末库存持有量(*POS-D*+IF(*OP*，订货批量，0))；*RNL* 为随机数发生器(RAND())；*LT* 为订货提前期(VLOOKUP(*RN*，提前期分布引用区域，区域中提前期所在列，TRUE))；*BC* 为本期发生的间接订单成本(*BS*×单位间接订单成本)；*HC* 为本期发生的库存持有成本(IF(*EI*>0，*EI*，0)×单位持有成本)。其他项目与表 7-17 的相同。

由表 7-20 可见，平均每天期末存货 1.9 个单位（28 个/15 天）；平均每天产生间接需求量 0.47 个单位（7 个单位/15 天）；平均每天订货次数 0.27 次（4 次/15 天）。平均每天存货总成本为 30.13 元（452 元/15 天），每年存货成本为 10 998 元。

同样，对不同订货批量和订货点按上述步骤进行仿真就可以产生最低库存成本的库存策略。

本章小结

本章讨论了库存基本概念、库存管理基本问题、订货批量模型、安全库存模型和库存仿真问题。

1．库存管理

库存概念：指处于储存状态的商品，即某段时间内持有的存货或是作为今后按预定的目的使用而处于闲置或非生产状态的物料。

库存功能：主要有平衡供需数量的缓冲功能、衔接供需时间的存储功能、应对不规则需求的应变功能、考虑数量折扣的经济功能、避免存货短缺的保障功能。

库存管理：指通过对企业生产经营过程所需的各种货物进行管理和控制，使其储备保持在经济合理的水平以获得库存服务水平与库存成本的优化。

库存分类方法：主要有 ABC 分类法，扩展 ABC 分类法，需求/成本分类法等。

库存仿真方法：将库存系统的订货批量、库存水平和需求以及订货成本、库存持有成本和缺货成本等用数量关系描述，通过编程进行模拟，对模拟结果进行评估分析，选出较优的库存策略。

库存管理模式：主要有供应商管理库存、双方联合管理库存、第三方管理库存和协同计划、预测与补货等。

库存系统：由补充、库存、需求 3 个环节紧密构成，并按照一定的盘点方式、存储策略和缺货处理方式运行。

周转库存：由于库存系统每次产品订货批量大于顾客需求速率而产生的平均库存量。

库存成本：主要包括订货成本、库存持有成本、缺货成本和库存占用成本。

2．订货批量模型

经济订货批量：使库存持有成本、订货成本和缺货成本之和达到最小的订货批量。

订货批量模型：主要有经济批量基本模型、联合订货批量模型、非即时库存批量模型、数量折扣批量模型和允许缺货批量模型，这些批量模型适用条件如表 7-21 所示。

表 7-21　批量模型适用条件

适用条件	经济批量基本模型	联合订货批量模型	非即时库存批量模型	数量折扣批量模型	允许缺货批量模型
产品品种	单一品种	多品种	单一品种	单一品种	单一品种
产品需求已知	√	√	√	√	√
订货提前期已知	√	√	√	√	√
交货与库存同时形成	√	√	×	√	√
没有数量折扣	√	√	√	×	√
不存在存货短缺	√	√	√	√	×

3．安全库存模型

订货点：剩余库存量刚好满足从此点发出订单到订货到达这段时间的顾客需求的库存水平。

安全库存：指在给定期间内为满足实际需求超出预期需求而额外持有的库存。

安全库存作用：提高产品可获性，减少缺货损失。

安全库存影响因素：主要有需求和供应不确定性及期望产品可获性水平。

安全库存模型：主要分为定量策略下安全库存模型、定期策略下安全库存模型和集聚策略下安全库存模型。定量策略下安全库存模型又分为需求与提前期均确定的模型、需求不确定与提前期确定的模型、需求确定与提前期不确定的模型、需求与提前期均不确定的模型和需求离散分布与缺货成本已知的模型。

复习与思考

1. 超市经理希望减少订货批量而不增加成本。为实现这一目标，他可以采取哪些行动？

2. 某公司在 A 地区有一家发动机装配厂，在 B 地区有一家摩托车组装厂。用卡车在两家工厂之间运送发动机，每辆卡车一次行程的费用为 1 000 元。摩托车厂每天组装并销售 300 辆摩托车。每台发动机的成本为 500 元，年库存持有成本比率为 20%。每辆卡车应装载运输多少台发动机？发动机的周转库存量为多少？

3. 经济批量模型有哪些假设条件？它如何在实际生产中应用？

4. 20 世纪 80 年代，不同颜色和规格的油漆通过油漆店销售。今天油漆店依据顾客对颜色的要求在店内进行不同的油漆混合。试讨论这种改变对供应链安全库存的影响。

5. 为什么与通过零售店销售的连锁书店相比，亚马逊网上书店能够以更少的安全库存提供种类繁多的书籍和音像制品？

6. 如何理解库存掩盖管理问题？

7. 随着市场经济的发展，企业对于顾客满意度的重视程度日益增强。为保证向下游顾客及时供应现货的能力，应付市场波动，企业必须保有大量的库存，由此也导致了库存占用大量资金、库存成本不断加大等后果。基于以上认识，我国某企业在 21 世纪初引入了一套先进的供应商管理库存（VMI）系统，并取得了较好的经济效益。结合该案例试分析：

（1）实施 VMI 要求企业内部与企业之间建立紧密的合作关系，表现在哪几个方面？

（2）采用 VMI 管理策略要求建立企业战略联盟，并从组织上促进企业间的信息共享，在信息、库存和物流等方面进行系统管理，实施 VMI 主要应包括几方面内容？

8. 某惠普专卖店销售 HP1100 打印机。近几年的需求很稳定，年需求为 600 台。每年每台打印机的库存费用是 20 元，每次订货费用是 60 元。现在该专卖店每月订货 1 次，每次 50 台。每年按照 250 个工作日计算，交货时间为 10 天。

（1）按现有的订货策略计算，每年的订货和库存费用之和是多少？

（2）如果专卖店采用 EOQ 策略，每年的订货和库存费用之和又是多少？

（3）订货点是多少？

9. 沃尔玛超市 Lego 牌积木每周的需求量服从正态分布，且均值为 2 500 箱，标准差为 500。订货周期为 2 周。假设超市采用连续盘点订货策略，要使顾客服务水平达到 90%，超市应该持有多少安全库存？

10. 在苏宁电器，三星手机每周的需求量服从正态分布，且均值为 300，标准差为 200。三星公司的供货提前期为 2 周。苏宁电器设定顾客服务水平为 95%，并对库存采取连续监控。那么，苏宁电器应该持有多少安全库存？

课后案例

SYMG 公司的库存管理策略

SYMG 公司成立于 1995 年 12 月，是中国规模最大的金属切削机床制造企业。现代机床产品通常结构复杂，零部件种类和数量繁多，而市场需求又表现为多品种、小批量、定制化特征。这些情况都增加了 SYMG 公司物资采购与库存控制的难度。通过学习国外先进的供应运作管理模式和执行策略，SYMG 公司决定采取 VMI 库存策略，具体如下。

（1）分类采购策略。针对 SYMG 公司目前采购策略过于单一，缺乏差异化供应商管理策略的问题，制订出基于 VMI 物料分类的采购策略。依据产品结构和生产运作特征，遵循 ABC 分类原则，将零部件（原材料）进行分类管理。对于 A 类物资，采购时必须与供应商签订严格的合同，需要把生产进度与采购进度、供应商的生产能力综合起来考虑，以满足生产制造的需要。对于 B 类物资，其管理方法介于 A 类、C 类物资的管理方法之间，采用常规方法管理。对于 C 类物资，其管理方法与 A 类物资相反，而采用尽可能简便的库存管理方式，管理重点是控制不断料。

（2）库存控制策略。为达到 VMI 库存控制的目的，确定一个既能满足生产要求又是最低限度的物资最优储备量。在建立起 SYMG 公司的库存控制指标体系的基础上，针对生产计划管理太过粗放，导致零部件/原材料的需求计划不准确问题，将 MRPII 管理纳入 VMI 的管理框架之中，利用 MRPII 将订单需求与生产能力平衡转化为精确的物料需求计划，供应商可以根据该物料需求计划来安排其备料和生产，避免库存积压和生产不及时的现象产生，进而解决 VMI 库存计划协调性的问题；利用 MRPII 计划指导供应商同步化供货，在 VMI 库中完成物料齐套，解决物料相关性问题；MRPII 通过机床 BOM 结构来配置各供应商的供货量，解决物料替代性问题。

SYMG 公司从 2008 年开始全面启用 VMI 库存管理模式，通过细分物料类型提高采购供应业务效率，增强了企业对物资的控制程度，而且在一定程度上降低了企业的库存成本压力。但在 VMI 运行过程中也出现了一些问题，这些问题主要表现以下几个方面。

（1）在实际运行中却很难实现整体库存的最小化，依然存在着库存资源浪费的现象。由于 VMI 库房容积和场地面积因素的限制，供应商为应对各类潜在的突发事件，通常还需要在本企业库房或区域配送中心进行二次备货，这不仅增加了供应链库存成本、降低了供应链运行效率，而且还造成了部分业务流程和管理流程复杂化。

（2）订单增加或撤销、客户定制产品结构的变化等多种情况，这些不确定性直接反映为 SYMG 公司制造事业部生产计划的频繁变更，而 VMI 供应商获取信息相对滞后以及 VMI 库存上限水平约束等多方面因素，导致供应商疲于频繁地调整 VMI 库房备货状态，缺件断货情况也时有发生，极易造成不可预见性的风险损失。

（3）生产计划频繁变更的问题给 VMI 物料配送管理带来了巨大的挑战。由于计划的临时调整会导致制造事业部需要对供应商按照原 MRPII 计划直接配送到工位的大型部件进行二次搬运，造成了不必要的浪费。VMI 库房按照原计划配送到车间二级库的零部件不能与新下达的生产计划内容相匹配，造成 VMI 库房的拣货成本、配送成本上升。

（4）SYMG 公司的 VMI 体系没有实现真正意义的信息集成，而生产决策主要通过生产计划信息进行协调，这样会出现供应链上的信息延误，这也难免会造成供应商决策的失误，使得 VMI 库存仍然运行在较高水平，订单落实速度缓慢；在当前的 VMI 运行模式下，由于供应链协同性不强，当出现产品短线问题时，留给供应商解决问题的时间非常有限，这也是导致缺料、断料问题的主要原因。

上述现象表明供应链管理部推进实施的 VMI 体系还需要进一步完善。SYMG 公司在实施 VMI 工程中也高度重视了与供应商/分供方之间的信息共享和系统集成工作，但是在某些环节上却忽视了其中非常关键的要素，即 VMI 的协同化运作。

案例思考题

（1）从 SYMG 公司实施 VMI 库存管理模式的经历中，你认为 VMI 模式实施的关键因素是什么？

（2）企业实施 VMI 的利弊体现在哪些方面？

资料来源：中国管理案例共享中心.

第8章 供应链采购管理

先导案例

国华电力的三层采购策略执行体系

国华电力根据不同的物资类别属性确定针对性的采购运作方式和操作办法，并明确运作过程中各相关单位的责任和目标，实现“虚拟集中，物理分散”，体现了集约化采购的增值效益。

在集约化采购的实施路径下，将采购分为交易型采购与协议型采购。交易型采购是指需求发生后一事一议的被动性传统采购，其采购范围原则上是各发电公司的个性化需求，操作主体是各发电公司，其操作方法包含竞争性采购和谈判采购。协议型采购是指国华公司层面推动的基建战略采购与生产长约采购，在需求未发生之前，由研究院物流中心进行主动分析，提前制订需求发生时各项供应的保障条件，形成长期的合作协议。

在生产物资管理方面，根据物资类别特征将协议型采购进一步细分为公司级长约和厂级长约采购。公司级长约采购泛指针对各发电营运电厂具有一定规模共性需求的产品，是由研究院物流中心在需求分析的基础上，提前与所发生的需求代表用户开展的具有一定周期跨度的协议型采购。厂级长约采购指各发电公司根据自身生产运营需求，对年度需求频繁发生、采购支出较大、供应保障受地域限制，且仅为各发电公司个性需求的物料所组织的具有一定周期跨度的长约采购。各发电公司按照规定程序，自行组织、签订服务于本公司范围的长约协议，研究院物流中心对厂级长约采购进行全面管理，制订管理办法、引导并协助各发电公司自行组织长约采购工作。

采购的执行操作管理是指对在交易型采购与协议型采购两种方式下的采购方法（招标、询价、谈判）的选择、采购操作、协议与合同的执行以及绩效管理与效果评价。例如，生产长约采购，在与供应商签订框架协议后，相应协议将根据具体内容的设定，在SCM系统中进行挂接，供货目录清单中的产品经过统一编制物料编码后，随着协议挂接建立长约直达通道。一旦长约需求发生，订单将在直达通道中，按照协议所明确的各项条件发放给长约供应商，长约供应商根据直达通道中的订单组织供货。

通过实行采购策略体系创新，国华电力在采购过程中提升了产品质量和运维服务、降低了采购价格和单位库存。在基建方面，通过实行全寿命周期总拥有成本管理和基建生产一体化采购，近3年基建物资采购总成本节约达到采购总额的12%，与同期市场价格相比采购金额下降12%～15%，实现了备品配件的前置价格管理和基建转生产备件零移交；在生产方面，集约化采购比例逐年上升，2008年—2010年分别为74.5%、83.2%、89.4%，其中，两级长约采购占公司生产营运物料采购总额的40%，年度直接成本节约15%。

资料来源：摘自国华电力物资采购策略的执行体系创新. 神华科技，2012（1）.

学习目标

- 理解采购概念与目标、采购活动的关键要素。
- 掌握采购程序、采购策略和采购模式。
- 了解电子采购功能、模式和实施过程。
- 了解单周期采购、多周期采购和提前预购数量决策模型。

采购活动作为支持企业生产运营的基本过程，关系着企业生产过程是否顺利进行、产品质量是否得到保障、库存数量是否保持适度以及运营成本是否维持最低。因此，对采购活动进行有效管理具有重要意义。本章将对采购的概念、程序、策略和模式等进行介绍，具体地，首先介绍采购概念与目标、采购活动的关键要素和采购程序；然后，介绍单源与多源、本地化与全球化、分散与集中、交易型与合作型、提前与即时采购等策略以及基于这些策略的整合采购、准时采购、多源组合采购和第三方采购模式；最后介绍了电子采购和采购数量决策问题。

8.1 采购与采购程序

8.1.1 采购概念与采购目标

采购（Purchasing）是企业在一定条件下从供应商处获取原材料、零部件、产品、服务或其他资源以支持企业生产运营的过程。采购的实质就是采购方与供应方之间通过合作与交易实现资源转移的过程。采购的基本功能就是帮助企业从资源市场获取他们所需要的各种资源。采购的基本作用就是通过商品交易与等价交换将资源从资源市场中供应商处转移到企业所实现的商品所有权转移过程。

采购是一种经济活动，它通过采购获取的资源在企业的生产经营活动中发挥作用而产生经济效益，同时，为获取资源需要支付资源的价格、交易成本和运输成本等采购成本。因此，为实现采购活动的经济效益最大化，就需要不断降低采购成本，以最少的采购成本去获取最大的采购效益。

常见的采购形式主要分为日常采购和战略采购。日常采购是指根据确定的供应协议和企业的物料需求计划，以采购订单的形式向供应方发出需求信息，并安排和跟踪整个物料采购过程，确保物料按时到达，以支持企业的正常运营的过程。战略采购是指根据企业的经营战略，通过对内部需求和外部供应市场以及竞争对手进行分析，在标杆比较的基础上设定物料的长期采购目标以及达成目标所需的采购策略与行动计划，并通过行动计划的实施寻找到合适的供应资源，以满足企业在成本、质量、时间、技术等方面的综合要求，具体内容已在第 4 章介绍过。

由于采购关系着企业生产过程是否顺利进行、产品质量是否得到保障、库存数量是否保持适度以及运营成本是否维持最低，因此，采购的目标应包括以下几个方面。

（1）保证持续供应。企业生产经营过程中，一旦出现原材料或零部件缺货，就会造成生产过程的中断，给企业带来预期之外的损失。而生产过程的中断会造成企业运营成本的增加，并有可能进一步导致企业无法按时向顾客完成交货。因此，采购的根本目标之一就是要确保原材料、零部件和配件的持续供应。

（2）提高产购质量。采购对于企业的产品质量是一个至关重要的环节，产品质量也主要取决于加工装配过程中所使用的原材料和零部件质量。如果使用了质量较差的原材料或零部件，那么最终产品就有可能无法满足顾客的质量要求。因此，企业和供应商必须不断致力于提高采购质量。

（3）库存最小化。通常，企业为了避免由于物料短缺往往会持有大量的原材料和零部件库存，以应对供应出现中断的情况，但维持大量库存水平会占用企业的大量资金。因此，采购的目标之一就是在保证持续供应的前提下，平衡库存维持成本与潜在的生产中断所造成的损失。

（4）总成本最小化。对于大多数企业来说，商品和服务采购是一项非常昂贵的支出，而使用可行的采购策略则可以节约大量资金。因此，要获取最大的采购效益就必须对采购成本进行严格控制，这不仅需要重视如何获得较低的资源价格，还应重视采购的交易成本及物料的运输和使用成本的节约。

要实现上述采购目标就需要企业与供应商之间由原来的讨价还价这种对抗性关系变成互惠互利的合作性关系。而合作关系的建立则需要将采购活动变成企业的一项关键能力，即企业通过积极寻找更好的原材料和可靠的供应商，与其密切合作并利用供应商的专业知识以提升原材料或零部件质量，并在产品设计和开发活动中引入供应商和采购人员可以提升最终产品质量和顾客满意度，更好地实现企业的生产和营销战略。

8.1.2 采购活动的关键要素

支持采购活动顺利进行并达到预期目标的关键要素主要有采购项目、采购准则、双方关系与采购成本等，它们之间的互动关系如图 8-1 所示。

（1）采购项目是指为满足企业生产经营活动需要而必须采购的物料或服务，主要包括未经过供应商任何加工的原材料、用于支持企业最终产品生产的半成品和零部件、用于转售或贴牌销售给最终顾客前不需要深入加工的产品、用于支持生产运行的 MRO（Maintenance, Repair and Operating）产品以及资产设备和服务等。采购项目是采购活动的基本要素。没有采购项目就没有进行采购活动的必要；采购项目界定不清楚，采购活动也就不能达到预期目标。采购项目需要明确采购数量、物料规格、质量要求、价格、交货日期和交货方式等信息，采购项目的信息通常以采购订单或开放式订单来表示。

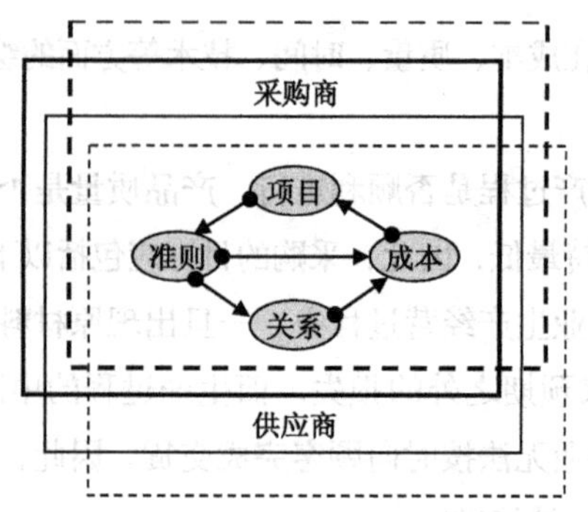

图 8-1　采购活动的关键要素

（2）采购准则是指导采购活动的行为准则，是寻找合适供应源、选择最佳供应商并与之建立何种关系以及判断采购活动是否达到预期目标的标准。采购准则是由采购目标和采购物料的数量、规格、质量、价格、交货时间及服务要求等综合决定的。例如，当采购的最终目标是增强供应链的反应能力，采购物料的数量较少，交货时间较紧时，就应该在本地区寻找供应源，选择具有供应灵活性的供应商。

（3）双方关系是指采购商根据其供应链战略以及采购项目的重要性决定与供应商建立的某种关系。采购商与供应商之间一般可形成交易关系、合作关系、联盟关系或控制关系。如当采购商拟采购的物料数量较少且价值不高时，采购商就没有必要与供应商建立合作关系，只需要与其直接进行交易即可。相反，当采购商拟采购的物料数量较多且价值较高时，采购商就必须与供应商建立合作关系以分摊风险、共享收益，既可以使供应商获得稳定的市场需求，又能保证采购商的生产过程顺利进行。

（4）采购成本作为衡量采购活动绩效的重要指标，应该包含在交易前寻找供应源、与供应商沟通、选择供应商等活动所发生的成本，在交易中采购物料的价格、税费、运输成本、检验成本等以及在交易后物料使用、维护、维修等成本中。一项采购活动的总成本既取决于采购准则，又受到双方关系的响应。例如，当采购的最终目标是增强供应链的反应能力，采购物料的数量较少，交货时间较紧时，那么，这项采购活动的总成本就会较高，而双方合作关系的建立就会降低采购活动的总成本。

8.1.3　采购程序

采购程序会因采购物料是一次性采购还是重复采购，大额采购还是小额采购等因素的不同而有所不同。但一般通用的成功程序包括识别顾客需求、评估潜在供应商、选择供应商、核准采购、执行采购和考核供应商绩效等步骤，如图 8-2 所示。

（1）识别顾客需求。顾客需求包括对物料及服务的需求。物料需求可能包括对仪器设备、零部件、原材料或产成品的需求，服务需求包括对电脑程序员、危险品处理人员、承运人或维修服务提供者的需求等。顾客可用工作描述、采购需求申请、顾客订单、常规再订货系统、盘点存货及在新产品开发中所识别的需求等形式来描述其物料需求或服务需求并通知给采购部门，采购部门确认并将其转换为订单。

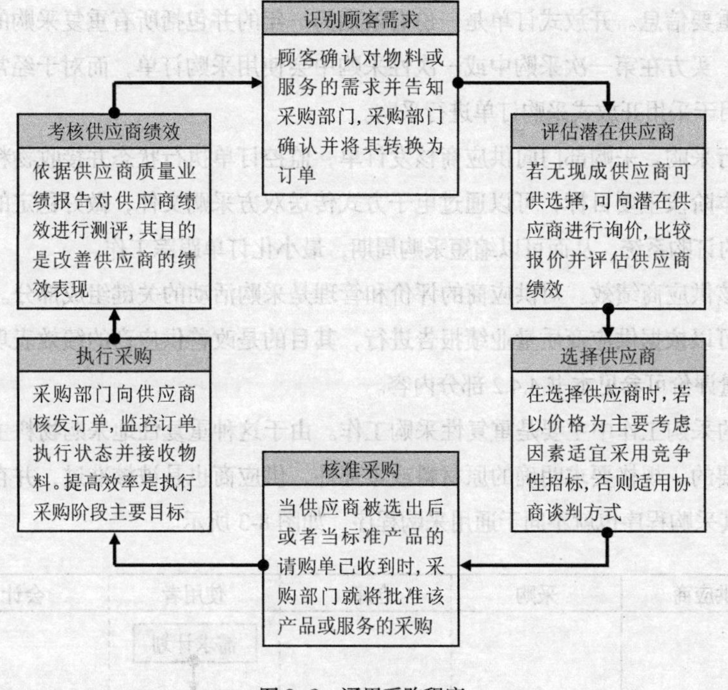

图8-2 通用采购程序

（2）评估潜在供应商。识别了顾客需求，就需要在资料库中检查是否已有被核准过的供应商。若无现成供应商可供选择，可向潜在供应商进行询价，比较报价并评估供应商绩效。在评估潜在供应商时，主要包括对供应商的生产能力及过去在产品设计方面的表现的评价，对产品质量的承诺、管理能力及承诺、技术能力、成本节约情况、交付情况及开发生产流程和产品技术的能力的评价，详细评价指标可参见本书 4.2.3 部分内容。对于重复性订购，一般情况下采购部门可能已同某个供应商就某种确定的产品签订了合同，商议好交货、定价、交易质量等。

（3）选择供应商。可用竞争性招标和协商谈判（可参见本书 4.3.1 部分内容）方法选择供应商。竞争性招标是指买方向其有意进行合作的供应商发出招标邀请。竞争性投标适用于几种条件，包括采购量达到采用竞标的数量；采购项目规格要求明确，供应商可以精确估计产品的生产成本；有许多合格的供应商希望获得此项业务；买方只向技术合格的供应商发出招标函；供应商拥有合理的时间来评估询价等。当价格是主要的评判标准，并且所需的产品有明确的物料规格要求时，可采用竞争性投标法。如果存在重要的非价格因素，可采用协商谈判法选择供应商。协商谈判法适用于几种条件，包括没有明确的采购规格；采购协议涉及大量绩效因素如价格、质量、交货、风险共担和产品支持等；需要供应商早期参与新产品开发；供应商无法决定风险和成本或需要很长时期来开发和生产所采购的产品。另外，还可采用定量方法选择供应商，详见本书 4.3.2 部分内容。

（4）核准采购。当供应商被选出或者当标准产品的请购单已收到后，采购部门将批准产品或服务的采购订单或通过物料审核来订购开放式订单（Blanket Order）中的产品。采购订单包括数量、物料规格、质量要求、价格、交货日期、交货方式、交货地址、采购订单号、订单到期日等重要信息。开放式订单是一份有效期为一年的并包括所有重复采购的产品或产品系列的订单。买方在第一次采购中或一次性采购中会使用采购订单，而对于经常订购的生产性产品则适用于采用开放式采购订单进行采购。

（5）执行采购。采购部门向供应商核发订单，监控订单执行状态并接收物料。提高采购执行效率是本阶段主要目标，可以通过电子方式传送双方采购文件，做好稳定的需求预测，并建立高效的订购系统，从而可以缩短采购周期，最小化订单跟踪工作。

（6）考核供应商绩效。对供应商的评价和管理是采购活动的关键组成部分。对供应商绩效进行测评可以依据供应商质量业绩报告进行，其目的是改善供应商的绩效表现。对供应商绩效进行定量评价可参见本书 4.4.2 部分内容。

在企业的采购工作中主要是重复性采购工作。由于这种重复性地采购物料主要是企业日常生产所需要的、规格要求明确的原材料或零部件，供应商也是被核准过，并存在资料库中的，因此，其采购程序也就不同于通用采购程序，如图 8-3 所示。

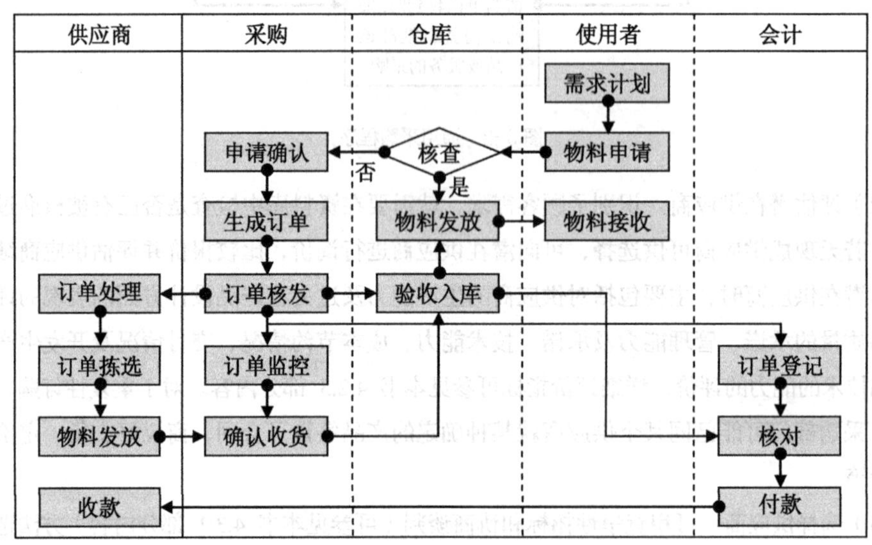

图 8-3 重复性采购工作程序

8.2 采购策略

8.2.1 单源与多源采购

从供应商选择数量来看，当企业为其采购项目选择供应商时，面临着选择单一供应商还是选择多个供应商的问题，这主要取决于企业竞争战略和采购项目的特点（参见本书 4.2.2 部分内容）以及单源采购与多源采购的各自优势和适用条件。

1．单源采购

单源采购是指采用单一供应商作为原材料、零部件或服务的供应主体。采用单源供应比多源供应的好处：① 单一供应商使企业更容易与其建立互惠的合作关系；② 单一供应商可使企业获得相同技术和流程生产的零部件；③ 单一供应商可使企业获得采购规模经济和运输规模经济；④ 单一供应商有利于使企业获得专利产品或工艺。当然，采用单一供应商也有风险，如供应商可能因意外原因中断交货以及供应商缺乏竞争意识等。

单源采购适合以下情况。

（1）供应商是某一关键部件的唯一提供者。

（2）某一供应商能提供很有价值且非常出色的产品，无需再考虑其他供应商。

（3）采购量少，只能由单一供应商供应。

（4）采购商对供应商有决定作用（有较强控制力）。

（5）采用 JIT 生产方式，要求有单一供应源。

（6）战略联盟关系。

2．多源采购

多源采购是指采用两个或两个以上供应商作为原材料、零部件或服务的供应主体。采用多源供应比单源供应的好处：① 确保供应，降低依存度；② 分散由于罢工、质量问题、政治波动和其他供应商方面的问题带来的供应中断的风险；③ 有利于供应商之间进行价格和质量的竞争；④ 可以获得更多的关于市场、新产品开发和新工艺技术信息。

多源采购适合以下情况。

（1）当需求超过单一供应商的产能时，企业不得不使用多家供应商。

（2）为保持竞争水平，提供后备供应源，以求更好的价格与服务。

（3）避免过分依赖某个供应商，使其产生惰性与自满情况。

（4）需要获得更大程度的数量柔性。

（5）政策要求使用多供应源、小供应源。

（6）供应市场的变动性会带给单源供应无法承受的风险。

8.2.2 本地化与全球化采购

从供应商选择范围来看，企业为其采购项目选择供应商时面临着在本地区域选择供应商还是在全球范围选择供应商的问题，这主要取决于企业竞争战略和采购项目的特点（参见本书 4.2.2 部分内容）以及本地采购与全球采购的各自优势和适用条件。

1．本地化采购

本地化采购是指企业充分利用本地区资源，在本地区选择供应商以采购零部件、服务以及最终产品。本地化采购的主要优势如下。

（1）缩短交货时间。在本地区选择供应商可以获得交货时间的优势，并有利于控制交货时间的不确定性，满足频繁的小批量交货条件。

（2）采购成本优势。在本地区选择供应商，可以获得运输距离的优势，并可避免汇率波动带来的成本不可控。

（3）培养密切合作关系。在本地区选择供应商，因语言和文化等因素有利于采购商与供应商之间沟通协调，容易培养密切合作关系。

但本地化采购难以获得最优秀的供应商。另外，如果企业要采购的物料在本地没有合适的供应商，有些具有一定实力的企业会扶持一些本地企业进行本地化生产和采购。但因为这样的本地企业生命周期较短而使大企业面临着采购持续性的问题。

2．全球化采购

全球化采购是指企业充分利用全球资源，将全球看作是组成采购零部件、服务以及最终产品的潜在来源，从中寻求制造产品的资源。全球化采购的主要目标就是降低采购成本、实现质量的显著改善。全球采购的优势主要如下。

（1）扩大比价范围，降低采购成本。在全球范围内对有兴趣交易的供应商进行比较，可以用较低价格获得更好的产品和服务。同时，还可以充分利用各国的资源优势并加以合理组合，使企业用合理的价格获得质量较高的商品，从而大幅度提高企业的经济效益。

（2）利用汇率变动，降低采购成本。由于贸易合同从签订到实施有一定的时间间隔，而国际汇率又是在不断变化的，因此，在选择以何种货币作为支付工具时，应考虑在该时间段内国际金融市场汇率的变动趋势，以便从中获得收益。

（3）获得更好的产品和技术。通过与拥有前沿技术的供应商在技术发展设计上密切合作，可以确保企业的产品及服务将会达到"世界水平"。尽管国外供应商所处的位置可能很远，但高效的运输和物流系统使它们或许能够比国内供应商更快地配送产品。

（4）获得同一供应源。采购方企业通过获得同一供应商的产品和技术，可以更快地将竞争力更高的产品投入市场。采购者可以与竞争者采用同一个供应商或者在同一地区采购来应对竞争者。

（5）向国内供应商引入竞争。有时那些依靠竞争压力来维持其在行业中的价格及服务水平的企业采用全球采购的方式是为了向国内供给库引入竞争。在有限的国内竞争的行业中，这样做可以消除供应商的力量，并且打破某些对采购者不利的惯例。

实践表明，如果没有世界范围的供给，那么企业就不能够保持竞争力；一个从全球范围采购原材料的国内企业在竞争上会比一个从没有在全球范围采购的国内企业更有优势。但全球化采购也有许多障碍，具体如下。

（1）缺乏对跨国采购程序的理解。这包括对潜在供应源缺少了解及不熟悉跨国采购所要求的附加文件等。国际文件必须包括信用证、多份全套提单、码头收据、进口许可证、原产地证书、检验检疫证书、保险证书、包装单及商业发票等。

（2）难以对既定程序做出改变或反对。采购者不愿意放弃一个长期稳定的供应商，不愿意从国内的供应源转向并不了解的国外供应源，国内市场的民族主义倾向等。

（3）需要管理更长的采购提前期。由于采购提前期更长，需要精确跨期预测原材料到货时间。但转运或通关时可能会有延误，因此采购者必须密切关注交货日期。此外，跨国采购还增加了一定的物流、政治及财务风险。

8.2.3　分散与集中采购

从企业的采购职能设置来看，当企业需要界定其采购部门的采购职能时，面临着选择集中采购职能还是分散采购职能的问题，这主要取决于企业的组织结构与发展战略以及集中采购与分散采购的各自优势和适用条件。

1．集中采购

集中采购是指企业在核心管理层建立专门的采购机构，统一组织企业所需物料的采购业务。这种采购策略通过组建内部采购部门来统一其分布于世界各地的分支机构的采购业务，体现了采购商的战略、意志、品质和制度。

集中采购的优势主要如下。

（1）采购规模的杠杆效应（Leveraging Purchase Volume）。集中采购的规模可以获得数量折扣、低成本运输和其他更有利的采购条款。集中采购因采购规模大还会给企业提供更多讨价还价的权力，并促使供应商更愿意让步、提供更好的条件并分享技术。

（2）避免重复。集中采购消除了重复性的工作。采购部门研究并下达包括所需要的相同物料的大额采购订单，从而消除了重复性活动，减少了采购人员，降低了劳动成本。

（3）专业化采购。集中采购可使采购部门专注于一些特别的物料而不是负责所有采购的物料和服务，使采购人员花费更多的时间和资源研究他们应该负责的物料。

（4）降低运输成本。集中采购可以进行大批量运输，充分利用装载量，小规模运输仍旧可以安排被用来将产品直接从供应商配送给顾客。

（5）内部之间没有竞争。在分散系统下，当不同的单位部门采购相同物料时，会产生部门之间相互竞争。集中采购能减少这个问题。

（6）共同的供给库。使用共同的供给库，从而更容易管理和合同谈判。

集中采购尽管有利于稳定本企业与供应商之间的关系，是降低进货及物流成本，保护产权、技术和商业秘密，提高效益的战略手段。但是由于采购流程过长，因而，时效性差，难以适应小额采购、地域采购以及紧急采购；同时，因采购与需求单位分离开来，有时可能难以准确了解内部需求，从而在一定程度上降低了采购的绩效。

2．分散采购

分散采购是指由企业下属各单位（如子公司、分公司、车间或分店）为满足自身生产经营需要所实施的采购活动。这种采购策略适用于采购主体为二级法人单位、子公司、分厂、车间；申请采购的部门离主厂区或集团供应基地较远，其供应成本低于集中采购成本；采购的物料具有批量小、价值低，市场资源有保证，易于送达的特点；产品开发研制、试验所需要的物料以及采购部门具有相应的采购与检测能力等情况。

分散采购的优势主要如下。

（1）了解需求。每个单独的采购者比总部集中的采购者更容易把握自己的真实需求。

（2）当地采购。当地的采购人员对地方供应商了解得更多。当地供应商提供的便利使物料小规模频繁的运输更容易实现，也有助于建立密切的供应商关系。

（3）快速响应。由于采购程序简洁，顾客与采购者联系密切，因此分散采购有利于快速响应，补货及时。

但分散采购也有以下不足。

（1）部门各自为政，容易出现交叉采购，人员费用较大。

（2）由于采购权力下放，使采购控制较难，采购过程中容易出现舞弊现象。

（3）由于各部门或分店的采购数量有限，难以获得大量采购的价格优惠。

集中采购与分散采购相比具有不同的特点，如表 8-1 所示。

表 8-1　集中采购与分散采购的特点比较

比较项目	分散采购	集中采购
组织隶属关系	采购部门隶属于集团下属各成员企业，对其相应部门负责	采购部门隶属于集团总部，对整个集团负责
业务流程	简单、快速	较复杂，需要借助采购信息管理平台
项目特征	在限额标准以上，专业化程度较高或单位有特定需求的项目	一些大宗的、通用性高的项目，或者是大型工程和重要服务类项目
采购行为	各部门与供应商签订协议并执行采购	集团公司与供应商签订协议并执行采购
专业化程度	专业化程度低于后者，采购人员素质较低	专业化采购程度较高，采购人员素质较高
采购协同程度	各部门独自采购，协同程度低	集团统一采购，协同程度高

8.2.4　交易型与合作型采购

从采购商与供应商之间关系来看，当企业需要采购其生产经营所需的物料时，面临着选择交易型采购还是合作型采购的问题，这主要取决于供应链战略及采购项目的重要性。

交易型采购就是企业与供应商通过直接交易获得所需物料；而合作型采购就是通过与供应商建立密切合作关系以有效利用供应商资源来提升企业供应链的竞争能力。交易型采购与合作型采购的特点比较如表 8-2 所示。

表 8-2　交易型采购与合作型采购比较

比较项目	交易型采购	合作型采购
采购依据	价格	协作计划
采购批量	大	小
供货方式	批量供货	准时供货
质量保证	事后检验	参与设计与制造
库存管理	防止缺货	准时化
双方关系	对立	合作伙伴
合同时效	短期	长期
信息沟通	极少	经常双向交流
争端解决	买方单方解决	争端解决机制
供应商数量	多	少数

8.2.5　提前与即时采购

从采购项目的采购时机来看，当企业需要采购其生产经营所需的物料时，面临着选择提前预购还是即时采购的问题，这主要取决于采购项目的需求特征。

即时采购是指当企业生产部门有采购需求时就开始执行采购程序，等到物料到达时恰好是需要使用物料的时间。即时采购有利于消除浪费，实现零库存。即时采购主要适用于重复性采购工作，并且，企业与供应商已经建立起长期合作伙伴关系。

提前采购是指在需求之前就大批量地对物料进行采购，即在需要和使用之前的提前采购。提前采购主要原因是预测到产品价格有上涨的趋势以及预测到供应市场将出现缺货的情况或者供应商为促销其产品提供一次性价格折扣等。提前采购有以下两个优势。

（1）通过提前采购可以在一定程度上避免企业受市场价格上涨的影响。

（2）通过提前采购可以预防市场供应的不确定性因素。供应市场的不确定性越大，提前采购的做法越普遍。

虽然提前采购具有减小价格变动对企业成本的影响和避免缺货等优势，但也有一些不足之处就是很多企业都是在预期价格上涨的情况下进行采购的，但有时产品价格实际上反而会下跌或者不变，这时，企业就将承担为提前采购支付不必要的更高费用的风险。另外就是提前采购会导致存货较多，库存成本较高，有较高的库存淘汰风险。

8.3 采购模式

8.3.1 整合采购模式

整合采购模式基于集中采购策略，对企业采购部门与其他职能部门以及供应商之间进行整合，以便充分发挥采购部门的专业性与创新性，利用供应商的生产和技术资源来提高供应链的竞争能力。在这种采购模式中，企业采购部门与其他职能部门之间的整合是提高采购部门的专业性与创新性的基础，只有采购部门具有较高的专业性与创新性才能与供应商建立合作关系，只有与供应商进行整合才能更好地利用供应商的生产和技术资源。因此，为实现整合采购，首先需要将企业的采购部门与其他职能部门进行整合，再将企业的采购部门与供应商进行整合，最后将企业战略目标转换为采购目标与采购任务。

1．企业内部整合

实现企业内部整合的一项重要工作就是采购部门与其他职能部门建立起双向信息沟通机制。采购部门与其他关键职能部门之间双向信息联系及内容如图 8-4 所示。

由图 8-4 可见，采购部与运营部之间联系主要是以制定采购战略为核心而展开的；与质量保证部之间联系主要是以供应商质量培训、工序能力研究以及纠正行为规划为核心而展开的；与技术开发部之间联系主要是以快速开发高质量产品为核心而展开的；与会计部之间联系主要是以成本控制与成本核算为核心而展开的；与营销部之间联系主要是以新产品概念与特征为核心而展开的；与法律部门之间联系主要是以知识产权、产品责任等法律问题为核心而展开的；与安全部门之间联系主要是以采购和运输过程中安全法规咨询为核心而展开的。

实现企业内部整合的另一项重要工作就是组建跨职能采购小组。当企业面对新产品开发、安装新的生产设施、评价与选择供应商、制订产品和采购系列战略等复杂或重要任务时，可以组建跨职能采购小组。由来自不同职能部门的人员组成的采购小组，根据任务期限不同和人员的工作性质不同为不同人员安排不同任务，如图 8-5 所示。

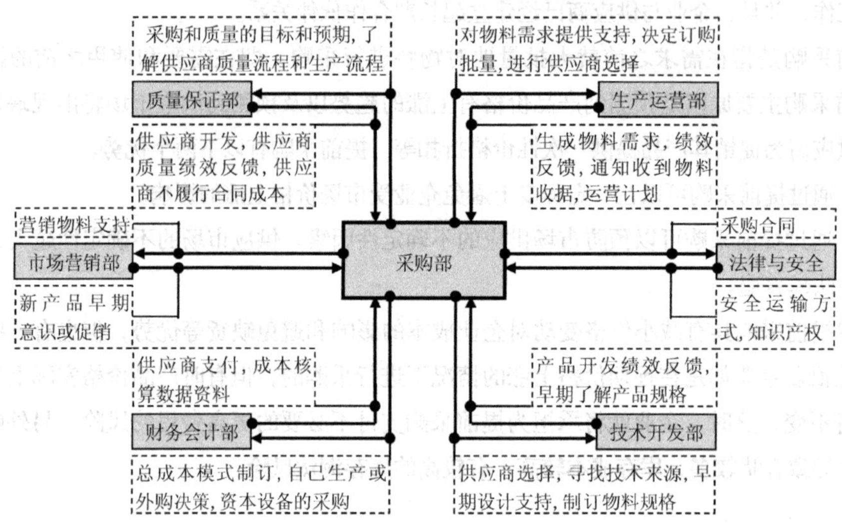

图 8-4　采购部门与其他职能部门的信息联系

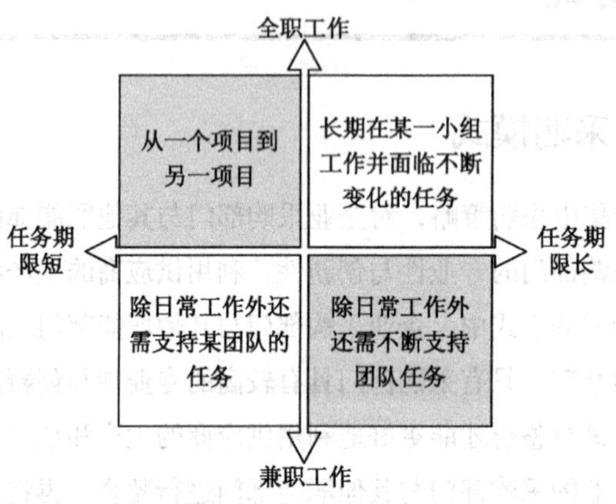

图 8-5　跨职能采购小组任务安排

跨职能采购小组通过将持有不同观点、具有不同专业知识的人员集中在一起，并共同享有决策权力，减少完成任务所需要的时间，提高创新能力。

2．企业外部整合

企业外部整合通过与供应商建立密切合作关系可以促进双方相互信任并建立长期合作关系，进而，通过信任关系使供应商早期参与企业的新产品设计与开发。长期合作将促进供应商提高效率，有利于双方共担风险，共享收益。

在实践中，有许多措施可以促进企业外部整合，被认为成功的一些举措如下。

（1）为整合供应商，规范采购流程。采购部的参与使得其在新产品需求出现的早期就可以决定需要哪些物料或服务，并根据对物料供应市场的了解，推荐能够替代高成本或供应不稳定物料的产品以及评估长期物料趋势。

（2）为规划整合工作，成立跨职能小组。在新产品开发时需要采购小组评估和选择供应商，并及早地预测新产品需求，从而有利于挑选出最适合的供应商。

（3）为产品设计和高效生产，对供应商进行早期选择。通过成立跨职能小组来评估、选择和开发供应商，可以在新产品开发早期阶段就选择供应商，使采购部可以具备更充足的信息，并更早地执行这些关键性的任务。

（4）供应商参加采购小组并成为其成员。将供应商纳入产品开发流程和试生产阶段可以通过将生产需求计划与供应商的实际生产能力进行比较，获得供应商对产品设计的意见，对整个新产品开发时间和成功具有重要意义。

（5）在项目合作期间，企业间不同部门直接交流。为实现与供应商整合，将应用各类信息共享机制来评估与供应商合作的技术路线图。

（6）将买方和供应商的工作人员安排在同一地点工作。邀请关键供应商在产品开发初始阶段安排一名工程师与买方公司的工作人员在同一办公地点共同工作一段时间，有利于双方沟通交流。

（7）为双方商业部门之间建立正式的信任关系做出努力。如果采购部选择了有能力且值得信任的供应商，那么，在产品开发早期阶段就应同供应商共享产品信息。

（8）与供应商共享技术。采购部必须与工程部紧密合作，确定与供应商在技术战略方面是否存在共同之处，并共同制订技术合作路线图。

（9）联合教育或培训工作。为实现与供应商整合，对双方相关人员需要进行培训和教育工作以便了解整合的意义。

3．战略目标具体化

在完成企业内部整合与外部整合之后，就要将企业的战略目标转化为具体的采购任务，其转化过程如图 8-6 所示。

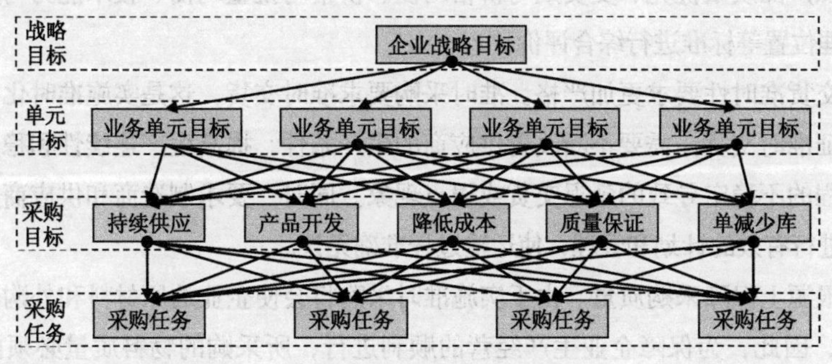

图 8-6　企业战略目标转化过程

在企业战略目标转化为采购任务的过程中，由于企业战略涉及企业的竞争优势、业务单元的能力与资源分配等，因此企业战略目标可以通过分解具体化到每个业务单元；而每个业务单元目标的实现都离不开采购活动的支持，并且，只有将采购目标同每一个特定的采购任务结合在一起，才能有效地支持每个业务单元目标的实现。这样，采购目标也就变成了一个个具体的采购任务。例如，企业的战略目标是成为该行业中成本领先者，则每个生产部门都必须确定年度成本节约目标，而每个生产部门要完成年度成本节约目标就需要转化为采购部门的采购目标，进而要求每项采购任务必须关注采购成本。

8.3.2 准时采购模式

准时采购（Just In Time，JIT）的基本思想是在恰当的时间和恰当的地点，以恰当的数量和恰当的质量提供恰当的物料。这种采购模式在采购时机上，按照即时采购策略要求做到顾客什么时候需要就什么时候采购；在供应商选择上，要求为每种物料或几种物料建立单一可靠的供应商；在供货模式上，要求做到顾客需要什么就送什么，需要多少就送多少，什么时候需要就什么时候送货，什么地点需要就直送到什么地点；在双方关系上，需要建立长期合作伙伴关系。

1．准时采购的特点

（1）采用单源供应。单源供应是指对某一种或几种原材料或外购件只从一个供应商那里采购。采取单源供应有利于供应商管理，有利于获得规模效益和质量保证，有利于供需之间建立长期稳定的合作关系。但采取单源供应可能会产生因意外原因而中断供货的风险，以及使企业不能得到竞争性的采购价格，并对供应商产生过大的依赖性等。

（2）采取小批量采购。当企业面向订单生产时，需要采购的零部件具有小批量和较高不确定性的特点，为保证准时交付和按质按量供应所需的原材料和外购件，采购批量必然是小批量采购。但小批量采购必然增加运输次数和运输成本，尤其是在某些供应商远离制造商的情形下，实施准时采购就有很大难度。为此，制造商需要选择在地理位置上靠近的供应商或者在制造商附近建立仓库的供应商或者由第三方物流企业负责送货。

（3）选择供应商标准发生变化。由于准时采购采取单源供应，因此，能否选择到合格的供应商是准时采购能否成功实施的关键。在准时采购模式中，由于供应商和制造商之间是长期合作关系，供应商的合作能力将影响到企业长期经济利益，因此，在选择供应商时，需要对供应商按照产品质量优先、交货期与价格均衡、价格与批量均衡、技术能力与应变能力均衡、重视地理位置等标准进行综合评价。

（4）对交货准时性要求更加严格。准时采购要求准时交货，这是实施准时化生产的前提条件。为保证准时交货，需要不断改善供应商的生产条件，提高生产连续性和稳定性，减少由于生产过程的不稳定导致的延迟交货或误点现象。同时，要求制造商和供应商共同对运输或配送问题进行有效的计划和管理，使运输过程准确无误。

（5）从根源上保障采购质量。由于实施准时采购将会使企业的原材料和外购件的库存很少甚至为零，因此，为保障企业生产经营的顺利进行，所采购的物料质量必须由供应商负责，而不是企业的采购部门。准时采购就是要把质量责任返回给供应商，从根源上保证采购质量。为此，供应商必须参与制造商的产品设计过程，制造商也应帮助供应商提高技术能力和管理水平。

（6）双方信息高度共享。准时采购要求供应与需求双方在生产计划、库存、质量等信息方面进行及时交流，以便出现问题时能够及时处理。只有供需双方进行可靠而快速的双向信息交流，才能保证所需的原材料和外购件准时按量供应。同时，充分的信息交换可以增强供应商的应变能力。因此，实施准时采购要求供应商和制造商之间在生产作业计划、产品设计、工程数据、质量、成本、交货期等方面进行有效的信息交流。

（7）可靠配送和特定包装。由于准时采购消除了原材料和外购件的缓冲库存，供应商交货的失误和送货的延迟必将导致企业生产线的停工待料。因此，可靠送货是实施 JIT 采购的前提条件。而送货的可靠性常取决于供应商的生产能力和运输条件，如交通堵塞、运输工具故障等都可能引起送货延迟。此外，JIT 采购对每一种原材料和外购件要求采用标准规格且可重复使用的容器包装，这样，既可提高运输效率，又能保证交货的准确性。

准时采购特点与传统采购比较如表 8-3 所示。

表 8-3　准时采购特点与传统采购比较

比较项目	准时采购	传统采购
采购批量	小批量，送货频率高	大批量，送货频率低
交货准时性	按时点准时交货	按时段交货
供应商选择	长期合作，单源供应	短期合作，多源供应
供应商衡量	质量，交货期，价格	质量，价格，交货期
检查工作	逐渐减少，最后消除	收货，点货，质量验收
协商内容	长期合作关系，质量和合理价格	获得最低价格
运输	准时送货，买方负责	卖方负责安排
包装	标准化，可重复容器包装	普通包装
信息交流	快速，可靠	一般要求

2．准时采购的优势

准时采购是一种直接面向需求的采购模式，它能够最好地满足顾客需要，提高物料采购的效率和质量，可以最大限度地消除库存和浪费，从而降低企业的采购成本和经营成本，提高企业的竞争力。主要优点包括以下几个方面。

（1）暴露生产过程隐藏的问题。准时采购要求原材料和外购件的库存为零，质量缺陷为零。为尽可能地实现这样的目标，准时采购会通过不断减少外购件和原材料的库存来暴露生产过程的隐藏的问题，从解决深层次的问题上来提高生产效率的有效途径。

（2）消除生产过程中不增值过程。在企业采购中存在大量不增加产品价值的活动，如订货、修改订货、收货、装卸、开票、质量检验、点数、入库及运转等。而准时采购精简了采购作业流程，消除浪费，极大地提高了工作效率。

（3）减少并最终消除原材料和外购件库存。准时采购要求供应商在恰当的时间和恰当的地点，以恰当的产品数量满足顾客需求。这样的严格要求在客观上将在顾客和供应商之间铸就一种新的管理模式，有利于提高顾客和供应商的科学管理水平。

（4）使企业真正实现柔性生产。准时采购实现了企业需要什么物料，供应商就能供给什么样的物料，什么时间要就能什么时间供应，需要多少就能供给多少，通过同步运作使企业具有真正的柔性来适应市场需求变化。

（5）提高采购物料的质量。准时采购要求供应商以恰当的质量提供恰当的物料，因此，实施准时采购可以使所采购的原材料和外购件质量提高。而原材料和外购件质量的提高又会降低质量成本。

（6）降低原材料和外购件的采购价格。由于供应商和制造商的密切合作以及内部规模效益与长期订货，再加上消除了采购过程中的一些浪费，就使得购买的原材料和外购件的价格得以降低。

3．准时采购的实施过程

成功实施准时采购模式的关键要素如下。

（1）按企业日生产作业指令进行适时采购是实施准时采购的有效手段。

（2）选择最佳的供应商，并对供应商进行有效管理是实施准时采购的必要基础。

（3）供应商与顾客紧密合作是实施准时采购的核心。

（4）卓有成效的采购过程和严格的质量控制是实施准时采购的可靠保证。

企业在实施准时采购时还必须遵循一定的科学实施步骤，主要遵循以下具体步骤。

（1）创建准时采购班组。准时采购班组由采购人员及生产管理人员、技术人员、搬运人员等共同组成，负责培训和指导供应商的准时采购操作、供应商与本企业的操作流程衔接、认定和评估供应商、与供应商谈判签定准时化供货合同、发放免检签证等，以及协调本企业各个部门的准时采购操作，制订作业流程，指导和培训操作人员，检验、监督和评估操作流程。

（2）制订实施计划。为确保准时采购有计划有步骤地实施，企业要有针对性地制订采购策略，制订出具体的分阶段改进措施，包括减少供应商的数量、供应商的评价、向供应商发放签证等内容。在这个过程中，企业需要与供应商一起商定准时采购的目标和有关措施，保持经常性的信息沟通。

（3）建立合作伙伴关系。供应商和采购商之间伙伴关系的建立，就意味着双方间形成了一种紧密合作、主动交流、相互信赖的和谐气氛以及结成了共同承担长期协作责任和义务的命运共同体，发展共同的目标，分享共同的利益。因此，企业可以选择少数几个最佳供应商作为合作对象，加强与他们之间的合作关系。

（4）进行试点工作。企业可以先从某种产品、某条生产线或是某些特定原材料的试点开始，进行准时采购的试点工作。在试点过程中，需要得到企业各个部门的支持，特别是生产部门的支持。通过试点总结经验，为正式的准时采购实施打下基础。

（5）搞好供应商培训。准时采购是供需双方共同的业务活动，单靠采购部门的努力是不够的，需要供应商的配合，只有供应商也对准时采购的策略和运作方法有了认识和理解，才能获得供应商的支持和配合。因此，需要对供应商进行教育和培训。通过培训取得一致的目标，就能够很好地协调做好采购的准时化工作。

（6）颁发免检证书。在实施准时采购时，核发免检证书是非常关键的一步。颁发免检证书的前提是保证向供应商采购的产品 100%合格。为此，核发免检证书时，要求供应商提供最新的、正确的、完整的产品质量文件，包括设计蓝图、规格、检验程序等必要的关键内容。经长期检验达到目标后，所有采购的物料就可以直接运至生产线使用。

（7）交货方式。准时采购要求供应商在向企业供货时能够将物料直接送到企业生产线上的指定工位，即当生产线正好需要某种物料时，该物料就到货并运至生产线，生产线拉动它所需的物料，并在制造产品时使用该物料。

（8）持续改进。准时采购是一个不断完善和改进的过程，需要在实施过程中不断总结经验教训，从降低运输成本、保证交货的准确性、提高产品质量、降低供应库存等各个方面进行改进，不断提高准时采购的运作绩效。

8.3.3 多源组合采购模式

多源组合采购模式基于多源采购策略，对于同一种物料或者具有不同需求特征的产品选择两种不同类型供应源加以组合，实现供应链的效率性与响应性的均衡。在这种采购模式中，一个供应源作为低成本供应源，注重产品成本，但应对需求不确定性的能力较差；而另一个供应源作为响应性供应源，用于低成本供应源缺货时的后备供应源，能够灵活应对产品需求的不确定性，但具有较高的产品成本。

通常，低成本供应源关注经济性并只用于满足可预测部分的产品需求；响应性供应源关注快速响应性并只用于满足不确定部分的产品需求。影响低成本供应源和响应性供应源选择的因素不限于采购产品的需求特征，还有其他因素，如表 8-4 所示。

表 8-4 不同类型供应源选择的影响因素

影响因素	低成本供应源	响应性供应源
产品生命周期	成熟阶段	早期阶段
需求不确定性	低	高
产品需求数量	高	低
产品价格	低	高
产品陈旧化速度	低	高
产品质量要求	低到中	高
所需服务支持	低	高

由表 8-4 可见，低成本供应源应该被分配给那些需求量大而稳定、不需要较多技术服务支持的成熟、低价值的产品。相反，响应性供应源应该负责那些通常处在生命周期初期和需要较多技术服务支持的高价值、不稳定的产品的供应。

一般情况下，响应性供应源倾向于本地选择以便快速响应需求变化；低成本供应源可以全球选择，但倾向于在海外选择低成本地区。

当基于产量时，海外低成本供应源因有较长提前期可用于补充需求稳定的周转库存，而将本地柔性资源作为后备资源用于满足超过现有库存量的情形；当基于产品时，需求量小且需求不稳定的产品从响应性供应商处获得，需求量大且需求稳定的产品从低成本供应商处获得。同样，供应源选择在本地还是海外并不限于采购产品的需求特征，还有其他因素，如表 8-5 所示。

表 8-5 本地供应源或海外供应源选择的影响因素

影响因素	本地供应源	海外供应源
产品创新速度	高	低
需求不确定性	高	低

续表

影响因素	本地供应源	海外供应源
产品劳动含量	低	高
产品需求数量	低	高
产品价值重量比	高	低
供应链中断影响	高	低
库存持有成本	高	低
所需服务支持	高	低

由表 8-5 可见，像冰箱这样大型、笨重的产品最好在本地生产，因为相对于价值来说，它们的运输成本很高。相反，像电子类消费品的小型产品，尤其是那些需求量大的产品，可以在海外生产。当运输成本增加时，在本地选择供应商相对于海外更具吸引力。需求波动大、库存成本高和需要大量技术服务支持的高价值产品应该在本地选择供应商。相反，对于设计稳定和需求稳定的低价值产品应该在海外选择低成本供应商。

多源组合采购模式通过科学选择供应源组合可增加供应链收益，平衡供应链的效率性与响应性。其价值主要取决于面对稳定需求的供应源所实现的成本下降程度。

8.3.4 第三方采购模式

第三方采购服务（Third Party Purchase，TPP）是指供方和需方为专注于其竞争优势，将产品和服务的采购业务外包给第三方采购商的采购模式。第三方采购模式通过采购外包的方式，充分利用第三方采购商的顾客资源、经营网络、信息技术、专业知识和采购经验等资源来降低采购成本，改善采购质量，提高采购效率，进而增强供应链的获利能力和竞争优势。第三方采购主要有以下优势。

（1）第三方采购有利于减少企业在采购业务上资源投入（如管理成本和人力资本等），从而巩固核心业务，培育竞争能力。

（2）第三方采购有利于整合采购资源，实现规模效应，避免或降低企业和供应商之间的交易次数和环节，降低采购成本，提高产品质量，保证交货期。

（3）第三方采购通过集中多家企业的采购批量获取采购优势，可以形成一定的买方垄断势力，促使供应商之间开展价格竞争和质量竞争。

（4）第三方采购利用自身的物流能力可以有效协调和调配各顾客之间的需求和库存，解决最小订货批量（MOQ）和最小包装批量（MPQ）等库存管理问题，协助顾客增强采购反应能力，减少不必要的库存。

（5）第三方采购企业拥有丰富的产品采购经验和市场专业知识、成熟的采购流程和众多的供应商资料、先进的技术设备和各种专业资源，可以为顾客提供一流的专业化的采购技术和采购解决方案。

第三方采购主要有招标代理、代理网站、采购联盟、第三方物流、采购公司和贸易公司等形式，它们的特点、优势和不足如表 8-6 所示。

表 8-6　第三方采购不同形式的比较

代理形式	特点	优势	风险
招标代理	将采购业务委托给招标代理机构	招标经验丰富，拥有强大的信息和专家支持，对供应商有约束效应，公平竞争机制	缺乏诚信，短期合作，信息公开不够
代理网站	由 B2B 采购代理网站代理采购	市场透明度高，拥有海量信息，询比价范围广，采购效率高，保证供应商的综合实力	不理智竞标使合同签订受挫，供应商有投机行为，与供应商关系恶化
采购联盟	需要购买同一产品的企业联合起来形成数量规模，向供应商提出采购的行为	降低采购价格，增加谈判能力，获得高质量服务，减少管理费用，实现资源共享	泄露核心机密，降低采购管理效率，遭到有实力供应商的抵制
第三方物流	将采购业务委托给第三方物流企业	减少固定资产投资，有效利用其资源，增加经营灵活性，对采购流程进行科学管理	采购能力不足
采购公司	将企业的采购组织独立成为专业采购公司	基于行业优势，采购特色突出，行业供应商资源丰富，人力资源丰富，采购高效	容易核心泄密，受到行业限制
贸易公司	由贸易公司代理采购	有国际采购网络，减少采购成本，了解贸易条例，拥有进出口经营权，可以提供增值服务	大多数贸易公司服务领域狭窄

8.4　电子采购

8.4.1　电子采购功能

电子采购（E-procurement）是指商品和服务的电子购买过程。电子采购作为一种通过电子商务将供应商整合到企业供应链的模式，包含从供应商将其产品目录放到电子商务平台上，到采购商登录并下达采购订单、产生的电子订单被传送给供应商，再到采购商收到物料后发出确认信息、供应商生成电子发票并传递给采购商、采购商电子支付的全部过程。一个完整的电子采购模型应该包括电子协同设计、电子寻源、电子目录、电子订货、电子物流等功能，如图 8-7 所示。

在电子采购功能模型中，电子协同设计通过互联网将供应商的专业知识、创新理念和新技术融入企业新产品的开发中，并与供应商保持实时信息交换，协调彼此的生产计划；电子寻源可以帮助采购企业通过发现新的供应商、减少供应商数量及寻找战略性供应商；电子目录利用供应商目录管理的透明度和可视性使企业做出更有利的采购决策，并对供应商绩效进行持续评估和跟踪来实时地监督供应商绩效改进；电子订货可以简化订货支付流程，并保持与供应商的密切合作；电子物流可以通过互联网使供应商、企业和顾客联合制订需求规划和能力规划，跟踪在途货物情况。

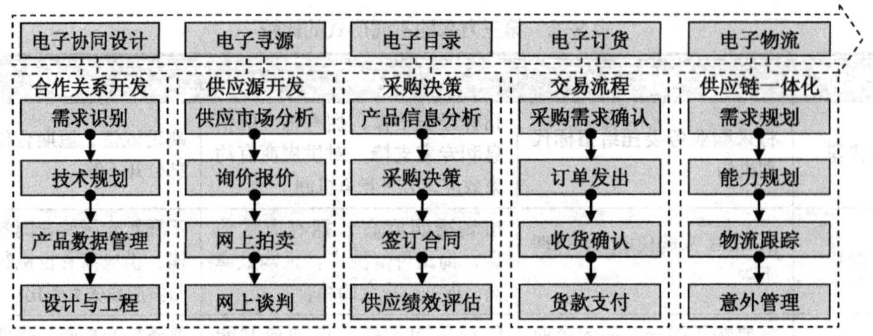

图 8-7　电子采购功能模型

电子采购是由采购方发起，通过网上招标、网上竞标、网上谈判等方式与供应商进行的一种不见面的网上交易过程。电子采购同一般电子商务和一般采购相比较，不仅仅完成采购行为，而且利用信息和网络技术对采购全程的各个环节进行管理，有效地整合了企业与供应商的资源，帮助供需双方降低成本，提高了企业的核心竞争力。

由于电子采购使用统一的采购平台和相同的采购处理流程，使供需双方在公开、公平、公正的环境中进行实时信息交流、商务谈判和产品交易，进而使供应链运行效率明显提升，产品库存明显减少，运营成本明显下降。电子采购的具体优势如下。

（1）提高采购效率。采购方通过电子采购交易平台进行竞价采购，可根据采购方的要求自主设定交易时间和交易方式，大大地缩短了采购周期。从采购项目的竞价正式开始至竞价结束，据统计，一般只需要 1～2 周，比传统招标采购节省 30%～60%的采购时间。

（2）节约采购成本。电子采购的信息处理和管理是建立在电子商务平台上的，采购方可以通过网上对各种型号产品的性能、外观甚至价格进行详细了解和比较，并以较低成本选择物美价廉的产品，从而保证了企业的利益。

（3）优化采购流程。采购流程的电子化不是用计算机和网络技术简单替换原有的方式方法，而是要依据更科学的方法重新设计采购流程，而在这个过程中，摒弃了传统采购模式中不适应社会生产发展的落后因素。

（4）减少产品库存。企业在采购系统中建立自己的库存信息档案，实时更新库存信息，并依据市场需求变化制订和调整采购计划，及时审批和执行采购订单，可以避免盲目采购、超前采购、重复采购或非需求性采购。

（5）加强采购监管。电子采购通过在网上公开采购方式和供应商选择范围实现询价方案的公开，通过网上公布报价截止时间实现供应商报价公开，采购人员通过在网上对全部有效报价进行综合评价并公开最终确定的供应商和采购价格实现采购方案公开。

（6）共享采购信息。电子采购使供需双方都可以通过互联网了解对方的采购、竞标的详细信息及交易活动记录，帮助采购方全面了解供应商，帮助供应商把握市场需求以及企业本身在交易活动中的成败得失，从而积累经验。这使供求双方之间的信息更加透明。

当然，电子采购也存在一些风险，主要是电子采购平台存在敏感的或私有的信息被盗或被泄露的风险，电子采购缺乏情感交流，因为人际的相互交流被机器的交易替代了。

8.4.2 电子采购模式

电子采购主要有网上招标、网上竞标、网上谈判等模式，它们的采购流程、功能特点及适用范围均有所不同。

1. 网上招标模式

网上招标（Online Bidding）是电子采购的基本模式，主要包括招标企业确定招标项目、投标企业查阅招标信息、投标企业制作投标书参加投标、招标企业评标和招标结果发布等过程，如图 8-8 所示。

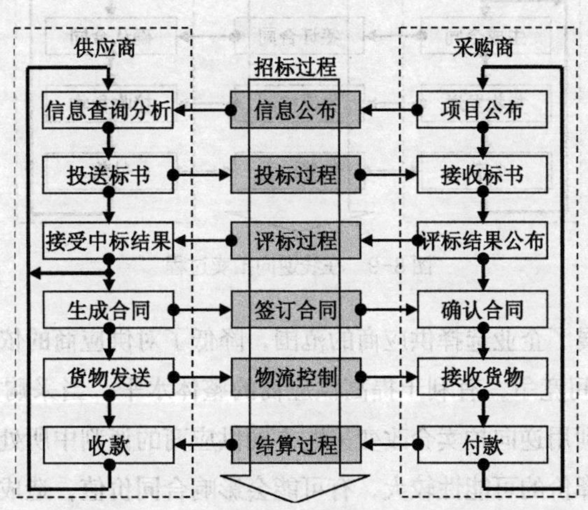

图 8-8 网上招标过程

在网上招标过程中，招标方的主要工作是将拟招标项目的相关信息生成招标文件发送到电子商务平台，招标方在招标文件公布后可以接收投标方的投标书，并且在开标后可以审阅投标书；在评标方评标后可以接收评标书，审阅评标书以决定中标者，在决定中标者后给中标者发送订单。投标方主要工作是查阅和分析招标书，生成投标书发送给招标方，如果中标则接收订单。

网上招标采购模式有相应的法律法规对整个采购过程进行规范，适用于采购金额较大的服务和标准设备的采购。由于确认合同的谈判只能通过网络进行，其沟通效果受到影响，因而会对采供关系产生不利的影响，但这种影响仅局限于确认合同的环节。

2. 在线逆向拍卖

在线逆向拍卖（Online Reverse Auction）是指采购商发布标准的采购需求，供应商在有限的时间内通过专门的电子商务平台进行交互实时竞价，竞价结束时的报价为各个供货商的最终报价，买方根据报价，结合该供货商的供应实力给予综合考评，从而选出一名或几名最具竞争力的供货商作为自己的合作伙伴，整个拍卖过程如图 8-9 所示。

在逆向拍卖过程中，拍卖方主要工作是将拟拍卖项目的相关信息发送到电子商务平台，竞拍方在阅读和分析拍卖信息后可以注册并登录该电子商务平台，拍卖方对注册登录的竞拍方进行资质审核，并将审核结果通知竞拍方；在竞拍日的某个时间开始竞拍，那些通过资质审核的竞拍方进行多轮竞价；竞拍结束后，电子商务平台向拍卖方和竞拍方通知竞拍结果，获胜的竞拍方与拍卖方签订合同。

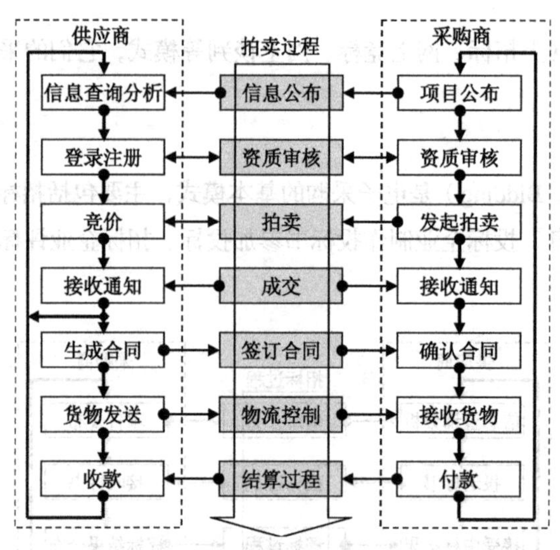

图 8-9 在线逆向拍卖过程

在线逆向拍卖扩展了企业选择供应商的范围，降低了对供应商的依赖，而且新供应商的加入会强化供应商之间竞争，有利于提高供应商的整体水平。当采购方有些项目采购金额小，采购周期短时，利用逆向拍卖会改变采购方同供应商的谈判中所处的劣势地位。由于竞价心理影响，供应商降价的可能性较大，有可能会影响合同价值，造成这种现象的主要原因是信息不充分而导致对标的物估价过高而成本报价过低。

3．网上谈判模式

网上谈判（Online Negotiation）是指采购方借助于互联网同潜在供应商进行沟通和协商的一种特殊的书面谈判，这种借助于互联网的新形式商务谈判，关键不在于更好地提供信息，而在于建立起与供应商之间新的关系和沟通方式，网上谈判主要包括采购方询价、供应方报价、采购方还价、接受和签订合同等过程，如图 8-10 所示。

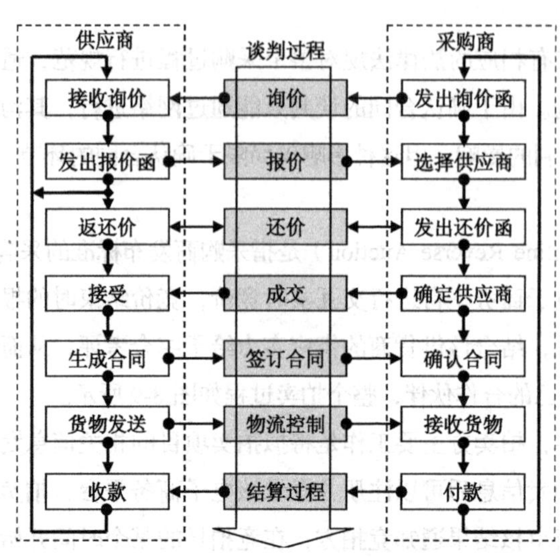

图 8-10 网上谈判过程

网上谈判兼具快速、联系广泛、内容全面丰富、可以备查等特点，可使企业、顾客掌握他们需要的最新信息，有利于增加贸易机会，开拓新市场；网上谈判使得双方具体谈判人员互不见面，可以把主要精力集中在己方条件的洽谈上，从而避免因谈判者的级别、身份不对等而影响谈判的开展和交易的达成；网上谈判以书面形式提供议事日程和谈判内容可以使得谈判双方既能仔细考虑本企业所提出的要点，又能使谈判双方有时间同有关人员或决策机构进行充分讨论和分析，有利于慎重地决策。

利用网上招标、逆向拍卖和网上谈判等模式进行采购时，应注意他们在报价方式、实现过程、开标过程、主持机构和适用范围等方面的区别，如表8-7所示。

表8-7 网上招标、逆向拍卖和网上谈判的比较

比较项目	网上招标	逆向拍卖	网上谈判
报价方式	一次报价，不能看到别人的报价	能看到别人的报价，可改动自己的报价	不能看到别人的报价，可改动自己的报价
实现过程	评价不同标书	实时报价，还价与竞价	讨价还价和价格协商
开标过程	按规定时间和地点当众公开投标结果	实时公布竞价过程和结果	双方约定时间公布
主持机构	经登记认证的代理机构	软件服务机构	由询价方主持
适用范围	标准的采购项目，采购金额较大	一般采购项目	重要复杂采购项目，采购金额较大
规范程度	有专门法律法规进行规范，十分完备	没有专门法律法规进行规范，不十分完备	没有专门法律法规进行规范

8.4.3 电子采购实施

企业实施电子采购一般需要经过理解采购对象、选择采购系统、适应电子采购和评价电子采购四个步骤，如图8-11所示。

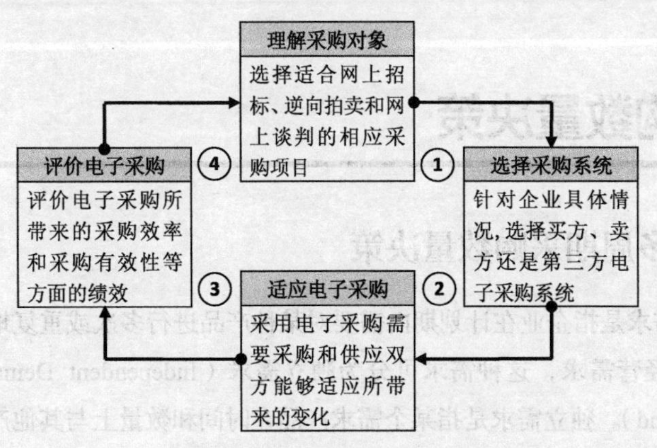

图8-11 电子采购实施步骤

（1）理解采购对象。针对网上招标、逆向拍卖和网上谈判的不同特点，按照采购项目的市场供求关系、标准化程度、重要性程度、采购规模和交易风险情况为每种采购模式确定适

合的采购项目。一般情况下，标准化的、采购金额大、重要性程度较高交易风险小的采购项目适合于网上招标；标准化的、采购数量大、重要性程度低、交易风险小的采购项目适合于逆向拍卖；供求关系紧张的、重要性程度高、交易风险大的采购项目适合于网上谈判。

（2）选择采购系统。企业实施电子采购可以选择买方电子采购系统、卖方电子采购系统或者第三方电子采购系统。买方电子采购是指采购方在互联网上发布所需采购产品信息，供应方在采购方网站上登录自己的产品信息，供采购方评估，完成采购活动。这种模式有利于采购方控制整个采购流程，有利于与采购方的后台信息系统进行整合。卖方电子采购是指供应商在互联网上发布其产品在线目录，采购方则通过浏览来获得所需商品信息，完成采购活动，这种模式不利于同买方后台信息系统进行整合。第三方电子采购是指供应方和采购方通过第三方电子采购系统进行采购活动，这种模式有利于发挥第三方电子采购的专业化优势，有利于同采购方和供应方的后台信息系统进行整合。

（3）适应电子采购。企业实施电子采购不仅带来的是采购流程的变化，而且带来了企业文化的变革。对于采购方来说，电子采购要求企业的组织结构、组织文化、人员培训等方面必须支持实施电子采购对企业采购职能和其他职能所造成的变革，需要明确电子采购可能影响的部门和人员以及影响程度，需要对企业内部有关机构和人员进行有效培训和激励。对于有电子目录的供应方，需要将其产品目录直接与企业的电子采购系统相链接或者通过第三方电子采购平台将产品信息放入其产品目录系统中，但直接链接不便于企业管理。对于没有电子目录的供应方，可利用第三方电子采购平台提供的简单解决方案帮助他们加入电子采购的变革中。

（4）评价电子采购。实施电子采购以后，需要定期评价电子采购绩效以便进一步改进和完善电子采购流程，保证电子采购成功运作。评价电子采购绩效主要侧重于评价电子采购效率和采购有效性。采购效率主要包括交易成本节约、规模经济性、供应商绩效提高和电子产品目录所占比例等指标；采购有效性主要包括采购合同化比例、在恰当时间采购正确产品的比例、与供应商关系的改善和可提供准确详细的报表信息等指标。

8.5 采购数量决策

8.5.1 多周期采购数量决策

多周期采购需求是指企业在计划期内需要对某种产品进行多次或重复地采购，主要来源于企业日常生产经营需求，这种需求可分为独立需求（Independent Demand）和相关需求（Dependent Demand）。独立需求是指某个需求产品在时间和数量上与其他产品的需求无关，而只取决于市场或顾客的需求；相关需求是指某个需求产品在时间和数量上与其他需求的产品具有直接或派生相关性。

对于独立需求采购产品，其采购数量可以利用由采购的订货成本和库存持有成本决定的采购经济订货批量基本模型、联合订货经济批量模型、考虑价格折扣的经济批量模型和考虑缺货成本的经济批量模型进行决策（详见本书 7.2 部分内容）。

对于相关需求采购产品，其采购数量主要取决于用于按时段确定各种相关需求的物料需求数量和需求时间的物料需求计划（Material Requirement Planning，MRP）。而物料需求计划主要是由用于确定每个时期的每种独立需求产品生产数量的主生产计划（Master Production Schedule，MPS）、制造每种产品所需物料的物流清单（Bill of Material，BOM）和库存信息等按照 MRP 处理逻辑模型所生成，即

$$I_j(t)=I_j(t-1)+S_j(t)+P_j(t)-G_j(t) \quad (8\text{-}1)$$

式中，$G_j(t)$ 为物料 j 在周期 t 的预计总需求量，它是由物料 j 所组成的产品或部件的需求数量 $F_i(t)$ 按照物料清单所给出的构成比例数 M_{ij} 汇总而得，即 $G_j(t)=\sum_{i=1}^{n}F_i(t)\cdot M_{ij}$；$I_j(t)$ 为物料 j 在周期 t 期末的库存量，即满足本期总需求量后所剩余的库存量；$S_j(t)$ 为已经订购或生产，预计在周期 t 内到货入库的物料数量；$P_j(t)$ 为物料 j 的计划入库量。

当现有库存量能够满足本期总需求量，即 $I_j(t-1)+S_j(t)-G_j(t)\geqslant 0$ 时，$P_j(t)=0$，即在周期 t 内不产生计划入库量。

当现有库存量不能满足本期总需求量，即 $I_j(t)<0$ 时，其短缺部分就转化为净需求量 $N_j(t)$，其计算公式如下：

$$N_j(t)=G_j(t)-I_j(t-1)-S_j(t) \quad (8\text{-}2)$$

在考虑生产经济性以及管理便利性情况下，计划入库量 $P_j(t)$ 可按式（8-3）确定

$$P_j(t)=\max\left\{N_j(t),N_I\right\} \quad (8\text{-}3)$$

式中，N_I 为物料 j 的最小生产批量的整数倍。

这样，若物料 j 需要外购，其采购提前期为 L，则计划采购数量 Q_j 与计划入库量相同，但采购时间需要提前 L 个周期，即

$$Q_j(t-L)=P_j(t) \quad (8\text{-}4)$$

示例 8-1　重复采购数量决策

表 8-8 给出某种物料在不同周期的总需求量、现有库存量、净需求量、计划入库量和计划订货量以及这些数量之间关系。

表 8-8　某种物料的计划订货量

周期	1	2	3	4	5	6	7	8
总需求量						150		90
现有库存量	40	40	40	40	40			
净需求量						110		90
计划入库量						110		90
计划订货量				110		90		

注：采购提前期为 2 个周期。

8.5.2 单周期采购数量决策

单周期采购需求是指企业在计划期内需要对某种产品进行一次性采购，主要来源于企业的季节性采购需求或工程项目的采购需求。由于单周期产品的采购需求是一次性采购，因此

确定采购数量非常重要，如果采购数量小于需求量，就会产生缺货损失和潜在商誉损失等缺货成本（Cost of Under-stocking）；如果采购数量大于需求量，就会因超过需求的部分产品必须降价处理而产生超储成本（Cost of Over-stocking）。但采购数量决策不仅受到采购数量的超储成本和缺货成本的影响，还要受到产品市场需求波动情况的影响。

1．离散分布采购数量决策

若某种产品的市场需求可用离散分布表示，即未来将有 n 种可能需求分别为 $D_1,D_2,\cdots,D_n$，每种需求的可能概率为 $p_1,p_2,\cdots,p_n$；单位产品销售价格为 P；单位产品采购成本为 C；过期剩余产品处理价格为 R。则超储成本 C_o 为 $C-R$；缺货成本 C_u 为 $P-C$。

于是，采购量为 Q_i 的期望损失为 $L(Q_i)$，即

$$L(Q_i)=\sum_{k=j+1}^{n}C_u(D_k-Q_i)\cdot p_k+\sum_{k=1}^{j}C_o(Q_i-D_k)\cdot p_k \tag{8-5}$$

这样，可以取期望损失最小的采购量作为最佳采购量。

示例 8-2　离散分布的滑雪板采购数量决策

某企业销售滑雪板，根据历史销售数据进行预测，今年滑雪板的需求分布情况如表 8-9 所示。

该企业采购滑雪板每付进价为 70 元，销售价格为 100 元，如在冬季过后不能销售出去，将以 30 元价格降价处理。该企业需要对滑雪板采购数量进行决策。

表 8-9　滑雪板需求预测

需求数量	2 500	2 600	2 700	2 800	2 900	3 000
分布概率	0.1	0.15	0.25	0.25	0.15	0.1

在此例中，根据今年滑雪板的需求预测数据，可能采购数量为 2 500、2 600、2 700、2 800、2 900、3 000，计算相应采购数量的期望损失，如表 8-10 所示。

表 8-10　期望损失

	2 500	2 600	2 700	2 800	2 900	3 000	
采购数量	0.1	0.15	0.25	0.25	0.15	0.1	期望损失
2 500	0	3 000	6 000	9 000	12 000	15 000	7 500
2 600	4 000	0	3 000	6 000	9 000	12 000	5 200
2 700	8 000	4 000	0	3 000	6 000	9 000	3 950
2 800	12 000	8 000	4 000	0	3 000	6 000	4 450
2 900	16 000	12 000	8 000	4 000	0	3 000	6 700
3 000	20 000	16 000	12 000	8 000	4 000	0	10 000

由表 8-10 可见，最小期望损失为 3 950 元，最佳采购量为 2 700 副。

2．正态分布采购数量决策

若某种产品的需求服从均值为 $\bar{\mu}$，标准差为 σ 的正态分布 $N(\bar{\mu},\sigma^2)$，最优采购批量为 Q^*，最优可获性水平为 α^*。这样，如果采购批量由 Q^* 增加到 Q^*+1，那么，只有需求量大于采购批量 Q^* 时，增加的 1 个单位产品才能被销售出去。这种情况发生概率为 $(1-\alpha^*)$，由此带来的期望收益为 $(1-\alpha^*)(P-C)$。若需求量小于或等于采购批量 Q^*，则增加的 1 个单位产品就

不能被售出。这种情况发生概率为α^*，由此带来的期望损失为$\alpha^*(C-R)$。

由于在最佳产品可获性水平α^*下，增加 1 个单位产品所产生的期望收益与所带来的期望损失相等，即

$$(1-\alpha^*)(P-C)=\alpha^*(C-R) \tag{8-6}$$

于是，可确定出最优可获性水平

$$\alpha^*=P\{需求量\leqslant Q^*\}=\frac{P-C}{P-R}=\frac{C_u}{C_u+C_o} \tag{8-7}$$

将式（8-7）变换成标准正态分布，即

$$P\{需求量\leqslant Q^*\}=P\left\{\frac{需求量-\bar{\mu}}{\sigma}\leqslant\frac{Q^*-\bar{\mu}}{\sigma}\right\}=\alpha^* \tag{8-8}$$

这样，由式（8-8）可以得到最优采购批量Q^*的计算公式

$$Q^*=\bar{\mu}+Z_{\alpha^*/2}\sigma \tag{8-9}$$

式中，$Z_{\alpha^*/2}$可通过查找标准正态分布表确定或者用 EXCEL 函数 $NORMSINV(\alpha^*)$ 求得。

示例 8-3　正态分布的滑雪板采购数量决策

在销售滑雪板的例子中，若今年滑雪板的需求分布服从均值为 2 750，标准差为 250 的正态分布。由已知数据可知缺货成本为 30 元和超储成本为 40 元，进而，由式（8-7）可计算出最优可获性为 0.43，计算 $NORMSINV(\alpha^*)$ 可得−0.1763。于是，由式（8-9）可得到最优采购批量为 2 706 副。

8.5.3　提前预购数量决策

提前预购主要发生在拟采购产品的未来市场价格有涨价的预期或者供应商为促销而提供一次性价格折扣的情况。

1．市场价格上涨

提前预购数量不仅取决于拟采购产品的未来市场价格变化情况，还取决于提前预购所带来的成本节约与成本增加的权衡。提前预购带来的成本节约主要来源于可以获得更低的采购价格、更低的订货成本和减少缺货损失成本，提前预购产生的成本增加主要是库存持有成本增加。

设单位产品的采购价格节约额为ΔP，订货成本等固定费用节约额为ΔS，单位产品的缺货成本为C_u，单位产品每天库存持有成本为H，提前采购时间为L，采购批量为Q，则节约成本为$\Delta P\cdot Q+C_u\cdot Q+\Delta S$，增加的库存持有成本为$H\cdot L\cdot Q/2$。于是，提前预购所带来的节约成本与增加成本均衡时其采购批量Q_0为

$$Q_0=\frac{2\cdot\Delta S}{H\cdot L-2\cdot\Delta P-2\cdot C_u} \tag{8-10}$$

均衡采购批量Q_0与节约成本曲线和增加成本曲线之间关系可用图 8-12 所示。

由图 8-13 可见，当某种采购产品的采购批量Q低于盈亏平衡点Q_0时，提前预购对企业是

有利的；反之，当采购批量 Q 高于盈亏平衡点 Q_0 时，提前预购对企业是不利的。

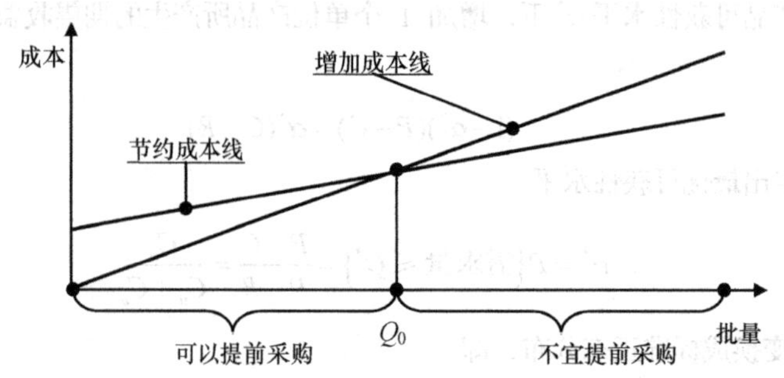

图 8-12 均衡采购批量

示例 8-4 提前预购数量决策

某企业正考虑是否需要提前预购某种原材料。这种原材料目前的市场价格是每吨 300 元，根据市场行情预计未来 3 个月之后可能上升到每吨 400 元。如果现在采购这种原材料，可以避免缺货损失 250 元，因运输费用较低及规模经济性可以节省订货成本等固定费用估计为 40 000 元。库存持有成本每吨每天为 20 元，若企业计划采购 150 吨是否合算。

将相应数据代入式（8-10），可以计算出盈亏平衡采购批量为 200 吨，因此，企业计划提前采购 150 吨是合算的。

2．一次性价格折扣

供应商为促销其产品通常会提供一次性价格折扣，如对首次采购其产品的顾客提供价格折扣，或者在店庆日提供价格折扣等。这时，对于采购方来说，提前预购有助于降低其运营成本。提前预购意味着将增加采购批量，这将影响到固定订货成本、库存持有成本和库存占用成本。

假设企业在正常情况下均按照经济批量 Q_0 进行采购，只有在供应商提供一次性价格折扣时才按照批量 (Q_0+Q_s) 提前预购，并且在本年度不再提供折扣。同时，在提前预购发生后直至下次采购这段时间的需求速率不变，如图 8-13 所示。

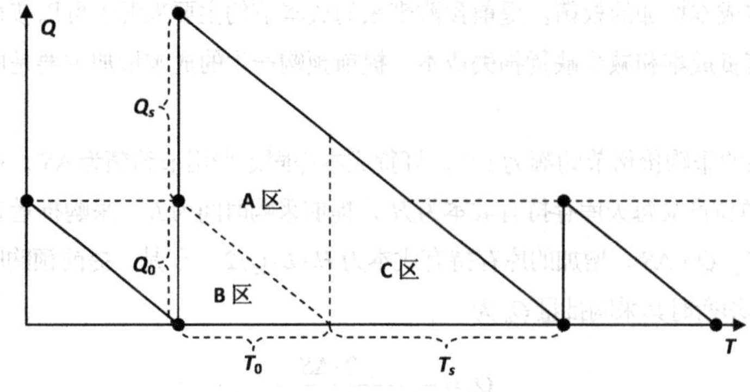

图 8-13 提前预购时库存变化情况

为确定最优预购批量 Q_s，需要确定对采购批量 (Q_0+Q_s) 的价格 C 给予一次性折扣幅度 d 的库存占用成本、固定订货成本和库存持有成本。

全年库存占用成本由本次预购的库存占用成本 $(C-d)\cdot(Q_0+Q_s)$ 与其他正常情况下库存占用成本 $C\cdot(D-Q_0-Q_s)$ 构成，即全年库存占用成本为 $C\cdot D-d(Q_0+Q_s)$，其中 D 为拟采购产品的全年需求量。

全年固定订货成本由本次预购的固定订货成本 S 与其他正常情况下采购的固定订货成本 $S\cdot(D-Q_0-Q_s)/Q_0$ 构成，即全年固定订货成本为 $S\cdot D/Q_0-S\cdot Q_s/Q_0$。

全年库存持有成本由本次预购中在 $T_0=Q_0/D$ 时间段内，即 A 区域的库存持有成本 $(C-d)\cdot h\cdot Q_s\cdot(Q_0/D)$，其中 h 为库存持有费率，在 $T_0=Q_0/D$ 时间段内，即 B 区域的库存持有成本 $(C-d)\cdot h\cdot(Q_0/2)\cdot(Q_0/D)$ 以及在 $T_s=Q_s/D$ 时间段内，即 C 区域的库存持有成本 $(C-d)\cdot h\cdot(Q_s^2/2D)$ 以及其他正常情况下库存持有成本 $C\cdot h\cdot(Q_0/2)\cdot(D-Q_0-Q_s)/D$ 等所构成，即全年库存持有成本为

$$\frac{(C-2d)\cdot h\cdot Q_0\cdot Q_s+(C\cdot D-d\cdot Q_0)\cdot h\cdot Q_0}{2D}+\frac{(C-d)\cdot h\cdot Q_s^2}{2D}$$

将库存占用成本、固定订货成本和库存持有成本构成的库存总成本 $TC(Q_s)$ 对预购批量 Q_s 求导数，并令导数为零，可以得到：

$$\frac{dTC(Q_s)}{dQ_s}=-d-\frac{S}{Q_0}+\frac{(C-2d)\cdot h\cdot Q_0}{2D}+\frac{(C-d)\cdot h\cdot Q_s}{D}=0 \tag{8-11}$$

式（8-11）经整理得

$$(C-d)\cdot h\cdot Q_s^*=d\cdot D+\frac{S\cdot D}{Q_0}-\frac{C\cdot h\cdot Q_0}{2}+d\cdot h\cdot Q_0 \tag{8-12}$$

因 Q_0 为经济批量，有 $\frac{S\cdot D}{Q_0}=\frac{C\cdot h\cdot Q_0}{2}$ 成立，故式（8-12）可以写成：

$$Q_s^*=\frac{d\cdot D}{(C-d)\cdot h}+\frac{d\cdot Q_0}{C-d} \tag{8-13}$$

于是，本次预购经济批量为

$$Q_s^*+Q_0=\frac{d\cdot D}{(C-d)\cdot h}+\frac{C\cdot Q_0}{C-d} \tag{8-14}$$

示例 8-5　考虑一次性价格折扣的采购数量决策

某企业对某种产品的年需求量为 10 000 件，采购价格为 100 元，每次订购费用为 2 000 元，每元产品的库存持有费率为 10%。供应商已通知本次采购提供 5%的价格折扣，那么本次最佳采购量是多少。

在此例中，由经济批量模型可知，该企业正常采购的经济批量为 2 000 件。将经济批量及相关数据代入式（8-13），可计算出本次预购经济批量为 7 368 件。

本章小结

本章讨论了采购管理的程序、策略、模式和数量决策以及电子采购功能、模式和实施过程。

1．采购管理

采购概念：企业在一定条件下从供应商处获取原材料、零部件、产品、服务或其他资源来支持企业运营的过程。

日常采购：指根据确定的供应协议和企业的物料需求计划，以采购订单的形式向供应方发出需求信息，安排和跟踪整个物料采购过程，以支持企业的正常运营。

战略采购：指根据企业的经营战略，设定物料的长期采购目标以及达成目标所需的采购策略与行动计划，并通过行动计划的实施寻找到合适供应资源。

采购目标：主要有保证持续供应、提高采购质量、库存最小化、总成本最小化。企业与供应商之间密切合作关系是保证采购目标实现的关键。

采购关键要素：主要有采购项目、采购准则、双方关系与采购成本。

采购程序：主要包括识别顾客需求、评估潜在供应商、选择供应商、核准采购、执行采购和考核供应商绩效等步骤。

采购策略：主要有单源采购与多源采购选择，本地化采购与全球化采购选择，分散采购与集中采购选择，交易型采购与合作型采购选择，提前采购与即时采购选择。

整合采购模式：基于集中采购策略，对企业采购部门与其他职能部门以及供应商之间进行整合，以便充分发挥采购部门的专业性与创新性和充分利用供应商的生产和技术资源来提高供应链的竞争能力。

准时采购模式：基于即时采购与单源采购相结合策略在恰当的时间和恰当的地点，以恰当的数量和恰当的质量提供恰当的物料。

多源组合采购模式：基于多源采购策略，对于同一种物料或者具有不同需求特征的产品选择两种不同类型供应源加以组合来实现供应链的效率性与响应性的均衡。

第三方采购服务：指供方和需方为专注于其竞争优势，将产品和服务的采购业务外包给第三方采购商。

采购数量决策：主要有多周期采购数量决策、单周期采购数量决策和提前预购数量决策。

2．电子采购

电子采购：指商品和服务的电子购买过程。

电子采购功能：包括电子协同设计、电子寻源、电子目录、电子订货、电子物流等。

电子采购优势：主要有提高采购效率、节约采购成本、优化采购流程、减少产品库存、加强采购监管和共享采购信息等。

电子采购模式：主要有网上招标、网上竞标、网上谈判等。

电子采购实施过程：需要经过理解采购对象、选择采购系统、适应电子采购和评价电子采购等步骤。

复习与思考

1. 为了实现对消费者需求快速有效地响应，你认为供应链上各成员之间应建立一种怎样的关系，并阐述这种关系的内涵。

2. 准时采购与制造业的“聚集效应”有没有关系？

3. 请举例阐述我国企业在供应链管理环境下的采购管理存在的主要问题。

4. 电子商务的普及对企业构建供应链有何影响？

5. 如何认识准时采购的作用及条件？是不是所有的企业都可以实施准时采购？

6. 基于供应链的采购管理模式与传统的采购管理模式之间存在哪些不同？

7. 试对企业在全球采购方面受到的影响做出分析，并讨论如何应对全球采购的趋势。

8. 沃尔玛采购严格采用全面压价方式并与供应商结成战略伙伴关系，排斥了大量的中间商，同时也尽可能最大程度地从供应商身上获取最大利润，这从一定程度上损害了供应商的利益，从而造成零售业供应商的两大不幸：一是作为沃尔玛的供应商；二是不被沃尔玛选为其供应商。谈谈沃尔玛采购模式相对于其他企业采购模式的优点与缺点。

9. 与从计划模式艰难蜕变出来的大型国有企业相比，通用汽车的采购体系可以说是“含着银匙出世”，它没有必要经历体制、机构改革后的阵痛，全球集团采购策略和市场竞标体系自公司诞生之日起，就自然而然地融入了世界上最大的汽车集团——通用汽车的全球采购联盟系统中。相对于尚在理论层次彷徨的众多国有企业和民营企业而言，通用汽车的采购已经完全上升到企业经营策略的高度，并与企业的供应链管理密切结合在一起。根据案例，谈谈对于中国大型国有企业来说，如何更好地构建其供应链采购体系。

课后案例

安钢实施三类物资准时采购

面对钢铁市场供大于求的市场环境，安阳钢铁公司（以下简称“安钢”）坚持以效定产、产销互促，保证有产出就有效益。生产频繁调整对物资供应的及时性提出了更高的要求。同时安钢厂区狭小，物资储存场地有限，需要稳定物资进厂数量，实现均衡进货。

安钢生产经营所需的三类物资包括五金、电料、管件等数千个品种，其特点是品种规格多、金额小、使用面广。近年来，安钢将准时采购理论运用于三类物资的采购供应实践，实现了采购成本大幅降低的目标，缩短了供应链响应周期，有效防范了市场风险。

安钢在三类物资准时采购方面采取了以下措施。

（1）实施捆绑招标，精选少数优秀供应商，建立合作伙伴关系。安钢通过对采购模式进行改革，将三类物资按类划分为不同的标段，实施捆绑招标，每个标段总价最低者中标，实现每类物资单源供应。同时对供应商综合能力进行重新评定，淘汰不具备单源供应实力的供应商。供应商数量由捆绑前的26 家减少到4家，并与这4 家建立合作关系。

（2）搞好供应商的培训，确定共同目标。通过沟通、培训，使供应商接受准时采购的理念，大家取得一致的目标，相互之间就能很好地协调，做好准时采购工作。对于供应商遇到困难需要帮助时，及时给予指导、扶持。同时也请他们经常了解安钢的生产需要及发展变化，让他们及时调整，跟上安钢生产发展变化的需要。

（3）采购部门加强与生产部门、供应商之间的沟通，做到供需双方信息高度共享。采购部门对不常用、批量小、进货周期长的物资，要求生产部门提前通知采购部门，采购部门及时将信息传递给供应商，供应商提前准备货源。对使用面广、消耗比较稳定的物资，采购部门指导供应商合理安排物资进货周期。同时要求供应商每月提供库存报告，以便在给供应商下达采购计划及调整采购计划时能准确、迅速地了解供应商的反应能力。

（4）实施“按样品验收”，提高验收效率，缩短验收时间。“按样品验收”就是由验收人员参照事先收集的三类物资样品进行验收作业。由于按样品验收给验收人员提供了明确的验收标准，物资的外观尺寸和颜色一目了然，不需要验收人员查阅大量的有关数据，不需要专业的检测工具，验收时只需要简单地对比即可。

（5）对供应商实行动态管理，定期检查进度，以绩效指标来控制实施过程。每月对供应商计划完成率、质量合格率、信誉及售后服务、交货期进行考核；每年与有关的职能部门、生产部门一起对现有供应商进行综合评价，按综合指标得分高低顺序将供应商分为 A、B、C 三级。高级别的供应商在招评标、资金支付等方面享有一定的优先权。

安钢自实施三类物资准时采购后，初见成效。采购费用由 2008 年的 3 800 万元降低到 2010 年的 2 093 万元。推行准时采购战略。缩短了交货时间，节省了采购过程中人力、财力、物力的消耗，提高了工作效率，促进了企业管理升级。供应链响应周期大幅缩短，采购计划准时完成率由实施前 2008 年的 81.5%提高到 2010 年的 97%，生产部门的需求得到了及时响应。

案例思考题

（1）结合安钢案例，谈谈准时制采购实施的关键点是什么？

（2）准时制采购对供应链优化的影响体现在哪些方面？

资料来源：李岩支，等. 安钢实施三类物资准时采购的实践. 河北企业. 2011（5）.

第9章 供应链配送管理

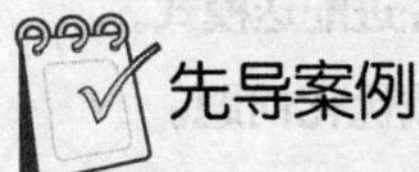

先导案例

国网冀北电力的配送管理

国网冀北电力有限公司隶属于国家电网公司，主要担负北京地区70%以上的电力输送任务，以及为唐山、张家口、秦皇岛、承德和廊坊五个地区提供电力供应的重要使命。

为了进一步提高物资供应和工程施工效率，降低供电公司的仓储库容压力，冀北电力公司物资部（招投标管理中心）实施框架招标和库存采购策略，统一公司仓储管理规范，提升仓储配送装备水平，建立科学合理的物资配送网络。

（1）配送需求管理流程。配送部门接受配送需求后，核查、汇总需求；接着查询物资特性，确定物资类别及响应级别，预设响应时效，并查询可替代物资信息，保证库存可用性，制订物资运输信息，用于配送计划和调度管理；然后检验预设时效以及据此制订的定额是否满足实际需求；在确认库存步骤中，按照"本地储备物资－同级/上级物流中心－在建工程物资－供应商库存－供应商紧急采购"顺序确认能够满足时效的可用库存；最后确认发货。

（2）货物备货管理流程。下级仓库按照补货周期创建补货清单，经审批后，汇总上报至区域库。区域库收到下级仓库的补货申请汇总后，根据本地可用库存量以及下级仓库的可用库存量，确认补货明细。如果不需要紧急调拨而该区域无库存或库存不够时，则联系供应部门进入新一轮的采购流程；如果该区域尚有足够的库存满足下级仓库的需求，则经审批后，直接由区域库的下级仓库进行配送调拨；如果该物资需要紧急调拨而该区域无库存或库存不够时，则提交至调度中心，对所需物资进行跨区域调拨流程，或组织新一轮的采购流程。

（3）配送计划管理流程。上级库收到下级仓库的需求计划后，首先确定是否需要应急配送。如果需要应急配送，上级仓库可汇报至调度中心，调度中心或对所需物资进行跨区域调拨流程，或组织新一轮的采购流程；如果不需要应急配送，则由上级仓库编制配送计划，而后既可以由上级仓库配送至下级仓库，又可以通知下级仓库至上级仓库领用，也可以通过第三方物流由上级仓库配送至下级仓库。

（4）配送过程管理流程。承运商在接收到提货通知后，在规定的时间内安排适用车辆到现场提货；而各级仓库应该记录承运商到场时间，将配送单据及货物交承运商核查、清点确认。承运商检查合格后便可装车离场运至需求单位，需求单位查验货物合格后便可办理物资入库手续。

资料来源：芦迁琨. 国网冀北电力有限公司仓储配送管理优化[J]. 现代商贸工业. 2014(7)：168.

学习目标

- 理解运输概念、运输绩效影响因素以及运输方式与选择。
- 理解配送概念、配送过程和配送中心。
- 掌握配送组织模式、配送过程模式和差异化配送模式。
- 了解延迟配送、越库配送和集并配送等先进配送模式。
- 了解配送路径优化问题与运输车辆配载优化问题。

运输与配送是将企业生产的产品交付给顾客的过程，它是影响供应链运营成本和响应时间的关键因素。为此，本章将主要介绍运输概念、运输绩效影响因素以及运输方式与选择；配送概念、配送过程和配送中心；自营配送、第三方配送、共同配送和互用配送等配送组织模式，直接发送、直接巡回发送、经配送中心的直接发送和经配送中心巡回发送等配送过程模式；基于顾客分布、需求规模和产品价值的差异化配送模式；延迟配送、越库配送和集并配送等先进配送模式；配送路径优化与运输车辆配载优化等问题。

9.1 运输方式与选择

9.1.1 运输概念与运输绩效

运输是指用设备和工具将物品从供应链上一个节点向另一个节点运送的物流活动。无论企业的产品处于哪种形式，处于哪一阶段，运输都是必不可少的。运输的主要价值是将物品运送至某一确定的地点，实现物流的空间效用和时间效用。运输的主要功能就是在保证物品从生产者到消费者转移过程中的质量和数量，保护产品价值的前提下以最少的时间和最低的财务成本与资源成本使产品在价值链中实现移动。

1．运输过程的关键因素

运输过程主要涉及发货人、收货人、承运人、政府、互联网和公众等参与者和制约因素，它们之间相互关系如图 9-1 所示。

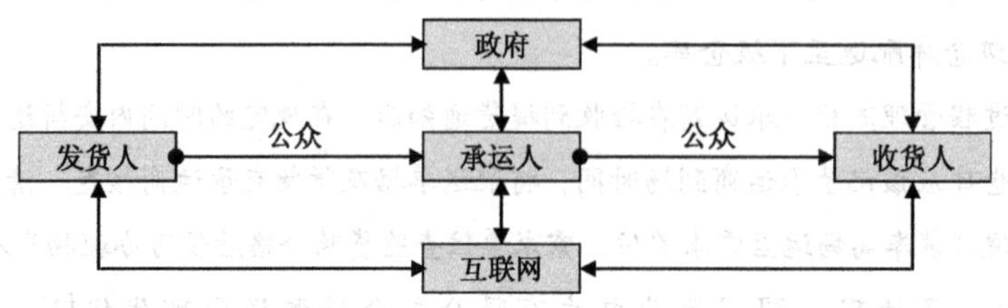

图 9-1　运输过程中各参与者之间关系

（1）发货人和收货人。发货人和收货人是运输过程的主体，他们的共同目标就是在一定时间内以最低成本将物品从发货人运送至收货人。在此过程中，运输提供的服务主要包括明确交货时间、预计运输时间、无货物损失和损坏以及运费结算等。

（2）承运人和中间人。承运人是提供运输服务的商业机构，主要有只利用一种高度专业化的运输方式提供服务的单一方式经营人；提供专门化小批量货物装运服务的专业承运人；利用多种运输方式之间的内在经济性，以最低成本条件提供综合性“一站式”服务的联运承运人；利用低于专业承运人的费率为承运人提供中介服务的中间人。

（3）政府和公众。政府和公众是运输过程的重要参与者。政府通过经济政策规范和引导服务市场与收费价格等方式对承运人进行管理。同时，政府也利用一些经济手段促进承运业的发展，如支持研究工作以及提供公路、机场等运输必备设施。公众通过采购商品间接地对运输提出要求，同时，运输通过对环境的影响也间接地影响公众。

（4）互联网。互联网通过为运输过程提供信息共享影响着运输的效率和成本，主要表现为通过互联网进行信息交换使承运人的运输能力与现有货物运输需求进行匹配，有利于提高运输效率和降低运输成本。同时，通过互联网获取运输实时信息有利于提高送货过程的可视性和追踪能力。

2．运输绩效影响因素

衡量运输绩效的指标主要是运输效率和运输成本，影响运输绩效的因素则主要包括运输距离、载货重量、产品密度、风险特征、可装载性、返程运输和运输费率等。

（1）运输距离。运输距离对运输效率和运输成本都有重要影响。运输距离越长，运输货物所消耗的时间和劳动力、燃料费和维修费等运输变动成本也就越多，如图9-2所示。

（2）载货重量。载货重量的增加将通过分摊发货成本、收货成本以及管理费用等固定成本方式使得单位重量的运输成本逐渐下降。同时，随着载货重量的增加，也会因影响运输工具的运行速度而增加运输时间，如图9-3所示。

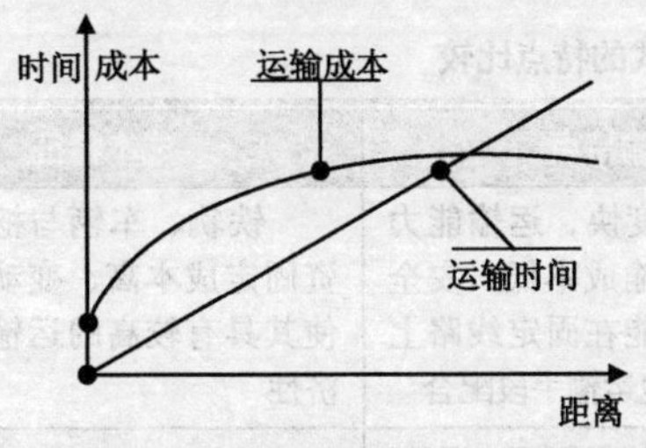

图9-2　运输距离与运输经济性关系

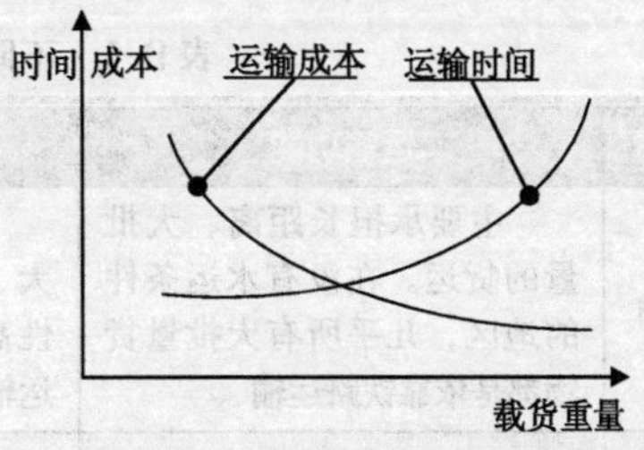

图9-3　载货重量与运输经济性关系

（3）产品密度。产品密度是指单位体积重量，该指标对运输绩效的影响更为显著。由于高密度产品将固定成本分摊到更多的重量上，因而，产品密度的增加将使得单位重量的运输成本下降。同时，因影响运输工具的运行速度而增加运输时间，如图9-4所示。

（4）风险特征。产品风险特征是指产品的易腐性、易燃性和易损性等可能发生的概率。如果产品表现出高风险特征就会对运输工具和运输过程有一定要求和限制。因而，也就会对运输绩效产生影响，如图9-5所示。

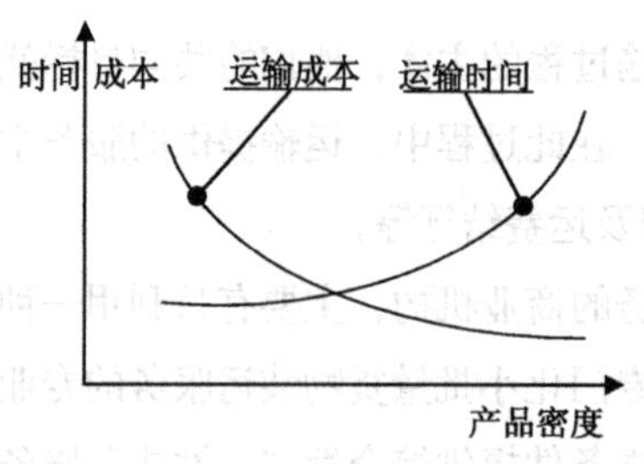

图 9-4　产品密度与运输经济性关系

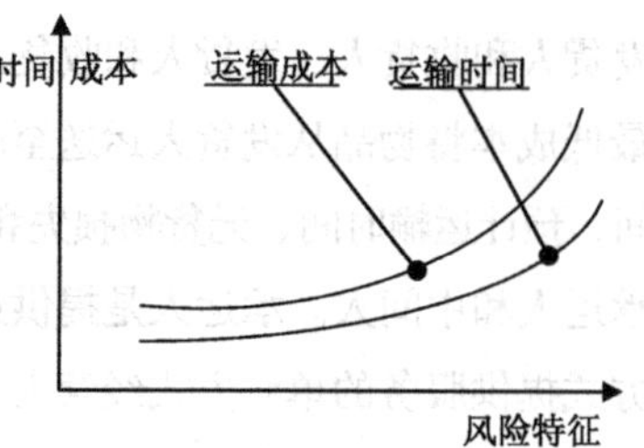

图 9-5　风险特征与运输经济性关系

（5）可装载性。产品装载性是指有利于将产品恰到好处地装进运输工具的产品形状特征。显然，具有不规则尺寸和形状的产品或超高、超重和超长产品将难以装载，会产生运输工具载货空间的浪费，而长方形的产品更容易装载。因此，产品装载性主要影响运输绩效，可装载性越好运输成本就会越低。

（6）返程运输。一般运输工具都要返回到运输起点，因此，在返回过程中是空车返回还是载货返回对于分摊运输成本、提高运输工具利用率至关重要。如果能够利用信息网络获得返程货运任务实现双向平衡运输，就可以降低单位重量的运输成本。

（7）运输费率。运输费率是指在两地之间运送某种特定产品时，每吨货物所收取的运费。确定运输费率主要依据运输地点、运输规模、运输方式、产品特征和产品包装等差别进行划分。承运人可以通过为特定顾客在货物等级费率基础上提供价格折扣来反映发货人的货运量和市场竞争情况。

9.1.2　运输方式与绩效分析

运输方式描述了所用运输的类型。按照运输工具可以将运输方式分为铁路运输、公路运输、水路运输、航空运输和管道运输等。这些运输方式的功能、特点和成本特征有所不同，如表 9-1 所示。

表 9-1　不同运输方式的特点比较

运输方式	运输功能	运输特点	成本特征
铁路运输	主要承担长距离、大批量的货运。在没有水运条件的地区，几乎所有大批量货物都是依靠铁路运输	运输速度快，运输能力大，单位运输成本低，安全性高，但只能在固定线路上运输，需其他运输手段配合	铁轨、车辆与枢纽等投资固定成本高、变动成本低使其具有较高的运输规模经济性
公路运输	主要承担水运和铁路运输难以到达地区的长途运输，大批量货运以及铁路和水运难以发挥优势的短途运输	灵活性强，可采取门到门运输形式，减少中转次数。运输单位小，不适合大批量长距离运输，交通事故较多	固定成本最低和可变成本很高使其运输规模经济性较低
水路运输	主要承担大批量、长距离的运输，是在干线运输中起主力作用的运输形式	运输成本低，适合宽大和质量重的货物运输。运输速度较慢，港口装卸费用较高	码头或港口的港口费和装卸费等端点费用非常高，而在途费用很低
航空运输	适合运载价值高、运费承担能力很强的货物和紧急需要的货物	速度快，不受地形限制，可到达铁路和汽车不能去的地区。运费偏高，受重量限制	固定成本和变动成本都比较高，使其成为最贵的运输方式

续表

运输方式	运输功能	运输特点	成本特征
管道运输	利用管道输送气体、液体和粉状固体的一种运输方式	可避免散失和丢失等损失，运输量大，适合连续运送物品。投资大、功能单一，灵活性差、单向运输	固定成本最高，对大口径管道运输具有规模经济性。受管道规格限制，运输物品过多，其规模经济性下降

衡量运输方式的绩效可采用运输成本、运输时间、运输能力、运输距离、运输灵活性、运输可靠性、物品价值和体积重量限制等指标。运输成本用来衡量不同运输方式的经济性；运输时间用于衡量不同运输方式的速度快慢；运输能力用来衡量不同运输方式的单位时间运输能力；运输距离用来衡量不同运输方式的适用距离；运输灵活性用来衡量不同运输方式到达任意地区的可能性；运输可靠性用来衡量不同运输方式按期到达目的地的可能性；物品价值用来衡量不同运输方式适合运输的物品价值高低；体积重量限制用来衡量不同运输方式的可装载性。

由于不同运输方式的运输功能、运输特点和成本特征不同，其绩效指标也具有不同的表现，如表 9-2 所示。

表 9-2　不同运输方式的绩效比较

绩效指标	铁路运输	公路运输	水路运输	航空运输	管道运输
运输成本	3	4	1	5	2
运输时间	3	2	4	1	5
运输能力	3	4	1	5	2
运输距离	4	5	1	2	3
灵活性	2	1	4	3	5
可靠性	2	4	3	5	1
物品价值	3	2	5	1	4
体积重量限制	3	4	1	5	2

注：1 表示绩效最优；5 表示绩效最差。

9.1.3　运输服务

运输服务是指将各种运输方式的实际运输能力有机结合起来满足特定顾客需求的过程。按照运输能力的有效利用方式，可以将运输服务形式主要分为零担运输、包裹运输和多式联运等形式。

1．零担运输

零担运输（Less-than-truckload Transport）是指当一批货物的重量或容积不够装一车（不够整车运输条件）时，与其他几批货物共享一辆货车的运输方式。当一个批次托运的货物数量较少，不足装载或者占用一节货车或一辆运输汽车进行运输时，在经济上并不合算，而由运输部门安排将该批次货物和其他托运货物拼装后进行运输，并按托运货物的吨公里数和运输费率计费将更为合算。为加速零担货物的运送，合理使用车辆，根据零担货物的流向、流量、运距长短、集结时间和车站作业能力等因素，可以将零担货物的运输方式分为全车所装的货物到达一（或两）站或直达的整装零担运输和在指定区段内运行并装运该区段内各站发到货物的沿途零担运输。

2．包裹运输

包裹运输（Package Transport）使用飞机、卡车和列车等交通工具，主要以运输时间为关键因素的小包裹。包裹运输昂贵，与大规模运输的零担货运相比，在价格上没有竞争优势，而包裹运输的优势主要是交货迅速而可靠。因此，发货人选择包裹承运商来运送小件或时间敏感性高的物品。包裹承运商还提供其他增值服务，例如，包裹跟踪和产品的加工和组装。考虑到包裹较小并且需要经过几个中转点，因此需要通过集并货物以提高设备利用率和降低运输成本。包裹承运商使用卡车完成本地货物的装载，然后将货物送往大型分拣中心，经过分拣再通过整车、铁路或空运送往距离交货地最近的分拣中心，并由交货地分拣中心通过小型货车以巡回运送方式交付给顾客。

3．多式联运

多式联运（Intermodel Transport）指由两种及两种以上的交通工具相互衔接、转运而共同完成的运输过程，如图 9-6 给出不同交通工具的衔接类型。

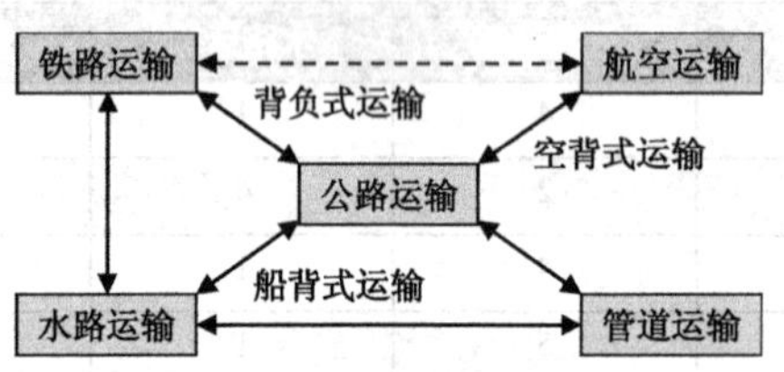

图 9-6　多式联运服务类型

在图 9-6 中，背负式运输将卡车开到列车的平板车厢上进行运输，将卡车的灵活性与铁路运输的低成本相结合；空背式运输将卡车开到飞机的货舱里进行运输，将卡车的灵活性与航空运输的速度相结合；船背式运输将卡车开到轮船的甲板上进行运输，将卡车的灵活性与水路运输的低成本相结合。

多式联运服务将根据多式联运的合同进行操作，运输全程中将使用两种及以上不同运输方式连续运输。多式联运的货物主要采用便于两种运输方式衔接的集装箱运输，并且，发货人只需要订立一份合同，一次性按单一运输费率付费，一次保险，通过一张单证即可完成全程运输；在多式联运中无论涉及几种运输方式，分为几个运输区段，均由多式联运经营人对货运全程负责。

按照不同运输方式之间合作形式可分为协作型多式联运和衔接型多式联运。

协作型多式联运是指两种以上运输方式的运输企业，按照统一的规章或协议，共同将货物从接货地点运到指定交付地点的运输。在协作型多式联运下，参与联运的承运人均可受理托运人的托运申请，接收货物，签署全程运输单据，并负责自己区段的运输生产；后续承运人除负责自己区段的运输生产外，还需要承担运输衔接工作；而最后承运人则需要承担货物交付以及受理收货人的货损、货差的索赔。

衔接型多式联运是指由一个多式联运经营人组织两种以上运输方式的运输企业，将货物从接货地点运到指定交付地点的运输。在实践中，多式联运经营人既可能由不拥有任何运输工具的国际货运代理、场站经营人、仓储经营人担任，也可能由从事某一区段的实际承运人担任。但他们都必须持有相关主管部门核准的许可证书才能独立承担责任。

9.1.4 运输方式选择

运输方式的选择主要取决于运输物品特性、运输距离、运输批量、运输成本和运输时间及其可靠性等因素。在这些因素中，物品特性、运输距离和运输批量是由物品自身价值、体积、重量与形状等特性和物品存放与使用地点所决定的，属于不可控制变量。而运输成本、运输时间及其可靠性则是影响不同运输方式或相同运输方式的不同承运人之间相互竞争的关键要素。因此，首先应根据物品特性、运输距离和运输批量选择适合的运输方式，例如，按运输物品的特性选择，一般粮食、煤炭等大宗货物适宜选择水路运输，水果、蔬菜、鲜花等鲜活商品及电子产品与宝石等宜选择航空运输；石油、天然气、碎煤浆等适宜选择管道运输；按运输距离选择，一般 300km 以内用汽车运输，300 ~ 500km 用铁路运输，500km 以上用船舶运输；按运输批量选择，一般 20t 以下用汽车运输，20t 以上用铁路运输，数百吨以上则要用船舶运输。然后，对于可行的运输方式，根据其运输成本、运输时间及其可靠性来评价和选择最佳的运输方式。

由于运输时间和可靠性影响在途库存持有成本和采购商库存持有成本，因此，在评价和选择运输方式时，可以将每种运输方式的运输时间和可靠性转化为运输的关联成本，并与运输直接成本一起构成运输总成本来衡量该种运输方式。

当货物运输发生在供应商与采购商之间时，从采购商角度，运输的关联成本主要包括运输过程中产生的在途库存持有成本和采购商下达采购订单时到本次采购到货时的库存持有成本以及本次采购到货之后的库存持有成本，如图 9-7 所示。

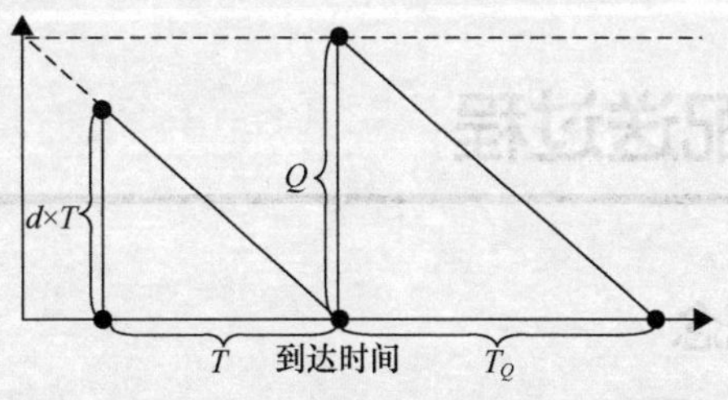

图 9-7 运输时间对采购商库存持有成本的影响

在图 9-7 中，d 为平均每天的需求量，可用 $D/365$ 表示，其中，D 为采购物品的年需求量；T_Q 为采购批量 Q 的周转时间。

在途库存持有成本可按 $C \cdot h \cdot D \cdot T/365$ 计算，其中，C 为采购物品的价格，h 为库存持有费率，T 为本次采购运输时间；本次采购到货之前的库存持有成本可按 $C \cdot h \cdot D \cdot T / 2\times365$ 计算；本次采购到货之后的库存持有成本可按$(C+r) \cdot h \cdot Q / 2$ 计算，其中，r 为单位物品运输费率。

于是，运输方式的运输总成本为

$$TC = r \cdot D + \frac{C \cdot h \cdot T \cdot D}{365} + \frac{C \cdot h \cdot D \cdot T}{2 \cdot 365} + \frac{(C+r) \cdot h \cdot Q}{2} \quad (9\text{-}1)$$

示例 9-1

某公司与采购商已签署了购销合同，合同规定该公司来年应该向采购商供应某种产品 1 200 000 件，每件产品价格 200 元，并且，由采购商负责将产品运送到公司的仓库。库存持有费率为产品价格的 20%，可供选择的运输方式的有关参数如表 9-3 所示。公司希望选择运输成本最低的运输方式。

表 9-3 备选运输方式的有关参数

运输方式	运输费率（元/件）	运输时间（天）	运输批量（件）
铁路运输	0.10	25	100 000
公路运输	0.20	15	40 000
航空运输	0.90	1	16 000

计算不同运输方式的运输总成本，如表 9-4 所示。

表 9-4 不同运输方式的运输总成本

成本项目	铁路运输	公路运输	航空运输
运输成本	120 000.00	240 000.00	1 080 000.00
在途存货成本	3 287 671.23	1 972 602.74	131 506.85
关联库存成本	1 643 835.62	986 301.37	65 753.42
到货库存成本	2 001 000.00	800 800.00	321 440.00
库存总成本	7 052 506.85	3 999 704.11	1 598 700.27

由表 9-4 可见，在 3 种运输方式中，航空运输的关联总成本最低，可选择航空运输。

9.2 配送与配送过程

9.2.1 配送概念

配送是按照顾客要求，经过拣选、配货和运送等活动将物品送达顾客手中的物流活动。配送是从分销网络节点至顾客的一种有计划、有组织的送货形式，表现为中转型送货，而不是供应商至采购商的直达送货。在配送活动中，配与送有机结合，“配”是利用拣选、配货等作业使“送”达到一定规模，以便利用规模经济优势取得较低送货成本。配送强调利用合理方式将货物送达顾客，并以顾客需求为依据追求成本、利益与服务的合理性，实现承运人与顾客双赢。

配送与运输都具有将物品从一个地点运送到另一个地点的功能，在从生产地将物品运送到顾客的过程中，运输以长距离、大批量运送为主，配送则以近距离、小批量、高频次运送为主。两者相辅相成，互为补充，共同实现了提高运输效率与满足顾客需求的有机结合。但配送与运输在服务范围、运送距离、运送批量和使用工具等方面有着明显区别，如表 9-5 所示。

表 9-5 配送与运输的区别

比较项目	运输	配送
服务范围	生产厂至配送中心或顾客	配送中心至顾客或零售店
运输性质	长距离，大批量，快速，干线或支线运输	局部范围，短途，小批量循环运输
货物性质	少品种，大批量	小批量、多品种
运输工具	大型货车、火车、轮船、飞机、管道	小型货车
管理重点	效率优先	服务优先

按照配送地点、配送对象构成、配送时间、配送功能和配送路径等关键影响因素可以将配送分为多种类型，如图 9-8 所示。

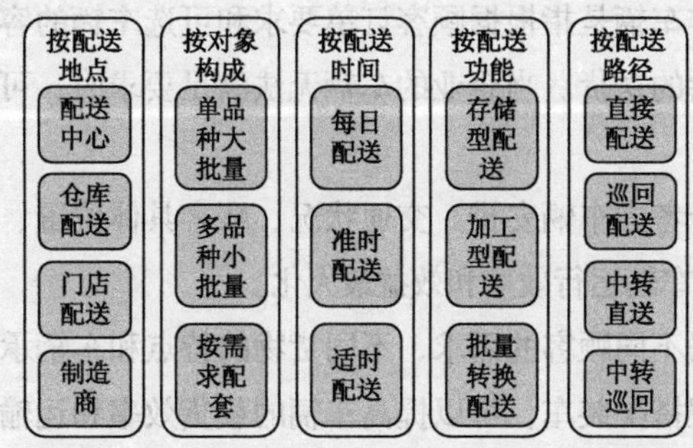

图 9-8 配送类型

9.2.2 配送过程

配送过程主要包括集货、存储、拣选、配送加工、配货、确定顺序、安排车辆、选择路线、车辆配载和送达服务等，如图 9-9 所示。

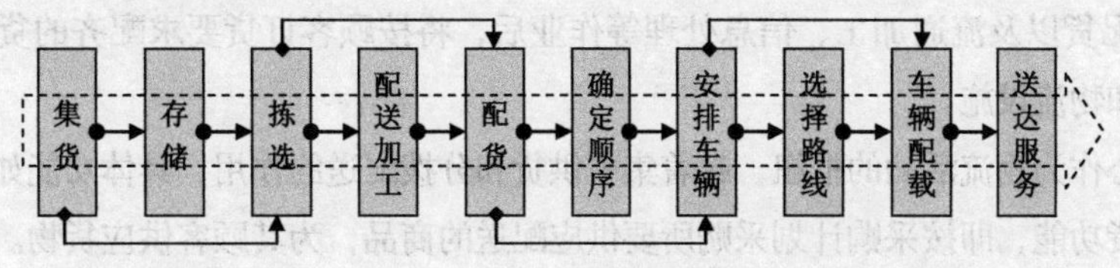

图 9-9 配送作业过程

在图 9-9 中，有时配送作业过程并不需要经过所有作业，如存储、配送加工、确定作业顺序、选择行进路线等在某些情形下并不需要。

（1）集货。集货是为满足特定顾客的配送需求，从多家供应商处将预订的物品进行集中，并将所需要的物品分配到指定容器和场所，可以在一定程度上取得规模效益，降低进货成本。包括筹集货源、订货或购货、进货以及有关验货、交接、结算等活动。

（2）存储。一种存储是为保证配送稳定性而进行的周转储备和风险储备，一般数量较大，可视货源及到货情况，有计划地确定周转储备及保险储备的结构及数量；另一种存储是在具体执行配送时，按分拣配货要求，在理货场地所做的少量暂存准备。

（3）拣选。拣选是将物品按品种、出入库先后顺序进行分门别类的堆放作业。它是完善送货、支持送货的准备性工作，是不同配送企业在送货时进行竞争和提高自身经济效益的必然延伸。

（4）配送加工。配送加工是按照顾客的要求所进行的流通加工。在配送过程中，配送加工并不具有普遍性，但往往具有重要作用，通过配送加工，可以大幅度提高顾客的满意程度，如在配送中心将供应商的零部件拆去包装物并清洗然后运送到制造商。

（5）配货。配货就是指使用各种拣选设备和传输装置，将存放的物品，按顾客要求分拣出来，配备齐全，而形成不同货物的组合。

（6）确定顺序。根据顾客订单要求的送货时间将配送作业按照先后次序进行计划和安排，保证送货时间，提高运作效率。

（7）安排车辆。安排车辆是指根据顾客订单要求和可选车辆的容量和载重量安排具体类型和吨位的车辆进行最后的送货。当企业的车辆无法满足要求时，可使用承运人或组建自营车队。

（8）选择路线。综合考虑车辆安排、交通状况、顾客具体位置、送货时间等约束，选择最佳的配送路线，可实现车辆运行效率和效益最大化。

（9）车辆配载。根据不同顾客的需求、不同货物的特点和车辆承受能力，按照送达的时间、地点、线路进行合理搭配装车，可以提高车辆的载货效率和运输效率，进而，提高送货水平并降低送货成本。

（10）送达服务。为圆满地实现货物的移交，并方便、有效地处理相关手续和完成结算，还应按照顾客要求考虑卸货地点与卸货方式以及处理相关手续和结算等活动。

9.2.3 配送中心

配送中心（Distribution Center）是指接受供应商所提供的多品种、大批量的货物，通过存储、分拣、配货以及流通加工、信息处理等作业后，将按顾客订货要求配齐的货物送交顾客的组织机构和物流设施。

配送中心作为物流活动的枢纽，起着集中供货和分拨配送的作用，具体功能如下。

（1）进货功能，即按采购计划采购所要供应配送的商品，为其顾客供应货物。

（2）存储功能，即通过存储一定数量货物能够及时按照顾客要求将各种配装好的货物送到顾客手里。

（3）拣选功能，即按顾客要求对存储货物进行归类分拣，并依据配送计划进行分装和配装货物。

（4）配货功能，即按顾客订购的品种、规格、数量、送达时间和地点等要求对货物进行有效组合。

（5）分装功能，即将配送中心的大批量采购货物按顾客的小批量、多批次进货要求进行分装。

（6）集散功能，即将分散在各个生产企业的产品集中到一起，经过分拣、配装向多个顾客进行发运。

根据配送中心的服务方式和配送功能可将配送中心分为有无存储的配送中心和是否改变配送对象的配送中心，而不同类型的配送中心的作业流程也就有所不同，图 9-10 给出几种常见的配送流程。

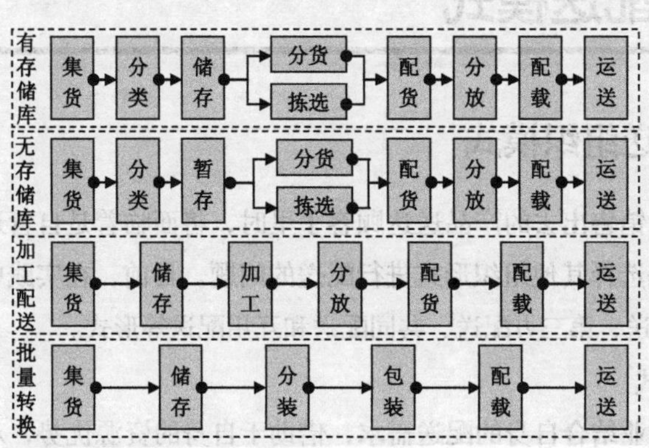

图 9-10　不同类型配送中心的作业流程

有存储仓库的配送流程适用于以中小件杂货配送为代表，有较大的储存场所，分货、拣选和配货场所较大的情形；没有集中储存仓库的配送流程适用于占地小，补货仓库可外包或协作的情形；有配送加工的配送流程适用于大批量、少品种的产品进货，无需分类存放，但需要按顾客要求进行加工的情形；批量转换的配送流程适用于进货批量大、品种单一，需要转换成小批量发货的情形。

配送中心具有以下特点。

（1）配送反应快速化。主要表现为配送中心对上、下游物流配送需求的反应速度越来越快，配送时间越来越短。

（2）配送功能集成化。主要表现为将物流的进货功能、存储功能、分拣功能、配货功能、分装功能和集散功能等集成在配送中心。

（3）配送作业规范化。主要表现为配送作业流程和运作的标准化、程式化和规范化，使复杂的作业简单化，从而大幅度地提高物流作业的效率和效益。

（4）配送服务系列化。主要表现为除配送服务外，扩展到物流的市场调查与预测、物流订单处理、物流配送咨询、物流配送方案和库存控制策略建议等系列化的服务。

（5）配送目标系统化。主要表现为统筹规划整体物流的配送活动，不追求单个物流最佳化，而是追求整个物流配送达到最优化。

（6）配送手段现代化。主要表现为使用先进物流技术、物流设备与管理为物流配送提供支撑。

（7）配送组织网络化。主要表现为物流配送网络体系的完善，物流配送中心、物流结点等设施布局合理和运转正常。

（8）配送经营市场化。主要表现为物流配送经营采用市场机制，无论是企业自营物流配送还是社会物流配送均依靠市场手段调节。

配送中心通过集货和集散功能减少产品交货次数和流通环节，产生规模效益；通过分拣和配货功能提高配送效率；通过与供需双方建立合作关系，及时反馈信息，提高配送服务质量。

9.3 基本配送模式

9.3.1 配送组织模式

当企业需要将所销售出去的产品送达顾客手里时，将面临着是自营运输车队还是选择第三方承运人，或者是选择其他组织形式进行配送的问题。目前，在实践中发展起来的配送组织模式主要有自营配送、第三方配送、共同配送和互用配送等形式。

1．自营配送模式

自营配送是指企业结合自身的配送需求，借助于自身的资源优势，对企业物流配送的各个环节由企业自身筹建运输组织并实施管理，实现对企业内部及外部货物配送的模式。这种配送组织模式有利于企业供应、生产和销售的一体化作业，系统化程度相对较高，既可满足企业内部原材料、半成品及成品的配送需要，又可满足企业对外进行市场拓展的需求。自营配送模式的优势主要表现在以下几个方面。

（1）自营配送模式可以使产品配送与产品生产和原材料供应等环节密切配合，有利于企业对供应和分销网络的控制，确保企业能够获得长期稳定的利润。

（2）自营配送模式可以通过合理规划管理流程，使物流、信息流、资金流结合更加紧密，从而提高物流作业效率，减少流通费用。

（3）自营配送模式可以使原材料和零配件采购、配送以及生产支持从战略上进行整合，实现准时采购，减少库存，降低运营成本。

（4）自营配送模式通过与企业经营部门之间的密切关系，能够快速、灵活地满足企业在物流业务上的时间和空间要求。

自营配送模式的缺点表现在：自营配送需要企业进行高额的投资，从而使配送系统运营成本高、资金回收期长；当企业配送需求有限时，采用自营配送模式难以形成配送的专业化规模效应；若企业的物流配送管理能力不足会分散企业的资源，则不利于发挥关键性业务的核心作用。

2．第三方配送模式

第三方配送模式是指供应方或采购方将交易所需的配送业务通过协议委托给第三方专业承运人来承担系列化、个性化、信息化的物流代理服务，并与之建立密切关系的配送模式。企业将自己的物流配送服务外包给第三方承运人主要有完全外包、部分外包、系统接管、战略联盟、系统剥离和管理外包等几种形式，它们的适用情况如表 9-6 所示。

表 9-6 不同外包形式的适用情况

外包形式	适用情况
完全外包	企业本身不再承担任何物流职能，企业不具有自营物流能力才会采取这种外包形式
部分外包	企业将物流业务部分自营，低效部分物流业务外包给第三方物流
系统接管	企业将物流系统全部卖给或承包给第三方物流，即物流社会化
战略联盟	企业与第三方物流企业合资，保留物流设施的部分产权，并参与物流作业
系统剥离	企业将物流部门分离出去，使其成为独立的子公司并对外经营物流业务
管理外包	企业拥有物流设施的产权，而将物流管理职能外包

在这种配送组织模式下，第三方承运人可以根据顾客的小批量和多批次要求，按照地域分布密集情况，合理安排取货顺序，保证 JIT 取货和配货。主要有以下优点。

（1）第三方配送模式以满足顾客需求为目标拉动配送的服务模式，有利于提高生产保障率，减少待料时间。

（2）第三方配送模式采用小批量、多批次、门对门配送，为顾客提供灵活多样的个性化增值服务。

（3）第三方配送模式有利于顾客减少固定资产投入，有利于其集中资源于核心竞争力。

但第三方配送模式也存在以下不足。

（1）由于不能直接控制第三方物流企业的配送职能，因此难以保证供货的准确性和及时性，这会影响到企业的商品供应保证能力。

（2）有时单个第三方物流企业无法满足企业的配送需求，这就需要选择多个第三方物流企业。因而，会增加企业选择第三方物流企业的难度并增加选择后的风险性。

（3）选择第三方配送意味着企业放弃了自身的物流配送系统开发，在一定程度上会形成对第三方物流企业的依赖，使企业处于被动地位。

3．共同配送模式

共同配送是物流配送企业之间为实现配送资源合理化，提高配送效率所建立的一种功能互补的配送联合体，如图 9-11 所示。这种配送组织模式要求物流配送企业之间以功能互补、平等自愿和互惠互利为原则，构建配送服务共同化、资源利用共同化和物流管理共同化的协作型配送服务体系。这种配送组织模式使得物流配送企业之间的合作广度与深度已经超越了整合运输的这种简单形式，成为很多物流配送企业扩展自已的业务、开拓新的市场，进入其他产品市场的有效形式。

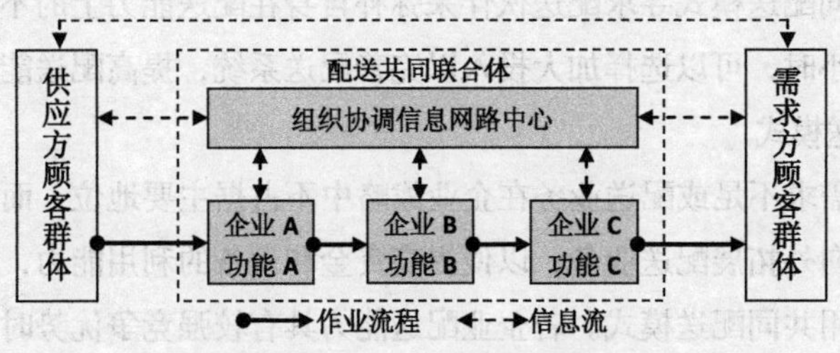

图 9-11 共同配送模式

共同配送模式有利于实现配送资源的有效配置，使物流配送企业之间优势互补，提高配送能力，更好地满足顾客需求，改善配送服务水平，降低配送成本。但是，共同配送模式运作起来较为复杂，它需要第三方物流配送企业提供更多的技术和管理系统对由多个顾客订单进行优化形成整车运输。

4．互用配送模式

互用配送模式是指多家企业为提高各自物流配送效益，以契约方式达成合作协议，互用对方的配送系统而进行物流配送的模式，如图 9-12 所示。这种配送组织模式不需要企业投入较大的资金和人力，就可以扩大自身的配送规模和范围，但需要企业借助于电子商务的支持，并具有较高的管理水平以及与相关企业组织协调的能力。

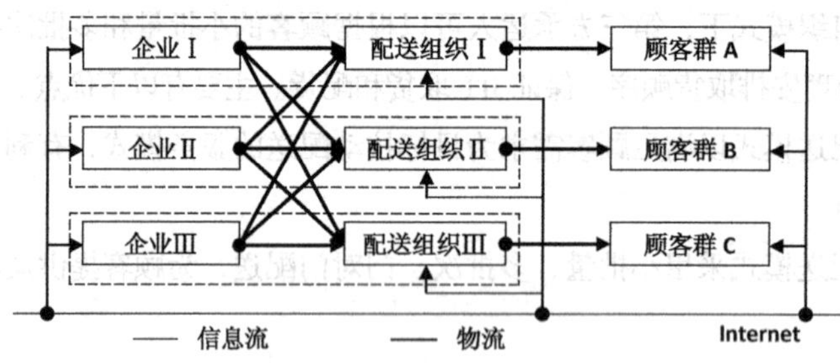

图 9-12　互用配送模式

与共同配送模式比较，互用配送模式的主要特点如下。

（1）共同配送模式旨在建立配送合作联盟，强化配送功能，为社会更好地服务；而互用配送模式旨在提高各自的配送功能，强调为企业自身服务。

（2）共同配送模式的合作对象是物流配送企业，而互用配送模式的合作对象既可以是物流配送企业，也可以是非物流配送企业。

（3）以配送功能互补为核心的共同配送模式具有稳定性较强的特点，而以配送功能相互利用为核心的互用配送模式稳定性较差。

（4）共同配送模式旨在强调合作联盟的共同作用，而互用配送模式旨在强调各企业自身的作用。

企业选择何种配送模式主要取决于企业自身的配送需求与配送能力以及配送成本，由配送需求与配送能力构成的配送模式的决策矩阵如图 9-13 所示。

当企业的配送需求较大，并有较强的配送能力时，若配送区域相对集中，企业可采取自营配送模式，以提高顾客的满意度和配送效率；当企业的配送需求较大，但其配送能力较低时，企业可通过共同配送模式寻求配送伙伴来弥补自身在配送能力上的不足。若配送区域相对集中且投资量较小时，可以选择加大投入以完善配送系统，提高配送能力；若情况相反，则可采取第三方配送模式。

当企业的配送需求不足或配送业务在企业战略中不占据主要地位，而企业却有较强的配送能力时，企业可向外拓展配送业务，以便提高资金和设备的利用能力，既可以采取互用配送模式，也可以采用共同配送模式。若企业配送能力具有较强竞争优势时，也可以向社会化的方向发展，成立专业的配送企业。当企业的配送能力较弱，且不存在较大的配送需求时，企业宜采取第三方配送模式。

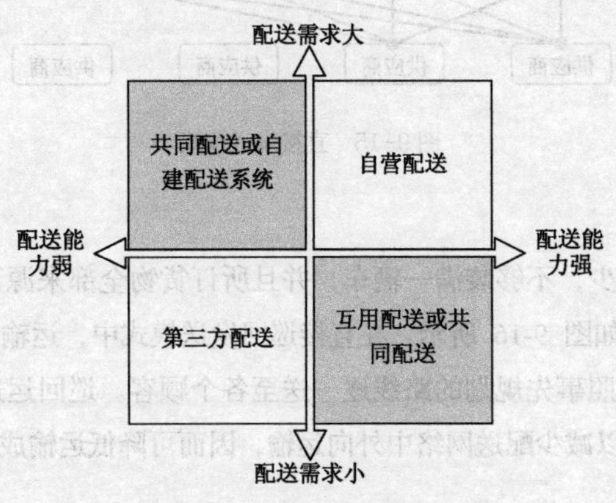

图 9-13 配送模式决策矩阵

当根据企业配送需求与配送能力对配送模式进行初步选择后，还需要对初选的配送模式进行配送成本核算和比较，最终选择出最佳的配送模式。

9.3.2 配送过程模式

当承运人组织配送过程时面临着运输车辆是直接发送还是巡回发送，发送过程是否需要经过配送中心的选择等问题。根据顾客的订货量多少以及供货源是单源还是多源，配送过程模式可分为直接发送、直接巡回发送、经配送中心直接发送和经配送中心巡回发送等配送模式，如图 9-14 所示。

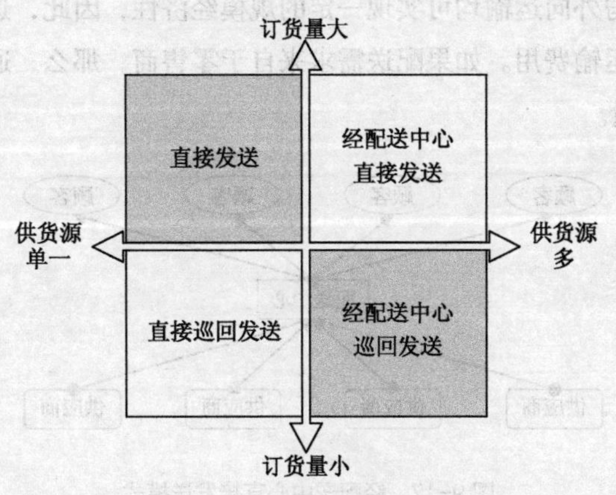

图 9-14 配送过程模式分类

1．直接发送

当顾客的订货量较大，并且所订货物全部来源于一个供应商时，可采用直接发送模式，如图 9-15 所示。在直接发送模式中，运输车辆的行进路径是固定的，由于不需要中转，因此，运送时间较短，也没有中转库存。如果供应商的补货量接近于车辆最大装载量，这种模式的配送效率将非常高效。

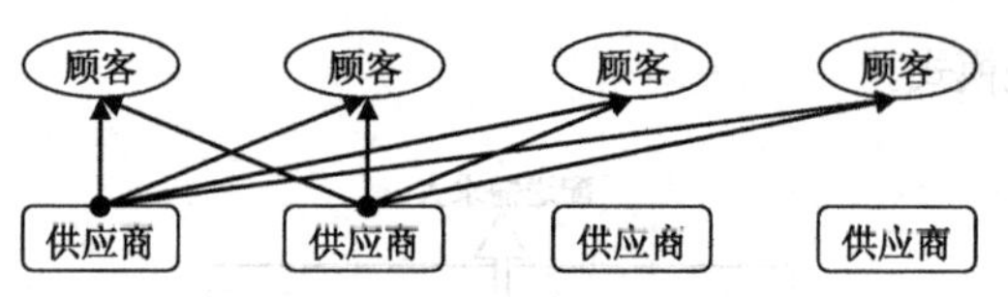

图 9-15　直接发送模式

2．直接巡回发送

当顾客的订货量较少，不够装满一辆车，并且所订货物全部来源于一个供应商时，可采用直接巡回发送模式，如图 9-16 所示。在直接巡回发送模式中，运输车辆从一个供应商处装载多个顾客的货物，按照事先规划的路线逐一送至各个顾客。巡回运送将送往多个地区的货物集中到一辆车上，可以减少配送网络中外向运输，因而可降低运输成本。

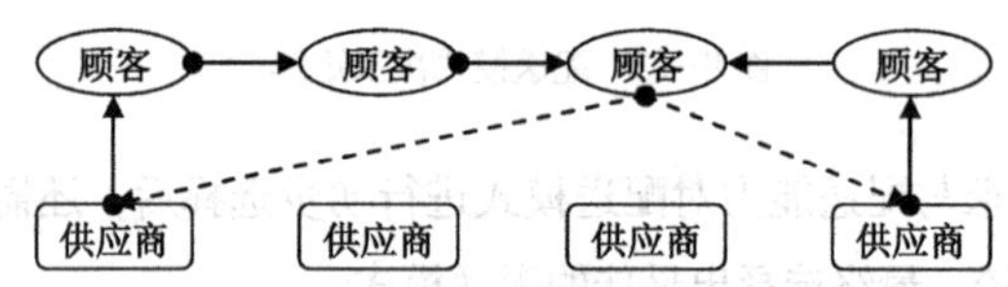

图 9-16　直接巡回发送模式

3．经配送中心直接发送

当顾客的订货量较大，并且所订货物来源于多个供应商时，可采用经配送中心的直接发送模式，如图 9-17 所示。在这种配送模式中，各供应商将货物发往配送中心，再由配送中心按照每个顾客的订单进行拣选和配货，将货物直接发送到各个顾客。配送中心的加入，尤其是当配送中心靠近需求地时将使配送中心的内向运输距离增加，外向运输距离减少，而且，配送中心的内向运输与外向运输均可实现一定的规模经济性，因此，这种配送模式具有较高的配送效率和较低的运输费用。如果配送需求来自于零售商，那么，通过将库存集中在配送中心还可以降低库存量。

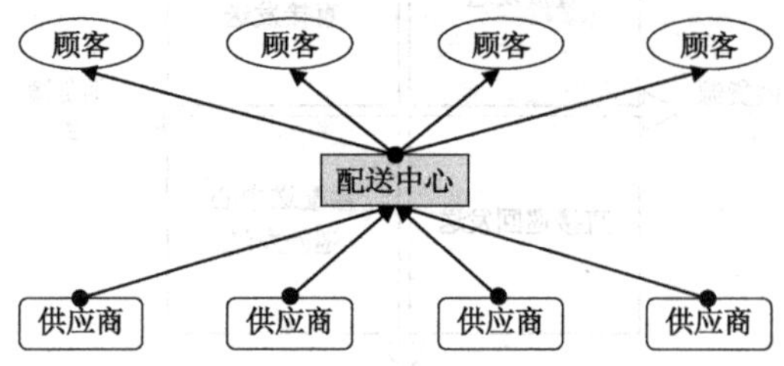

图 9-17　经配送中心直接发送模式

4．经配送中心巡回发送

当顾客的订货量较少，并且所订货物均来源于多个供应商时，可采用经配送中心的巡回发送模式，如图 9-18 所示。在这种配送模式中，各供应商将货物发往配送中心，再由配送中心按照每个顾客的订单进行拣选和配货，将多个顾客的货物装载在一辆车上，并按照事先规划好的路线逐一送至各个顾客。巡回运送通过集并小批量，可以减少配送网络中的外向运输成本。

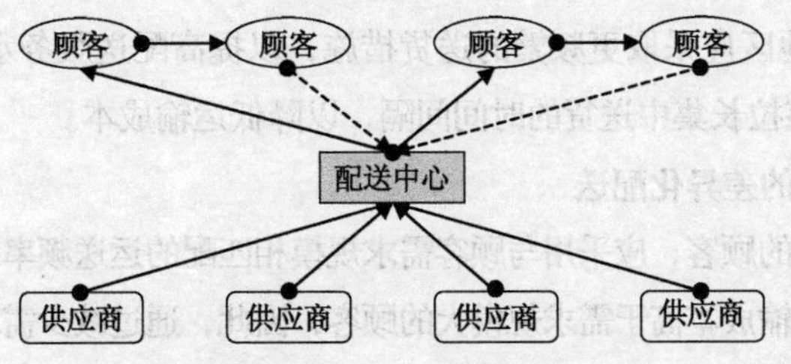

图 9-18　经配送中心巡回发送模式

将上述 4 种配送过程模式的优缺点进行汇总，如表 9-7 所示。

表 9-7　不同配送过程模式的比较

配送过程模式	优势	不足
直接发运	无中转仓库，协调容易	高库存，接受成本高
巡回直接发运	小批量送货成本低	协调难度加大
经配送中心直接发运	通过集聚降低内向运输成本	库存成本增加，搬运成本增加
经配送中心巡回运送	小批量送货降低外向运输成本	协调难度加大

9.3.3　差异化配送模式

差异化配送的指导思想就是根据产品特征不同，设置不同的顾客服务水平。当企业拥有多种产品时，不能对所有产品按同一标准的服务水平来配送，而应按产品特征和销售水平来设置不同的库存、不同的配送方式以及不同的储存地点。差异化配送模式是指针对顾客需求和产品特点，通过综合运用各种配送模式和运输工具以降低配送成本，提高配送效率。这种配送模式需要加强信息网络平台建设，以应对配送管理的复杂性。

1．基于顾客分布的差异化配送

对于不同分布密度和配送距离的顾客，可以通过不同配送模式的组合形成有针对性的差异化配送方案，如表 9-8 所示。

表 9-8　基于顾客分布的差异化配送方案

顾客分布	距离短	距离中	距离远
密度高	采用自营巡回配送	采用经配送中心巡回配送	采用经配送中心巡回配送
密度中	采用第三方巡回配送	零担承运商	零担或包裹承运商
密度低	第三方巡回配送或零担运输	零担或包裹承运商	包裹承运商

当企业为分布密度较大、距离较近的顾客服务时，可采取自营车队巡回运送，这样有利于提高运输车辆的利用率并且与顾客会有良好的接触。如果顾客密度较大但距离较远，则采用经由配送中心将大批量运输转为小批量巡回配送的方式更有利于提高配送效率。若采取直接巡回运送，因运输车辆空载返程的路程较长而增加运输成本。随着顾客密度的减小，对企业而言选择零担承运商或第三方承运商巡回运送更为经济，因为第三方配送能够集中不同顾客的配送需求。对于顾客密度小、距离较远、配送量较小的地区，最好采用包裹承运商运送。

对顾客密度高的地区应采取更频繁的送货措施，以提高配送服务水平；而对于顾客密度较低的地区，企业应该拉长集中送货的时间间隔，以降低运输成本。

2．基于需求规模的差异化配送

对于需求规模不同的顾客，应采用与顾客需求规模相匹配的运送频率的配送方案。由于需求规模小的顾客其单位运输成本高于需求规模大的顾客，因此，通过减少需求规模小的顾客的运送频率可以有效降低配送成本。这种差异化配送模式首先应依据顾客的需求规模将它们分为大（L）、中（M）、小（S）三类，再将中等需求规模的顾客群分为两类（M1, M2），较小需求规模的顾客群分为三类（S1, S2 ,S3），而需求规模大的顾客群则不用划分。这样，按照每次巡回运送都必须对需求规模大的顾客送货，隔次巡回运送对需求规模中等的顾客送货，而每三次巡回运送对需求规模小的顾客送货，就可以得到频率合理的配送方案：（L, M2, S1）、（L, M1, S2）、（L, M1, S3）、（L, M2, S1）、（L, M2, S2）、（L, M2, S3），这些方案的配送频率如表 9-9 所示。

表 9-9　基于需求规模的差异化配送

配送方案	L	M1	M2	S1	S2	S3
L,M1,S1	√	√		√		
L,M1,S2	√	√			√	
L,M1,S3	√	√				√
L,M2,S1	√		√	√		
L,M2,S2	√		√		√	
L,M2,S3	√		√			√

这种差异化配送方案能够保证每辆车每次运送的载货量是一致的，送货频率与相应的单位送货成本保持一致。

3．基于产品价值的差异化配送

对于产品价值和需求规模不同的顾客，可以通过将库存分布策略与配送模式相结合形成有针对性的差异化配送模式，如图 9-19 所示。

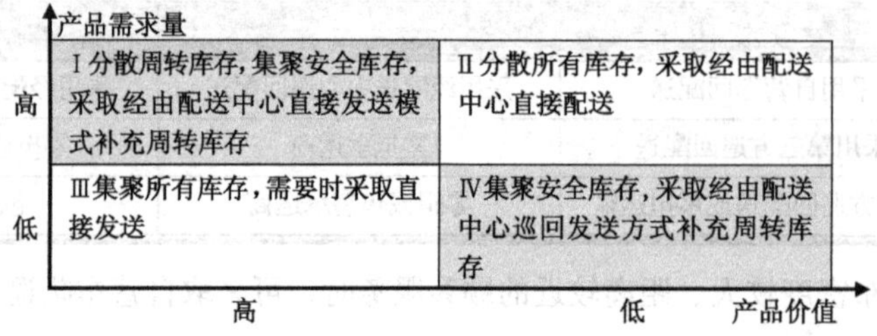

图 9-19　基于产品价值的差异化配送模式

对于高价值、高需求量产品，应将其周转库存分散存放在各零售店，可以缩短外向运输距离，并采用经配送中心直接发送模式以节省运输成本，而将其安全库存集中，以减少库存，如果需要用安全库存满足顾客需求，可采取快速运输方式；高需求量、低价值产品的所有库存应分散储存，以靠近顾客并降低运输成本；低需求量、高价值产品的所有库存应集中储存，以降低库存成本；低需求量、低价值产品应该在靠近顾客的地方持有周转库存，而把安全库存集中起来，以便在获取集中优势的同时降低运输成本，周转库存的补充则应采取经济方式进行，以节约运输成本。

9.4 先进配送模式

9.4.1 延迟配送模式

延迟配送（Delay Distribution）就是指将企业生产出的各种产品储存到一个或少数几个成品仓库或区域分拨中心，当确定了具体需求信息时再迅速将产品运送到顾客手里，如图 9-20 所示。

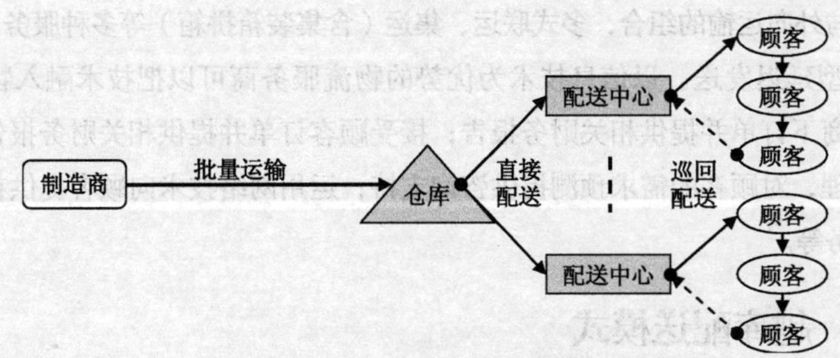

图 9-20 延迟配送模式示意图

延迟配送要求将成品集中储存在成品库或区域分拨中心，由成品库或区域分拨中心对配送中心提供补货服务。这样，当产品在中心仓库时，它可以面向所有区域的顾客，减少了用于满足各区域需求而保持在本地的产品库存量，从而使分销网络中的成品库存总量下降，而且，降低了由于配送的盲目性而造成的资源浪费，同时又可以实现生产的规模经济性。而在接到顾客订单后，采用直接配送或越库配送的方式将产品运送给顾客，可以减少物流运作环节，缩短供应提前期，提高对顾客的个性化需求的快速响应能力。

因此，延迟配送的目标就是通过配送功能延迟使产品在恰当的时间处于恰当的位置，在保持低成本的同时实现配送快速响应能力。延迟配送不适用于货物配送频率很高或者运输距离很短的情形。

延迟配送通常表现为延迟标签、延迟包装、延迟装配和延迟发送等形式，具体如下。

（1）延迟标签（Delay Labeling）是指当企业以不同品牌销售同一种产品时，在接到顾客订单后再贴上顾客所需的品牌标签。

（2）延迟包装（Delay Packaging）是指当企业以不同规格包装销售同一种产品时，在接到顾客订单后再按顾客所需的规格对产品进行包装。

（3）延迟装配（Delay Assembly）是指由不同组件构成系列化产品时，在接到顾客订单后再按顾客所需进行组织，或者当产品尺寸或形状不利于运输时，将相应的零部件运送到顾客处再进行组装。

（4）延迟发送（Delay Delivery）是指在接到顾客订单后采用快速运送方式将产品运送到顾客手里。

延迟发送主要有以下几种形式。

（1）承运型延迟发送。承运货物的快递公司和集装箱运输公司，根据顾客的个性化需求，对时间敏感的产品提供准时的运输服务，保证及时交付；对温度敏感的产品提供可靠的特殊服务（如冷藏、冷冻运输），并提供全程追踪实时报告等。

（2）仓储型延迟发送。拥有大型仓储设施的承运人可以提供的延迟发送主要有材料及零部件的生产需要重新包装或简单加工的服务；配合顾客的营销计划进行产品重新包装和组合的服务；满足顾客销售需要而提供产品标记的服务；为食品、药品类顾客提供低温冷藏服务等。

（3）代理型延迟发送。包括订舱（租船、包机、包舱）、托运、仓储、包装，货物的监装、装卸，集装箱拼装、拆箱、分拨、中转及相关的短途运输服务，报关、报验、报检、保险，内向运输与外向运输的组合，多式联运、集运（含集装箱拼箱）等多种服务。

（4）信息型延迟发送。以信息技术为优势的物流服务商可以把技术融入物流作业安排中，如向供应商下订单并提供相关财务报告；接受顾客订单并提供相关财务报告；利用对数据的积累和整理，对顾客的需求预测提供咨询支持；运用网络技术向顾客提供在线数据查询和在线帮助服务等。

9.4.2 越库配送模式

越库配送（Cross-Docking）是指货物在配送过程中不经过中间仓库或进入仓库后不在仓库存储而直接从进站运输工具换载到出站运输工具的物流衔接方式，主要适用于需求量大并可预测的产品，这种配送模式要求建立配送中心。越库配送时每辆进站卡车都装载着一家供应商供应多家零售商的产品，而出站卡车装载着多家供应商供应一家零售商的产品，配送中心充当库存的协调点而不是存储点，即产品从供应商运到配送中心后，直接转移到零售商的车辆上并尽快地运送给零售商，产品在配送中心停留的时间很短，一般最多不超过24小时。

以货物分拣方式为标准，可以将越库配送模式分为按需求地分拣和按顾客（零售店）分拣的越库配送。这两种方式的区别主要在于承担货物分拣的主体不同，前者主体是零售商配送中心，后者则是供应商配送中心。按需求地分拣的越库配送就是供应商按照各需求地的需求总量发货，货物需要在零售商的配送中心进行分类，然后再向零售门店发运；按零售门店的越库配送就是供应门店按照不同零售商的需求量对货物进行条码标示，货物运到配送中心之后，只需要按条码进行转装就可以发货到终端门店，如图9-21所示。

成功实施越库配送具有以下优势。

（1）减少入库、储存、分拣等作业时间，提高装运速度，加快库存周转。

（2）减少入库理货费、储存保管费和出库理货费等成本以及减少仓储设施等固定成本。

（3）使供应链持有较少库存，降低搬运成本，使进货和出货具有规模经济效益。

（4）加速对供应商的货款支付，支持顾客的JIT策略，促进与供应商的伙伴关系。

（5）降低货物贬值和损失的可能，减少与库存处理相关的文书工作。

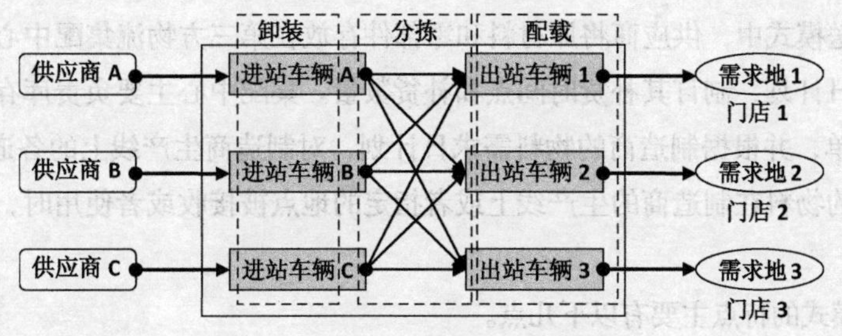

图 9-21 越库配送示意图

实施越库配送模式，应注意和解决以下问题。

（1）可预测的产品需求。实践表明，不是所有的产品都适合越库配送模式。对于需求量大和缺货成本低的产品最适合进行越库配送。这是因为产品需求量大可以保证越库配送能获得规模效益，而缺货成本低使得越库配送承担的缺货风险小。

（2）完善的信息交流平台。及时和顺畅的信息沟通是保证货物到达配送中心后能够快速进行卸装、分拣、配装等作业的前提。而及时和顺畅的信息沟通则需要供应链上各成员企业之间具有良好的信息平台作为保证。

（3）较好的硬件设施。支持越库配送的站台设计和装卸设备以及货物在配送中心的运输线路设计对越库配送的成功实施非常关键，同时，还要保证运输车辆资源充足，避免货物配送受到影响。

（4）协同的供应链关系。实施越库配送需要供应链上各相关成员企业的支持，这会增加有关成员企业改造其自身物流系统的成本。因此，协同的合作伙伴关系，合理分担成本，促进信息及时沟通是成功实施越库配送的基本要求。

（5）系统的全员培训。由于越库配送取消或减少了存储和分拣工作，但增加了收货和发货要求，这就要求管理者和工作人员加深对越库配送观念的理解，因而就需要对他们进行适当培训以进入新的角色。

9.4.3 集并配送模式

集并配送（Supply-hub）是指在位于制造商附近设立第三方物流集配中心（3PL-hub）用于储存所有或部分供应材料，并根据制造商的物料需求日计划将物料直接送到制造商的生产工位上，如图 9-22 所示。集并配送模式主要适用于需求不稳定、产品生命周期比较短和供应不稳定的行业，如电子产品行业和食品加工行业。

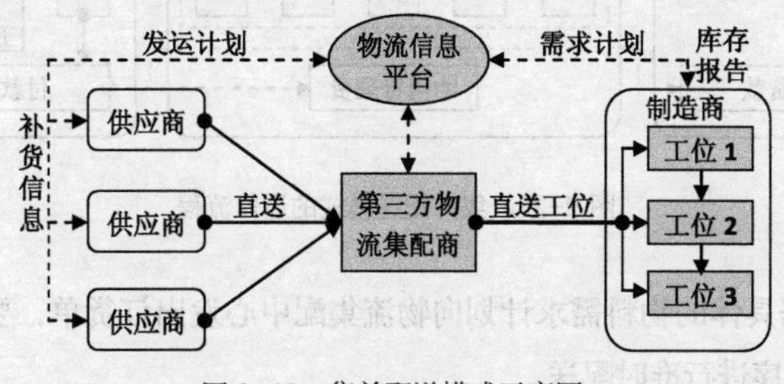

图 9-22 集并配送模式示意图

在这种配送模式中，供应商将原材料和零部件存放在第三方物流集配中心，并根据制造商的物料需求日计划，制订其补货时间点和补货数量。集配中心主要负责库存管理和处理制造商的采购订单，并根据制造商的物料需求日计划，对制造商生产线上的各道工序实施 JIT 配送。当配送的物料在制造商的生产线上或者指定的地点被接收或者使用时，制造商才通知财务支付货款。

集并配送模式的特点主要有以下几点。

（1）VMI 思想。集并配送是实施 VMI 策略的延伸，供应商将原材料和零部件存放在第三方物流集配中心，并根据制造商的物料需求计划，制订其补货计划。采用 VMI 模式可以提高库存水平的透明性，使供应商在 VMI 模式下更好地进行库存管理。

（2）整合库存。第三方物流集配中心既整合了供应商与制造商的库存，又集成了供应商与供应商之间的库存。这不仅可减少需求变异放大而产生的库存，更重要的是减少了供应商为满足实际需求及应付不确定性所持有的过多安全库存。

（3）多方协同。集并配送模式在协同运作中将涉及零部件供应商、第三方物流集配中心和核心制造商等多方的计划协同、物流协同、业务协同等。这种协同运作是供应商能够快速、准时、可靠以及低成本满足制造商以至最终顾客的重要手段。

（4）匹配供应。在集并配送模式的协同运作中，各个供应商根据 Supply-hub 中的库存状况或事先确定的补货计划进行补货。由于在同一生产周期内供货数量都由实际需求所拉动，因此不同零部件的补货数量具有一定的匹配性。供应商通过匹配供应能够满足制造商对零部件需求的可靠性要求。

（5）直送工位。集配中心根据制造商的物料需求计划，采用 JIT 配送技术将集中入库的零部件进行分类、拣选、组装、排序后直接送到制造商的零部件缓存区域，并按照生产线上相应工位所消耗的数量直接送到相应的工位，实现对生产线快速、准时的配送。

以制造商为核心的集并配送模式的运作流程如图 9-23 所示。

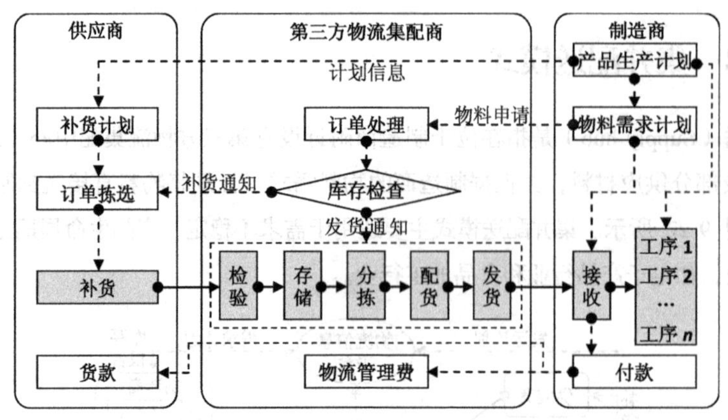

图 9-23　集并配送模式的运作流程

（1）制造商根据具体的物料需求计划向物流集配中心发出订货单，要求物流集配中心对其生产线上的各道工序进行准时配送。

（2）物流集配中心接受并处理订单，然后检查库存状态，若库存能够满足需要，则通知仓储部门对制造商进行配送。

（3）仓储部门在接收到制造商的需求信息后，在仓库中进行原材料和零部件的分拣、配货，并对制造商生产线上的工位进行准时配送等物流作业。

（4）制造商在生产线或者指定地点接收物流集配中心配送的零部件和原材料时，对其进行检查，然后通知财务部门与物流集配中心和供应商进行财务结算。

（5）物流集配中心每次完成制造商的配送作业后，要实时监视各种零部件的库存水平。当某种零部件的库存水平降到补货点时，物流集配中心向该供应商发出补货通知，要求供应商进行补货。

（6）供应商根据制造商的产品生产计划和物品需求计划制订补货计划，并安排零部件和原材料的备货；实时查询该零部件和原材料在物流集配中心的库存状态，并根据物流集配中心的补货通知负责组织货源和安排运输，对物流集配中心进行补货。

（7）物流集配中心在接收到供应商的补货计划后，做好接收准备，在原材料和零部件到达时，在制造商的授权下进行一些简单的检查工作，并安排储位进行入库工作。

集并配送模式的成功实施需要一定的前提条件，主要有以下几方面。

（1）生产或供应具有一定规模。当制造商所需要的原材料供应规模较大时，通过物流集配中心进行集中的库存管理、JIT 配送以及直送工位，才能实现通过规模经济效应降低整个供应链的成本。

（2）较多的供应商远离制造商。当有较多的供应商远离制造商时，供应商就难以采用直送工位供应，这时，就需要供应商将原材料、零部件送达第三方物流集配中心，由其进行直送工位配送，不仅能够满足制造商的需求，又能够降低配送成本。

（3）先进的信息技术支持。在第三方物流直送工位过程中，供应商、第三方物流集配中心、制造商之间要求及时共享信息，需要 Internet、EDI 等信息技术的支撑才能实施供应链的同步运作。

（4）TPL 具有整体运作能力。从制造商的物料需求计划发布到原材料的入库管理，第三方物流需要全程跟踪，确保零部件及时入库，维持低库存水平，并根据物料需求计划将各种零部件适时送达生产工位，整个过程需要第三方物流有很强的整体运作能力支持。

9.5 配送作业优化

9.5.1 配送作业优先级

为实现配送资源合理配置，提高配送服务水平，应根据顾客订单的利润贡献以及实现订单的配送成本确定配送作业优先级。按订单的利润贡献高低和配送成本高低可将配送服务分为优先、重点、一般和延后 4 个等级，如图 9-24 所示。

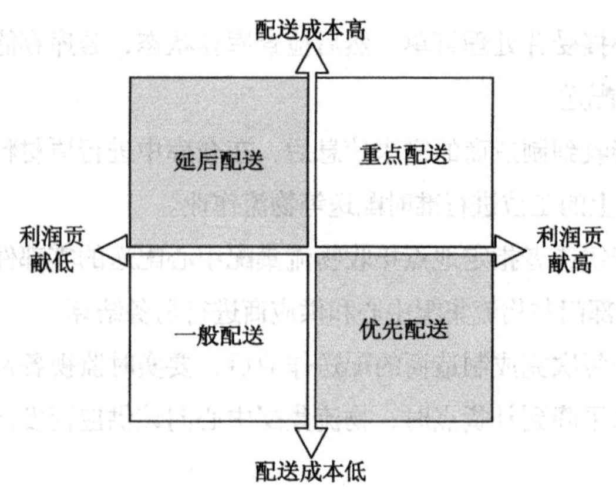

图 9-24　配送作业优先级

由图 9-24 可见，这 4 类配送作业的特点以及对应的配送策略如下。

（1）需要优先配送作业的顾客订单对企业利润贡献大，配送成本低。对这类顾客订单，应该采用快捷配送方式，确保产品具有高可获性。

（2）需要重点配送作业的顾客订单对企业利润贡献大，但配送成本高。对这类顾客订单，在保证订单交付时间的前提下，应该采用低成本配送方式，降低配送成本。

（3）需要一般配送作业的顾客订单对企业利润贡献小，配送成本低。对这类顾客订单，在采用低成本配送方式的同时应该增加物流增值服务。

（4）需要延后配送作业的顾客订单对企业利润贡献小，配送成本高。对这类顾客订单，在尽量保证订单交付时间的基础上，在采用低成本配送方式的同时应减少物流增值服务。

9.5.2　起讫点不同的路径优化

运输线路选择以及直接发送和经配送中心的直接发送线路安排问题均属于起讫点不同的路径优化问题。这一类问题可分为单一起讫点问题和多个起讫点问题。

1．单一起讫点路径优化

单一起讫点路径优化是指运输车辆从某一地点出发，在线路网络中选择距离最近或运费最低的路径将货物运送到指定地点的过程。将货物从某一地点运送到另一个地点的各种运输方式以及直接配送或经配送中心直接配送都属于单一起讫点路径优化问题。这类路径优化问题可以表示为始点为车辆出发地点、终点为车辆到达地点、中间节点为道路衔接点、弧为道路、弧上权值为道路里程或运费的网络最短路径问题。因此，求解这类路径优化问题主要有采用最短路径的 Dijkstra 方法和采用线性规划方法求解。

设以 s 为始点，以 t 为终点的运输网络的节点集合用 V 表示，弧线集合用 A 表示，节点 i 到 j 的弧上权值用 C_{ij} 表示。

采用 Dijkstra 方法求解过程如下。

① 在网络图中，给始点 s 标上 P 标号，对其余节点 j 标上 T 标号，令，$T_s=0$，$T_j=\infty$；

② 设节点 i 是刚得到 P 标号的节点，考虑所有与其直接连接的未标记 P 标号的节点 j。

若节点 j 的标号为 T 标号，则修改 j 的 T 标号为

$$T_j = \min\left\{T_j, T_i + d_{ij}\right\} \tag{9-2}$$

③ 若网络图中没有 T 标号，则停止。否则，计算：

$$T_k = \min\left\{T_j\right\} \tag{9-3}$$

并把节点 k 的标号修改为 P 标号，转入步骤 ②。

采用线性规划方法求解过程如下。

设决策变量为 x_{ij}，若从节点 i 到 j 的弧线在最短路径上，则 $x_{ij}=1$，否则 $x_{ij}=0$。于是，从始点 s 到终点 t 的运输距离最短或运输成本最少的线性规划模型为

$$\begin{cases} \min \sum\limits_{(i,j)\in A} c_{ij}x_{ij} \\ \text{s.t.} \sum\limits_{i\in output} x_{si} = 1 \\ \sum\limits_{j\in output} x_{kj} - \sum\limits_{i\in input} x_{ik} = 0 \\ \sum\limits_{j\in input} x_{jt} = 1 \end{cases} \tag{9-4}$$

式中，*output* 为节点输出弧线集合，*input* 为节点输入弧线集合。

示例 9-2　单一起讫点的最短路径问题

某公司每天都必须将所生产的家具从工厂运至中心仓库，需要穿过几个城市，由工厂经过这几个城市到中心仓库所形成的网路如图 9-25 所示。公司希望找到一条最短路径。

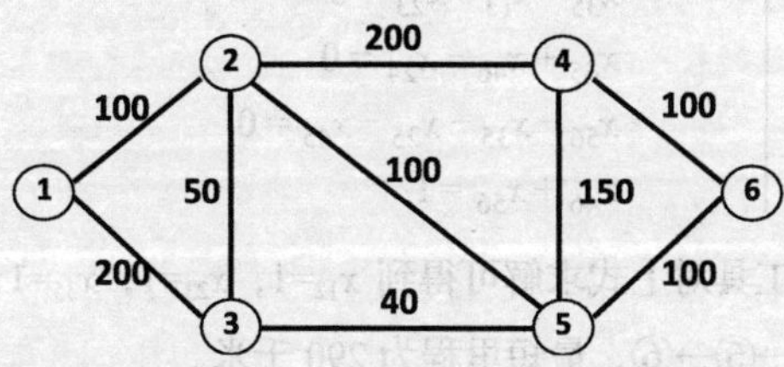

图 9-25　某公司家具运输网络

采用 Dijkstra 方法求解过程如下。

令，$T_1=0$，$T_2=T_3=T_4=T_5=T_6=\infty$。

节点①刚得到 P 标号，考虑与其直接连接的节点②和节点③，按式（9-2）修改其 T 标号；$T_2=100$，$T_3=200$。

按下式计算结果，将节点②的 T 标号修改为 P 标号，即

$$T_k = \min_{2<j<6}\left\{T_j\right\} = T_2$$

考虑与节点②直接连接并未标注 P 标号的节点③、节点④和节点⑤，修改它们的 T 标号得：$T_3=150$，$T_4=300$，$T_5=200$。

按下式计算结果，修改节点③的 T 标号为 P 标号，即

$$T_k = \min_{3<j<6}\left\{T_j\right\} = T_3$$

考虑与节点③直接连接并未标注 P 标号的节点⑤，修改其 T 标号得：T_5=190。

按下式计算结果，修改节点⑤的标号为 P 标号，即

$$T_k = \min_{4<j<6}\left\{T_j\right\} = T_5$$

考虑与节点⑤直接连接并未标注 P 标号的节点④和节点⑥，修改其 T 标号得：T_4=300，T_6=290。

按下式计算结果，修改节点⑥的标号为 P 标号。

$$T_k = \min_{j=4,6}\left\{T_j\right\} = T_6$$

由于本例是求节点①到节点⑥的最短路径，因此，只要节点⑥获得 P 标号就结束求解过程，故可得到从始点到终点的最短路径①→②→③→④→⑤，最短距离是 290 千米。

应用线性规划方法求解过程如下。

设决策变量为 x_{ij}，若从节点 i 到 j 的弧线在最短路径上，则 x_{ij}=1，否则 x_{ij}=0。相应优化模型如下：

$$\begin{cases} \min z = 100x_{12} + 200x_{13} + 50x_{23} + 200x_{24} + \\ \qquad 100x_{25} + 40x_{35} + 150x_{45} + 100x_{46} + 100x_{56} \\ \text{s.t.} \qquad x_{12} + x_{13} = 1 \\ \qquad x_{24} + x_{25} + x_{23} - x_{12} = 0 \\ \qquad x_{35} - x_{13} - x_{23} = 0 \\ \qquad x_{45} + x_{46} - x_{24} = 0 \\ \qquad x_{56} - x_{35} - x_{25} - x_{45} = 0 \\ \qquad x_{46} + x_{56} = 1 \end{cases}$$

用 EXCEL 规划求解工具对上式求解可得到 x_{12}=1，x_{23}=1，x_{35}=1，x_{56}=1，其余变量为 0，即最短路径为①→②→③→⑤→⑥，最短里程为 290 千米。

2．多个起讫点路径优化

多个起讫点路径优化是指运输车辆将货物从多个地点运送到多个需求地的过程中，通过路径选择和运输量分配寻求运输成本最低的路径的优化过程。这类路径优化问题可表示为运输车辆从多个供应商、工厂或仓库出发或经过配送中心或仓库中转服务于多个顾客的运输问题，因此，可以采用线性规划方法求解。

设 S_i 为第 i 个供应源的供应数量，D_j 为第 j 个顾客需求量，C_{ik} 为从供应源 i 到中转仓库 k 的单位运输成本，C_{kj} 为从中转仓库 k 到顾客 j 的单位运输成本。

若决策 x_{ik} 变量和 x_{kj} 分别表示从供应源 i 到中转仓库 k 的运输量和从中转仓库 k 到顾客 j 的运输量，则相应的线性规划模型为

$$
\begin{cases}
\min z = \sum_{i=1}^{m}\sum_{k=1}^{1} c_{ik}x_{ik} + \sum_{k=1}^{1}\sum_{j=1}^{n} c_{kj}x_{kj} \\
\text{s.t.} \quad \sum_{k=1}^{1} x_{ik} \leqslant S_i, i = 1,2,\cdots,m \\
\sum_{j=1}^{n} x_{kj} - \sum_{i=1}^{m} x_{ik} = 0, k = 1,2,\cdots,l \\
\sum_{k=1}^{1} x_{kj} = D_j, j = 1,2,\cdots,n \\
x_{ik}, x_{kj} \geqslant 0
\end{cases} \tag{9-5}
$$

示例 9-3　多个起讫点的最优路径问题

某制冷机械公司在 A 和 B 两个地区的工厂生产冰箱。产品被运送到 C 和 D 两地的配送中心，从那里再被运往 E、F 和 G 三个地区的仓库。运输成本，E、F 和 G 等地区的需求及 A 和 B 的供应量如表 9-10 所示。

表 9-10　某制冷机械公司的运费、需求量和供应量

	C	D	E	F	G	供应量
A	4	7				800
B	5	7				700
C			6	4	5	
D			2	3	4	
需求量	450	350	300			

注：运费单位为元；需求量和供应量单位为件。

设决策变量 x_{ik} 表示从 A 和 B 两个地区的工厂运送到 C 和 D 两地的配送中心的冰箱运输量；x_{kj} 表示从 C 和 D 两地的配送中心运送到 E、F 和 G 三个地区的仓库的冰箱运输量。

于是，该运输问题的线性规划模型为

$$
\begin{cases}
\min z = 4x_{AC} + 7x_{AD} + 5x_{BC} + 7x_{BD} + 6x_{CE} + \\
\qquad 4x_{CF} + 5x_{CG} + 2x_{DE} + 3x_{DF} + 4x_{DG} \\
\text{s.t.} \quad x_{AC} + x_{AD} \leqslant 800 \\
x_{BC} + x_{BD} \leqslant 700 \\
x_{CE} + x_{DE} = 400 \\
x_{CF} + x_{DF} = 350 \\
x_{CG} + x_{DG} = 300 \\
x_{AC} + x_{BC} = x_{CE} + x_{CF} + x_{CG} \\
x_{AD} + x_{BD} = x_{DE} + x_{DF} + x_{DG}
\end{cases}
$$

用 EXCEL 规划求解工具对上式求解，可得 $x_{AC} = 650$，$x_{AD} = 150$，$x_{BD} = 300$，$x_{CF} = 350$，$x_{CG} =300$，$x_{DE} = 450$，其余变量为 0，如图 9-26 所示。

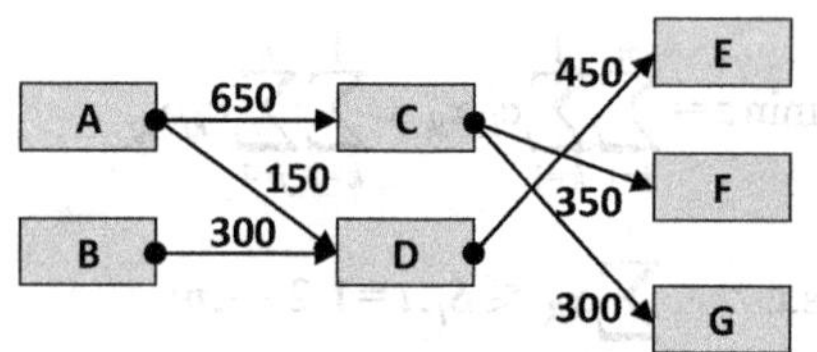

图 9-26　某制冷机械公司的最佳运输路径与运量分配

9.5.3　起讫点重合的路径优化

起讫点重合的路径优化是指运输货物的车辆从某一地点出发对多个顾客依次进行巡回配送后返回起点的过程中，选择距离最近或运费最低的路径的优化过程。在现实中，如银行为ATM 机存放现钞，快递员为顾客上门送货，由配送中心为各个零售点配货等均属于起讫点重合的路径优化问题。

这类路径优化问题的目标是找出配送人员或车辆途径各节点的顺序，使其满足必须一次途径所有点且距离最近或时间最短的要求。当巡回配送需要途经的节点较多时，没有合适的方法能够找到最优路径，一般只能采用启发式方法寻找次优路径。目前，求解这类路径优化问题的启发式方法主要有节约（Clarke-Wright）法、最邻近法、最小生成树法等，其中，节约法简便、易于理解，能够灵活处理许多现实中的约束条件，可以在指定各线路途经节点的同时确定其先后顺序，对节点数量不是太多的问题能够较快算出结果，并且所得结果与最优解非常接近。

设节点 O 为出发节点，配送人员或车辆需要访问 n 节点，相应编号为 1，2，…，n；c_{ij} 为节点 i 到节点 j 弧段的距离或费用。

节约法的基本思想是首先计算由出发点出发直达到各点的总距离，然后计算将节点 i 和 j 连接在一条线路上的距离节约值为 $s(i,j)=c_{0i}+c_{i0}+c_{0j}+c_{j0}-(c_{0i}+c_{ij}+c_{j0})$，即

$$s(i,j)=c_{i0}+c_{0j}-c_{ij} \tag{9-6}$$

$$s(j,i)=c_{j0}+c_{0i}-c_{ji} \tag{9-7}$$

$s(i,j)$ 值越大，说明将节点 i 和 j 连接在一起时所节省的距离就越多。

节约法计算步骤如下。

① 对于所有节点，若节点 i 和 j 之间距离对称，可按式（9-6）或式（9-7）计算，否则按式（9-6）和式（9-7）分别计算节约值 $s(i,j)$，$(i,j=0,1,2,\cdots,n)$，并由大到小排列得到节约值序列集合 $M=\{s(i,j)|i,j=1,2,\cdots,n\}$；

② 从 M 中选择最大节约值 $s(i,j)$，考察其对应的节点 i 和 j 是否满足下列条件：

a) 若节点 i 和 j 均不在已构成的线路上，则连接节点 i 和 j，构成回路 $0\to i\to j\to 0$，转到③；

b) 若节点 i 或 j 在已构成的线路上，且不是线路的内部节点，则连接节点 i 和 j，得到回路 $0\to\cdots\to i\to j\to 0$ 或 $0\to i\to j\to\cdots\to 0$，转到③，否则，不再进行连接，转到③；

c) 若节点 i 或 j 在已构成的两个不同线路上，且均不是线路的内部节点，则连接节点 i 和 j 使两条线路合并，得到回路 $0\to\cdots\to i\to j\to\cdots\to 0$，转到③，否则，不再进行连接，转到③；

d) 若节点 i 和 j 在已构成的同一线路上，则不再进行连接，转到③。

③ 从 M 中划去元素 $s(i,j)$；

④ 若 M 中所有元素均被划去或已得到完整回路，则计算过程结束；否则，转到②。

示例 9-4　起讫点重合的最优路径问题

配送车辆从节点 O 出发，需要访问 7 个节点，再回到节点 O，各节点之间距离如表 9-11 所示。

表 9-11　节点间距离

	0	1	2	3	4	5	6	7
0	–	8	5	9	12	13	12	17
1	8	–	8	15	17	7	11	14
2	5	8	–	7	9	10	7	12
3	9	15	7	–	3	17	11	16
4	12	17	9	3	–	18	11	15
5	13	7	10	17	18	–	8	8
6	12	11	7	11	11	8	–	5
7	17	14	12	16	15	8	5	–

对于所有节点，按式（9-6）计算节约值，并由大到小排列：24(6,7)；22(5,7)；18(3,4)；17(5,6)；14(1,5)；14(4,7)；13(4,6)；11(1,7)；10(2,6)；10(2,7)；10(3,6)；10(3,7)；9(1,6)；8(2,4)；8(2,5)；7(2,3)；7(4,5)；5(1,2)；5(3,5)；3(1,4)；2(1,3)。

根据节约值由大到小，线路的构造过程如表 9-12 所示。

表 9-12　线路构造过程

节约值	节点对	所处状态	是否连接	连接结果
24	(6,7)	不在已构线路上	连接 6 和 7 点	0→6→7→0
22	(5,7)	7 点为已构线路上端点	连接 7 和 5 点	0→6→7→5→0
18	(3,4)	不在已构线路上	连接 3 和 4 点	0→3→4→0
17	(5,6)	均为同一线路上内点	不再进行连接	
14	(1,5)	5 点为已构线路上端点	连接 5 和 1 点	0→6→7→5→1→0
14	(4,7)	7 点为两条线路上内点	不再进行连接	
13	(4,6)	4、6 点为两条线路上端点	连接 4 和 6 点	0→3→4→6→7→5→1→0
11	(1,7)	均为同一线路上内点	不再进行连接	
10	(2,6)	6 点为已构线路上内点	不再进行连接	
10	(2,7)	7 点为已构线路上内点	不再进行连接	
10	(3,6)	均为同一线路上内点	不再进行连接	
10	(3,7)	均为同一线路上内点	不再进行连接	
9	(1,6)	均为同一线路上内点	不再进行连接	
8	(2,4)	4 点为已构线路上内点	不再进行连接	
8	(2,5)	5 点为已构线路上内点	不再进行连接	
7	(2,3)	3 点为已构线路上端点	连接 2 和 3 点	0→2→3→4→6→7→5→1→0

由表 9-12 可见，当考察到节约值为 7 所对应的节点时，则得到包含所有节点的完整回路，即配送车辆的巡回路线为 0→2→3→4→6→7→5→1→0，其车辆行进距离为 54 公里。

9.5.4 车辆配载优化

运输车辆配载优化是指根据不同货物的重量或外形尺寸特征进行合理安排，使运输车辆在不超载的情况下能够装载更多的货物。这类问题可以采用线性规划方法求解。

设运输车辆的容量或装载能力为 b，有 n 种货物需要运输，货物 j 的体积或重量为 a_j，价值为 c_j。若货物可以分割装运，则车辆配载问题的线性规划模型为

$$\begin{cases} \max\sum_{j=1}^{n} c_j x_j \\ \text{s.t.} \sum_{j=1}^{n} a_j x_j \leqslant b \\ 0 \leqslant x_j \leqslant 1 \end{cases} \tag{9-8}$$

若货物不可以分割装运，则车辆配载问题的 0-1 规划模型为

$$\begin{cases} \max\sum_{j=1}^{n} c_j x_j \\ \text{s.t.} \sum_{j=1}^{n} a_j x_j \leqslant b \\ x_j = 0,1 \end{cases} \tag{9-9}$$

由于式（9-9）只有一个约束条件，按线性规划原理应该只有一个变量为非零解，这就意味着运输车辆只能装载这件货物，显然这不符合要求。因此，求解式（9-9）可按下述步骤进行：

① 按 c_j/a_j 对货物进行排序，不妨设 $c_1/a_1 \geqslant c_2/a_2 \geqslant \cdots \geqslant c_n/a_n$；

② 顺序检查每一件货物，如能装入就将它装入车辆，否则，弃之。设装入车辆的货物总价值为 V；

③ 设 $c_k = \max\left\{c_j \middle| j=1,2,\cdots,n\right\}$，若 $c_k > V$，则将已装入车辆的货物全部换成货物 k。

示例 9-5 车辆最优配载问题

某运输公司有一辆装运能力为 10 000 公斤的卡车要装运货物，货物清单如表 9-13 所示。目标是在不超重的情况下最大化卡车装运货物价值。

表 9-13 某运输公司运送货物清单

货物编号	价格(元)	重量(公斤)
1	22 500	7 500
2	24 000	7 500
3	8 000	3 000
4	9 500	3 500
5	11 500	4 000
6	9 750	3 500

若货物可以分割，可设决策变量 x_i 代表卡车装运的第 i 种货物所占比例，否则可设决策变

量 x_i 表示是否装载第 i 种货物，$x_i=1$ 为装载该种货物，$x_i=0$ 为不装载该种货物。于是，该车辆配载问题的线性规划模型为

$$\begin{cases} \max z = 22500x_1 + 24000x_2 + 8000x_3 + \\ \qquad 9500x_4 + 11500x_5 + 9750x_6 \\ \text{s.t.} \quad 7500x_1 + 7500x_2 + 3000x_3 + \\ \qquad 3500x_4 + 4000x_5 + 3500x_6 \leqslant 10000 \\ \qquad x_1, x_2, x_3, x_4, x_5, x_6 \in [0,1] \text{或} \{0,1\} \end{cases}$$

用 EXCEL 规划求解工具对上式求解，若货物可以分割，则 $x_1=0.3333$，$x_2=1$，其余变量为 0，车辆最大装载的货物价值为 31 500 元；若货物不可以分割，则 $x_3=1$，$x_4=1$，$x_6=1$，其余变量为 0，车辆最大装载的货物价值为 27 250 元。

本章小结

本章讨论了运输概念、运输绩效和运输方式，配送概念、配送过程、配送中心、配送模式和配送作业优化。

1．运输管理

运输概念：指用设备和工具将物品从一个地点向另一个地点运送的物流活动。

运输过程关键因素：主要涉及发货人、收货人、承运人、政府、互联网和公众等参与者和制约因素。

运输绩效影响因素：主要包括运输距离、载货重量、产品密度、风险特征、可装载性、返程运输和运输费率等。

运输方式：描述了所用运输的类型。运输方式可分为铁路运输、公路运输、水路运输、航空运输和管道运输。

运输绩效指标：主要有运输成本、运输时间、运输能力、运输距离、运输灵活性、运输可靠性、物品价值和体积重量限制等。

运输服务：指将各种运输方式的实际运输能力有机结合起来满足特定顾客需求的过程。主要分为零担运输、包裹运输和多式联运。

运输关联成本：主要包括运输过程中产生的在途库存持有成本和采购商下达采购订单时到本次采购到货时的库存持有成本与本次采购到货之后的库存持有成本。

2．配送管理

配送概念：按照顾客要求，经过拣选、配货和运送等活动将物品送到顾客手中的物流活动。

配送过程：主要包括集货、存储、拣选、配送加工、配货、确定顺序、车辆安排、选择路线、车辆配载和送达服务等。

配送中心：指接受供应商所提供的多品种、大批量的货物，并将按顾客订货要求配齐的货物送交顾客的组织机构和物流设施。

配送组织模式：主要有自营配送、第三方配送、共同配送和互用配送等模式。

配送过程模式：主要有直接发送、直接巡回发送、经配送中心直接发送和经配送中心巡回发送等模式。

差异化配送模式：指针对顾客需求和产品特点，通过综合运用各种配送模式和运输工具，降低配送成本，提高配送效率。

延迟配送模式：将企业生产出来的各种产品储存到一个或少数几个成品仓库或区域分拨中心，当确定了具体需求信息时再迅速将产品运送到顾客手里。

越库配送模式：指货物在配送过程中不经过中间仓库或进入仓库后不在仓库存储而是直接从进站运输工具换载到出站运输工具的物流衔接方式。

集并配送模式：指在位于制造商附近设立第三方物流集配中心用于储存所有或部分供应材料，并根据制造商的物品需求日计划将物品直接送到制造商的生产工位上。

配送作业优化：主要包括确定配送作业优先级、起讫点不同的路径优化、起讫点重合的路径优化和运输车辆配载优化等。

复习与思考

1. 举例说明，大型超市自建自营配送中心和运营共有型配送中心各自适合的内部/外部条件？大型超市更适合哪种运行模式？如何进行选择？

2. 在沃尔玛的网络中，各个地区都建有配送中心，并由它们负责周边大型零售超市的产品供应。请解释为什么该公司利用上述网络就能够在频繁补货的同时降低运输成本。

3. 对比电子商务企业（如京东商城）和零售企业（如宜家家居）这两种类型的企业在销售家居产品时的配送成本。

4. 当戴尔公司销售电脑或在亚马逊网上商城销售书籍时，你是否认为将库存聚集到一个地区会更加有效？

5. 举例说明，运输与配送的区别与联系。

6. 举例说明，鲜活食品配送与危险品配送的区别。

7. 对比说明国美电器和苏宁电器在配送方式的区别与相同之处。

8. 一家成功的便利店背后一定有一个高效的物流配送系统，7-11 从一开始采用的就是在特点区域高密度集中开店的策略，在物流管理上也是采用的集中物流配送方案。阐述 7-11 配送模式的优点和缺点。谈谈 7-11 在不同的国家和地区采用的配送方案有何不同。

9. 电子商务的快速发展，推动了物流业中仓储、配送、快递的迅速兴起，但随着网购规模不断扩大，一些问题也显现出来，尤其是与电商发展不相适应的物流配送。为解决快件配送的问题，电商和快递企业应如何采取积极措施应对？

10. 一辆货车要经过一个城市，该城市的交通网络如图 9-27 所示。使用 Dijkstra 算法求图 1 中起点 v_s 到各点的最短距离以及起点 v_s 到终点 v_e 的最短路线。

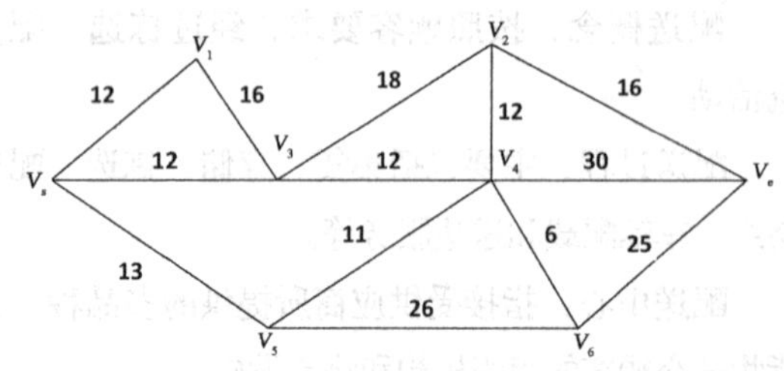

图 9-27　某城市交通网络

课后案例

中原油田的物资配送业务流程

中原油田现已进入高含水中后期开发阶段，原油后备储量不足，吨油成本居高不下，人多油少的矛盾日渐突出，因而，降耗增效就成为中原油田可持续发展的迫切需要。油田实施科学的物资配送业务流程将是油田降耗增效的重要途径。

中原油田根据机构设置和各部门的职能，设计制订了石油专用管材和普通物资的配送业务流程。

（1）专用管材的配送业务流程。石油专用管材是油田生产的重点物资，具有消耗量大、价值高、易损坏等特点，而且由于油田钻井都在野外作业，存在着位置偏僻、运输困难以及工农关系复杂等问题，为此，中原油田物资供应处设立了专门配送机构，负责石油专用管材的送井与回收工作，确保钻井作业的正常进行。

（2）物资配送部的配送业务流程。入库配送具体流程是对在库物资，由用料单位将配送需求信息传送到物资配送部的配拨室，由其开具发料单和配送通知单，发料单通过网络传输到中心库的相应库房，配送通知单通过网络传输到物资配送部的配调室，配调室据此编制配送方案，并向物资供应处调度室申请配送车辆。直达配送具体流程是由用料单位将配送需求信息报送物资供应处的业务采办部门，由业务采办部门开具发料单和配送通知单，通过网络传输到物资配送部的配调室，配调室向配送队下达直达配送指令并执行。

在实施物资配送的过程中，只有通过对各环节实施有效地协调与控制，才能保证物资配送工作的顺利实施。为此，中原油田物质供应处采取了以下措施。

（1）货源组织环节的协调与控制。物资供应处大力推行以年度计划、季度计划为主，月度补充计划为辅的计划管理模式。计划人员每月深入生产现场、中心库房，加强物资市场和期货资源研究，推行“阳光交易”，坚持实施规模集中采购，努力挖掘物资规模采购的经济效益。

（2）储存环节的协调与控制。采购物资到达油田后，首先要送到油田一级仓库，由库房保管员负责接货卸车及外观和数量验收；然后再通知质检部门进行质量检验。质检结果符合合同要求的产品即可办理入库手续。仓库保管员按照“四号定位”和“五五摆放”的标准进行入库保管。

（3）需求计划环节的协调与控制。油田物资配送需求计划分为批量计划和零星计划两种形式，批量配送需求计划是指各物理库存地点每月初向物资配送部报送的月度库存补货计划。零星配送需求计划是指油田各用户单位根据生产经营需要，随时直接向物资配送部提报的配送需求计划。

（4）配拨环节的协调与控制。中原油田物资供应处针对配拨岗位人员多、远离库房、信息不共享、工作效率低的弊端，将配拨岗从各业务采办部门中分离出来，前移到物资配送部，并按业务采办部门优化设置配拨岗位。

（5）配调环节的协调与控制。中原油田物资配送部门抽调专人，从大宗重要物资开始，用数码相机拍摄照片的方式，逐项建立起包括物资名称、型号规格、体积重量等基础资料的图片库，有效解决了配调人员因不熟悉物资料型而发错货的问题。

（6）配送环节的协调与控制。依据工作流程，可将物资配送分为接受指令、入库提料、途中押运、物资交接和结束返回等环节。

目前，油田大部分物资的配送只是以送为主，考虑分货、配货、配载、配装的则很少，造成了保管、装卸、加工等环节与物资配送衔接不够的问题；有的虽然做到了分货、配货，但又因缺乏必要的运输车辆而无法做到送货上门；物资配送的集约化程度低，目前物资配送仅限于油田用户；物资配送出去后，大都空车返回，运力浪费严重。

案例思考题

（1）根据案例资料，总结油田物资配送的特殊性。

（2）针对油田物资配送存在的问题，提出你的解决策略。

资料来源：常三霞. 油田物资配送管理研究——以中原油田为例[J]. 中国石油大学学报（社会科学版），2012,6 (28):11-15.

第 10 章 供应链协同管理

先导案例

PIO 公司面临的供应链协调问题

PIO 公司成立于 1995 年，是一家专注于经营体外诊断产品的专业公司。公司成立至今，代理了多个国际著名品牌的系列医疗诊断产品。作为世界知名厂商 M 公司诊断产品的华南区总代理，PIO 公司为国内上千家医疗单位提供产品销售和售后服务。2008 年，M 公司通过收购进行了重组，由于 M 公司重组引起的代理商政策变动，致使 PIO 公司的供货不能满足医院的要求，供需双方产生矛盾。

PIO 公司作为医疗行业体外诊断产品的一级代理商，在供应链中发挥着重要的物流与整合服务的职能，主要是提供物流、库存管理、运输及信息管理服务。由于病人对诊断要求迅速给出检验报告，这就要求医院有足够的试剂库存，但是，试剂是有一定的保质期和保存条件的，库存太多经常会过期和失效，而这些试剂价格不菲，会给医院带来很大的损失。如果库存不够，医院需要 3~7 天的订货前置时间，但这个订货时间会延误检验报告的时间，从而影响临床诊断的确诊，增加病人的痛苦。所以作为医院的供应商，PIO 公司必须协调好这个矛盾，一方面帮助减少医院的库存及医院的成本；另一方面提高到货率，以确保医院不断货，及时提供检验报告。但是在部分产品特别是生化诊断试剂的供应过程中，PIO 公司却碰到了难题，即所储存的试剂经常性地要么因"牛鞭效应"的存在而使库存大于需求导致过期，要么缺货，其中反响最大的是医院，但却是公司最大的 VIP 顾客，这也是 PIO 公司想要实施 CPFR 的动因。在这种情况下，如果售后服务滞后，顾客就很容易转向使用其他品牌的产品，如想再和顾客重新合作则又需要额外支付很大的成本。因此，PIO 公司面临着优化库存水平、改善库存管理等一系列问题。

资料来源：摘自熊颖．PIO 公司基于 CPFR 的库存管理研究[D]．华南理工大学，2011.

学习目标

- 理解供应链中牛鞭效应、产生原因和影响结果。
- 了解合作伙伴关系形成过程、设计过程与管理过程。
- 掌握协同规划、预测与补给（CPFR）的内涵和运作模式。
- 了解订单响应时间的构成要素、分析过程和压缩方法。

实现供应链运作协同的关键是供应链上各成员企业之间建立起合作伙伴关系，构建各成员企业之间业务协作机制，采取压缩订单响应时间等有效措施消除牛鞭效应。这样，才能实现供应链各环节有机衔接，合理配置资源，提高快速反应能力，创造整体竞争优势。为此，本章将主要介绍供应链失调的表现——牛鞭效应及其产生原因和影响结果以及应对措施；合作伙伴关系形成过程、设计过程与管理过程；协同规划、预测与补给（CPFR）的概念、特点和运作模式与实施过程；订单响应时间的构成要素、采用计划评审技术进行时间分析的过程和压缩时间的办法。

10.1 供应链失调与牛鞭效应

10.1.1 供应链失调的表现

供应链协同是供应链上各成员企业以共赢意识为前提，以信息共享为基础，以合作协议为约束，通过协同目标、协同决策和协同作业使产品价值链由原材料采购到产品生产再到最终顾客实现无缝衔接的过程。供应链协同可以有效地消除产品价值链上重叠的功能、重复的作业和不确定性，实现各环节有机衔接，资源合理配置，从而降低成本，提高企业快速反应能力，创造整体竞争优势。

但在现实中，由于供应链上各成员企业属于不同的所有者，都有独立的决策权力，因此各成员企业的目标可能相互冲突。这样，当各成员企业采取有利于自身利益最大化的行为时，就会对其他成员企业的利益产生损害，各成员企业也就会为自身利益将部分资源浪费在与其他成员企业解决冲突和协调关系方面，整个供应链就不能产生快速反应能力和整体竞争优势。这些表现就是供应链失调，其后果之一就是牛鞭效应。

牛鞭效应（Bullwhip Effect）是指供应链上各成员企业在按照各自目标采取行动时，各成员企业之间的信息不能有效传递，致使各成员企业只能独立进行需求预测而导致产生的需求信息从最终顾客开始，沿供应链向零售商、分销商、制造商直至供应商的传递过程中出现的逐级波动放大现象，如图 10-1 所示。

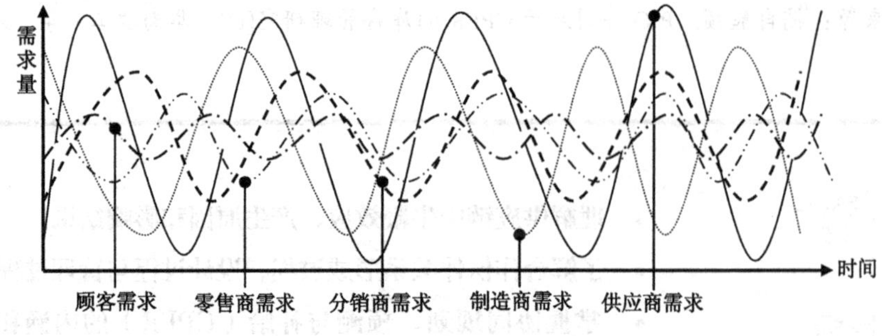

图 10-1 供应链的牛鞭效应

正是由于供应链上各成员企业属于不同的所有者，每个企业按照自己的利益目标进行决策，使得牛鞭效应在现实中普遍存在，尤其是在环节较多的供应链更容易出现。如日用品，像清洁剂的市场需求波动就不大，但其供应商和经销商却发现他们的库存水平和延期交货率波动较大。

10.1.2 供应链失调的影响

在供应链失调情况下，牛鞭效应会对整个供应链的绩效产生不利影响，具体表现在以下几个方面。

（1）生产成本增加。需求信息沿供应链向上逐级波动放大，将使得制造商及其供应商为应付这种增大的需求波动要么开工不足，要么加班加点，致使企业的生产过程稳定性较差，难以保证生产进度和产品质量，这无疑将会增加生产成本。

（2）库存成本增加。需求信息沿供应链向上逐级波动放大，将使得供应链上各环节为应对增大的需求波动，不得不保持更高的库存水平。这既占用较多的资金，又会带来库存产品陈旧化风险，还会导致仓储空间增加。

（3）订单提前期延长。需求信息沿供应链向上逐级波动放大，将使得制造商及其供应商的生产计划更难以安排，有时会出现生产能力和库存都难以保证按订单执行产品交付的情况，致使订单提前期延长。

（4）运输成本增加。需求信息沿供应链向上逐级波动放大，将使得供应链上各环节的运输需求会随时间剧烈波动，为满足高峰期的需求，企业不得不保持过剩的运输能力，从而会增加运输成本。

（5）收发货成本增加。需求信息沿供应链向上逐级波动放大，将使得制造商及其供应商发货所需的劳动力随订单波动而波动，分销商和零售商收货所需的劳动力也会出现类似波动，这都会增加劳动力成本。

（6）产品可获性降低。需求信息沿供应链向上逐级波动放大，将使得制造商难以按时满足所有的分销商和零售商的订单，降低产品可获性水平，导致更多缺货情况的产生。

可见，牛鞭效应对整个供应链的绩效影响主要在于增加了供应链运营成本，延长了顾客响应时间，降低了产品可获性。

10.1.3 供应链失调的原因

导致供应链失调的主要原因是供应链上属于不同所有者的成员企业按照各自利益目标所做的制度安排与采取的管理行为以及供应链中客观存在的环节多、订单响应时间长等特性，具体原因如图10-2所示。

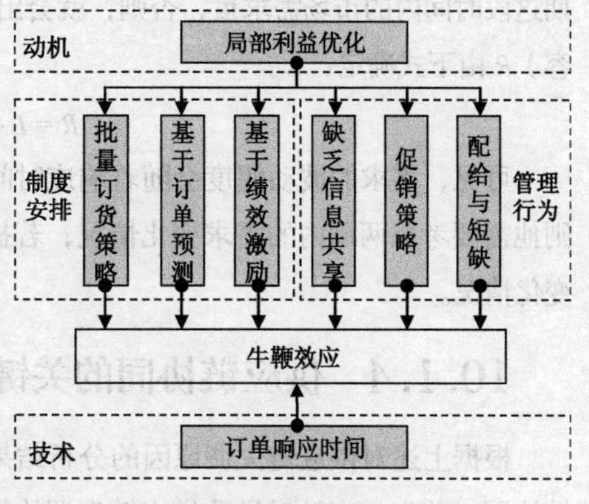

图10-2 供应链失调的产生原因

在图10-2中所示各原因产生作用后会导致如下情况。

（1）基于绩效激励。会导致供应链失调的激励政策主要有销售、运输和采购等部门依据自身利益最大化所制订的激励政策。如按销售额对销售人员激励就会使他们不惜向分销商提供折扣以提高期末销售量，这将增加订单的波动性，减少下一个周期的订单；将运输经理的酬金与运输成本挂钩，他就会采取降低运输成本的行动，结果将会增加库存成本或损害顾客服务水平。

（2）基于订单预测。如果供应链上每个成员企业都将接收的下游企业订单作为自己的需求，并以订单信息作为需求预测依据，那么，当订单沿着供应链向上传递到制造商和供应商时，由于各环节对需求估计的不同就会使最终顾客的需求信息发生歪曲。例如，当零售商将顾客一次性增加的需求作为长期增长趋势时，就会导致他向分销商订购超过实际需求增长的商品数量，而分销商因不了解零售商订单增加的原因，便会误认为这就是增长趋势。

（3）基于批量订货。供应链上的下游企业向上游企业订货时，一般都采用批量订货策略。而订货批量一般取决于固定订货成本或供应商提供的基于批量的折扣。因此，当供应商基于批量给予数量折扣，或者订单的发出、接收或运输等固定订货成本较大时，下游企业就会发出比实际需求批量更多的批量订货，进而，订货批量的波动就会沿着供应链向上不断放大。

（4）缺乏信息共享。当供应链上某个企业只顾追逐自身利益最大化时，这个企业通常就会忽视与其上下游企业之间关于需求、能力、库存等信息的共享。而信息共享的缺乏就会导致需求信息的波动沿着供应链向上不断放大。例如，分销商的一次促销会增加订货量，如果制造商不知道此次计划就会认为此次订货增加是需求长期增长的趋势，就会向供应商订购更多的产品。

（5）促销策略。许多企业经常会采取价格折扣、数量折扣等促销手段来刺激顾客购买欲望。而这些促销手段会使顾客购买比实际需求更多的商品以备今后使用，这样，顾客在今后较长一段时间内就不需要再购买此商品，直至这次购买的商品用完。因此，促销策略会使顾客的购买数量与实际需求相脱节，并导致市场需求的波动幅度增大。

（6）配给与短缺博弈。当市场需求大于供给时，制造商通常会将有限的产品按分销商或零售商所下订单数量多少的比例进行分配。这会导致一种博弈的出现，即零售商为使自己获取更多的商品，会尽量提高订货数量，进而导致需求信息的扭曲和放大。

（7）订单响应时间。当经销商向制造商采购商品的提前期为 L，经销商所面对的市场需求服从每期需求均值为 $\bar{D}$，标准差为 σ_D 的正态分布时，经销商必须使剩余库存量能够满足提前期这段时间内的市场需求量，否则，就会出现缺货。剩余库存量（即订货点，详见本书 7.4 内容）R 由下式确定：

$$R = L \cdot \bar{D} + Z_{CSL/2} \cdot \sigma_D \sqrt{L}$$

可见，需求的波动幅度会随着响应时间延长而放大。例如，若分销商的提前期为两周，则他需要考虑两周内的需求变化情况；若提前期为两个月，则他就需要考虑两个月内的需求变化情况。

10.1.4 供应链协同的关键要素

根据上述对供应链失调原因的分析结果以及实现供应链协同的目标和要求，为实现供应链协同，首先，应针对导致供应链失调的根本原因，即供应链上属于不同所有者的各成员企业之间的利益目标可能相互冲突，构建战略合作伙伴关系和信任机制（将在本章 10.2 中详细介绍）；其次，应针对供应链上各成员企业采取局部优化的行为，通过实施供应商管理库存，联合管理库存，协作计划、预测和补货（CPFR）等管理模式来协同上下游企业之间商业计划、销售预测及原材料或产品供应等方面的管理行为（将在本章 10.3 中详细介绍）；再次，应针对供应链中客观存在的环节较多、订单响应时间较长的问题，将其作为各企业管理研究的重点，以项目管理技术为基础，结合信息技术和工程技术对其持续改进（将在本章 10.4 中详细介绍）；最后，应针对基于局部利益目标的各种具体管理行为和制度安排，采取有利于供应链协同的具体对策和措施。

以下是一些有利于供应链协同的具体对策和措施。

（1）为避免基于绩效激励所带来的牛鞭效应，应该将供应链上各企业的利益目标与供应链的整体利益相协同，并使每个企业的各职能部门的激励政策与企业的总目标保持一致。例如，将销售人员的激励依据由购入变为售出或者以滚动周期的销量为激励依据。

（2）为避免促销策略所带来的牛鞭效应，若制造商的生产批量有较高固定成本，可采用基于批量的数量折扣来实现协同的定价；若拥有某中商品的市场权力，可采用两段价目表和总量折扣的方法。否则，可取消促销并将支付给零售商的促销激励与零售商的售出量而不是购入量挂钩，或者将数量折扣的基准由批量变为总量。

（3）为避免基于批量订货所带来的牛鞭效应，可通过减少每批产品的订货成本、运输成本和接收成本以及采用不同产品以及供应商的集中发货方式缩小批量，进而缩小在供应链任何两个环节之间的波动。

（4）为避免配给与短缺博弈所带来的牛鞭效应，制造商应该根据分销商或零售商的过去销量而不是目前订单数量来分配供应。这样，可消除对分销商或零售商扩大订单数量造成的激励。

（5）为实现信息共享，供应链上各成员企业应该共享市场需求、销售计划、生产计划、采购计划、生产能力、库存状态等信息来提高最终需求信息的透明度。这样，供应链上所有环节就可以基于最终顾客需求来预测，各成员企业就可以明确各自的价值增长空间，采取措施改进各自的绩效以及供应链的整体效绩。具体信息共享情况如图 10-3 所示。

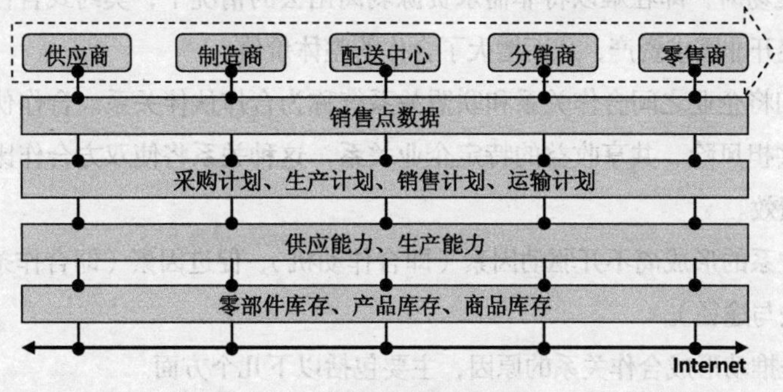

图 10–3　供应链信息共享

在图 10-3 中，供应商应该共享的信息是供应能力、生产计划和零部件库存状态等；制造商应该共享的信息是生产能力、生产计划和产品库存状态等；配送中心应该共享的信息是产品库存状态和运输计划等；销售商应该共享的信息是销售计划、运输计划和商品库存状态等；零售商应该共享的信息是销售时点数据（即POS机数据）。

10.2 合作关系设计与管理

10.2.1 合作伙伴关系形成过程

合作伙伴关系是供应链协同运作的保障。企业之间建立起合作伙伴关系，可以通过建立信任和规范行为来促进供应链上各成员企业采取有利于提高供应链整体利益的行为。

企业在生产经营活动中必然要同它的供应商、分销商、竞争对手以及相关企业之间产生关系，这些关系可以归纳为竞争关系、交易关系、合作关系、联盟关系、合资关系和控制关系，这些关系的内涵和特点如表10-1所示。

表10-1 企业之间关系比较

比较项目	竞争关系	交易关系	合作关系	联盟关系	合资关系	控制关系
企业目标	对立	无关	部分相容	完全相容	部分一致	完全一致
信息共享	无	极少	较多	较多	全部	全部
关系形式		短期购销协议	中期合作协议	长期合作协议	长期投资协议	所有权关系
关系性质	市场竞争	商品交易	业务外包	资源整合	共同投资	控股

由表10-1可见，在这些关系中，交易关系、合作关系和联盟关系属于契约式合作（Contractual Cooperation），合资关系和控制关系属于股权式合作（Equity Cooperation）。

由于企业之间合作的根本目的就是通过增强控制关键资源的能力，以获取先进技术和稀缺资源，实现关键资源的优势互补，获取单个企业无法达到的协同效应。因此，当企业战略目的是取得效率、减少风险和成本，进入市场和获得资源，开发技术与产品，转移技术时，适合于选用契约式合作。另外，在有些资源与其他资源难以分割或者是嵌入组织内部的，很难实现完全的交易时，即在难以将非需求资源剥离出去的情况下，契约式合作允许企业只获取所需资产而避开非需求资产，从而增大了合作的整体价值。

通常，我们将企业之间合作关系和联盟关系统称为合作伙伴关系。合作伙伴关系是指基于相互信任、共担风险、共享收益的特定企业关系，这种关系将使双方合作比双方不合作获取更高的企业绩效。

合作伙伴关系的形成离不开驱动因素（即合作动机）、促进因素（即合作条件）和组成因素（即合作方法与途径）。

驱动因素是推动形成合作关系的原因，主要包括以下几个方面。

（1）企业在现有的技术经济基础上，通过与其他企业合作可以获得比自己组织生产获得的效益更大。

（2）通过与其他企业合作可以进入竞争伙伴的生产领域和产品市场，利用彼此之间的技术和市场优势快速响应市场需求。

（3）当企业自己缺少生产产品的某种关键技术时，通过与其他企业合作可以实现技术的共享或部分共享。

（4）通过与其他企业合作以消除区域市场的政策壁垒，使其产品迅速进入期望的市场。

（5）通过与其他企业合作可以减少产品研究开发的重复性，推进产品标准化，进而提高产品生产的规模经济性。

促进因素是支持合作的必要条件，主要包括以下几个方面。

（1）兼容的企业发展战略。相互合作的企业之间如果没有相互兼容的企业发展战略，双方就不能因相互吸引而产生合作的意愿。

（2）兼容的企业文化。没有相互兼容的企业文化，就会在合作中因文化差异而产生冲突，进而导致企业之间合作的破裂。

（3）可以比较的经济效益增长。如果在企业合作中双方不能获得可以比较的经济效益增长，那么，企业合作就失去了动力。

（4）兼容的企业技术体系。相互合作的企业之间若没有兼容的技术体系就不能实现企业之间优势互补和快速响应市场需求变化。

（5）信息技术的支持。实现信息共享是现代企业合作的关键，没有信息技术的支持，就不能实现信息共享。

组成因素是用于建立和维系合作关系的联合活动和过程，主要包括沟通渠道、联合计划、明确责任、投资、共担风险和共享收益等。

驱动因素为合作伙伴关系的形成提供合作动机，促进因素为合作伙伴关系的形成提供合作条件，组成因素为合作伙伴关系的形成提供合作方法与途径，合作伙伴关系的形成过程如图 10-4 所示。

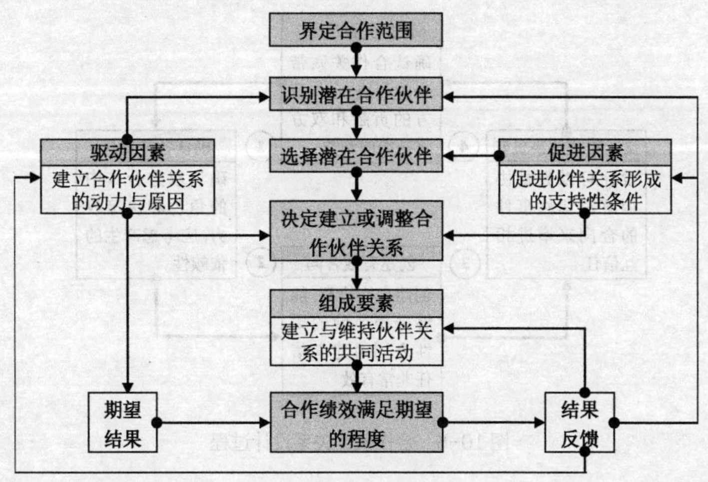

图 10-4　合作伙伴关系的形成过程

由图 10-4 可以得出以下几点结论。

（1）合作发起者应该根据企业的发展战略和发展机遇界定合作方向与合作内容。

（2）企业应根据其合作动机识别潜在的合作伙伴。

（3）企业应根据促进合作的支持性条件从潜在的合作伙伴中选择适合的合作伙伴。

（4）企业应根据驱动因素与促进因素所决定的合作价值大小决定是否建立合作伙伴关系以及建立何种类型合作伙伴关系，若决定建立合作伙伴关系，就需要通过实施联合活动和过程组建合作关系。

（5）在合作关系建立后，需要通过评价合作绩效满足期望结果的程度来调整驱动因素、促进因素和组成因素以及有关过程。

合作双方可以根据驱动因素与促进因素的强弱选择合作关系类型，如图 10-5 所示。

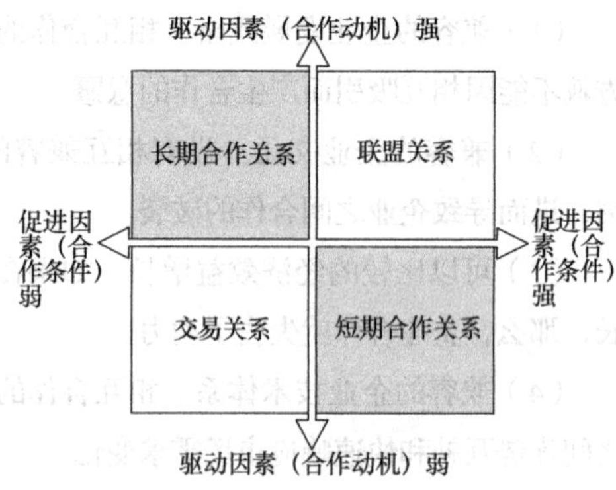

图 10-5　驱动因素与促进因素对合作关系类型选择的影响

可以看到，当双方具有较强的合作意愿和较好的支持条件时，就要求选择联盟关系；而双方合作动机不强，又没有较好的支持条件时，则只能选择交易关系；当双方具有较强的合作意愿时，即使暂时没有较好的支持条件，也会形成一种不太密切的合作关系，而且，随着促进因素的增强，双方合作会越来越密切；若双方合作动机不强，即时有较好的支持条件，双方能够形成合作关系，但这种合作关系也不会持续太久。

10.2.2　合作伙伴关系设计过程

良好的合作伙伴关系设计是维持企业之间长期合作关系的基础，合作伙伴关系设计主要包括评估关系价值、确认各方责任、创建有效合同和设计冲突解决机制等过程，如图 10-6 所示。

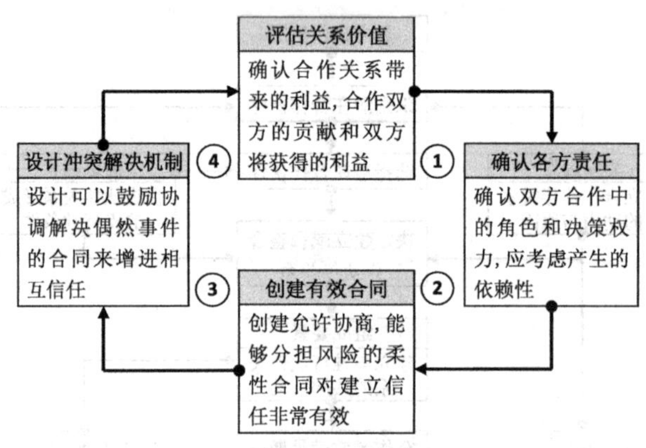

图 10-6　合作伙伴关系设计过程

（1）评估关系价值。首先，应确认双方建立合作伙伴关系能够给双方带来的利益，而且合作所带来的利益必须是可以比较的和多元化的；其次，应依据公平、公正原则，确认双方在合作过程中各自的贡献和双方依据贡献应获得的利益，并且，应该允许双方依据各自的发展情况调整各自的贡献和利益。

（2）确认双方责任。首先，应根据合作中每个企业的核心能力与合作目的来确认其在合作中所从事的某个专门领域或职能；其次，应根据其贡献和承担的风险来确定其在合作过程中的决策权力，拥有相对最大权力的一方在合作过程起着主导和协同的作用；最后，为保证将产品从一个环节顺利转移到另一个环节，还应该定义双方必须完成的任务。

（3）设计有效合同。合同详细指定了双方之间合作关系的参数，明晰了双方在合作中的责任、义务和权力。有效合同设计应该能够促进双方努力获得希望的结果，并减少损害绩效的行为。有效合同设计应该允许通过协商调整各自的贡献和利益，如在合同中规定供应商允许购买者在观察到需求之后改变订货量，这有利于建立相互信任，增加合作绩效。有效合同设计应该建立双方定期与不定期信息沟通机制，这有利于避免因信息不对称导致的双方冲突。

（4）设计冲突解决机制。当合作中某一方处于角色冲突（即实际运作中表现出的角色不同于设计的角色）时，就会在合作中与对方产生冲突，而且，任何合作关系中都会出现冲突。有效的解决方案是双方在合作设计冲突解决机制时，应该允许通过协商调整某些合同参数，如供货价格、订购数量、付款方式等来纠正角色冲突，同时，应该鼓励通过沟通和协同来解决偶然事件。

10.2.3 合作伙伴关系管理过程

合作伙伴关系的建立与维持主要涉及合作中各方对合作价值的期望、对合作绩效的贡献、与贡献相匹配的收益以及三者之间的相互关系，如图 10-7 所示。显然，如果合作中各方对合作价值的期望越高，他们就愿意为共同目标而努力贡献，这样，与之贡献相匹配的收益也就越多；如果合作各方所获得的收益与期望相符，他们就会对合作前景充满期待；如果合作各方所获得的收益与其贡献相符，他们就会对合作持积极态度。因此，公平合理的利益分配机制是企业之间保持长期合作关系的动力。

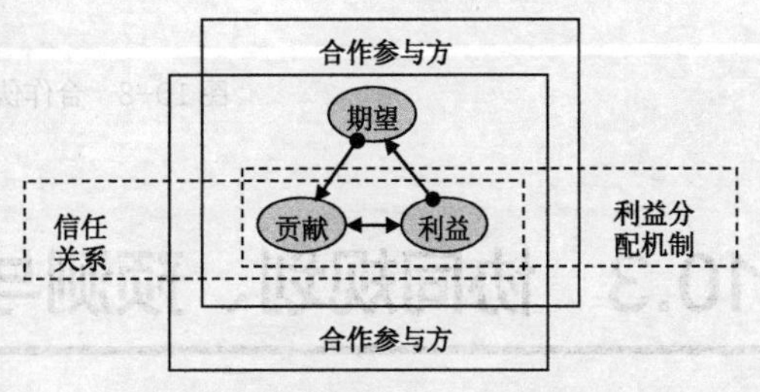

图 10-7　合作的关键要素

对合作伙伴关系进行管理的关键是建立起公平合理的利益分配机制。公平合理的利益分配机制应该使合作各方能够充分发挥各自核心能力的优势，并获得与之贡献相匹配的收益。而且，公平合理的利益分配机制不仅表现在利润等直接经济利益的分配，知识产权等无形资产的分配，还表现在某一方在合作中所受到的利益损失应该通过其他途径获得相应补偿。

信任是合作伙伴关系的基础，对合作伙伴关系进行管理的核心是建立起信任关系。通过评价某一合作方的实际贡献和所获得利益，可以衡量其履行承诺的情况和他是否重视其他各方的利益来评判其是否值得信任。信任是企业之间通过反复相互影响建立起来的，只有当合作者认为每个成员都能公平且平等地对待其他成员时，才能建立起信任。在双方合作中，一方能够获得另一方信任关键在于要用实际行为和运作绩效来履行承诺，要重视各方的利益，要考虑实际行为对另一方的影响，要强调共享所有能够使合作关系得到有效发挥的所需信息。有时，一方可能迫于竞争压力采取被另一方认为具有威胁性的行为，这时，可通过详细解释采取这种决策的根本原因和企业所面临的压力来维持信任。

可见，对合作伙伴关系进行管理就需要紧紧围绕着利益合理分配机制和良好信任关系的建立与维持开展相关工作。为此，首先需要合作各方了解各自在合作中的任务、责任和所需要的技能以及其他各方的文化理念与合作目标；其次，需要通过合作各方评估各自的贡献和所获得的收益以及贡献与收益之间是否匹配，同时，还要通过评价其他各方的贡献和所获得的收益以及它们之间是否匹配来判断合作伙伴关系是否需要巩固或调整；最后，根据合作各方的实际贡献与承诺、实际贡献与收益的匹配情况修改正式合同中对双方的任务规定，双方沟通交流的方式，或双方的共同期望。合作伙伴关系的整个管理过程如图 10-8 所示。

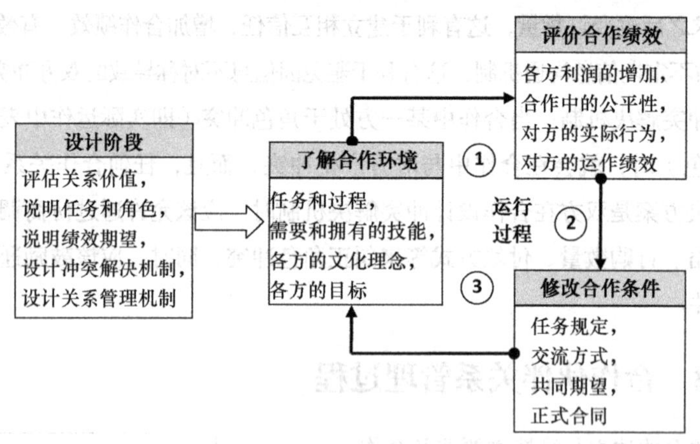

图 10-8　合作伙伴关系管理过程

10.3　协同规划、预测与补给

10.3.1　CPFR 的概念与特点

有许多方法和技术如快速响应（Quick Response, QR）、供应商管理库存（VMI）、联合管理库存（JMI）、连续补货计划（Continuous Replenishment Planning, CRP）和有效消费者响应（Efficient Consumer Response, ECR）等对供应链协同都有一定促进作用，但由于这些方法的局限性，使得许多曾经采用这些方法和技术的企业并没有达到预期效果。由自愿者产业协同商务标准协会于 2004 年最新提出的协同规划、预测与补给（CPFR）模型是用于提高供应链整体绩效，实现分销商与制造商功能协同的一套覆盖业务规划、销售预测、产品补货和运输的业务流程，该模型被认为是对供应链协同和整合具有突破性影响的业务模式。

CPFR 通过共享促销信息、销售预测、产品数据和订单信息提高预测的精确性，通过共同计划与协同合作伙伴之间为确定需求及实现需求所进行的活动，将正确的商品在正确时间送达到正确的地点，可以减少库存、避免缺货，提高顾客服务水平，实现供应链整体优化。具体有以下两个优势。

（1）CPFR 通过共享信息和共同管理业务过程，协同计划、预测、补货和运输，改善供应链上各成员企业之间的合作关系。

（2）CPFR 能及时准确预测由各项促销措施或异常变化带来的销售高峰和波动，从而使分销商与制造商都能做好充分准备，赢得主动。

为提高供应链整体绩效，分销商与制造商应围绕着战略规划、供需管理、业务执行和异常分析等活动持续开展合作，如图 10-9 所示。

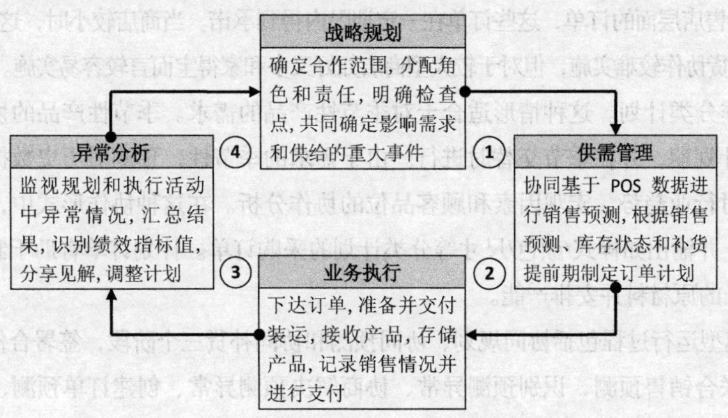

图 10-9　分销商与制造商协作任务

（1）在战略规划阶段，首先，制造商根据其财务规划，分销商依据其供应商管理情况签署合作协议；然后，制造商根据其市场发展规划，分销商依据其产品类别管理共同制订联合商业计划。

（2）在供需管理阶段，首先，制造商根据其市场数据分析结果，分销商依据其销售点预测数据共同进行销售预测；然后，制造商根据其需求计划，分销商依据其补货计划共同制订订单需求计划。

（3）在业务执行阶段，双方依据订单需求计划共同生成订单，制造商依据所生成的订单制订产品生产计划，并履行订单配送产品，而分销商则依据订单购买产品，并将产品配送到顾客手里。

（4）在异常分析阶段，首先，双方根据共同确定的影响需求和供给的重大事件确认执行活动中例外情况（如预测差异），或某些处于可接受范围之外的绩效指标值（如高于目标的库存，低于目标的产品供给），制订调整计划；然后，双方依据相互绩效评价的结果对实施 CPFR 的结果进行评估。

10.3.2　CPFR 的运作模式

CPFR 模型适用于分销商与制造商之间的以下四种情形。

（1）分售活动协作。要求双方确认合作中的品牌和产品的最小库存单位，双方还必须共享详细活动信息，如活动开始时间、活动持续时间、价格点、广告及展示策略。当情况发生变化时，零售商必须更新信息，然后进行针对活动的预测，并共享此信息。这些预测再转变成订单需求计划和交货安排。当活动开始进行时，双方监控销售量以确认任何变化或例外情况，这些变化和例外情况由双方多次协商解决。

（2）配送中心补货协作。在这种情形下，双方协作预测配送中心的出货或配送中心对制造商的期望需求。这些预测被转化为配送中心向制造商下达的订单，这些订单将在一定时间期限内得到承诺，并被制造商纳入其生产计划中，然后，根据实际需求生产相应的订单。配送中心补货协作相对较容易实施，因为它需要的是综合预测协作，而不需要共享详细的POS机数据。

（3）零售店补货协作。双方在零售店层POS机数据预测基础上进行协作。POS机数据预测被转化为一系列零售店层面的订单，这些订单在一定期限内得到承诺。当商店较小时，这种形式的协作比配送中心补货协作较难实施，但对于较大型商店如好又多和家得宝而言较容易实施。

（4）协作分类计划。这种情形适合于对季节性产品的需求。季节性产品的协同计划只有一个季节的计划期，并在季节交替时进行。由于需求的季节性，预测对历史数据依赖较少，而更依赖于对行业趋势、宏观因素和顾客品位的协作分析。在这种协作形式中，双方共同开发分类计划，并输出如样式/颜色/尺寸等分类计划的采购订单。计划订单有助于制造商采购那些提前期较长的原材料并安排产能。

CPFR模型运行过程包括协同规划、协同预测和协同补货三个阶段，签署合作协议、联合商业计划、联合销售预测、识别预测异常、协商解决预测异常、创建订单预测、识别订单预测异常、协商解决订单异常和生成订单九个步骤，如图10-10所示。

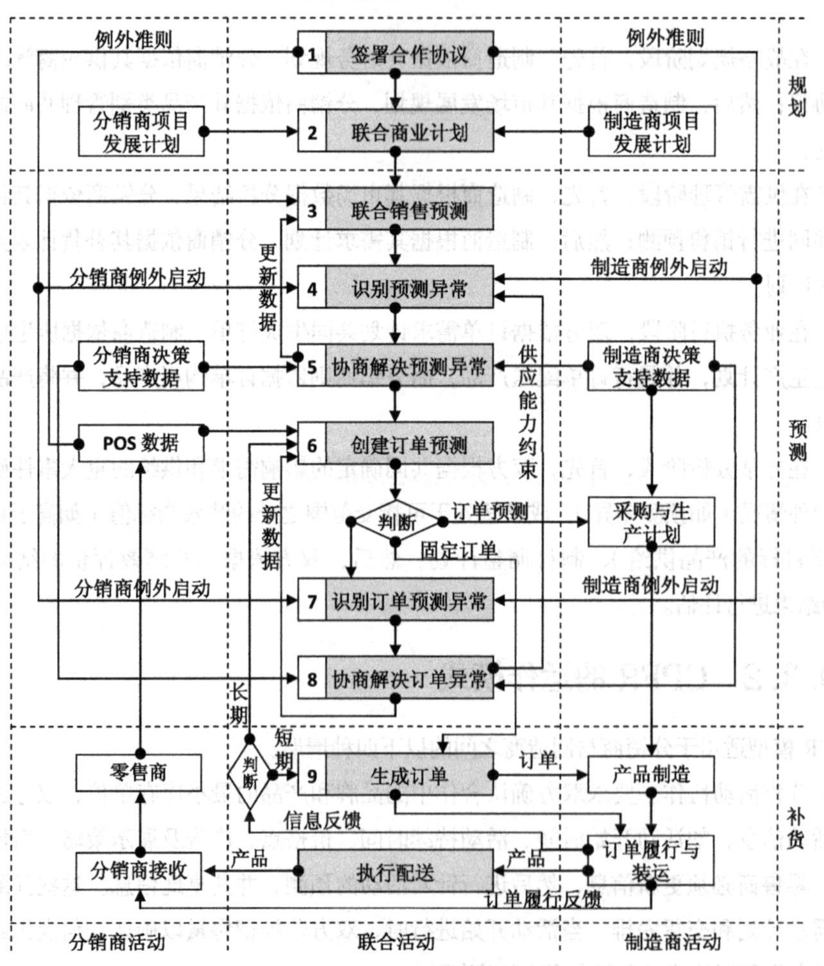

图10-10 CPFR运作模式

在图10-8中，每个步骤的目的与输出结果如表10-2所示。

表 10-2 CPFR 的步骤、目的和输出结果

序号	步骤	目的	输出结果
1	签署合作协议	签署制造商与分销商合作关系文件，明确合作目标与关键绩效指标	例外情况判断规则，规定合作方交换信息和分担风险，CPFR 行动路线图
2	联合商业计划	合作双方交流运营计划，依据合作项目制订合作策略	合作项目的运营计划，合作项目的销售目标，达成目标的策略和措施
3	联合销售预测	利用 POS 数据、临时信息和计划事件信息建立销售预测	预测结果为基本需求与促销需求
4	识别订单预测异常	由制造商和分销商共同制订销售计划约束的例外情况	例外项目表
5	协商解决预测异常	通过共享的数据、会议等方式共同解决例外项目	修改过的销售预测
6	创建订单预测	基于销售预测或 POS 数据，考虑生产、库存和运输预测订单	基于时间的精确订单预测和安全库存
7	识别订单预测异常	由制造商和分销商共同确定订单预测约束的例外情况	例外项目表
8	协商解决订单异常	通过共享的数据、电话交谈、会议等方式共同解决例外项目	修改过的订单预测
9	生成订单	将预测周期内的订单预测转化为确定订单	订单及订单确认回执

可见，CPFR 运行过程的核心就是合作双方在共享 POS 数据、促销活动等信息基础上通过联合计划来管理每天的制造、交付和销售等活动。

10.3.3 CPFR 的实施

CPFR 的顺利实施要求在一对多或多对多的合作伙伴关系中实施完全公开的、卖方中立的产品预测或促销等信息的沟通机制。因此，企业之间没有形成合作意识就不可能真正实施 CPFR，所以，合作意识的形成与计划是推动 CPFR 实施的基础。同时，CPFR 能否成功运作还取决于以顾客为中心的企业之间全面合作流程的建立，不仅如此，实施 CPFR 不是挖掘单一企业的相关数据，而是从多个企业中发现可比较的数据，进而对这些数据进行整合、组织，并以此确立企业间的商业规则。因此，CPFR 实施过程需要经历识别可比较的机遇、数据资源整合、组织结构评判以及商业规则界定四个步骤如图 10-11 所示。

（1）识别可比较机遇。CPFR 运行的基础是进行参与合作的各方数据之间的比较，主要包括企业之间计划的比较，以及各企业内部的新计划与旧计划、计划与实际绩效之间的比较。而寻找可行的比较是富有挑战性的，零售商通常更关注预测消费者对促销、竞争者和产品类别变化的反应，而制造商通常对管理分销中心内的库存水平较为关心；零售商的目标是保持店铺和仓储中商品的可获性，而制造商的目标是建立更有效的生产和补货流程。因此，识别可比较的机遇应该关注订单预测整合所需要的数据资源比较，即零售商的基本订单预测应当同供应商预测以及销售预测协同所需要的数据资源比较，即零售商的销售预测与制造商的基于周计划促销的销售预测相比较。为此，对于零售商，CPFR 要求整合比较的资源主要有可以

产生促销、销售预测的商品销售规划、可以产生订单预测、货物追踪以及配送中心的时点状态等信息的分销系统和用于报告店铺销售、店铺订单以及时点信息的运作系统；对于制造商，CPFR 需要整合比较的资源主要有帮助制订促销和销售预测的 CRM、建立最优补货计划的 APS（先进计划排程）以及 ERP。同时，还要将企业之间对产品品类的界定、季节段的界定、促销计划的界定等进行比较。

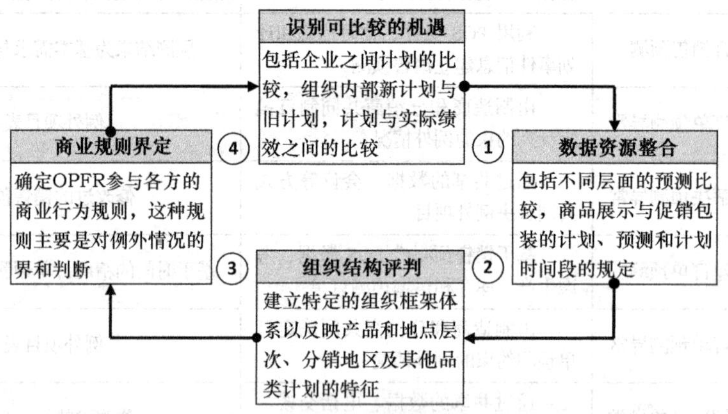

图 10-11 CPFR 实施过程

（2）数据资源整合。这项工作主要包括：不同层面的预测比较，要求协同团队寻找到不同层面的预测所需信息，并确定可比较的层次；商品展示与促销包装的计划要求按照 CPFR 销售报告所包含的展示信息形式，使预测和订单包含不同产品种类、颜色及形状等特定展示信息，进而使数据之间的比较不再是预测与实际绩效的比较，而是基于单一品种的商品展示信息的比较；时间段的规定要求合作参与者就管理时间段如预测周期、计划起始时间、补货周期等的规定进行协商统一。

（3）组织结构评判。一个企业有多种组织框架，它可以按照配送中心确立分销体系，也可以按照销售区域确立分销体系，因此，成功实施 CPFR 必须建立一个企业特定的组织框架体系以反映产品和地点层次、分销地区以及其他品类计划的特征。这就要求制造商对大顾客建立包括销售、需求计划和物流人员的跨职能部门的团队，而对于较小顾客，可按照地理位置或销售渠道建立这样的团队。分销商也应该围绕供应商建立商品计划、组建购买和补货团队。若供应商较多，可以按照产品种类组建团队；若有多级库存（如配送中心库存和零售店库存），可以合并这两级库存的补货团队。当企业清楚界定其组织管理框架后，CPFR 就能支持多体系的并存，并体现出不同框架的映射关系。

（4）商业规则界定。当所有的业务规范和支持资源的整合及组织框架确立后，在实施 CPFR 的过程中需要确定的是合作参与方的商业行为规则，这种规则主要是对例外情况的界定和判断。通常来说，在 CPFR 实施中触发例外事件的情况主要有订单延迟或提前、物料短缺或过剩、绩效测度值不在预定的范围内等。

成功实施 CPFR 必须意识到风险和障碍。首先，由于大规模进行信息共享，而且，合作伙伴的一方或双方与合作伙伴的竞争者也有合作关系，因此，存在信息滥用的风险；其次，如果合作双方的一方改变它的规模或技术，另一方也要被迫改变以适应，否则就会失去合作关系的基础；最后，CPFR 的实施和例外情况的解决要求双方密切交流，但双方的文化可能存在巨大差异。

10.4 订单响应时间管理

10.4.1 订单响应时间构成

加强对订单响应时间的管理对提高供应链竞争力具有重要意义。过长的订单响应时间就意味着对顾客需求反应的延迟而影响供应链服务水平，过长的订单响应时间就要求分销商向制造商一次订购更多的产品来满足更长时间的需求而影响供应链协同性，过长的订单响应时间也就需要更多的存货数量来满足顾客需求而影响供应链运营成本。

订单响应时间主要由沟通与订单提交时间、订单录入及处理时间、订单拣选或生产时间、运输或配送时间以及订单交付与服务时间等时间项目构成，典型的时间项目如图 10-12 所示。

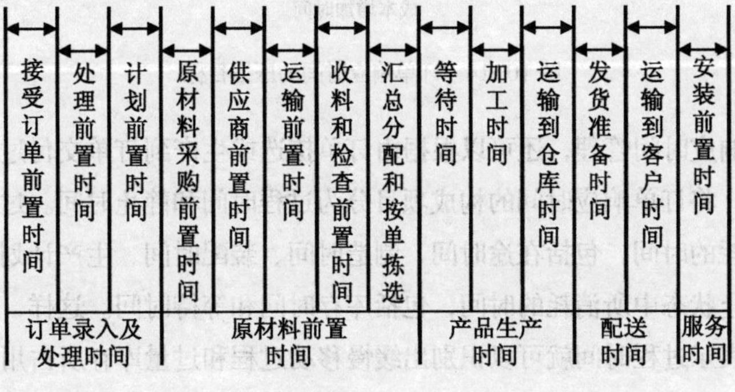

接受订单前置时间	处理前置时间	计划前置时间	原材料采购前置时间	供应商前置时间	运输前置时间	收料和检查前置时间	汇总分配和按单拣选	等待时间	加工时间	运输到仓库时间	发货准备时间	运输到客户时间	安装前置时间
订单录入及处理时间			原材料前置时间					产品生产时间			配送时间		服务时间

图 10-12 构成订单响应时间的典型项目

根据订单响应时间的构成项目特点，可将其分为增值时间和非增值时间。这样，通过计算订单响应时间中增值时间所占比重，就可以衡量供应链的产出效率。若产出效率低于 10%，那就意味着供应链运作中大多数时间都是非增值时间。

增值时间是指为顾客创造某些价值（而顾客愿意为此支付）的那些活动所消耗的时间，如生产加工、订单处理、运输或配送等活动所消耗的时间都属于增值时间。非增值时间是指对顾客不创造任何价值而只能增加成本的那些活动所消耗的时间，如库存等活动所消耗的时间都属于非增值时间。

若以价值增值时间为纵坐标，以成本增加时间为横坐标，就可表示出订单响应时间的构成项目特点，如某订单响应时间中增值时间和非增值时间的构成，如图 10-13 所示。

可见，订单响应时间管理目标就是通过对订单响应时间的构成项目进行分析，识别出可以压缩的时间项目，并根据其特点采取相应的工程手段、管理手段或信息化手段进行压缩以便减少成本增加时间。例如，若图 10-13 中订单响应时间构成项目的压缩目标已确定，则可用图 10-14 来表示。

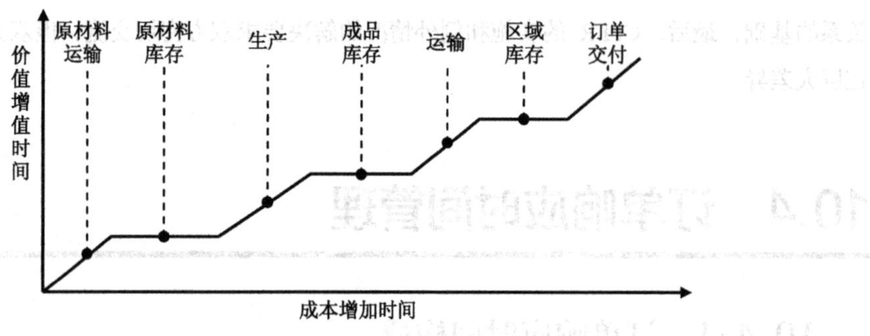

图 10-13　价值增值时间和成本增加时间

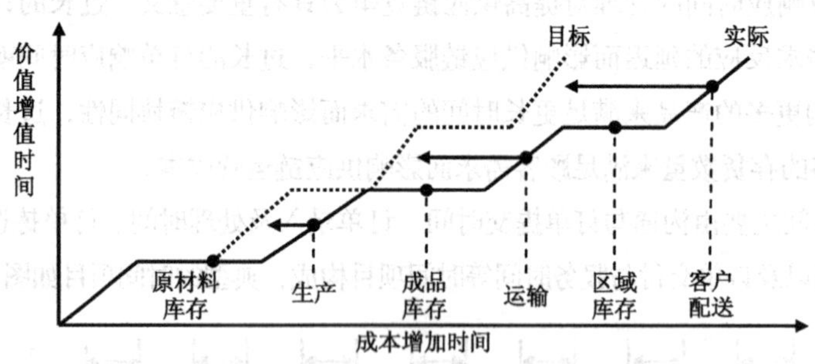

图 10-14　订单响应时间的压缩目标

为便于订单响应时间管理，还可以根据由订单拣选或生产到订单交付过程中物流是静止还是运动的状态，将订单响应时间的构成项目分为过程时间和静止时间。过程时间是指物流在运动过程中消耗的时间，包括在途时间、制造时间、装配时间、生产计划时间等。静止时间是指物流在静止状态中所消耗的时间，包括库存时间和等待时间。这样，用纵坐标表示静止时间，横坐标表示过程时间就可以识别出缓慢移动过程和过量库存所占用的时间，为压缩订单响应时间提供机会。

示例 10-1　家具供应链的响应时间分析

在家具供应链中，物流运动过程所花费时间为 40 天，而物流静止时间为 100 天，如图 10-15 所示。如果需求稳定，那么，理想的情况是 40 天的过程时间只需要 40 天的存货就能满足需求。这种情况下，140 天的库存就太多了。

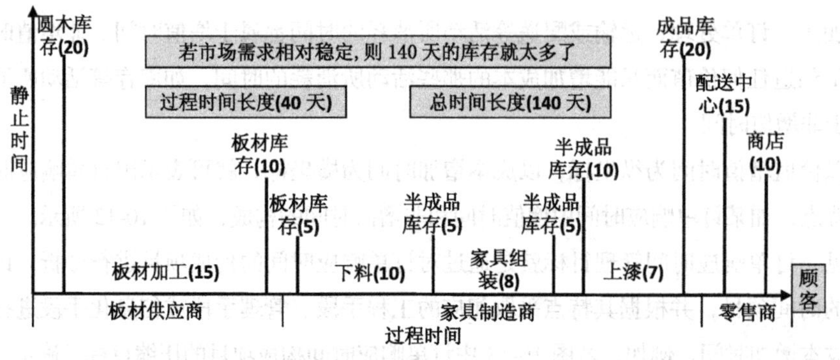

图 10-15　家具供应链的过程时间和静止时间

10.4.2　订单响应时间分析

采用计划评审技术（Program Evaluation and Review Technique，PERT）对订单响应时间构成项目进行分析，可为制订时间压缩方案提供基础。由于订单响应时间主要是由订单中某种型号产品按照订购数量从原材料采购、零件加工、部件组装、产品总装、存储、运输到产品交付整个供应链运作流程所消耗的时间决定的，而且构成整个供应链运作流程的各项活动内容以及活动之间的关系都是由产品结构和工艺过程以及物流活动要求所确定的，因此，对订单响应时间采用计划评审技术进行分析的步骤主要包括绘制项目网络、估计活动时间、确定活动时间安排和识别关键路径，如图 10-16 所示。

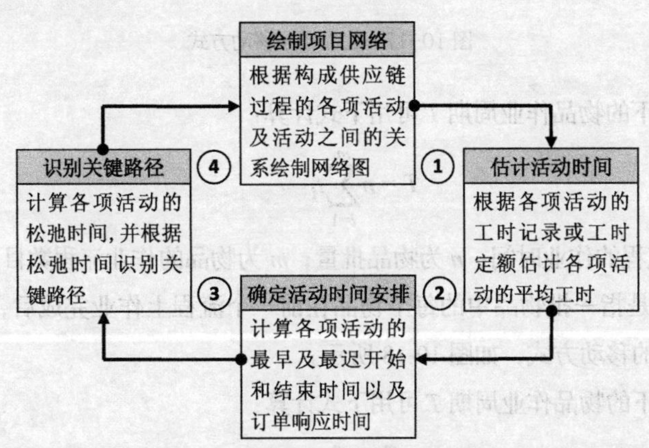

图 10-16　订单响应时间分析步骤

1．绘制项目网络

根据由产品结构和工艺过程以及物流活动要求所确定的整个供应链作业流程的各项活动以及活动之间的关系绘制节点型网络图。在绘制过程中，对每项活动需要考虑在该项活动可以开始之前哪些活动必须完成，哪些活动可以同时进行，哪些活动只有在它完成后才可以开始。同时，在绘制网络图时，可以先绘制一个概括性网络图，再将其中复杂部分扩展为更详细的网络，如在供应链作业流程中零件加工过程、部件组装过程和产品总装过程都可以扩展为更详细的网络图。

当顾客订购的产品由许多零部件组成时，该产品的整个供应链网络图就非常复杂。因此，在绘制该产品供应链运作流程网络图时，可以先绘制一个概括性网络，再将其中某些复杂的零件加工过程、部件组装过程和产品总装过程扩展为更详细的网络图。

2．估计活动时间

在供应链作业流程网络图中，有些活动内容比较简单，如原材料或零件采购、零部件或产品运输和交付等活动，可以根据各项活动的工时记录或工时定额估计各项活动的平均工时与标准差；而有些活动内容则比较复杂，如单种零件在多道工序上加工、多种零件在多道工序上加工、按一定形式包装的物品在配送中心的物流作业等活动，则需要根据活动内容进行计算，具体如下。

（1）单种物品在多个流程上作业的工期计算。当一定批量的某种物品经过多个流程时，有三种移动方式，即顺序移动、平行移动和平行顺序移动。

顺序移动方式是指每批物品在上一个流程完成作业后，整批地移送到下一个流程进行作业处理的移动方式，如图 10-17 所示。

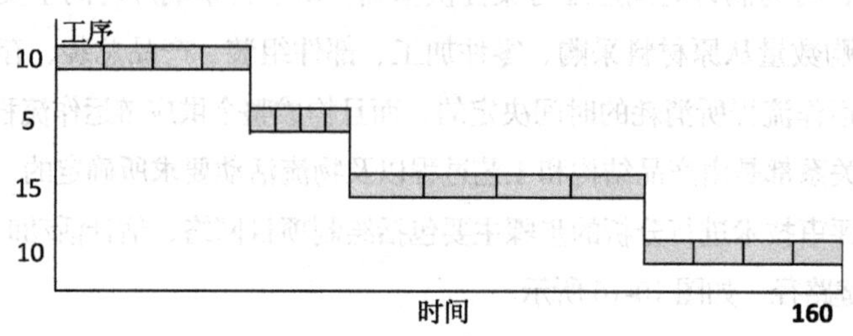

图 10-17　物品顺序移动方式

这种移动方式下的物品作业周期 T 可用下式计算：

$$T = n\sum_{i=1}^{m} t_i \tag{10-1}$$

式中，t_i 为第 i 个流程的作业时间；n 为物品批量；m 为物品的作业流程数目。

平行移动方式是指一批物品中的每个物品在前一个流程上作业完成后，立即传送到下一个流程上继续作业的移动方式，如图 10-18 所示。

这种移动方式下的物品作业周期 T 可用下式计算：

$$T = \sum_{i=1}^{m} t_i + (n-1)t_{\max} \tag{10-2}$$

式中，$t_{\max}$ 为各流程中最长流程的作业时间。

平行顺序移动方式是指一批物品在一个流程上尚未完成全部作业，就将已完成作业的一部分物品转入下一个流程处理，以恰好能使下一个流程能够连续地对该批物品进行作业为条件的移动方式，如图 10-19 所示。

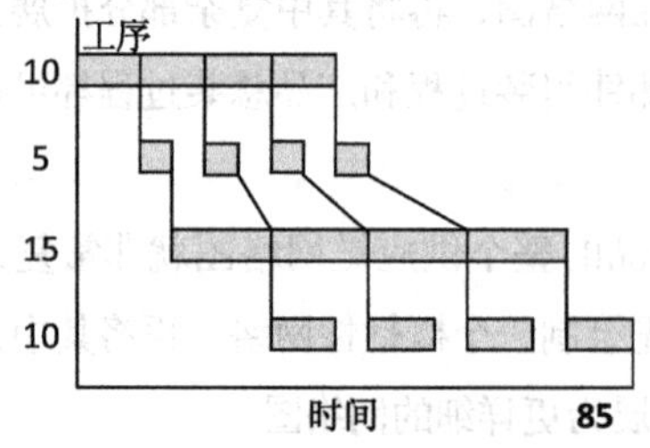

图 10-18　物品平行移动方式

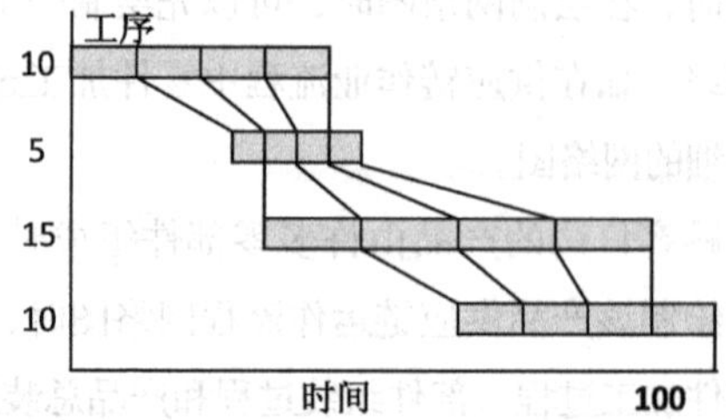

图 10-19　物品平行顺序移动方式

这种移动方式下的物品作业周期 T 可用下式计算：

$$T = n\sum_{i=1}^{m} t_{\mathrm{i}} - (n-1)\sum_{\mathrm{i}}^{m-1} t_{\min} \tag{10-3}$$

式中，$t_{\min}$ 表示某一个流程的单件物品作业时间比前一个流程短，或比后一个流程短。

（2）多种物品在多道工序上作业的工期计算。当有多种物品需要按一定顺序通过相同的作业过程时，可以将其作业过程看成一个网络，其通过时间可按式（10-4）和式（10-5）计算。例如，有 5 种物品并按照 A-B-C-D-E 的顺序通过 1-2-3-4-5 五道作业流程，每种物品在不同作业流程上的作业时间如图 10-20 所示。按式（10-4）和式（10-5）计算该网络的通过时间为 526 分钟。

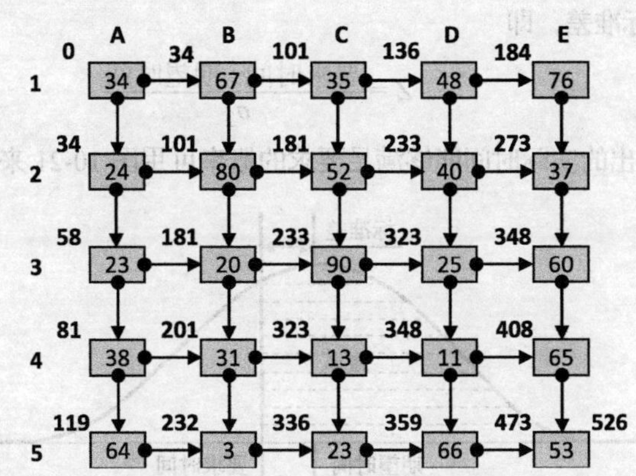

图 10-20　多种物品通过相同作业流程的周期计算过程

3．确定活动时间安排

根据每项活动的时间计算每项活动的最早开始时间、最早结束时间、最迟开始时间和最迟结束时间。

最早开始（Early Start，ES）时间是指某项活动能够开始的最早时间，它由该项活动的所有紧前活动的最早结束时间的最大值计算得出，即

$$ES(j)=\max_{i}\{ES(i)+T(i)\} \qquad (10\text{-}4)$$

最早结束（Early Finish，EF）时间是指某项活动能够结束的最早时间，它是由该项活动最早开始时间与该项活动工期之和计算得出，即

$$EF(j)=ES(i)+T(i) \qquad (10\text{-}5)$$

最迟结束（Late Finish，LF）时间是指为使项目在要求完工时间内完成，某项活动必须完成的最迟时间，它由该项活动的所有紧后活动的最迟开始时间的最小值计算得出，即

$$LF(j)=\min_{i}\{LF(i)-T(i)\} \qquad (10\text{-}6)$$

最迟开始（Late Start，LS）时间指为使项目在要求完工时间内完成，某项作业活动必须开始的最迟时间，它是这项作业活动最迟结束时间与该项作业活动的工期估计之差，即

$$LS(j)=LF(i)-T(i) \qquad (10\text{-}7)$$

4．识别关键路径

识别关键路径要通过计算每项作业活动的松弛时间（Slack Time）来判断，它可用每项作业活动的最迟结束（开始）时间减去其最早结束（开始）时间的差值表示，即

$$ST(i)=LS(i)-ES(i)=LF(i)-EF(i) \qquad (10\text{-}8)$$

关键路径（Critical Path）是由那些松弛时间为 0 的作业活动所构成的路径。关键路径上的作业活动就是关键作业活动，它们的时间之和就是产品经供应链网络到达顾客的时间。若关键路径上各项作业活动时间是相互独立的，则整个网络的时间总方差就等于关键路径上各

作业活动的时间方差之和。这样，当整个网络的时间服从正态分布，就可以计算出整个网络的实际时间能够满足要求的概率，其概率由式（10-9）给出：

$$P\{(\text{实际时间}-\text{期望时间})/\sigma_T \leqslant Z\}=p \tag{10-9}$$

式中，p 为从正态分布表查到的概率值；σ_T 为整个网络的时间总方差；Z 为正态分布下要求时间偏离期望时间的标准差，即

$$Z=\frac{\text{要求时间}-\text{期望时间}}{\sigma_T}$$

用式(10-9)计算出的实际时间能够满足要求的概率可用图 10-21 来表示。

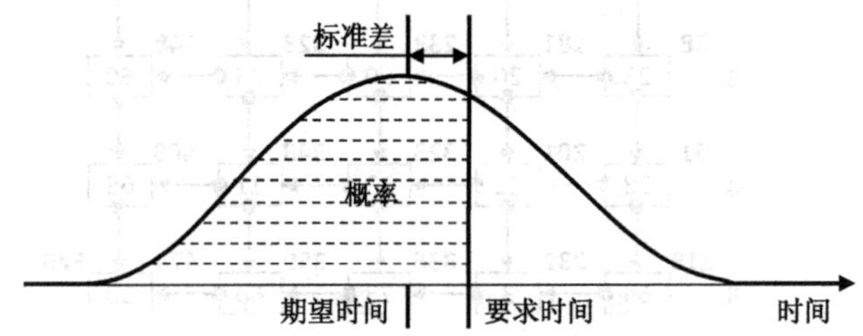

图 10-21　实际时间能够满足要求的概率分布

当找到关键路径后，应该按照是否对顾客价值有增值作用以及作业活动的时间长短，识别出那些没有增值作用或者时间较长的作业活动作为可压缩时间的对象。在关注关键路径的同时，还要关注次关键路径，因为有时次关键路径上的某项作业活动的时间变化也会对关键路径的时间产生影响。

示例 10-2　某种产品的供应链响应时间计算

某种产品的供应链作业流程可用网络表示，如图 10-22 所示。

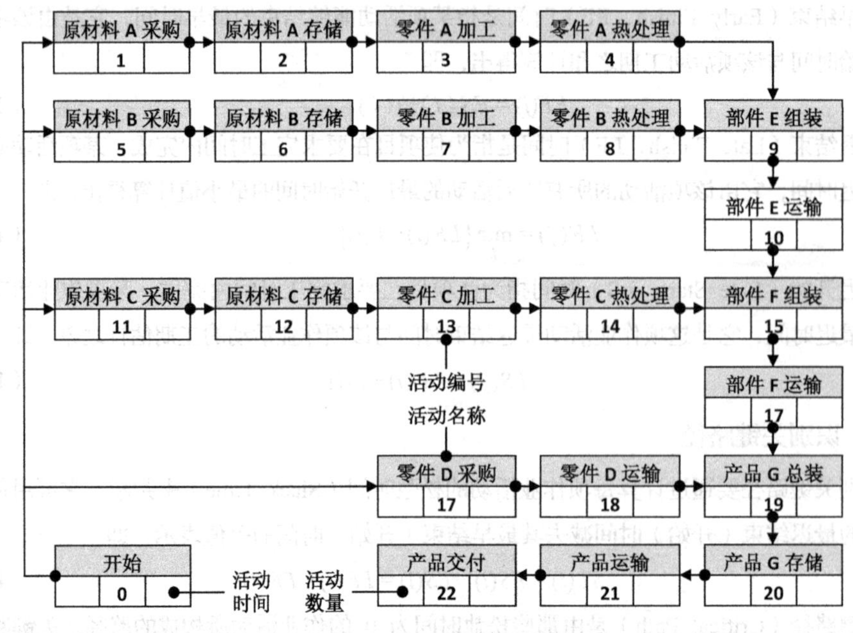

图 10-22　某种产品的供应链网络图

为分析其供应链响应时间，首先需要将各项作业活动时间估计或计算出来，然后，就可

以根据式（10-4）至式（10-7）计算出该网络的各项作业活动的最早开始时间、最早结束时间、最迟开始时间和最迟结束时间，如图 10-23 所示。

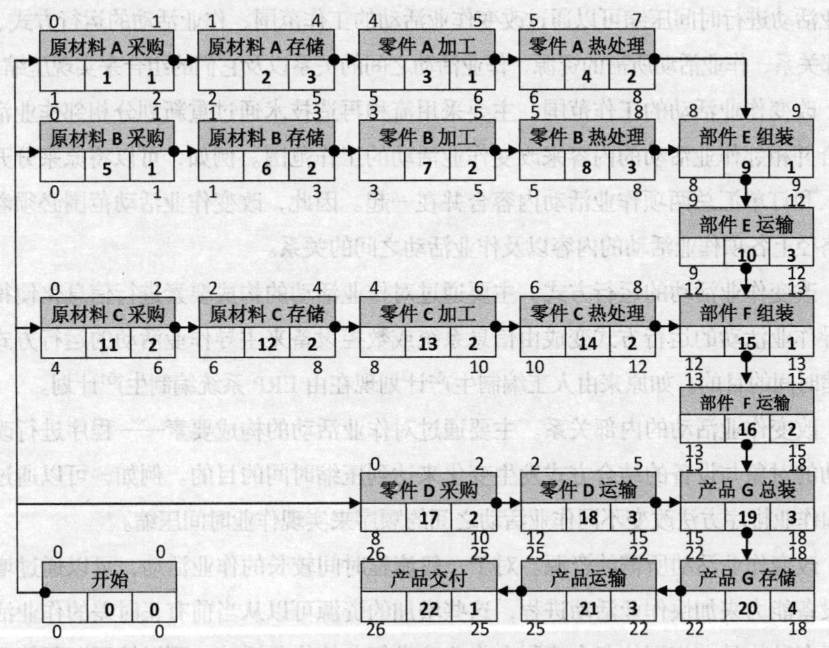

图 10-23　某种产品供应链响应时间安排

最后，用式（10-8）计算该种产品供应链网络中各项作业活动的松弛时间，找出由松弛时间为 0 的作业活动所组成的关键路径，即 0-5-6-7-8-9-10-15-16-19-20-21-22。若整个网络的时间总方差是 3.11，要求的时间是 27 天，则能够满足要求的概率是 71%。

10.4.3　订单响应时间压缩

当识别出可以压缩时间的作业活动时，就要采取管理方法或工程技术来提高作业活动的生产效率。由于关键路径上任何作业活动的时间变化都会引起整个路径的时间变化，而且，这些作业活动之间还具有输入/输出关系，即某项作业活动的输入是前一项作业活动输出，而该项作业活动的输出又是后一项作业活动的输入，因此，要压缩整个关键路径的时间，不仅要针对具体作业活动采取相应的技术手段或管理方法来压缩其时间，还要针对整个关键路径采取相应的技术手段或管理方法通过改善和协同作业活动之间的关系来压缩选定的作业活动时间。

对关键路径的时间进行压缩应将其压缩到最大限度，即压缩幅度不应大于关键路径与次关键路径的时差，并确保被压缩后的关键路径仍然是关键路径。当采取压缩措施后，应计算供应链作业流程网络的时间，以评价计划采取的措施能否达到预期目标。如果不能达到预期目标，这样的过程应该反复进行直至达到预期目标。由于关键路径上作业活动时间的减少将会导致一条或多条非关键路径成为关键路径，因此，在继续压缩过程中，应该选择那些不仅没有增值作用或者时间较长，而且对几条关键路径均有影响的作业活动作为压缩对象。

由于每项作业活动都是由操作者利用工具或设备按程序作用于对象的过程，因此，作业对象的多少，人、设备、程序和对象四者之间关系，人数或设备能力与作业对象的数量比例以及作业过程是由人来主导还是由设备来主导的，都会对作业活动时间产生影响。所以，对选定的作业活动进行时间压缩可以通过改变作业活动的工作范围、作业活动的运行方式、作业活动的内部关系、作业活动所需的资源、作业活动之间的关系以及它们的组合来实现压缩目标。

（1）改变作业活动的工作范围。主要采用流程再造技术通过重新划分相邻作业活动的边界或者合并相邻作业活动的内容来改变作业活动的工作范围。例如，可以将原来分开进行的订单录入和订单汇总两项作业活动内容合并在一起。因此，改变作业活动范围必须着眼于整个关键路径上各项作业活动的内容以及作业活动之间的关系。

（2）改变作业活动的运行方式。主要通过对作业活动的构成要素进行信息化使得原来由人来主导作业活动的运行方式变成由信息系统或数控设备来主导作业活动的运行方式，从而达到压缩时间的目的。如原来由人工编制生产计划现在由 ERP 系统编制生产计划。

（3）改变作业活动的内部关系。主要通过对作业活动的构成要素——程序进行改变，使作业活动的对象与设备的结合方式发生变化来达到压缩时间的目的。例如，可以通过作业调度规则和作业排序方法改变不同作业活动之间的顺序来实现作业时间压缩。

（4）改变作业活动所需的资源。对于一般流程时间较长的作业活动，可以通过增加人力资源或设备能力来加快作业活动进程，这些增加的资源可以从当前有正时差的作业活动中转移。对于多种物品在相同的多个流程上作业这类复杂的作业活动，可以按照瓶颈管理的基本思想寻找资源瓶颈，通过增加相应的资源来加快作业活动进程。

（5）改变作业活动之间的关系。主要按照并行工程思想通过充分利用现有设备或专有技术，将原来前后顺序的作业活动改为并行的作业活动，从而达到压缩时间的目的。例如，若采用并行开发程序开发一种由两个部件组成的产品，其开发周期就会得到大幅度压缩，如图 10-24 所示。

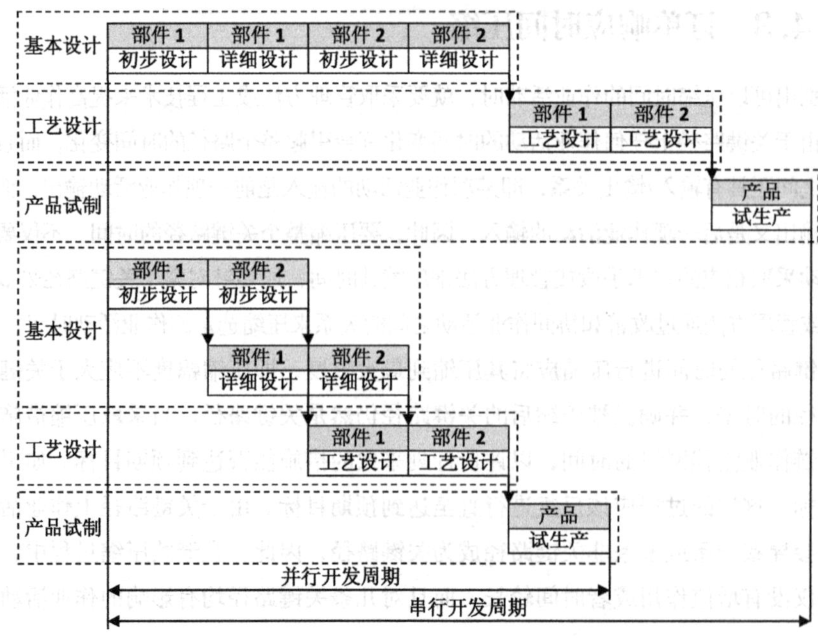

图 10-24　产品并行开发示意图

针对订单响应时间的不同组成部分，我们将可以压缩时间的管理方法或信息技术用图 10-25 来表示。

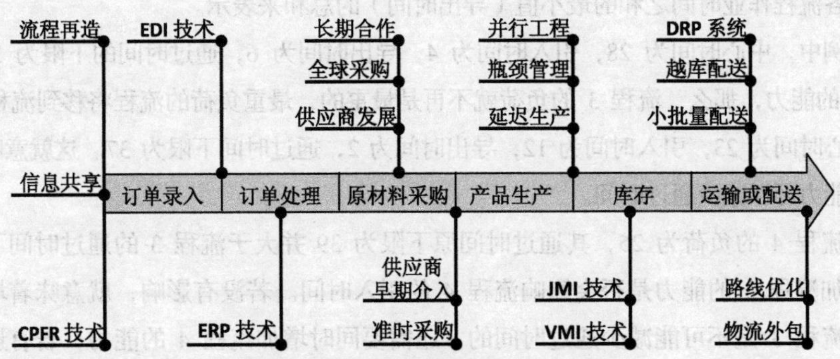

图 10-25　订单响应时间的压缩方法或技术

示例 10-3　作业流程时间压缩

有 4 种物品按 A-B-C-D 顺序通过 1-2-3-4-5 五个作业流程，每种物品在不同流程上的作业时间如表 10-3 所示。

表 10-3　物品-流程负荷矩阵

物品/流程	A	B	C	D	负荷
1	2	2	4	3	11
2	6	2	5	6	19
3	5	8	8	7	28
4	7	6	4	6	23
5	8	6	2	4	20

在此例中，首先，应用式（10-4）和式（10-5）计算其通过时间为 46 小时。

然后，寻找压缩作业时间的方法或途径。这里主要有改变作业通过顺序以及为负荷最重的作业流程合理增加资源两种途径。

（1）改变作业通过顺序。按不同作业顺序使物品依次通过流程 1-2-3-4-5，并计算其通过时间，表 10-4 给出 4 种不同顺序的通过时间。可见，不同的通过顺序，其作业通过时间也是不同的。当这 4 种物品按照 B-A-D-C 顺序通过时，其作业通过时间最短，只有 39 小时，比最长的通过时间压缩了 14 小时。

表 10-4　不同顺序的物品通过时间

物品通过顺序	通过时间
A-B-C-D	46
A-D-C-B	49
B-A-D-C	39
D-C-B-A	53

（2）为负荷最重的作业流程合理增加资源。如表 10-3 所示，流程 3 的负荷最重，为 28 小时，增加流程 3 的能力是否能够减少 4 种物品 A-B-C-D 通过流程 1-2-3-4-5 的时间，还需要通

过计算通过时间的下限（即小于或等于最小通过时间）来判断。通过时间的下限可用最重的流程负荷（中心时间）与该流程之前的各流程作业时间之和的最小值（引入时间）以及该流程之后的各流程作业时间之和的最小值（导出时间）的总和来表示。

在此例中，中心时间为 28，引入时间为 4，导出时间为 6，通过时间的下限为 38。若增加流程 3 的能力，那么，流程 3 的负荷就不再是最重的，最重负荷的流程将移到流程 4 上。这时，中心时间为 23，引入时间为 12，导出时间为 2，通过时间下限为 37。这就意味着增加流程 3 的能力可以减少通过时间。

假如流程 4 的负荷为 25，其通过时间原下限为 39 并大于流程 3 的通过时间下限，那就要看增加流程 3 的能力是否会影响流程 4 的引入时间。若没有影响，就意味着增加资源单独用于流程 3 是不可能减少通过时间的，还需要同时增加流程 4 的能力；若有影响，就要看对流程 4 的引入时间的减少幅度是否会使流程 4 的通过时间新下限低于流程 3 的通过时间下限。这时，若增加资源单独用于流程 3，并使流程 4 的引入时间由原来的 12 减少到 9，流程 4 的通过时间新下限为 36，低于工序 3 的通过时间下限，那么，这个资源增加方案就是可行的。

总之，不论是改变作业通过顺序还是为负荷最重的作业流程合理增加资源，都能实现作业时间压缩的目的。

本章小结

本章讨论了牛鞭效应及其产生原因和影响结果以及实现供应链协同的主要对策。

1．牛鞭效应

牛鞭效应概念：指供应链上各成员企业在按照各自目标采取行为时，各成员企业之间的信息不能有效传递，致使各成员企业只能独立进行需求预测所产生的需求信息从最终顾客开始沿供应链向上传递过程中逐级波动放大的现象。

牛鞭效应影响结果：生产成本增加、库存成本增加、订单提前期延长、运输成本增加、收发货成本增加和产品可获性降低。

牛鞭效应产生原因：基于绩效激励、基于订单预测、基于批量订货、缺乏信息共享、促销策略、配给与短缺博弈、订单响应时间。

2．供应链协同

供应链协同：供应链上各成员企业以共赢意识为前提，以信息共享为基础，以合作协议为约束，通过协同目标、协同决策和协同作业使产品价值链由原材料采购到产品生产再到最终顾客实现无缝衔接的过程。

合作伙伴关系：基于相互信任、共担风险、共享收益的特定企业关系，其形成离不开驱动因素（即合作动机）、促进因素（即合作条件）和组成因素（即合作方法与途径）。

合作伙伴关系设计：包括评估关系价值、确认各方责任、创建有效合同和设计冲突解决机制等过程。

合作伙伴关系维持：公平合理的利益分配机制是企业之间保持长期合作关系的动力。

合作伙伴关系的基础：双方建立起信任关系。

CPFR 概念：通过共享促销信息、销售预测、产品数据和订单信息提高预测的精确性，通过共同计划与协同合作伙伴之间为确定需求及实现需求所进行活动的一致性，将正确的商品在正确时间运送到正确的地点。

CPFR 作用：用于提高供应链整体绩效，实现分销商与制造商功能协同。

CPFR 运行过程：包括协同规划、协同预测和协同补货三个阶段，签署合作协议、联合商业计划、联合销售预测、识别预测异常、协商解决预测异常、创建订单预测、识别订单预测异常、协商解决订单异常和生成订单等。

CPFR 实施过程：需要经历识别可比较的机遇、数据资源整合、组织结构评判以及商业规则界定等。

订单响应时间构成：主要包括沟通与订单提交时间、订单录入及处理时间、订单拣选或生产时间、运输或配送时间以及订单交付与服务时间等。

订单响应时间分类：主要分为增值时间和非增值时间。增值时间是指为顾客创造某些价值（而顾客愿意为此支付）的那些作业活动所消耗的时间；非增值时间是指对顾客不创造任何价值而只能增加成本的那些作业活动所消耗的时间。

订单响应时间分析方法：对订单响应时间的构成项目进行分析，识别出可以压缩的时间项目可采用计划评审技术，其应用步骤主要包括绘制项目网络、估计活动时间、确定活动时间安排和识别关键路径。

复习与思考

1. 请论述牛鞭效应产生的原因及危害，如何来解决或减少这种效应带来的危害。

2. 不适当的激励制度如何导致供应链失调？什么补救措施可以消除这种影响？

3. 如果供应链各环节把自身的需求看成是下游环节所下的订单会导致什么问题？供应链内的各公司应该如何交流以促进协调？

4. 什么因素导致供应链内的批量订单增加？这对协调有什么影响？什么措施可以减少批量并促进协调？

5. 打折促销以及市场价格波动如何影响供应链的协调？什么定价和促销策略可以促进供应链协调？

6. 海尔是制造商，国美是渠道商，两者之间建立合作，经历了交易型合作关系阶段、协调型合作关系阶段、战略型合作伙伴关系阶段。双方的合作不仅停留在采与销的业务层面，而是深入到共同分析和服务市场，共同研发商品，共同制订市场营销策略，最终实现共赢的长期战略合作伙伴关系。那么，在如今繁荣的电子商务时代中，海尔与国美如何应对来自其他电商的恶意竞争以谋求双方共同利益的最大化？

7. 当供应链管理以提高合作和信任机会时，应该考虑什么因素？

8. 在供应链内建立合作伙伴关系有何价值？建立过程中必须考虑哪些问题？解决目标不一致问题的基本方法有哪些？

9. 不同的CPFR形式有哪些？它们如何给供应链合作伙伴带来利益？

10. 举例说明，对于企业来说，如何在快速响应与低成本战略之间取得平衡？

课后案例

A公司的供应链失谐问题

A公司是河南省内一家典型的大型连锁超市，公司的各家连锁超市均以统一的形象为顾客提供相同的高品质服务，连锁超市商品种类在20 000种以上，可满足顾客的各类消费需求。为了能够保证服务水平，A公司90%以上的商品采用连续自动补货，根据各类商品的不同需求和供应商的供货水平，平均大约一周补货一次。而剩下的10%的商品属于季节性商品，则采用人工盘点库存进行定期补货。

尽管A公司运用管理信息系统实施连续自动补货，但是其效果并不明显。A公司的库存管理水平与信息系统并不适应，在库存管理上的许多方式和标准都没有建立。A公司在库存管理上存在的问题主要体现在以下几方面。

（1）库存商品的配置失衡。占比很小的A类商品是公司的主要利润来源。这种依赖性极强的库存结构，很难适应市场快速的变化情况，有极高的营运风险。A类商品出现缺货，将严重影响公司的销售和服务水平，导致顾客的大量流失。

（2）库存资产过高。A公司长期保持大量存货，主要是为了维持市场份额，应对市场的需求不确定，防止出现缺货的情况。比例较大的C类商品基本没有变化，导致了库存商品资金的呆滞，占用了公司大量的流动资金。

（3）缺货问题。A公司每年会更换大约20%的供应商，主要是因为不能按照合约及时或准确地保障货物的供应。因此，A公司通常保有大量库存的主要是流动较慢、销售额较少的商品，而常常出现缺货的商品却因预测不准确、供应不及时而得不到补充，所以出现了高库存与缺货并存的情况。

（4）需求预测准确率低。A公司目前很少运用专业的方法来做需求预测，而更多的是根据以往的经验和数据大致决定采购量。由于市场需求的不确定性，公司的采购计划难以避免需求波动造成的牛鞭效应，很难准确地预测出下个周期的市场需求。

通过以上对A公司在库存方面存在的问题的具体分析，可以得出A公司出现高库存和缺货并存的现象的原因有以下几点。

（1）缺乏有效的预测方法。由于A公司和供应商之间没有实现数据的沟通和共享，采购所依据的需求预测只是根据POS机数据、上个周期的销售数据以及自己的库存数据。这样仅仅依靠历史数据是无法准确预测出未来的市场需求的。未来的市场需求不仅受到A公司促销计划的影响，而且与供应商的让利促销、商品的竞争状态都有关系。

（2）补货流程不合理。A公司虽然采用自动补货系统，可货物的管理者仍然是A公司而非供应商。因此，A公司的补货行为本质上还是传统的推动式库存管理模式，结果导致了该公司和供应商各自为政，分别管理自己的库存，没有共享库存信息和实时数据。

（3）与供应商的合作关系不够密切。A公司与供应商之间只是短期的供需买卖关系，没有形成合作伙伴关系，A 公司的信息系统虽然有针对供应商的供应链支持系统，但大部分供应商只是通过系统看一下自己产品的销售额，而不会深入分析自己的产品在超市内哪种是畅销品，哪种是滞销品，当然就不会根据 A 公司的实际需求调整自己的生产计划来保障畅销品的供应。

案例思考题

基于 A 公司的情况，请你为 A 公司设计基于 CPFR 的供应链协作流程。

资料来源：魏文龙．A 公司基于 CPFR 的补货策略优化研究[D]．厦门大学，2014.

第 11 章　供应链评价与改进

先导案例

厦门 XT 公司的供应链绩效管理

厦门 XT 公司主要生产铝制挤压成型零部件和最终整理组装工序，为亚洲、大洋洲，尤其是中国的通信设备商提供电子产品的外体配件。厦门 XT 公司针对自身供应链特征，制订供应商自身评价指标，作为选择战略合作伙伴的重要依据，将供应链绩效管理纳入公司 KPI，并通过对原有 KPI 做相应调整来完善供应链绩效管理体系。具体做法如下。

（1）构建供应商自评体系。以过去 3 个月的供应绩效为基础，关键供应商的质量总分必须大于 99%，交货总分必须大于 90%；一般供应商的质量总分必须大于 98%，交货总分必须大于 80%，否则，都将提醒其整改。若在 6 个月内有 3 次被提醒，则报公司管理层进行供应商重新评估。

（2）重新定义及时交货指标。原按时交货的定义是只要在交货日期之前未能完成订单所要求的数量，则该订单就记为未按时交货。当公司的生产或供应链出问题时，可通过与顾客协商，先按时发一部分产品给顾客，同时也为公司赢得时间来组织零部件生产。因此，在统计及时交货情况时，可将该订单分两次交货，第一批按时交货，第二批则统计为未按时交货。这样也可以激励公司相关人员争取潜在的协商机会，减少顾客损失。

（3）对满足顾客订单提前要求的按时交货率加分。原绩效管理指标并不鼓励对顾客提前订单交货日期的要求。新的绩效管理指标则应注重激励相关人员合理调整生产秩序，在不增加生产成本的前提下，满足顾客的要求，提高顾客满意度。因此，每增加一次顺利完成顾客的提前订单，则按时交货次数增加一次。

（4）将生产报废和报关损失转为部门绩效管理指标，将报关延误的考核权重降低。随着原材料和零部件的本地化完成，报关损失和报关延误对公司绩效的影响也越来越小。为提高及时到货率，保留报关延误指标，应将其权重降低为 2%。

（5）新增供应商考评为公司绩效管理指标。将供应商的交货、质量等绩效纳入公司绩效管理，强化相关人员与供应商的互动。在以前，供应链管理的指标仅是库存周转率，这不利于公司长期的战略实施和绩效提高。

通过将供应商的交货时间、质量等指标纳入公司绩效管理和个人绩效管理体系，促进了相关人员与供应商的互动、互助。例如，公司派驻技术人员到供应商生产车间，现场解决问题，提高了产品质量管理水平。与一些本地供应商也初步形成了合作伙伴关系。近期公司的成品及时交货率也呈上升趋势。

资料来源：摘自项延卫. 厦门 XT 公司绩效管理及绩效影响因素的分析与改进[D]. 厦门大学，2007.

学习目标

- **理解供应链评价目的、评价基准等关键要素。**
- **熟悉平衡记分卡和作业参考模型等常用评价方法。**
- **掌握基于顾客满意度的供应链协同评价方法。**

供应链评价就是通过对供应链进行多个角度的评价来监控、控制和指导供应链运作，提升供应链竞争能力。供应链评价是认识现状、发现问题、明确改进方向的有效工具。本章将主要介绍供应链评价目的、评价基准等关键要素；平衡记分卡和作业参考模型等供应链评价常用方法；基于顾客满意度的供应链协同评价方法的原理、程序、分析方法和关键要素。

11.1 供应链评价目的与基准

11.1.1 供应链评价目的

不同于传统的单个企业绩效评价，供应链绩效评价更注重于对整个供应链的集成价值的评价。对供应链进行评价的目的就是通过顾客服务、运作绩效、业务流程和供应链改进等多个角度进行评价来监控、控制和指导供应链运作，提升供应链竞争能力。供应链评价作为一种管理手段，它首先为识别供应链流程中存在的问题提供依据，进而为促进供应链的结构调整和优化提供动力，最终达到为供应链战略目标的实现和运行效率的提高提供支持。供应链评价的具体作用主要有以下几个方面。

（1）了解最终顾客需求。供应链的最终目标是成功地将产品和服务送达顾客，以满足顾客的多样化需求。因此，对供应链进行评价的首要目的就是了解其顾客的多样化需求、期望的产品质量、对产品价格的预期以及对配送数量和交货时间、频率的要求。

（2）了解供应链运作状态。通过供应链评价了解整个供应链能够满足顾客需求的能力，以及供应链运作中存在的制约满足顾客需求能力的问题，了解整个供应链的运作绩效及其与标杆企业绩效的差距。

（3）了解合作伙伴的需求。为使供应链能够更好地满足顾客需求，需要通过供应链评价了解供应链上各成员企业为提高供应链的产品质量、产品可获性、配送可靠性和顾客响应时间以及供应链整体绩效所需做出的能力调整情况。

（4）调动各成员企业的能力。供应链上各成员企业在了解了所需要的能力之后，便可以审核它们自身以及供应链上其他合作伙伴的能力，判断它们所擅长的业务和终端顾客以及供应链上其他合作伙伴的需求是否一致。

11.1.2 供应链评价基准

对供应链进行评价其实质就是将供应链当前绩效与目标绩效、历史绩效或标杆企业绩效进行比较分析并找出差距的流程。其中，最常用的比较基准是标杆管理（Benchmarking）。

标杆管理就是通过将一个企业的当前绩效和该企业所属行业中所能实现的最佳绩效进行比较来发现、共享和使用知识与最佳实践的流程。它不是简单地衡量最佳性能是多少，而是关注通过综合使用公认的一流方法来提高任意给定的业务流程，并通过发现、学习和实施最佳实践，找到获得战略、运作和财务上优势的最大机会。标杆管理通过关注最佳实践和方法建立起当前状态与未来状态之间的桥梁。

标杆管理可分为竞争性标杆管理、指标性标杆管理、流程性标杆管理和管理实践标杆管理，它们的目标和关注点如图 11-1 所示。

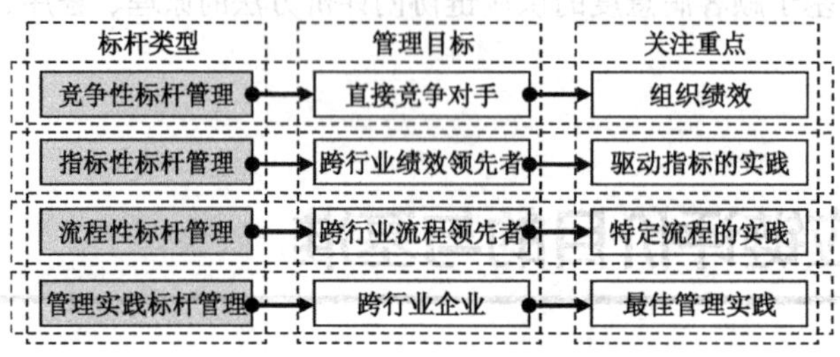

图 11-1 不同标杆管理的目标和关注点

标杆管理流程包括计划、分析、整合与行动四个步骤，如图 11-2 所示。

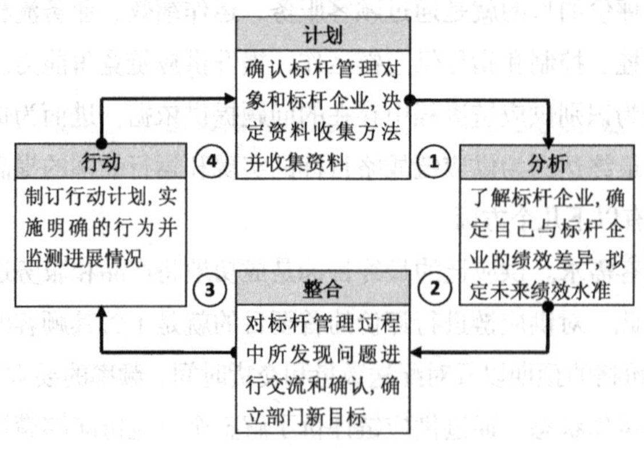

图 11-2 标杆管理流程

在图 11-2 中，各步骤具体如下。

（1）计划。确认标杆管理对象包括指标、流程和管理实践，确定用于绩效比较的标杆企业，决定资料收集方法并收集资料。

（2）分析。充分了解标杆企业的资讯及其业务流程，确定自己与标杆企业的绩效差异；拟定未来绩效水准。

（3）整合。对标杆管理流程中所发现问题和建议进行交流和确认，确立部门新目标以及与新目标相关的战略和运作计划。

（4）行动。制订行动计划并监测计划进展情况，计划应能反映小组成员关于哪个实践活动是应最先进行的，哪个活动最适于在本公司开展等的判断。

11.2 供应链评价方法

11.2.1 供应链评价常用方法

目前，用于供应链绩效评价的方法有许多，其中有代表性的评价方法如表 11-1 所示。

表 11-1 供应链绩效评价的主要方法

评价方法	提出者	基本原理	评价内容
ROF 法	Beamon(1999)	资源评价反映效率水平，输出评价反映顾客服务水平，柔性评价反映对环境变化的相应能力	资源评价包括库存水平、人力资源、设备利用、能源使用成本等；输出评价包括顾客响应，产品数量和质量；柔性评价包括范围柔性和响应柔性
平衡记分卡	Kaplan& Norton(1992)	企业必须通过顾客、供应商、员工、组织流程、技术和革新等方面投资才能获得持续发展动力	评价顾客角度的订单完成周期、顾客价值率等；流程角度的有效提前期、生产时间柔性、运营成本等；财务角度的资本收益率、现金周转率等；发展角度的新产品销售比率等
Lummus 模型	Lummus(1998)	从供应、转换、交通运输和需求管理四个方面分析供应链绩效	评价供应商可靠性和提前期、流程可靠性、加工时间、计划完成情况、订单完全率、补货提前期、运输天数、供应链总成本和周转时间等
Roger 模型	Roger(1999)	顾客服务质量是评价供应链整体绩效的最重要的手段	评价有形体的外在绩效、可靠性、响应速度、能力、服务态度、可信性、可接近性、理解顾客的能力等
SCOR 模型	供应链协会(SCC,1996)	将业务流程重组，标杆管理及最佳实践分析集成为层次化、模块化的标准模型结构	评价供应链的配送可靠度、供应链反应能力、供应链总成本、供应链的柔性和供应链资产管理等
SCPR 模型	中国电子商务协会供应链管理委员会(2003)	从订单实现、顾客满意度、业务标准、企业数量和互动能力及建设方式和业务适应能力等方面进行评价	评价订单反应能力，顾客满意度、业务标准协调、节点网络效应和系统适应性等指标

在这些评价方法中，由于平衡记分卡和 SCOR 模型不仅着眼于供应链整体绩效评价，还重视供应链的能力提高与流程改进，使得这两种评价方法备受关注。

11.2.2 SCOR 模型

供应链作业参考模型（SCOR）的基本思路是将业务流程重组、标杆管理及最佳实践分析集成为层次化、模块化的标准模型结构，以支持理解供应链运作流程。SCOR 模型定义了供应链计划、采购、制造、配送、退货的基本流程，并为每个流程使用一个标准规范的代号；描述了支持供应链重构模式和重构方法的核心流程及其之间关系，记录了对供应链定性关系的认识。

1. SCOR 模型构成

SCOR 模型将计划流程按照采购、制造、配送和返回进行分类，将采购、制造和配送流程按照供应链类型进行分类，将返回流程按照返回产品类型分类得到核心流程，如表 11-2 所示。企业可选用所定义的核心流程来构建其每一种产品或产品型号的供应链。

表 11-2 SCOR 模型的核心流程

流程种类 / 计划流程 / 流程管理	计划流程	采购流程	制造流程	配送流程	返回流程
计划流程	P1 供应链计划	P2 采购计划	P3 制造计划	P4 配送计划	P5 返回计划
执行流程		S1 库存型采购 S2 订单型采购 S3 工程型采购	M1 库存型制造 M2 订单型制造 M3 工程型制造	D1 库存型配送 D2 订单型配送 D3 工程型配送 D4 零售型配送	R1 返回缺陷产品 R2 返回 MRO 产品 R3 返回多余产品
改进流程	计划流程改进	采购流程改进	制造流程改进	配送流程改进	返回流程改进
	制订和管理业务规程，评估供应链性能，管理和维护数据，管理库存和装运，管理供应链配置，处理具体子流程				

2. SCOR 模型评价指标

SCOR 模型按标准流程描述供应链时，各层次都有明确定义的绩效指标和最佳业务绩效用于支持绩效测评。定义层的绩效指标从供应链的配送可靠度、供应链的反应能力、供应链的总成本、供应链的柔性和供应链资产管理等方面评估供应链管理绩效，表 11-3 对每个指标的范畴做了定义，并列出了所对应的绩效指标，表 11-4 给出 SCOR 模型的绩效测评指标的计算公式，可直接根据供应链运行的统计数据进行计算。配置层和分解层的绩效指标是对定义层的绩效指标的分解和细化到每一项具体计划、执行流程和支持单元的结果，用于引导和帮助管理者明确供应链绩效改进的方法和措施。

基于 SCOR 的绩效评价就是应用定义层的绩效指标对供应链总体进行的绩效评价，并借助于配置层和分解层的绩效指标明确供应链绩效改进的方法和措施。

表 11-3 SCOR 模型的绩效范畴与绩效指标

绩效范畴	绩效范畴定义	定义层测评指标
供应链的配送可靠度	正确的产品，到达正确的地点，正确的时间、正确的产品包装和条件下，正确的质量和正确的文件资料送达正确的顾客	配送性能 订单满足率 完好订单的履行
供应链的反应能力	企业将产品送达到顾客的速度	订单完成提前期
供应链的总成本	供应链运营所耗成本	产品销售成本 供应链管理总成本 增值生产率 担保成本
供应链的柔性	供应链面对市场变化获得和维持竞争优势的灵活性	供应链响应时间 生产的柔性
供应链资产管理	一个组织为满足需求利用资本的有效性，包括各项资本的利用，固定资本和运营资本	现金周转时间 存货的供应天数 资产周转时间

表 11-4 SCOR 模型的测评指标

绩效属性		面向顾客			面向内部	
绩效	含义	可靠性	响应性	灵活性	成本	资产
交付能力	按照顾客要求的天数或在其要求的天数之前，或在原计划交货天数之前执行订单的百分比	√				
订单满足率	在收到订单的 24 小时内用库存发货的订单百分比	√				
订单完全执行率	满足全部交货要求的订单完成百分比。按时、按质、按量并具有完整和准确的单证，且没有产生货损	√				
订货提前期	从顾客下单到收到订货实际所需的平均时间		√			
供应链响应时间	供应链系统对需求的非正常或显著变化的响应时间			√		
生产柔性	对上游企业：达到所能承受的非计划的 20% 增产能力所需天数。对下游企业：在没有存货或没有成本损失的情况下，在交货期 30 天之前企业所能承受的订货减少百分比			√		
供应链管理总成本	供应链相关成本总和，包括管理信息系统、财务、计划、存货、物料采购和订单管理等成本				√	
产品销售成本	购买原材料和加工制造成本，包括直接成本和间接成本				√	
增值生产率	人均增值率、产品销售总额，减去物料采购总成本，除以用工总人数				√	
索赔成本或退货处理成本	物料、劳动力和产品缺陷的问题诊断成本或退货处理成本				√	
现金周转期	存货供应天数，加上销售未付款天数，减去采购原材料的平均付款天数					√

续表

绩效属性		面向顾客			面向内部	
可供应存货天数	以计提超储和过期损失之前的标准成本计算的存货总值（原材料和在制品+厂内制成品+厂外制成品和样品+其他）×365 天÷产品销售成本					√
资产周转率	产品销售总额÷净资产总额					√

应用 SCOR 模型对供应链总体进行绩效评价首先应创建供应链结构，即对参与供应链管理的业务单位，标出采购、生产、交付和退货流程所涉及各实体的地理位置，不仅应标出某个企业的位置，还应标出供应商和顾客的位置，将主要物流用箭头在相应组织之间标出，并用分类流程指定各位置所处的采购、生产、交付和退货流程及其之间的联系。然后，在分析供应链的竞争基础和建立供应链结构的基础上，对供应链绩效水平、实际运作和系统进行统筹安排。由于在这些绩效水平之间还存在绩效因果关系，前一环节的绩效指标会影响到后一个环节的绩效表现，如供应商的交货表现只有 90%，则后端制造最多只有 90%的产出，因此，透过各环节的绩效衡量指标的真实数据，能够比较精确地推算出最后关键生产指标的现状和量化值。这样，通过各环节的绩效衡量指标的分解和考核，不难发现究竟有哪些流程与作业内容是急需改善的。围绕这些改善方向就可成立相应的改善小组，进行有针对性的活动。

11.2.3 平衡计分卡

平衡计分卡（Balanced Score Card，BSC）是一套从顾客需求、财务绩效、内部流程、学习与创新四个方面对企业战略管理的绩效进行财务与非财务综合评价的评分卡片，不仅能有效克服传统的财务评估方法的滞后性、偏重短期利益和内部利益以及忽视无形资产收益等诸多缺陷，而且是一个集企业战略管理控制与战略管理的绩效评估于一体的管理系统，其基本原理如下。

（1）以企业的共同愿景与战略为内核，运用综合与平衡的哲学思想，依据组织结构，将企业的愿景与战略转化为下属各责任部门在顾客、财务、内部流程、学习与创新四个方面的系列具体目标，并设置相应的计分卡，其基本结构如图 11-3 所示。

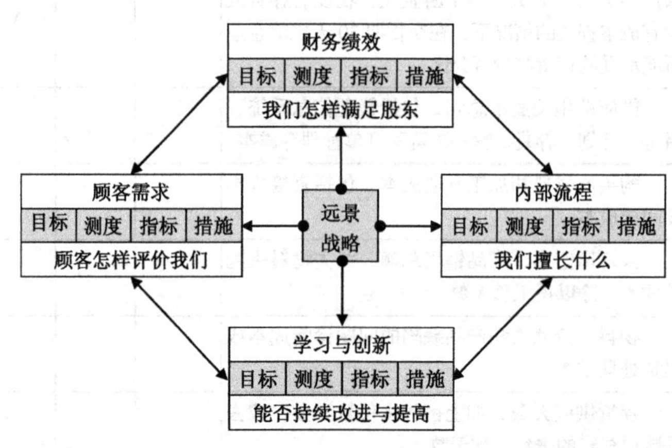

图 11-3　平衡计分卡原理

（2）依据各责任部门分别在顾客需求、财务绩效、内部流程、学习与创新四种可具体操作的目标，设置对应的绩效评价指标体系，这些指标不仅与企业战略目标高度相关，而且以先行与滞后两种形式，同时兼顾和平衡企业长期和短期目标、内部与外部利益，综合反映战略管理绩效的财务与非财务信息。

（3）由各主管部门与责任部门共同商定各项指标的具体评分规则。一般将各项指标的预算值与实际值进行比较，设定不同的评分值。以综合评分的形式，定期考核各责任部门在顾客需求、财务绩效、内部流程、学习与创新等方面的目标执行情况，及时反馈，适时调整战略偏差，或修正原定目标和评价指标，确保公司战略得以顺利与正确地实行。

平衡记分卡的四项评价内容如下。

（1）财务绩效。评价财务绩效指标是一般企业常用于绩效评估的传统指标。财务绩效指标可显示出企业的战略及其实施和执行是否正在为最终经营结果的改善做出贡献。但是，不是所有的长期战略都能很快产生短期的财务绩效。财务绩效指标主要包括：收入的增长、收入的结构、降低成本、提高生产率、资产利用和投资战略等。

（2）顾客需求。平衡记分卡要求企业将其使命和战略诠释为与顾客相关的具体目标和要点。企业应以目标顾客和目标市场为导向，专注于是否满足核心顾客需求，而不是企图满足所有顾客的偏好。顾客需求衡量指标主要包括：市场份额、老顾客挽留率、新顾客获得率、顾客满意度、从顾客处获得的利润率等。

（3）内部营运。建立平衡记分卡应首先制订顾客和财务方面的目标与指标，再制订企业内部流程的目标与指标，这样，可使企业能够抓住重点，专心衡量那些与股东和顾客目标相关的流程。内部运营绩效考核应以对顾客满意度和实现财务目标影响最大的业务流程为核心。内部运营指标包括短期的现有业务改善，长远的产品和服务的革新等。

（4）学习与创新。学习与创新的目标是为驱动顾客需求、财务绩效和内部运营三个方面获得卓越成果而提供动力。面对激烈的全球竞争，企业今天的技术和能力已无法确保其实现未来的业务目标，必须对企业学习和成长能力增加投入。学习和成长衡量指标涉及员工的能力、信息系统的能力与激励、授权与相互配合等。

平衡计分卡所包含的五项平衡如下。

（1）财务指标和非财务指标的平衡，企业一般考核财务指标，而对非财务指标的考核很少，即使考核，也只是定性的说明，缺乏系统和量化的考核。

（2）企业的长期目标和短期目标的平衡。平衡计分卡是一套战略执行的管理系统，如果以系统的观点来看平衡计分卡的实施流程，则战略是输入，财务是输出。

（3）结果性指标与动因性指标的平衡。平衡计分卡以有效完成战略为动因，以可衡量的指标为目标管理的结果，寻求结果性指标与动因性指标之间的平衡。

（4）企业内部流程与外部群体的平衡。平衡计分卡可以发挥在有效执行企业战略流程中，平衡内部业务流程与股东和顾客等外部群体之间利益的重要性。

（5）先行指标与滞后指标的平衡。财务指标作为滞后指标，只能反映企业上一年度发生的情况，不能告诉企业如何改善业绩和可持续发展。而对于顾客、内部流程、学习与成长等先行指标的关注，使企业达到了领先指标和滞后指标之间的平衡。

平衡计分卡并没有为企业绩效评价提供可用的具体指标。企业应该根据自身的经营策略来制订适合企业自身的绩效评价指标。

11.3 供应链协同评价方法

11.3.1 供应链协同评价原理

供应链作为一个集成整体，其目的是为了快速响应顾客需求，更好为顾客创造价值。为实现这样的目的，就应该明确需要改善什么，绩效差距在哪里，哪些流程需要改进和完善，需要采用哪些技术来支持供应链改进，其示意图如图 11-4 所示。

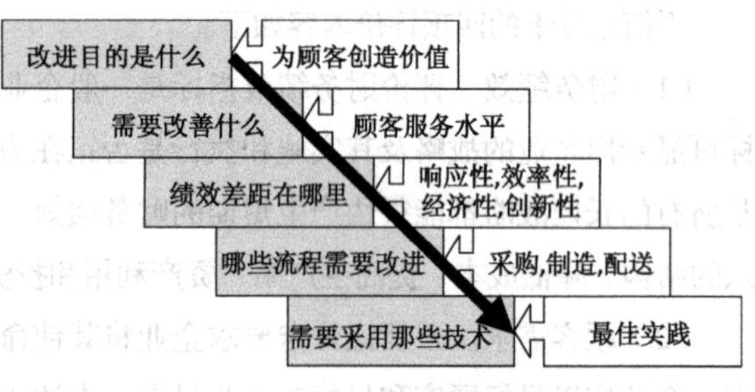

图 11-4　供应链改进路线图

因此，对供应链进行评价应该在遵循供应链整体评价原则的前提下，对反应供应链管理宗旨的顾客满意程度、反应供应链管理目标的运营绩效、反应供应链管理重点的内部流程和反应供应链管理手段的学习与创新四个方面进行评价，并应用关键链分析技术和标杆管理依次将顾客满意度转换为运营绩效评价的关注点、将运营绩效转为内部流程评价的关注点、将内部流程转换为学习与创新项目选择的关注点，从而将顾客满意度转为供应链学习与创新的动力源泉。这种协同评价的原理如图 11-5 所示。

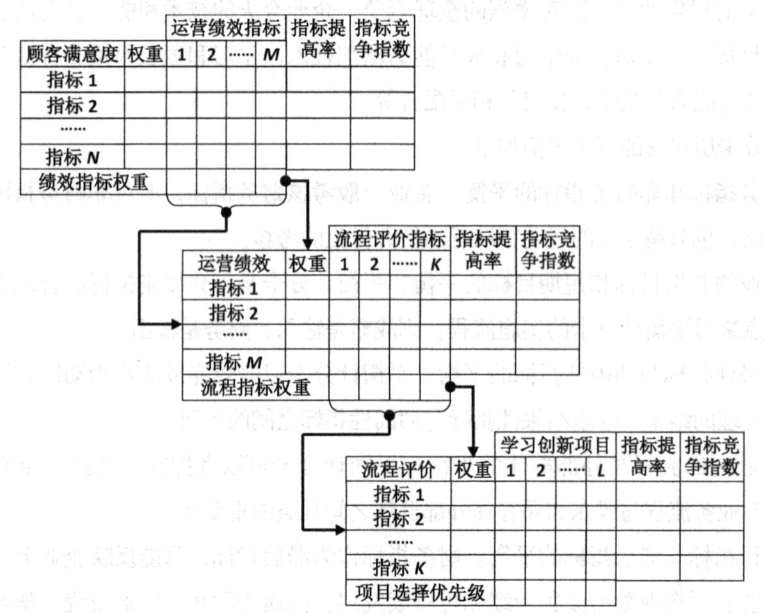

图 11-5　供应链协同评价原理

由图 11-5 可见，通过关键链展开和转换使顾客满意度、运营绩效、内部流程以及学习与创新四个环节相互联系在一起，并使运营绩效、内部流程以及学习与创新中每一个环节的评价指标权重都受到其前面各环节的影响。因此，供应链协同评价方法体现了顾客需求的导向性，不同环节评价与改进的协同性以及评价结果的综合性，具体特点如下。

（1）评价目标顾客化。按照关键链展开流程，顾客对供应链满意度评价将直接影响着供应链运营绩效评价指标权重，运营绩效又直接影响内部流程评价指标权重，而内部流程状态直接影响学习与创新项目的选择权重，因此，顾客对供应链满意度评价将直接或间接影响运营绩效、内部流程以及学习与创新等环节的评价与改进。

（2）评价流程协同化。通过运用关键链展开流程将顾客对供应链满意度评价转换为运营绩效评价指标权重，将运营绩效转换为内部流程评价指标权重，将内部流程状态转换为学习与创新项目的选择权重，实现四个环节的评价与改进协调。

（3）评价基准标杆化。对供应链顾客满意度评价按照竞争性标杆管理，选择直接竞争对手作为标杆，对运营绩效评价按照指标性标杆管理选择跨行业绩效领先者作为标杆，对内部流程评价按照流程性标杆管理选择跨行业流程领先者作为标杆，对流程改进技术的选择以最佳实践标杆管理选择作为标杆。

（4）评价权重综合化。在确定运营绩效和内部流程评价指标权重以及学习与创新项目选择权重时，需要综合考虑其前一个环节的评价指标实际值、目标值和标杆企业的该环节评价指标实际值。

应用供应链协同评价方法可以使供应链更好地为顾客创造价值，提高供应链运营绩效和改善供应链业务流程。

11.3.2 关键链分析方法

关键链分析（Critical to Analysis）方法是应用质量功能展开（Quality Function Deployment, QFD）技术构建需求驱动的系列活动评价指标，而这一评价指标体系提供了一种机制，帮助我们将系列活动行为转变为目的驱动的行为。图 11-6 给出关联活动中一项活动评价指标测度值转换为另一项活动评价指标权重的关键链分析原理。

输出指标	权重	输入指标 1	2	……	M	指标提高率	指标竞争指数	实际指标值	目标指标值	标杆指标值
指标 1										
指标 2		关联程度							状态值	
……										
指标 N										
输入指标权重										

图 11-6 关键链分析原理

在图 11-6 中，输出指标的实际值、权重以及标杆企业的相应指标数据需要通过调查收集获得，输出指标的目标值需要根据输出指标的实际值和标杆企业的相应指标值确定，对指标的实际值、目标值和标杆值按 1～5 分标准进行赋分。输出指标提高率由相应指标的目标值与实际值之比确定，输出指标竞争指数由相应指标的标杆值与实际值之比确定。输出指标与输入指标之间关联程度可按 1～5 分标准进行赋分，如表 11-5 所示。

表 11-5　关联指标间关联程度赋分标准

标度值	标度含义
1	输出指标与输入指标之间存在微弱关系
2	输出指标与输入指标之间存在较弱关系
3	输出指标与输入指标之间存在一般关系
4	输出指标与输入指标之间存在密切关系
5	输出指标与输入指标之间存在非常密切关系

若输出指标 i 的权重为 K_i，提高率为 L_i，市场竞争指数为 C_i，输出指标 i 与输入指标 j 之间的关联程度为 R_{ij}，则输入指标 j 的权重值 W_j 可按式（11-1）计算：

$$W_j = \frac{1}{N}\sum_{i=1}^{N} R_{ij} \cdot K_i \cdot L_i \cdot C_i \tag{11-1}$$

由式（11-1）可见，输出指标 i 的提高率越高，表明输出指标 i 的实际值与目标值的差距就越大；输出指标 i 的市场竞争指数越高，表明输出指标 i 的实际值与标杆值的差距就越大。这时，若输入指标与输出指标之间有较为密切的关系，输入指标 j 有较大的权重值，才有利于输出指标 i 的改进与提高。

11.3.3　供应链协同评价流程

基于关键链的供应链协同评价方法以顾客满意度为导向对顾客满意度、运营绩效、内部流程以及改进技术选择等环节之间进行协同评价，其评价流程如图 11-7 所示。

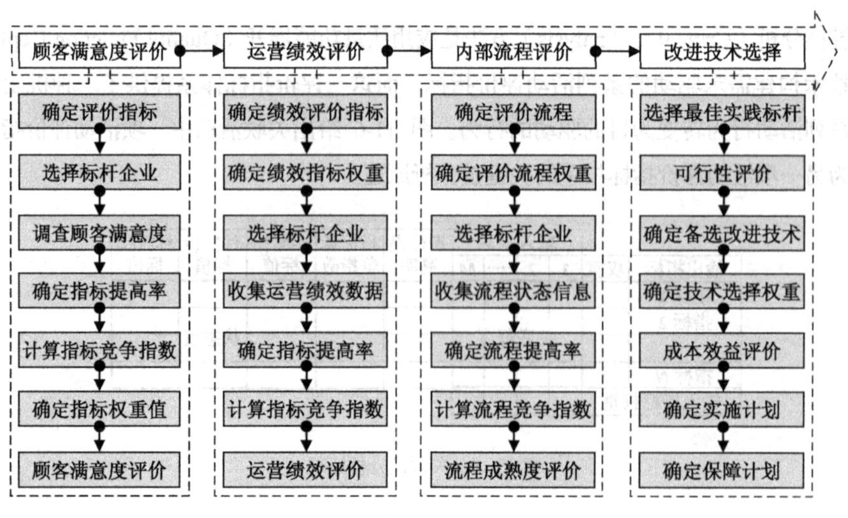

图 11-7　供应链协同评价流程

在顾客满意度评价阶段，首先需要确定顾客对供应链的满意度评价指标；然后，按竞争性标杆管理选择直接竞争对手作为标杆企业，并通过向顾客发放调查问卷或走访了解顾客对本企业供应链和标杆企业供应链的满意度情况；接着，根据本企业供应链的顾客满意度的实际值和标杆企业的顾客满意度，确定本企业供应链顾客满意度的目标值和顾客满意度提高率，并计算顾客满意度的竞争指数；最后，根据顾客对企业供应链的满意度调查情况，计算顾客满意度评价指标权重，并对企业供应链的顾客满意度进行综合评价。

在运营绩效评价阶段，首先需要确定供应链运营绩效评价指标；然后，对供应链的顾客满意度评价指标与运营绩效评价指标之间关联程度进行评估，在此基础上，依据顾客满意度的提高率、竞争指数和评价指标权重，确定运营绩效评价指标权重；按绩效标杆管理选择跨行业绩效领先者作为标杆企业，并调查和收集本企业供应链和标杆企业供应链的运营绩效数据；接着，根据本企业供应链运营绩效的实际值和标杆企业的运营绩效确定本企业供应链运营绩效的目标值和运营绩效提高率，并计算运营绩效的竞争指数；最后，根据本企业供应链的运营绩效实际情况和运营绩效评价指标权重对本企业供应链的运营绩效进行综合评价。

在内部流程评价阶段，首先根据与供应链运营绩效相关性确定需要评价的内部流程；然后，对供应链运营绩效评价指标与需要评价的内部流程之间的关联程度进行评估，在此基础上，依据运营绩效的提高率、竞争指数和评价指标权重，确定需要评价的内部各流程的权重；接着，按流程标杆管理选择跨行业流程领先者作为标杆企业，调查和收集本企业供应链和标杆企业的相关流程情况；对照流程评价标准对本企业供应链各流程和标杆企业各流程进行评价，并根据各流程评价结果，确定本企业供应链各流程的目标值和提高率，计算各流程的竞争指数；最后，根据企业供应链各流程实际评价值和各流程重要性权值对企业供应链流程进行成熟度评价。

在改进技术选择阶段，首先调查了解物流与供应链管理前沿技术，并按管理实践的标杆管理选择跨行业最佳实践作为标杆；然后，根据本企业供应链情况对可能的最佳实践进行可行性评价，并确定拟采用的改进技术或实践；接着，对供应链相关流程与拟采用的改进技术之间的关联程度进行评估，在此基础上，依据相关流程的提高率、竞争指数和相关流程权重，确定拟采用的改进技术或实践的选择优先级，并对拟采用的改进技术或实践进行成本效益评价；最后，依据成本效益评价结果和采用的改进技术或实践的优先级和相互依赖性制订实施计划和保障计划。实施计划必须细化到单个任务，确定每个任务的责任和义务、任务之间的相互联系及完成顺序。保障计划可以采用正式的实施流程来指导供应链改进项目，对实施流程进行控制，以确保能够按照进度执行。

11.3.4 供应链协同评价要素

对供应链进行协同评价需要明确顾客满意度评价指标、权重及其量化方法，运营绩效指标与量化方法以及需要评价的供应链流程选择方法。

1．顾客满意度评价要素

顾客对供应链是否满意主要表现为顾客对供应链所提供的产品和服务是否满意，因此，评价顾客对供应链的满意度可采用的指标主要有：产品价格、产品质量、产品可获性、产品交付周期、交付可靠性、延期交付、顾客定制和紧急订单处理等，如表 11-6 所示。

表 11-6 顾客满意度测评指标

评价因素	测评指标
产品价格	可用产品价格水平和价格折扣率来测评
产品质量	可用售出产品中退货数量和保修需求数量来测评
产品可获性	可用单种产品订单满足率和完全订单满足率来测评
产品交付周期	可用产品平均交付时间来测评
交付可靠性	可用交货期承诺实现比率和交货数量承诺实现比率来测评
延期交付	可用延期交付订单比例和平均延期交付时间来测评
顾客定制	可用顾客可定制服务的数量
紧急订单处理	可用处理特殊或紧急订单所需要的天数

对顾客满意度评价指标进行量化就是从顾客角度去评估那些为提升顾客价值而付出的努力，需要通过监控、测量并收集来自顾客的期望和需求，顾客对供应链服务绩效的理解以及顾客对竞争性标杆企业的服务绩效的感觉等信息进行评价。因此，可以基于评价指标的测评标准，综合考虑顾客的期望、需求和理解以及对标杆企业的感觉来设计调查问卷。然后，通过发放调查问卷和对调查问卷的处理获得顾客满意度实际数据，并根据设定的赋分标准将顾客满意度实际数据转换为 1 ~ 5 分值。

由于供应链协同评价就是通过对顾客满意度、运作绩效、内部流程和改进技术之间的关联程度进行评估，寻找有效的改进技术来提高顾客满意度，因此顾客满意度评价指标的权重可根据每个指标受到运营绩效指标的影响情况来确定，如表 11-7 所示。

表 11-7 指标权重参考标准

分值	运作绩效指标总数	运作绩效评价因素
5 分	80% ~ 100%	5 个因素
4 分	60% ~ 80%	4 个因素
3 分	40% ~ 60%	3 个因素
2 分	20% ~ 40%	2 个因素
1 分	0 ~ 20%	1 个因素

2. 运作绩效评价要素

评价供应链运作绩效主要就是评价供应链上各成员企业之间相互合作、共同努力实现供应链整体目标的流程和结果。因此，评价供应链运作绩效可采用指标主要有：供应链响应性、效率性、经济性和创新性以及供应链综合能力等，如表 11-8 所示。

供应链运作绩效测评指标的计算方法或公式如表 11-9 所示。

对供应链运作绩效测评指标进行量化，可以通过比较本企业供应链运作绩效测评指标与标杆企业的运作绩效测评指标的差距进行赋分，赋分标准如表 11-10 所示。

表 11-8 运作绩效测评指标

评价因素	测评指标
响应性	可用订单响应时间和满足额外订单的反应能力来测评
效率性	可用增值生产效率、库存价值和库存周转天数等来测评
经济性	可用供应链总成本、产品销售成本和现金周转时间等来测评
创新性	可用年度研发投资额、引入新产品或新服务的数量等来测评
综合能力	可用生产能力、运输能力来测评

表 11-9 绩效测评指标计算方法或公式

测评指标	计算方法或公式
订单响应时间	按[订单履行提前期+原材料周转时间]计算
满足额外订单能力	在无事先计划下增产 20%订单所需要的天数
增值生产效率	按[总收入-总材料采购费]/[总雇员数]计算
平均库存价值	按[∑(平均持有库存×存货的单位价值)]计算
库存周转天数	按[销售输入/平均库存价值]计算
供应链总成本	按[成本总数(MIS+财务和计划+库存运转+材料采购+订单管理)/收入]计算
产品销售成本	按[开始库存+产品的生产成本-期末库存]/[总收入]计算
现金周转时间	按[库存的供应天数+应收款账龄-应付款账龄]计算
生产能力	按实际使用能力计算
运输能力	按实际使用能力计算

表 11-10 运作绩效测评指标的赋分标准

分值	正向指标↑	反向指标↓
1 分	<标杆企业的 50%	>标杆企业的 150%
2 分	达到标杆企业的 50%～80%	达到标杆企业的 120%～150%
3 分	达到标杆企业的 80%～100%	达到标杆企业的 100%～120%
4 分	=标杆企业的 100%	=标杆企业的 100%
5 分	>标杆企业的 100%	<标杆企业的 100%

3．内部流程评价要素

供应链业务流程的划分可参考供应链协会制订的供应链作业参考模型 9.0 版本[7]、美国供应链管理专业协会（CSCMP）制订的供应管理流程标准[15]，或者参考由 William B. Lee 和 Michael Katzorke 开发的供应链成熟度模型[20]。

按照供应链协同评价原理，应该依据与运作绩效指标的相关性来确定需要评价的供应链流程，具体可采用层次分析法进行选择，其流程如下。

（1）构建流程选择网络。按照 SCOR 模型，供应链业务流程可以分为三个层次，其中第一层和第二层业务流程如表 11-3 所示，第三个层次的部分业务流程如表 11-11 所示。

表 11-11　采购、生产和配送流程

流程代码	流程名称	流程代码	流程名称
S1.1(S2.1)	安排产品生产	M1.1(M2.1)	安排生产活动
S1.2(S2.2)	接收产品	M1.2(M2.2)	发放原料
S1.3(S2.3)	核实产品	M1.3(M2.3)	生产和检测
S1.4(S2.4)	转运产品	M1.4(M2.4)	包装
S1.5(S2.5)	授权付款	M1.5(M2.5)	暂时存放
S3.1	明确供应源	M1.6(M2.6)	发放成品到配送
S3.2	选择供应商并洽谈	M1.7(M2.7)	废品处理
ES.1	管理采购业务制度	M3.1	确定生产工艺
ES·2	评估供应商绩效	EM·1	管理生产制度
ES.3	维护采购数据	EM.2	管理生产绩效
ES.4	管理产品库存	EM.3	管理生产信息
ES.5	管理资本资产	EM.4	管理在制品
ES.6	管理入货	EM.5	管理生产设备和设施
ES.7	管理供应商网络	EM.6	管理生产法规和环境
ES.8	管理进出口要求	EM.7	管理供应链风险
ES.9	管理采购风险	EM.8	
ES.10	管理供应商协议	EM.9	
D1.1(D2.1)	处理询问和报价	D3.4	安排安装
D1.2(D2.2)	接收、输入和确认订单	D4.1	生成存货安排计划
D1.3(D2.3)	预留库存和确定交货期	D4.2	商店收货
D1.4(D2.4)	整合订单	D4.3	仓库取货
D1.5(D2.5)	选择运输模式和有效装载	D4.4	存货上架
D1.6(D2.6)	规划运输路径	D4.5	装入购物车
D1.7(D2.7)	选择承运商和估计运价	D4.6	产品划价并收款
D1.8(D2.8)	从采购或生产中收货	D4.7	配送 / 安装
D1.9(D2.9)	取货	ES.1	管理配送业务制度
D1.10(D2.10)	产品装箱	ES.2	评估配送绩效
D1.11(D2.11)	装货并生成运输文档	ES.3	管理配送信息
D1.12(D2.12)	运输产品	ES.4	管理产品库存
D1.13(D2.13)	顾客收货并核实	ES.5	管理配送资本资产
D1.14(D2.14)	安装产品	ES.6	管理运输
D1.15(D2.15)	出具发票	ES.7	管理配送网络
D3.1	获取和响应 RFP / RFQ	ES.8	管理进出口要求
D3.2	谈判和接收协议	ES.9	管理供应链配送风险
D3.3	输入订单、配置资源启动项目		

注：RFP 为 Request For Proposal（建议要求书）缩写，RFQ 为 Request For Quotation（报价要求书）缩写。

资料来源：朴炯．供应链管理实践．中国物资出版社，2011．

由于流程较多，不可能将所有业务流程同时进行比较判断。根据层次分析法原理，可以多次进行比较并每次只比较 5 ~ 9 个流程，拟评价流程的选择网络如图 11-8 所示。

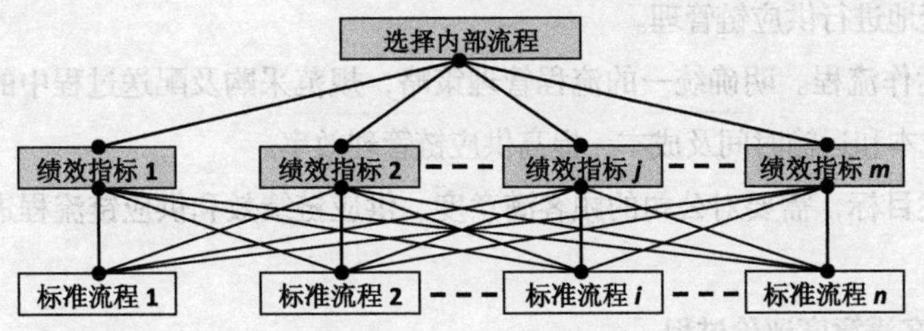

图 11-8　流程选择网络

（2）构造判断矩阵。对绩效指标 j，对所有 n 个流程进行两两比较，判断哪一个流程对绩效指标 j 影响更重要以及重要多少，并按 1 ~ 9 标度对重要性程度赋值得到判断矩阵 $A^{(j)}=(a_{ik})_{n\times n}$，其中 $a_{ii}=1$，$a_{ik}\cdot a_{ki}=1$。

（3）判断矩阵求解与一致性检验。可通过求解判断矩阵的最大特征根 $\lambda_{\max}^{(j)}$ 所对应的特征向量 $q^{(j)}$来确定被比较的各流程重要性权值。求解判断矩阵的最大特征根所对应的特征向量一般需要通过编写计算机程序或利用计算软件来求解，也可以采用判断矩阵的各列向量的算术平均值近似确定。根据判断矩阵的最大特征根及对应的特征向量，对判断矩阵的一致性进行检验。

（4）计算各备选流程的综合权值。将对应于每个绩效指标 j 的 n 个流程重要性权值 $q^{(j)}$组成矩阵，并与绩效指标权重向量 $[p_1,p_2,\cdots,p_m]^T$ 相乘就可得到各备选流程的综合权值 $[w_1,w_2,\cdots,w_n]^T$，即

$$\begin{bmatrix} w_1 \\ w_2 \\ \vdots \\ w_n \end{bmatrix}=\begin{bmatrix} q_1^{(1)} & q_1^{(2)} & \vdots & q_1^{(m)} \\ q_2^{(1)} & q_2^{(2)} & \vdots & q_2^{(m)} \\ \vdots & \vdots & \vdots & \vdots \\ q_n^{(1)} & q_n^{(2)} & \vdots & q_n^{(m)} \end{bmatrix}\times\begin{bmatrix} p_1 \\ p_2 \\ \vdots \\ p_m \end{bmatrix} \tag{11-2}$$

设阈值 $0<\delta\leqslant 1$，若 $w_i\geqslant\delta$，则选择流程 i 作为流程评价对象。

示例 11-1　企业的供应链协同评价

N 公司由 12 个专业公司和 2 个售后零件公司组成，主要从事电子及电器系统业务、热系统业务、传动系统业务、售后零件业务。N 公司供应链管理拥有完善的组织架构，同时也有较完善的管理系统 SAP 来保障供应链有良好的绩效，但与公司对供应链管理的期望还存在一定的差距，供应链在实际应用过程中也存在一些问题，主要表现为：（1）目前 N 公司生产制造过程缺乏规范性，标准化程度较低；（2）现有的信息反馈系统只有一些财务、统计报表及指标，并且偏重于事后分析，反馈不及时；（3）公司内部各部门条块分割严重，利益驱动的短视化行为明显；（4）在采购及配送上的运作流程还不够规范，缺乏明确统一的流程管理策略，导致采购时间和成本及运输时间和成本的增加。

为此，对 N 公司进行供应链改进需要达到以下几个目标。

（1）规范化产品生产过程。从接收顾客订单到安排产品生产、明确生产计划、原材料的采购等环节，都需要有相应的规范要求。

（2）完善各环节的信息传递。针对库存、运输环节中出现的信息滞后、反馈困难的情

况，要构建相应的信息系统，实现信息共享。

（3）规范供应链管理。确保公司内部管理的规范性，成为真正的供应链管理系统，方便公司快速、便捷地进行供应链管理。

（4）规范运作流程。明确统一的流程管理策略，规范采购及配送过程中的操作流程，降低采购时间及成本和运输时间及成本，提高供应链管理效率。

为实现上述目标，需要对公司的顾客满意度、供应链绩效和供应链流程进行评价，评价过程如下。

1．公司顾客满意度评价过程

选择顾客满意度评价指标，主要包括：（1）产品价格；（2）产品质量；（3）产品可获性；（4）产品交付周期；（5）产品可靠性；（6）延期支付；（7）顾客定制；（8）紧急订单处理。

对 N 公司顾客满意度进行调查问卷设计，让顾客分别就各项指标进行打分，调查顾客对 N 公司和同行业领先的 A 公司的满意度情况。通过发放调查问卷和对调查问卷的处理，确定 N 公司顾客满意度各指标的实际值和标杆企业 A 公司的指标值。并确定 N 公司顾客满意度改进目标值。具体数据如表 11-12 所示。

表 11-12　N 公司顾客满意度调查结果

评价指标	权重	实际指标值	目标指标值	标杆指标值	指标提高率	竞争指数
产品价格	4	3	4	4	1.33	1.33
产品质量	1	2	3	4	1.5	2
产品可获性	2	3	4	4	1.33	1.33
产品交付周期	3	3	5	5	1.67	1.67
产品可靠性	1	3	5	5	1.67	1.67
延期支付	2	2	3	3	1.5	1.5
顾客定制	3	3	4	4	1.33	1.33
紧急订单处理	3	2	3	3	1.5	1.5

由表 11-12 可以看出，顾客满意度评价指标中产品价格、产品交付周期、顾客定制和紧急订单处理等指标的权重值比较高，说明这四个指标对提高顾客满意度有重要作用。

2．供应链运营绩效评价过程

选择运营绩效评价指标，主要包括：（1）供应链响应性；（2）供应链效率性；（3）供应链经济性；（4）供应链创新性；（5）供应链综合能力。

顾客满意度各指标与运营绩效指标之间的关联程度如表 11-13 所示。

由表 11-12 和表 11-13 中数据可以确定运营绩效各指标的权重值，即响应性为 16.79，效率性为 22.02，经济性为 9.61，创新性为 9.19，综合能力为 20.88。可见，绩效指标权重值较大的要素是供应链响应性、供应链效率性和供应链综合能力，这些指标的好坏决定了顾客的满意程度，在对顾客满意度进行评价的过程中需要重点考虑这些指标。

表 11-13 顾客满意度与运营绩效关联程度

关联程度	响应性	效率性	经济性	创新性	综合能力
产品价格	3	4	5	3	4
产品质量	2	4	1	3	4
产品可获性	4	5	1	1	3
产品交付周期	3	5	1	1	4
产品可靠性	3	2	2	1	4
延期支付	1	5	2	1	4
顾客定制	4	4	1	2	5
紧急订单处理	5	4	1	2	4

按照绩效标杆管理，选择跨行业绩效领先的 B 公司作为标杆企业，调查 N 公司和 B 公司的运营绩效情况，确定供应链运营绩效指标的实际值和标杆值。同时，确定 N 公司运营绩效指标的目标值，并计算指标提高率和竞争指数，结果如表 11-14 所示。

表 11-14 运营绩效调查结果

运营绩效	实际值	目标值	标杆值	提高率	竞争指数
响应性	2	3	4	1.5	2
效率性	3	4	5	1.33	1.67
经济性	2	4	3	2	1.5
创新性	2	4	4	2	2
综合能力	3	4	5	1.33	1.67

3．N 公司内部流程评价过程

由于供应链内部流程较多，不可能将所有流程同时进行比较，需要对流程按照对运营绩效指标有重要影响的原则进行选择。通过计算，在 N 公司供应链内部流程中选取需要评价的流程有：（1）管理采购业务制度；（2）管理产品库存；（3）安排生产活动；（4）确定生产工艺；（5）管理生产设备和设施；（6）配送或安装；（7）输入订单与配置资源启动项目；（8）管理产品库存。

对运营绩效评价指标与内部流程之间的关联程度进行评估，如表 11-15 所示。

表 11-15 运营绩效与流程指标关联程度

	流程（1）	流程（2）	流程（3）	流程（4）	流程（5）	流程（6）	流程（7）	流程（8）
响应性	5	2	4	3	2	2	1	1
效率性	4	1	4	4	2	5	4	2
经济性	3	4	3	2	1	5	3	4
创新性	2	3	2	3	2	4	4	2
综合能力	3	4	4	2	4	3	2	3

根据运营绩效各指标权重、提高率、竞争指数以及各指标与内部流程的关系值，可以计算出所选择的 8 个流程的权重，如表 11-16 所示。

按流程标杆管理选择跨行业流程领先企业 C 公司作为标杆企业，按通过比较 N 公司供应链业务流程与标杆企业 C 公司的业务流程的差距来对 N 公司的流程进行判断赋分，并将赋分结果与流程权重值相乘得到各流程的综合权值，如表 11-16 所示。

表 11-16　N 公司流程评价结果

	流程 1	流程 2	流程 3	流程 4	流程 5	流程 6	流程 7	流程 8
评价值	3	2	1	3	2	2	1	2
权重值	149.3	112.2	148.5	121.5	97.3	155.1	114.5	95.2
综合权值	447.9	224.2	148.5	346.5	194.6	310.2	114.5	190.4

从流程的综合权值可以看出，管理采购业务制度、管理产品库存、确定生产工艺、输入订单与配置资源、配送或安装的综合权值较高，因而对这些流程进行改进可以有效改善供应链运作效率，从而提高顾客满意度。

本章小结

本章讨论了供应链评价目的、评价基准、常用评价方法和协同评价方法。

评价的目的：通过顾客服务、运作绩效、业务流程和供应链改进等多个角度评价来监控、控制和指导供应链运作，提升供应链竞争能力。

供应链评价基准：主要是将供应链当前绩效与目标绩效、历史绩效或标杆企业绩效进行比较，常用的评价基准就是标杆管理。

标杆管理：通过将一个组织的当前绩效和该组织所属行业中所能实现的最佳绩效进行比较来发现、共享和使用知识与最佳实践的流程。

标杆管理类型：可分为竞争性标杆管理、指标性标杆管理、流程性标杆管理和管理实践标杆管理。

供应链评价常用方法：主要有 ROF 法、平衡记分卡、Lummus 模型、Roger 模型、SCOR 模型、SCPR 模型。其中，平衡记分卡和 SCOR 模型备受关注。

SCOR 模型：将业务流程重组、标杆管理及最佳实践分析集成为层次化、模块化的标准模型结构，以支持理解供应链运作流程。它定义了供应链基本流程、核心流程及其之间的关系，以及流程评价指标。

平衡计分卡：一套从顾客需求、财务绩效、内部流程、学习与创新四个方面对公司战略管理的绩效进行财务与非财务综合评价的评分卡片。它是一个集企业战略管理控制与战略管理的绩效评估于一体的管理系统。

供应链协同评价：在遵循整体评价原则的前提下，对顾客满意程度、运营绩效、内部流程和学习与创新四个方面，应用关键链分析技术和标杆管理依次将顾客满意度转换为运营绩效评价的关注点，将运营绩效转为内部流程评价的关注点，将内部流程转换为学习与创新项目选择的关注点，从而将顾客满意度转为供应链学习和创新的动力源泉。

关键链分析方法：应用质量功能展开技术构建需求驱动的系列活动评价指标，而这一评价指标体系提供了一种机制，帮助我们将系列活动行为转变为目的驱动的行为。

复习与思考

1. 如何根据不同的供应链特点建立相应的供应链评价指标体系？
2. 为什么在评价供应链设计决策时考虑不确定性是非常重要的？
3. 阐述影响供应链成熟度的主要影响因素。
4. 试用平衡计分卡来评价某行业供应链绩效。
5. 应用 SCOR 模型对某企业供应链总体进行绩效评价。
6. 应用基于关键链的供应链协同评价方法对某供应链进行评价，并指出影响其评价效果的关键要素。
7. 阐述电子商务的发展为供应链的协调提供了哪些机遇，同时为供应链的协同管理带了哪些挑战。
8. 戴尔的成功源于其效率超乎寻常的供应链，其经营以 200% 以上的年均增长速度飞速发展。请阐述，戴尔成功的诀窍在哪里？戴尔是如何实施供应链绩效评价的？

课后案例

A 企业的供应链管理诊断

A 企业的母公司是一个新成立的国际化集团企业，其供应链管理尚处于摸索阶段。A 企业经历了国有化管理、合资管理及目前的外商独资管理模式，相应的企业管理体制处于新旧模式交替和摸索阶段。A 企业在 2006 年起从原来的内销模式开始全球销售模式，但由于忽视了不同流向的物流要求，一直运行在传统的物流组织中，没有独立的物流或供应链管理部门，所有物料的需求根据缺货情况由生产直接发放，原材料订购无计划性，采购由于受制于生产的无计划状态，迫于应付紧急订单交付，缺少对采购策略的分析，导致采购成本和库存难以下降。具体表现在如下几个方面。

（1）过去，A 企业内部的所有物流走向一直融合在生产部的管辖下，组织分布不均，内部供应链职责不分，产、供、销一体，缺少供应链流程管理。

（2）由于无独立的计划管理，顾客订单由销售下发后直接下发给生产，生产根据自身的特点进行排产，往往生产会按照工艺简单的、批量大的产品先行生产，结果导致某些顾客订单不能及时完成，交付率一直很低。

（3）A 企业生产过程是较典型的机器加工生产，机床较多，不同型号产品需要不同刀具及工装夹具。由于生产内部缺乏流程管理，设备停机严重，经常在生产时找不到匹配的刀具和工装夹具，顾客经常投诉生产周期太长而无法满足交付的需求。

（4）生产过程信息混乱。供应链流程的匮缺导致企业难以提高生产过程信息化管理，生产进程控制困难，管理层很难得到生产过程的具体数据，生产控制管理混乱。

（5）随着全球化顾客对新产品需求的加快，A 企业在新产品生产过程中遇到不少问题，其中严重的是当开始生产新产品时，才发现新产品的准备工作还没完成。

A 企业的原有单一的采购和生产模式已无法满足企业业务的扩大和多物流需求，企业迫切需要运用现代供应链管理理念诊断其内部供应链，改善企业现有的内部供应链环境。

按照 SCOR 模型对 A 企业及其母公司的供应链流程进行诊断，其结果如表 11-17 和表 11-18 所示。同时，对照 SCOR 模型的评价指标对 A 企业及其母公司的供应链绩效评价情况进行诊断，如结果如表 11-19 所示。

表 11-17　A 企业的 SCOR 模型流程执行状况诊断

计划层	A 企业	采购层	A 企业	制造层	A 企业	配送层	A 企业	回收层	A 企业
P1	×	S1	√	M1	O	D1	√	R1	×
P2	O	S2	√	M2	O	D2	√	R2	×
P3	O	S3	√	M3	×	D3	×	R3	×
P4	×	ES	√	EM	O	ED	O	ER	×
EP	O								

表 11-18　母公司 SCOR 模型流程执行状况诊断

计划层	母公司	采购层	母公司	制造层	母公司	配送层	母公司	回收层	母公司
P1	O	S1	√	M1	√	D1	√	R1	×
P2	√	S2	√	M2	√	D2	√	R2	×
P3	√	S3	√	M3	×	D3	×	R3	×
P4	×	ES	√	EM	√	ED	O	ER	×
EP	O								

表 11-19　A 企业及其母公司 SCOR 模型执行状况诊断

绩效范畴	测评指标	母公司	A 企业
供应链的配送可靠度	配送性能	√	√
	订单满足率	√	×
	完好订单的履行	×	×
供应链的柔性	订单完成提前期	√	×
供应链的反应能力	供应链响应时间	√	×
	生产的柔性	√	×
供应链的总成本	产品销售成本	√	√
	供应链管理总成本	√	√
	增值生产率	√	√
	担保成本	×	×

续表

绩效范畴	测评指标	母公司	A 企业
供应链资产管理	现金周转时间	√	√
	存货的供应天数	√	×
	资产周转	√	√

由表 11-17、表 11-18 和表 11-19 可见，在供应链流程管理上，A 企业的母公司除了交付计划 P4、围绕着为设计订单制造和配送的 M3 和 D3 以及回收流程 R 外，其他供应链流程已逐步组建，其中除了 P1、EP 和 ED 流程显示与 SCOR 模型描述有一定差距外，其他已接近 SCOR 模型所描述的流程过程。A 企业除了采购层（S1、S2、S3 和 ES）和配送层（D1 和 D2）外，其他供应链流程与 SCOR 模型所描述还有很大差异，特别是 P1、P4、M3、D3 和 R 处于真空区域，计划层和制造层仅仅体现在传统的生产流程中，整个计划流程和制造流程无清晰的流程支持。在供应链绩效管理方面，A 企业的母公司除了考核订单的完好订单和担保成本没有列入绩效指标考核外，其他指标已经建立（这也对后来 A 企业建立供应链绩效管理指标起到了借鉴作用）。A 企业除了配送性能、供应链的管理成本和资产利用率外，几乎没有对其供应链反应性和灵活性进行考核。

案例思考题

（1）请根据表格数据梳理 A 公司需要对供应链绩效进行哪些方面的改进？

（2）请根据表格数据提出 A 公司和母公司应采取什么样的措施共同改进供应链绩效？

资料来源：摘自 苗瑞. 应用 SCOR 模型优化某厂内供应链流程和绩效管理[D]. 上海交通大学，2009.

参考文献

[1] 李军，郭耀煌. 物流配送：车辆优化调度理论与方法[M]. 北京：中国物资出版社，2001.

[2] 汝宜红，宋伯慧. 配送管理[M]. 北京:机械工业出版社，2005.

[3] 马丁·克里斯托弗. 物流与供应链管理[M]. 北京：电子工业出版社，2006.

[4] 巴罗·R.H. 企业物流管理：供应链的规划,组织和控制（第二版）[M]. 北京：机械工业出版社，2007.

[5] 王国文，佟文立. 供应链管理流程标准[M]. 北京:清华大学出版社，2007.

[6] 罗伯特·蒙茨卡. 采购与供应链管理[M]. 北京：电子工业出版社，2008.

[7] 邵晓风，等. 供应链管理[M]. 北京：机械工业出版社，2008.

[8] 王道平，杨建华. 供应链物流信息系统[M]. 北京:电子工业出版社，2008.

[9] 彼得·海因斯，等. 价值流管理：供应链战略与优化[M]. 北京:经济管理出版社，2009.

[10] 斯坦利·E. 福西特，等. 供应链管理：从理论到实践[M]. 北京:清华大学出版社，2009.

[11] C.小约翰·兰利，等. 供应链管理——物流视角[M]. 北京:电子工业出版社，2010.

[12] 唐纳德·沃特斯. 供应链管理概论[M]. 北京:电子工业出版社，2010.

[13] 冯耕中，刘伟华. 物流与供应链管理[M]. 北京：中国人民大学出版社，2010.

[14] 大卫·辛奇-利维，等. 供应链设计与管理[M]. 北京：中国人民大学出版社，2010.

[15] 朴炯. 供应链管理实践[M]. 北京：中国物资出版社，2011.

[16] 陈功玉. 供应链管理[M]. 武汉：武汉大学出版社，2011.

[17] 谢家平，迟琳娜. 供应链管理[M]. 上海：上海财经大学出版社，2012.

[18] 刘永胜，杜志平，白晓娟. 供应链管理[M]. 北京:北京大学出版社，2012.

[19] 高举红. 供应链管理[M]. 北京：北京大学出版社，2012.

[20] 威廉·比尔·李，迈克尔·卡佐克. 供应链变革：构建可持续的卓越能力与绩效[M]. 北京：中国财富出版社，2012.

[21] 唐纳德·J·鲍尔索克斯，等. 供应链物流管理[M]. 北京:机械工业出版社，2012.

[22] 苏尼尔·乔普拉，等. 供应链管理（第5版）[M]. 北京：中国人民大学出版社，2013.

[23] 王长琼. 供应链管理[M]. 北京：北京交通大学出版社，2013.

[24] 马士华，林勇. 供应链管理（第4版）[M]. 北京：机械工业出版社，2014.

[25] 张相斌，林萍，刘立. 现代企业合作中资源优化配置——基于逆优化方法研究[M]. 北京：科学出版社，2014.

[26] WEIHONG WANG. 供应链中的供需关系管理[M]. 北京：清华大学出版社，2014.

[27] Adolfo Crespo Marquez. 供应链管理的动态建模：关于前端、后端和整合问题[M]. 北京:机械工业出版社，2014.

[28] 肯尼斯·莱桑斯，布莱恩·法林顿. 采购与供应链管理[M]. 北京:电子工业出版社，2014.

[29] 罗伯特·B. ，汉德菲尔德，等. 采购与供应链管理[M]. 北京：电子工业出版社，2014.

[30] Hauser John R, Clausing Don. The House of Quality[J].Harvard Business Review, 1988,66(3) :63-73.

[31] Zairi Mohamed, Yousserf Mohamed A. Quality Function Deployment a main pillar for successful: total quality management and product development[J].International Journal of Quality & Reliability Management, 1995, 12(6) :9-23.

[32] Beamon B M. Supply chain design and analysis: models and methods[J]. Int. J. Production Economics, 1998(55): 281-294.

[33] Erengue S S, Simpson N C, Vakharia A J. Integrated production distribution planning in supply chain: an invited review[J]. European Journal of Operational Research , 1999, 115(2):219-236.

[34] F ü rst, K., Schmidt, T. Low-cost system for supply chain management[J]. IFIP Advances in Information and Communication Technology, v 63, 2001.

[35] JAYA RA MA N V, PIRKUL H . Planning and coordination of production and distribution facilities for multiple commodities[J] . European Journal of Operation Research, 2001, 133 (5) 394-408.

[36] Korpela J, Lehmusvaara A, Tuominen M. An analytic approach to supply chain development [J]. International Journal of Production Economics , 2001(71): 145-155.

[37] Tan K C. A framework of supply chain management literature [J]. European Journal of Purchasing & Supply Management, 2001(7): 39-48.

[38] Peter S. avis, ClayC. ibrell, Brian . Janz. The impact of time on the strategy-performance relationship: Implications for managers[J].Industrial Marketing Management, 2002, 31 (4): 339-347.

[39] Daniel J. Flint .Strategic marketing in global supply chains: four challenges [J]. Industrial Marketing Management ,2004(33): 45-50.

[40] Al-Shahri, Ahmed Ali. Yusuff, Rosnah Mohd. Exploring supply chain management practices in the omani SMES[C]. Proceedings of the 35th International Conference on Computers and Industrial Engineering, ICC and IE, 2005:105-110.

[41] Shah J, Goh M. Setting operating policies for supply hubs[J]. International Journal of Production Economics，2006,100 :239 -252.

[42] Wooyeon Yu, Pius J. Egbelu. Scheduling of inbound and outbound trucks in cross docking systems with temporary storage [J]. European Journal of operational research, 2008,184:377-396.

[43] Michael R. Galbreth, James A, Hill, Sean Handley. An investigation of the value of cross-docking for supply chain management[J]. Journal of business logistics, 2008,29(1):225-239.

[44] Tiwari, M.K., Raghavendra, N., Agrawal, Shubham, Goyal, S.K. A hybrid taguchi-Immune approach to optimize an integrated supply chain design problem with multiple shipping[J]. European Journal of Operational Research, 2010 ,203(1): 95-106.

[45] Tonanont, Ake.Yimsiri, Sanya,Rogers, Jamie. Strategic planning and performance improvements of global supply chain with network design optimization tool[J]. PICMET '10 - Portland International Center for Management of Engineering and Technology, Proceedings - Technology Management for

Global Economic Growth, 2010:2372-2376.

[46] Zhang Xiangbin, Ni Youyi, Yuan Yamin. Supply chain optimization model based on process and generalized inverse optimization methods [J]. ICIC Express Letters, 2010, 4(5A):1701-1708.

[47] Kum Khiong Yang, Jaydeep Balakrishnan, Chun Hung Cheng. An analysis of factors affecting cross docking operations [J]. Journal of business logistics, 2010,31(1):121-147.

[48] John Joseph Vogt. The successful cross-dock based supply chain[J]. Journal of Business Logistics, 2010,31(1):99-119.

[49] Yeung, Wing-Kwan,Choi, Tsan-Ming, Cheng, T. C. Edwin. Optimal scheduling of a single-supplier single-manufacturer supply chain with common due windows[J]. IEEE Transactions on Automatic Control, 2010, 55(12):2767-2777.

[50] Chardine-Baumann, Emilie, Botta-Genoulaz, Val é rie. A framework for sustainable performance assessment of supply chain management practices[C]. 41st International Conference on Computers and Industrial Engineering, 2011:56-61.

[51] De, Sudripto,Ramakrishnan, P.R.,Das, Kaustav. Next generation supply chain for the emerging economies: Overriding local constraints to optimize inventories[C]. SAE 2011 World Congress and Exhibition, 2011.

[52] Boudouda, Souheila,Boufaida, Mahmoud. A methodological approach for modeling supply chain management[C]. International Conference on Communications and Information Technology - Proceedings, 2012:38-43.

[53] Ivanov, Dmitry, Dolgui, Alexandre, Sokolov, Boris. Applicability of optimal control theory to adaptive supply chain planning and scheduling[J]. Annual Reviews in Control, 2012, 36(1),73-84.

[54] Kabak, Ozgür. Uncertainty modelling in supply chain management: The trend in the use of fuzzy set theory[J]. World Scientific Proc. Series on Computer Engineering and Information Science 7; Uncertainty Modeling in Knowledge Engineering and Decision Making - Proceedings of the 10th International FLINS Conf., 2012,7: 541-546.

[55] Lu, Meng,Borbon-Galvez, Yari. Advanced logistics and supply chain management for intelligent and sustainable transport[C]. 19th Intelligent Transport Systems World Congress, ITS 2012, p EU-00533, 2012.

[56] Kumar. Darshan, Singh. Jagdev; Singh, Om Pal; Seem. A fuzzy logic based decision support system for evaluation of suppliers in supply chain management practices[J]. Mathematical and Computer Modeling, 2013 ,57(11-12), 2945-2960.

[57] Medina, Afonso C.,Nardin, Luis G.,Pereira, Newton N.,Botter, Rui C., Sichman, Jaime S. A distributed simulation model of the maritime logistics in an iron ore supply chain management[C]. SIMULTECH 2013 - Proceedings of the 3rd International Conference on Simulation and Modeling Methodologies, Technologies and Applications, 2013:453-460.

[58] Mesbah, Saleh,Harras, Sameh Mahmoud. Enterprise competitive advantages optimization through logistics activities simulation of supply chain[C]. 2013 Proceedings of International Conference on Modelling, Identification and Control, ICMIC 2013, 2013:32-41.

[59] Taieb, Nouha Hadj, Affes, Habib. Approaches to improve the performance of the collaborative supply chain management: Literature review[C]. 2013 International Conference on Advanced Logistics and Transport, ICALT ,2013:440-445.

[60] Elimam, A.A.,Dodin, B. Project scheduling in optimizing integrated supply chain operations[J]. European Journal of Operational Research, 2013: 224(3):530-541.

[61] 李飞，徐成贤．QFD 技术中各设计要求间依赖关系的线性规划处理[J]．系统工程理论与实践 2000，20（7）：27-30.

[62] 高萍，黄培清，张存禄．基于 SCOR 模型的供应链绩效评价与衡量指标选取[J]．工业工程与管理，2004，10（3）：49-52.

[63] 刘春林．基于协作的供应链优化模型[J]．管理科学学报，2004，7（4）：9-13.

[64] 王彧，马士华．供应链环境下集配商供应模式的探讨[J]．管理评论，2005，17（2）：33-36.

[65] 付秋芳，马士华，林勇，王福寿．基于核心企业的供应链响应时间结构模型[J]．工业工程与管理，2006，12（1）：37-40，45.

[66] 陈峰，宋凯雷．越库物流调度问题及其近似与精确算法[J]．工业工程与管理，2006，12（6）：53-58.

[67] 雒兴刚，汪定伟．唐加福基于质量功能展开的产品配置模型[J]．控制与决策，2006，21（12）：1360-1364.

[68] 纪雪洪，陈荣秋，唐中军．供应链中延迟研究的发展与展望[J]．管理工程学报，2007，21（4）：62-64.

[69] 张相斌，宋晓琳，梁平．面向企业最优生产计划的线性规划广义逆优化模型[J]．系统工程理论与实践，2007，27（6）：80-85.

[70] 贺竹磬，孙林岩，汪翼．分布式配送网络系统设计研究[J]．中国机械工程，2007，18（24）：2965-2968.

[71] 李晓春．基于 CPFR 的供应链计划协调机理及实现[J]．工业工程，2009，12（1）：60-65.

[72] 徐学军，曾彬，余愿，黄亮．基于制造延迟的 VMI 模型的仿真研究[J]．工业工程与管理，2009，14（1）：53-61.

[73] 史成东，陈菊红．VMI 的供应链协调模型应用研究[J]．工业工程与管理，2009，14（5）：49-53.

[74] 李朝玲，高齐圣．QFD 中关联关系确定的正交试验设计方法[J]．工业工程与管理，2009（7）：24-27.

[75] 宋丽丽，张璇．基于 QFD 的服务产品质量评估模型[J]．统计与决策，2009，14（8）：155-156.

[76] 黎继子，马士华，郭培林，刘春玲．基于 BOM Supply-Hub 的供应链设计模型[J]．计算机集成制造系统，2009，15（7）：1299-1306.

[77] 朱宝，等．基于拉格朗日松弛的供应链合作生产计划模型研究[J]．控制与决策，2009，24（12）：1791-1794，1800.

[78] 于建红，马士华．分散式 VMI 与 Supply-Hub 协同供应链对比研究[J]．工业工程与管理，

2010，15（1）：42-48.

[79] 孙雪花，何彦平，远亚丽. 基于 JIT 的制造商供应链优化模型的研究[J]. 交通与运输（学术版），2010（7）：125-127.

[80] 王晓立，马士华. 多级供应链服务时间窗下物流资源整合优化[J]. 系统工程，2010（12）：1-5.

[81] 马士华，黄焜，何媛媛. 基于 Supply-Hub 运作模式的供应商协同补货策略研究[J]. 管理工程学报，2011，25（1）：26-33.

[82] 童健，温海涛. 基于 SCOR 模型的供应链绩效评估：一个创新的参数 OFE[J]. 中国管理科学，2011，19（2）：125-132.

[83] 王道平，赵耀，王爱霞，杨建华. 第三方物流参与供应商管理库存模型[J]. 工业工程，2011，14（5）：1-7.

[84] 李雷，杨怀珍. 供应链上游层面 VMI 模式的利益分配机制[J]. 工业工程，2011，14（5）：24-30.

[85] 何龙飞，赵道致. 反应型供应链多层库存运输优化与模糊博弈协调[J]. 系统工程理论与实践，2011，（31）：1045-1055.

[86] 杨子岳，贺政纲. 越库配送研究综述[J]. 物流科技，2011（6）：56-59.

[87] 刘声亮，张旭凤，朱丹. 基于系统动力学的零售店库存优化研究[J]. 物流技术，2011（9）：119-123.

[88] 唐亮，靖可. H_∞鲁棒控制下动态供应链系统牛鞭效应优化[J]. 系统工程理论与实践，2012，32（1）：155-163.

[89] 常广庶. 采购限制下的电子采购策略库存水平分析[J]. 工业技术经济，2012（5）：72-75.

[90] 李毅斌，董千里，孙浩杰. 基于流程管理的物流服务供应链运作协同研究[J]. 物流技术，2012（9）：174-177.

[91] 马士华，王青青. 同步物流系统下准时化生产与配送调度问题研究[J]. 中国管理科学，2012，20（6）：125-132.

[92] 葛显龙，辜羽洁，王伟鑫. 供应链环境下的库存与运输整合优化模型及算法[J]. 系统工程，2014（1）：26-32.

[93] 汤中明. VMI 与 TPL 集成的供应链管理模式[J]. 技术经济与管理研究，2013（1）：49-53.

[94] 项延卫. 厦门 XT 公司绩效管理及绩效影响因素的分析与改进[D]. 厦门大学，2007.

[95] 苗瑞. 应用 SCOR 模型优化某厂内供应链流程和绩效管理[D]. 上海交通大学，2009.

[96] 杨砚砚. 大型电网公司物资集约化仓储配送管理体系规划研究[D]. 华北电力大学，2011.

[97] 熊颖. PIO 公司基于 CPFR 的库存管理研究[D]. 华南理工大学，2011.